كتاب

إرشاد الأريب إلى معرفة الأديب

المعروف

بمعجم الادباء أو طبقات الادباء

لياقوت الرومي

وقد اعتنى بنسخه وتصحيحه

د. س. مرجليوث

الجزء الثاني

كتاب بهون. كلاں محل. نئی دلی ٢

بسم الله الرحمن الرحيم

﴿ احمد بن علويه الاصبهاني الكرماني ﴾

قال حمزة كان صاحب لغة يتعاطى التأديب ويقول الشعر الجيد وكان من اصحاب أبي علي لغذه (١) ثم رفض صناعة التأديب وصار في ندماء احمد ابن عبد العزيز ودلف بن ابي دلف العجلي وله رسائل مختارة فدونها ابو الحسن احمد بن سعد في كتابه المصنف في الرسائل وله ثمانية كتب في الدعاء من انشائه ورسالة في الشيب والخضاب وله شعر جيد كثير منه في احمد بن عبد العزيز العجلي

يرى مآخير ما يبدو اوآئله ... حتى كأن عليه الوحي قد نزلا
ركن من العلم لا يهفو لمحفظة ... ولا يحيد وان ابرمته جدلا
اذا مضى العزم لم ينكث عزيمته ... ريب ولا خيف منه نقض ما قبلا
بل يخرج الحية الصماء مطرقة ... من حجرها ويحط الاعصم الوعلا

وله فيه

اذا ما جنى الجاني عليه جناية ... عفا كرما عن ذنبه لا تكرما
ويوسعه رفقا يكاد لبسطه ... يود بريء القوم لو كان مجرما

وله يهجو زامراً اسمه حمدان

(١) كذا بالاصل

حذار يا قوم من حمدان وانتبهوا   حذار يا سادتي من زامر زاني
فما يبالي اذا ما دب مقتلما   بدا بصاحب دار او بضيفان
يلهي الرجال بزمار فان سكروا   الهى النساء بزمار له ثاني

ومن شعره

حكم الغناء تسمعٌ ومدام   ما للغناء مع الحديث نظام
لو انني قاضٍ قضيت قضية   ان الحديث مع الغناء حرام

قال حمزة وله وانشدنيها في سنة ٣٧٠   وله ٩٨ سنة

دنيا مغبة من اثري بها عدم   ولذة تنقضي من بعدها ندم
وفي المنون لاهل اللب[1] معتبر   وفي تزودهم منها التقي غنم
والمرء يسعى لفضل الرزق مجتهداً   وما له غير ما قد خطه القلم
كم خاشع في عيون الناس منظره   والله يعلم منه غير ما علموا

قال وقال بعد ان اتت عليه مائة

حنا الدهر من بعد استقامته ظهري   وافضى الى ضحضاح غيساته[2] عمري
ودب البلا في كل عضو ومفصل   ومن ذا الذي يبقى سليما على الدهر

قال ولاحمد بن علوية قصيدة على الف قافية شيعية عرضت على أبي حاتم السجستاني فاعجب بها وقال يا أهل البصرة غلبكم اهل اصبهان واول هذه القصيدة.

ما بال عينك ثرة الانسان   عبرى اللحاظ سقيمة الاجفان

وقال احمد بن علويه يهجو الموفق لما انفذ الاصبغ رسولا الى احمد بن

(١) ق الكتب : ص اللب (٢) ق ضحضاح عيشة : ص ضحاح عشية

عبد العزيز العجلي يأمره بانفاذ قطعة من جيشه

أدى رسالته واوصل كتبه   وأتى بامر لا ابا لك معضل
قال اطرح ملك اصبهان وعزها   وابعث بعسكرك الخميس الجحفل
فعلمت ان جوابه وخطابه   عض الرسول ببظر ام المرسل

﴿ احمد بن عمر البصري النحوي ﴾

روى عنه ابو بشر عن أبي المفرح الانصاري عن ابن السكيت روى عنه ابو عبد الله محمد بن المعلى بن عبد الله الازدي

﴿ احمد بن عمران بن سلامة الالهاني ابو عبدالله النحوي ﴾

يعرف بالاخفش قديم ذكره ابو بكر الصولي في الكتاب الذي الفه في شعراء مصر فقال كان نحويا لغويا واصله من الشام وتأدب بالعراق فلما قدم مصر اكرمه اسحاق بن عبد القدوس واخرجه الى طبرية فأدب ولده وله اشعار كثير في اهل البيت عليهم السلام   منها

ان بني فاطمة الميمونة   الطيبين الاكرمين الطينه
ربيعنا في السنة الملعونه   كلهمُ كالروضة المهتونه

قال وحدثني علي بن سراج قال حدثني جعفر بن احمد قال قال لي احمد ابن عمران قال الهيثم بن عدي ممن انت قلت انا من الهان اخي[1] همدان قلت نعم هم عرس الجن يسمع به ولا يرى ما رأيت الهانيا قبلك قال وكان الالهاني قد نزل على رعل حي من بني سليم فلم يقروه فقال

---

(١) ق اخو

تضيفت بغلتي والارض معشبة   رعلا وكان قراها عندهم عدس [١]
واكلبا كاسود الغاب ضارية   وواقفات بايدي اعبد عبس
والعام ارغد والايام فاضلة   وما ترى في سواد الحي من قبس
يستوحشون من الضيف الملم بهم   ويأنسون الى ذي السوءة الشرس

وله يمدح جعفر بن جدلة

اذا استسلم [٢] المال عند الهذيل   فمال الفتى جعفر خاسر
وان ضن جازره بالمدى   فان الحسام له حاضر

﴿ احمد بن فارس بن زكريا اللغوي ﴾

وقال ابن الجوزي احمد بن زكريا بن فارس ولا يعاج به مات سنة تسع وستين وثلثمائة : وقال قبل وفاته بيومين

يارب ان ذنوبي قد احطت بها   علما وبي وباعلاني واسراري
انا الموحد لكني المقر بها   فهب ذنوبي لتوحيدي واقراري

ووجد بخط الحميدي ان ابن فارس مات في حدود سنة ستين وثلثمائة وكل منهما لا اعتبار به لاني وجدت خط كفه على كتاب الفصيح تصنيفه وقد كتبه في سنة احدى وتسعين وثلثمائة وذكره الحافظ السلفي في شرح مقدمة معالم السنن للخطابي فقال أصله من قزوين وقال غيره اخذ احمد بن فارس على [٣] ابي بكر احمد بن الحسن الخطيب رواية ثعلب وابي الحسن علي بن ابراهيم القطان وابي عبد الله احمد بن طاهر المنجم

---

(١) لعله علسي : قال في تاج العروس العلسي الرجل الشديد ونبات الصبر (٢) لعله استلأم (٣) لعله عن : وكذلك الرواية عند السيوطي في طبقات المفسرين (ص ٤)

وعلي بن عبد العزيز المكي[١] وابي عبيد وابي القاسم سليمان بن احمد الطبراني وكان ابن فارس يقول ما رأيت مثل ابي عبد الله احمد بن طاهر ولا رأى هو مثل نفسه . وكان ابن فارس قد حمل الى الري باجرة ليقرأ عليه مجد الدولة ابو طالب بن فخر الدولة على بن ركن الدولة بن ابي الحسن بن بويه الديلمي صاحب الري فاقام بها قاطنا وكان الصاحب ابن عباد يكرمه ويتتلمذ له ويقول «شيخنا ابو الحسين فمن رزق حسن التصنيف وامن فيه من التصحيف» وكان كريماً جوادا لا يبقي شيئاً وربما سئل فوهب ثياب جسمه وفرش بيته وكان فقيها شافعياً فصار مالكيا وقال دخلتني الحمية لهذا البلد يعني الري كيف لا يكون فيه رجل على مذهب هذا الرجل المقبول القول[٢] على جميع الالسنة . وله من التصانيف كتاب المجمل . وكتاب متخير الالفاظ . كتاب فقه اللغة . كتاب غريب اعراب القرآن . كتاب تفسير اسماء النبي عليه السلام . كتاب مقدمة[٣] كتاب دار[٤] العرب كتاب حلية الفقهاء . كتاب العرق . كتاب مقدمة الفرائض . كتاب ذخائر الكلمات . كتاب شرح رسالة الزهري الى عبد الملك بن مروان . كتاب الحجر . كتاب سيرة النبي صلى الله عليه وسلم كتاب صغير الحجم . كتاب الليل والنهار . كتاب العم والخال . كتاب اصول الفقه . كتاب اخلاق النبي صلى الله عليه وسلم . كتاب الصاحبي صنفه لخزانة

---

(١) السيوطي صاحب ابي عبيد (٢) السيوطي : ق ـ : وعند الصفدي فان الري اجمع البلاد للمقالات والاختلاف (٣) ص مقدمة نحو (٤) ص والسيوطي دارات

الصاحب . كتاب جامع التأويل في تفسير القرآن اربع مجلدات . كتاب الشيات والحلي . كتاب خلق الانسان . كتاب الحماسة[١] المحدثة . كتاب مقاييس اللغة وهو كتاب جليل لم يصنف مثله . كتاب كفاية المتعلمين في اختلاف النحويين. وحدث ابن فارس سمعت ابي يقول حججت فلقيت بمكة ناساً من هذيل فجاريتهم ذكر شعرائهم فما عرفوا احداً منهم ولكني رأيت امثل الجماعة رجلا فصيحاً وانشدني

اذا لم تحظ في ارض فدعها ‏ وحث اليعملات على وجاها
ولا يغررك حظ اخيك فيها ‏ اذا صفرت يمينك من جداها
ونفسك فز بها ان خفت ضيما ‏ وخل الدار تحزن من بكاها
فانك واجد ارضاً بارض ‏ ولست بواجد نفسا سواها

ومن شعر ابن فارس

وقالوا كيف انت فقلت خير ‏ نقضي حاجة وتفوت حاج
اذ ازدحمت[٢] هموم القلب[٣] قلنا ‏ عسى يوما يكون لها انفراج
نديمي هرتي * وسرور قلبي[٤] ‏ دفاتر لي ومعشوقي السراج

ومن شعره في همذان

سقى همذان الغيث لست بقائل ‏ سوى ذا وفي الاحشاء نار تضرم
وما لي لا اصفي الدعاء لبلدة ‏ افدت بها نسيان ما كنت اعلم

---

(١) قد ذكر صاحب الفهرست هذا الكتاب وترك ذكر ما سواه من كتب ابن فارس (ص ٨٠) (٢) ق رغمت : والصواب في اليتيمة (٣ : ٢١٩) (٣) اليتيمة الصدر (٤) اليتيمة انيس نفسي

نسيت الذي احسنته غير انني ‏ ‏ مدين وما في جوف بيتيَ درهم

وله ايضا

اذا كنت في حاجة مرسلا ‏ ‏ وانت بها كلف مغرم

"فارسل حكيما ولا توصه" ‏ ‏ وذاك الحكيم هو الدرهم

وله ايضا

مرت بنا هيفاء مقدودة ‏ ‏ تركية تنمى لتركي (١)

ترنو بطرف فاتن فاتر ‏ ‏ كأنها (٢) حجة نحوي

قال الثعالبي حدثني ابن عبد الوارث النحوي قال كان الصاحب منحرفا عن أبي الحسين بن فارس لانتسابه (٣) الى خدمة آل (٤) العميد وتعصبه لهم فانفذ اليه من همذان كتاب الحجر من تأليفه فقال الصاحب رد الحجر من حيث جاءك ثم لم تطب نفسه بتركه فنظر فيه وامر له بصلة.

ولابن فارس في اليتيمة

ياليت لي الف دينار موجهة ‏ ‏ وان حظي منها فلس فلاس

قالوا فما لك منها قلت تخدمني ‏ ‏ لها ومن اجلها الحمقى من الناس

وله ايضا

اسمع مقالة ناصح ‏ ‏ جمع النصيحة والمقه

اياك واحذر ان تبيـــــت من الثقات على ثقه

وله ايضا

---

(١) ق بتركي : والصواب في اليتيمة (٢) في اليتيمة اضعف من (٣) ق لا يتشابه والصواب في اليتيمة (٣:٤١) (٤) في اليتيمة ابن العميد وله ولعله الصواب

وصاحب لي اتاني يستشير وقد ... اراد في جنبات الارض مضطربا

قلت اطّلب اي شيءٍ شئت[1] واسع ورد ... منه الموارد ألا العلم والادبا

وله ايضا

اذا كان يؤذيك حر المصيف ... وكرب الخريف وبرد الشتا

ويلهيك حسن زمان الربيع ... فاخذك للعلم قل لي متى

وله ايضا

عتبت[2] عليه حين ساء صنيعه ... وآليت لا امسيت طوع يديه

فلما[3] خبرت الناس خبر مجرب ... ولم ار خيراً منه عدت اليه

وله ايضا

تلبس لباس الرضا بالقضا ... وخل الامور لمن يملك

تقدّر انت وجاري القضا ... ء مما تقدره يضحك

قال يحيى بن منده الاصبهاني سمعت عمي عبدالرحمن بن محمد بن العبدي يقول سمعت ابا الحسين احمد بن زكريا بن فارس النحوي يقول دخلت بغداد طالباً للحديث * فحضرت مجلس بعض اصحاب الحديث وليست معي قارورة *فرأيت شابا عليه سمة جمال[4] فاستأذنته في كتب الحديث من قارورته فقال من انبسط الى الاخوان بالاستئذان فقد استحق الحرمان. قال عبد الرحمن بن منده وسمعت ابن فارس يقول سمعت ابا احمد بن ابي التيار يقول ابو احمد العسكري يكذب على الصولي مثلما كان

---

(١) اليتيمة : ق كل شيءٍ (٢) ق عبيت (٣) ق فما (٤) هذه الكلمات في الاصل موضوعة بعد « طالباً للحديث » فنقلناها

الصولي يكذب على الغلابي مثلما كان الغلابي يكذب على سائر الناس . قرأت بخط الشيخ ابي الحسن علي بن عبد الرحيم السلمي وجدت بخط ابن فارس على وجه المجمل والابيات له ثم قرأتها على سعد الخير الانصاري واخبرني انه سمعها من ابن شيخه ابي زكريا عن سليمان بن ايوب عن ابن فارس

يادار سعدي بذات[١] الضال من اضم　　سقاك صوب حيا من واكف العين

العين سحاب ينشا من قبل القبلة

اني لاذكر اياما بها ولنا　　في كل اصباح يوم قرة العين

العين ههنا عين الانسان وغيره

تدني معشقة منا معتقة　　تشجها عذبة من نابع العين

العين ههنا ما ينبع منه الماء

اذا تمززها[٢] شيخ به طرق　　سرت بقوتها في الساق والعين

العين ههنا عين الركبة والطرق ضعف الركبتين

والزق ملآن من ماء السرور فلا　　تخشى توله ما فيه من العين

العين ههنا ثقب يكون في المزادة وتوله الماء ان يتسرب

وغاب عذالنا عنا فلا كدر　　في عيشنا من رقيب السوء والعين

العين هاهنا الرقيب

يقسم الود فيما بيننا قسماً　　ميزان صدق بلا بخس ولا عين

العين ههنا العين في الميزان

---

(١) ق نداة (٢) ق تموزها

وفائض المال يغنينا بحاضره   فنكتفي من ثقيل الدين بالعين

العين ههنا المال الناضّ

والمجمل المجتبى تغني فوائده   حفاظه عن كتاب الجيم والعين

قال وبخطه ايضا سمعت أبي يقول حججت فلقيت بمكة ناسا من هذيل فجاريتهم ذكر شعرائهم. وجدت على نسخة قديمة بكتاب المجمل من تصنيف ابن فارس ما صورته تأليف الشيخ ابي الحسين احمد بن فارس ابن زكريا الزهراوي الاستاذخرذي واختلفوا في وطنه فقيل كان من رستاق الزهراء من القرية المعروفة كرسف[١] وجيانا باذ وقد حضرت القريتين مراراً ولا خلاف انه قروي. حدثني والدي محمد بن احمد وكان من جملة حاضري مجالسه قال اتاه آت فسأله عن وطنه فقال كرسف قال فتمثل الشيخ

بلاد بها شدت عليّ تمائمي   واول[٢] ارض مس جلدي ترابها

وكتبه مجمع بن محمد بن احمد بخطه في شهر ربيع الاول سنة ٤٤٦ وكان في آخر هذا الكتاب ما صورته ايضا مضى الشيخ ابو الحسين احمد بن فارس رحمه الله في صفر سنة ٣٩٥ بالري ودفن بها مقابل مشهد قاضي القضاة أبي الحسن علي بن عبد العزيز يعني الجرجاني. انشد ابو الريحان البيروني في كتاب الآثار الباقية عن القرون الخالية لاحمد بن فارس

قدقال فيما مضى حكيم[٣]   ما المرء الا باصغريه

---

(١) لعله بكرسف والقريتان لم يرد ذكرهما في معجم البلدان(٢) وارض ان

(٣) ق وقد

فقلت قول امرئ لبيب   ما المرء الا بدرهميه
من لم يكن معه درهماه   لم يلتفت عرسه اليه
وكان من ذله حقيراً   تبول سنوره (١) عليه

وحدث هلال بن المظفر الريحاني قال قدم عبد الصمد بن بابك الشاعر الى الري في أيام الصاحب فتوقع ابو الحسين احمد بن فارس ان يزوره ابن بابك ويقضي حق علمه وفضله وتوقع ابن بابك ان يزوره ابن فارس ويقضي حق مقدمه فلم يفعل احدهما ما ظن صاحبه فكتب ابن فارس الى أبي القاسم بن حسولة

تعديتِ في وصلي فعدي عتابكِ   وادني بديلا من نواكم (٢) ايابكِ
تيقنت ان لم احظ والشمل جامع   بايسر مطلوب فهلا كتابكِ
ذهبت بقلب عيل بعدك صبره   غداة ارتنا المرقلات ذهابكِ
وما استمطرت عيني سحابة ريبة   لديك ولا ثنت يميني سخابكِ
ولا نقبت والصب يصبو لمثلها   عن الوجنات الغانيات نقابكِ
ولا قلت يوما عن قلي وسآمة   لنفسك سلي عن ثيابي ثيابكِ
وانت التي شيبت قبل اوانه   شبابي سقى الغر الغوادي شبابكِ
تجنبت ما اوفى وعاقبت ما كفى   الم يان سعدى ان تكفّي غتابكِ
وقد نبحتني من كلابك عصبة   فهلا وقد حانوا زجرت كلابكِ
تجافيت عن مستحسن البرجلة   وجرت على بختي جفاء ابن بابكِ

فلما وقف ابو القاسم الحسولي على الابيات ارسلها الى ابن بابكِ وكان

---

(١) في الآثار الباقية (طبع سخو) ص ٣٣٨ سنورهم (٢) لعله نوالكِ

مريضا فكتب جوابها بديها: وصلت الرقعة اطال الله بقاء الاستاذ وفهمتها وانا اشكو اليه الشيخ ابا الحسن (١) فانه صيرني فصلا لا وصلا وزجا لا نصلا ووضعني موضع الحلال (٢) من الموائد وتَمَّتْ من أواخر القصائد وسحب اسمي منها مسحب الذيل واوقعه موقع الذيب (٣) المحذوف من الجبل وجعل مكاني (٤) مكان الفعل (٥) من البـاب وفذلك من الحساب وقد اجبت عن ابياته بابيات اعلم ان فيها ضعفاً لعلتين علتي وعلتها وهي

ايا اثلات الشعب من مرج يابس ... سلام على آثاركن الدوارس

لقد شاقني والليل في شملة الحيا ... اليـكن توليـع النسيم المخالس

ولمحة برق مُسْتَمِيتٍ كأنه ... تردد لحظٍ بين اجفان ناعس

فبـت كأني صعدة يمنيـة ... تزعزع في نقع من الليل دامس

الا حبذا صبح اذا ابيض افقه ... يصدع عن قرن من الشمس وارس

وكنت (٦) من الخلصاء تركب سيلها ... ورود المطي الحائمات الكوانس

فيا طارق الزوراء قل لغيومها اسـ ... تهلي على متنٍ من الكرخ آنس

وقل لرياض القفص (٧) تهدي نسيمها ... فلست على بعـد المزار بآيس

ألا ليت شعري هل ابيتن ليلةً ... لقى بـين اقراط المها والمحابس

وهـل ارين الري دهليز بابك ... وبابك دهليـز الى ارض فارس

ويصبح ردم السد قفلا عليهما ... كما صرت قفلا في قوافي ابن فارس

---

(١) لعله الحسين (٢) لعله الحلاوى (٣) لعله الذنب المحذوف من الخيل (٤) ق ــ (٥) لعله القفل (٦) لعله ركبت (٧) قرية مشهورة بين بغداد وعكبرا من مواطن اللهو

فعرض ابو القاسم الحسولي المقطوعين على الصاحب وعرفه الحال فقال

البادئ اظلم والقادم يزار وحسن العهد من الايمان

﴿ احمد بن الفضل بن شبابة الكاتب ابو الصقر ﴾

النحوي الهمذاني من اهل همذان ذكره شيرويه كان يلقب بساسي دوير مات سنة ٣٥٠ روى عن ابراهيم بن الحسين ديزيل وأبي خليفة الفضل بن الحباب الجمحي وأبي القاسم عبد الله بن محمد بن عبد العزيز البغوي وأبي سعيد الحسن بن (١) علي بن زكريا العدوي وأبي بكر محمد ابن خلف وكيع وأبي العباس احمد بن يحيي ثعلب وأبي العباس محمد بن يزيد المبرد وأبي بكر بن دريد النحوي وأبي الحسن علي بن سعيد العسكري وعلي بن الفضل الرشيدي وغيرهم روى عنه أبو بكر احمد بن علي بن بلال وابو العباس احمد بن ابراهيم بن تركان وابو الحسن ابراهيم ابن جعفر الاسدي وابو بكر بن خلف بن محمد الخياط وابو عبد الله احمد بن عمر الكاتب وابن روزنة وغيرهم . حدثنا عبد الملك بن عبد الغفار الفقيه لفظاً اخبرنا عبد الله بن عيسى الفقيه حدثنا محمد بن احمد قال سمعت ابا الصقر بن شبابة الكاتب يقول كنت بالبصرة فاستأذنت علي ابن خليفة وعنده جماعة من الهاشميين يتغدون فحبسني البواب فكتبت في رقعة فناولتها بعض غلمانه فناوله ابا خليفة

ابا خليفة تجفو من له ادب　　وتتحف الغر من اولاد عباس

ما كان قدر رغيف لو سمحت به　　شيئاً وتأذن لي في جملة الناس

(١) ق ـ

فلما وصلت اليه الرقعة قال عليّ بالهمذاني صاحب الشعر فادخلت اليه فقدم اليّ طبقاً من رطب واجلسني معه

﴿ احمد بن الفضل بن محمد بن احمد بن محمد بن جعفر ﴾

الباطرقاني المقرئ مات في الثاني والعشرين من صفر سنة ٤٦٠ باصبهان قال السمعاني كان مقرئاً فاضلاً ومتحدثاً مكثراً من الحديث كتب بنفسه الكثير وكان حسن الخط دقيقه قرأ القرآن على جماعة من مشاهير القدماء بالروايات وصنف التصانيف فيه منها . كتاب طبقات القراء . كتاب الشواذ . وصلى بالناس اماماً في الجامع الكبير سنين بعد ابن المظفر بن الشبيب سمع الحديث من أبي عبد الله محمد بن اسحاق بن ابراهيم بن عبد الله بن خرشيدة التاجر وجماعة وروى لنا عن جماعة كثيرة قال ابن منده جرى ذكر الباطرقاني عند الامام عمر رحمه الله والشيخ الحافظ ابو محمد عبد العزيز بن محمد النخشبي وجماعة حاضرون فقال عبد العزيز صنف مسنداً ضمنه ما اشتمل عليه صحيح البخاري الا أنه كتب المتن من الاصل ثم ألحقه الاسناد وهذا ليس من شرط أصحاب الحديث وأهله يتكلم في مسائل لا يسع الموضع ذكرها لو اقتصر على الاقراء والحديث كان خيراً له

﴿ احمد بن كامل بن شجرة بن منصور بن كعب ﴾

ابن زيد (١) أبو بكر القاضي قال الخطيب قال القاضي ابن كامل وُلدتُ في سنة ٢٦٠ قال ومات في المحرم سنة ٣٥٠ قال الخطيب وكان ينزل

(١) ص يزيد

حفظه بما ليس عنده في كتابه وأهلكه العجب فانه كان يختار ولا يضع لاحد من الائمة اصلا قيل له أ كان جريري المذهب فقال بل خالفه واختار لنفسه وأملى كتاباً في السير وتكلم على الاختيار. أنبأنا[1] الخطيب ابو الفضل عبيد الله احمد بن عبد الله المنصوري قال حدثنا ابو منصور موهوب بن الجواليقي حدثنا ثابت بن بندار حدثنا ابو علي الحسن بن احمد بن شاذان حدثنا ابو بكر احمد بن كامل بن شجرة القاضي في سنة ٣٤٩ حدثني عبد الله بن احمد بن عيسى المقرئ يعرف بالفسطاطي قال حدثنا احمد بن سهل ابو عبد الرحمن قال قدم علينا سعد بن زنبور فاتيناه فحدثنا قال كنا على باب الفضيل بن عياض فاستأذنا عليه فلم يؤذن لنا قال فقيل لنا انه لا يخرج اليكم او يسمع القرآن قال وكان معنا رجل مؤذن وكان صيتاً فقلنا له اقرأ فقرأ أَلْهَاكُمُ ٱلتَّكَاثُرُ ورفع بها صوته قال فاشرف علينا الفضل وقد بكى حتى بل لحيته بالدموع ومعه خرقة ينشف بها الدموع من عينه وأنشأ يقول

بلغت الثمانين أو جزتها — فماذا أؤمل أو أنتظر

أتاني ثمانون من مولدي — وبعد الثمانين ما ينتظر

علتني السنون فابلينني

قال ثم خنقته العبرة قال وكان معنا علي بن خشرم فأتمه له فقال

فدقت عظامي وكل البصر

قال ثم قال القاضي احمد بن كامل ولدت سنة ٢٦٠ وانشدنا

(١) ق ابياتاً

عقد الثمانين عقد ليس يبلغه　　الا الموخر للاخبار[١] والغير

﴿ احمد بن كليب النحوي ﴾

صاحب اسلم الاندلسيين ذكر ابو الفرج عبد الرحمن بن الجوزي في المنتظم ان احمد بن كليب مات سنة ٤٢٦ وذكر قصته التي اذكرها فيما بعد بعينها ولا ادري من اين له هذه الوفاة فان الحميدي ذكره في كتابه ولم يذكر وفاته قال الحميدي هو شاعر مشهور الشعر ولا سيما شعره في اسلم وكان قد افرط في حبه حتى اداه ذلك الى الموت وخبره في ذلك ظريف رواه عن محمد بن الحسن المذحجي[٢] قال كنت اختلف في النحو الى ابي عبد الله محمد بن خطاب النحوي في جماعة وكان معنا عنده ابو الحسن اسلم بن احمد بن سعيد بن قاضي الجماعة اسلم بن عبد العزيز صاحب المزني والربيع قال محمد بن الحسن وكان[٣] من اجمل من رأته العيون وكان يجيء معنا الى محمد بن خطاب[٤] احمد بن كليب وكان من اهل الأدب البارع والشعر الرائق فاشتد كلفه باسلم وفارق صبره وصرف فيه القول متستراً[٥] بذلك الى ان فشت اشعاره فيه وجرت على الالسنة وتنوشدت في المحافل فلعهدي بعرس وفيه زامر يزمر[٦] في البوق بقول احمد بن كليب في اسلم

---

(١) ق الاخبار (٢) هذه الحكاية موجودة فى مصارع العشاق (طبع قسطنطينية ١٣٠١) ص ١٩٤ (٣) الحميدي والضبي (٤٦٢) ق ــ (٤) ق بن احمد بن (٥) الحميدي :ق مستشيراً : (٦) ق يعزمر : والصواب فى رواية الضبي عن الحميدي التي اختصرها ياقوت

اسلمني في هوا ه اسلم هذا الرشا
غزال * له مقلة [١] يصيب بها من يشا
وشي بيننا حاسد سيسئل عما وشا
ولو شاء ان يرتشي على الوصل روحي ارتشا

فلما بلغ هذا المبلغ انقطع اسلم عن جميع مجالس الطلب ولزم بيته والجلوس على بابه فكان احمد بن كليب لا شغل له الا المرور على باب اسلم سائرا ومقبلا نهاره كله فانقطع اسلم عن الجلوس على باب داره نهاراً فاذا صلى المغرب واختلط الظلام خرج مستروحاً وجلس على باب داره فعيل صبر احمد بن كليب فتحيل في بعض الليالي ولبس جبة من جباب اهل البادية واعتم بمثل عمائمهم [٢] واخذ باحدى يديه دجاجاً وبالاخرى قفصاً فيه بيض وتحين جلوس اسلم عند اختلاط الظلام على بابه فتقدم اليه وقبل يديه [٣] وقال يامر مولاي [٤] بأخذ هذا فقال له اسلم ومن انت قال صاحبك في الضيعة الفلانية وقد كان تعرف [٥] اسماء ضياعه واصحابه فيها فامر اسلم باخذ ذلك منه [٦] ثم جعل اسلم يسئله عن الضيعة فلما جاوبه انكر الكلام وتأمله فعرفه فقال يا اخي وهنا بلغت بنفسك والى ههنا تبعتني اما كفاك انقطاعي عن مجالس الطلب وعن الخروج جملة وعن القعود على باب داري نهاراً حتى قطعت عليّ جميع [٧] ما لي فيه راحة قد صرت في سجنك والله لا فارقت

---

(١) الحميدي : ق مقلته (٢) الحميدي: ق عمائم (٣) الحميدي يده: وكذا في المصارع (٤) الحميدي : ق يا مولاي تاخذ (٥) الحميدي : ق وكان قد عرف (٦) فى المصارع على عادتهم فى قبول هدايا العاملين فى الضياع عند ورودهم منها (٧) ق –

بَعد هذه الليلة قعر منزلي ولا قعدت ليلاً ولا نهاراً على بابي ثم قام وانصرف
احمد بن كليب حزيناً كئيباً قال محمد بن الحسن واتصل [١] ذلك بنا فقلنا
لاحمد بن كليب قد [٢] خسرت دجاجك وبيضك فقال هات كل ليلة
قبلة يده واخسر اضعاف [٣] ذلك قال فلما يئس من رؤيته ألبتة [٤] نهكته العلة
واضجعه المرض قال فاخبرني شيخنا محمد بن خطاب قال فعدته [٥] فوجدته
باسوء حال فقلت له ولم لا تتداوى فقال دوائي معروف واما الاطباء فلا
حيلة لهم فيه البتة فقلت له وما دواؤك قال نظرة من اسلم فلو سعيت في
ان يزورني لاعظم الله اجرك وكان هو والله ايضا يؤجر قال فرحمته
وتقطعت نفسي له ونهضت الى اسلم فتلقاني بما يجب فقلت له [٦] لي حاجة
قال وما هي قلت له قد علمت ما جمعك مع احمد من ذمام الطلب عندي
فقال نعم فقد تعلم أنه [٧] اشهر اسمي وآذاني فقلت له كل ذلك مغتفر في
الحال التي هو فيها والرجل يموت فتفضل بعيادته فقال والله ما أقدر على
ذلك فلا تكلفني هذا فقلت له لا بد فليس عليك في ذلك شيء فانما هي
عيادة مريض قال ولم أزل به حتى أجاب فقلت فقم الآن فقال لي لست
والله افعل ذلك ولكن غدا فقلت له ولا خُلف فقال نعم قال فانصرفت
الى احمد بن كليب واخبرته بوعده بعد تأبيه فسر بذلك وارتاحت نفسه
قال فلما كان من [٨] الغد بكرت الى أسلم وقلت له الوعد فوجم وقال والله

---

(١) الحميدي : ق ولا اتصل (٢) المصارع : ق والحميدي وخسرت
(٣) الحميدي : ق — (٤) ق بتة (٥) الحميدي : ق تفقدته (٦) الحميدي : ق —
(٧) الحميدي انه برح بي وشهر اسمي (٨) المصارع : ق والحميدي —

لقد تحملني على خطة صعبة وما أدري كيف اطيق ذلك فقلت له لا بد من (١) ان تفي بوعدك فاخذ رداءه ونهض معي راجلا فلما أتينا منزل احمد بن كليب وكان يسكن في آخر درب طويل فلما توسط الدرب وقف واحمر وخجل وقال لي الساعة والله اموت وما إستطيع ان انقل قدمي ولا ان اعرض لهذا (٢) نفسي فقلت لا تفعل بعد ان بلغت المنزل ان تنصرف قال لا سبيل والله الى ذلك البتة قال ورجع مسرعاً فاتبعته واخذت بردائه فتمادى وتمزق الرداء وبقيت قطعة منه في يدي ومضى فلم ادركه فرجعت ودخلت الى احمد بن كليب وقد كان غلامه دخل اليه (٣) اذ رآنا من اول الدرب مبشراً فلما رآني دونه (٤) تغير لونه وقال وأين أبو الحسن فاخبرته بالقصة فاستحال من وقته واختلط وجعل يتكلم بكلام لا يعقل منه اكثر من الترجع فاستبشعت (٥) الحال وجعلت أترجع وقمت فثاب اليه ذهنه وقال لي يا ابا عبد الله اسمع وأنشد

أسلم يا راحة العليل   رفقا على الهائم النحيل
وصلك اشهى الى فؤادي (٦)   من رحمة الخالق الجليل

فقلت له اتق الله ما هذه العظيمة فقال لي قد كان ما كان فخرجت عنه فوالله ما توسطت الدرب حتى سمعت الصراخ عليه وقد فارق الدنيا هذا قتيل الحب لا دية ولا قود قال وهذه قصة مشهورة عندنا والرواة

---

(١) الحميدي ق ـ (٢) ق هذا : وعند الحميدي اعرض هذا على نفسي : وكذا في المصارع (٣) الحميدي عليه (٤) المصارع : ق والحميدي ـ (٥) الحميدي فاستشنعت (٦) هذا البيت تركه صاحب المصارع لتجاوزه حد الادب

ثقات واسلم هذا من بيت جليل وهو صاحب الكتاب المشهور في اغاني زرياب وكان شاعراً اديباً قال الحميدي وقد رأيت ابنه أبا الجعد قال(١) وذكرت هذه القصة لمحمد بن سعيد الخولاني الكاتب فعرفها وقال لي اخبرني الثقة قال لقد رأيت أسلم هذا في يوم شديد المطر لا يكاد احد يمشي في طريق وهو قاعد على قبر احمد بن كليب زائراً له وقد تحين غفلة الناس في مثل ذلك الوقت وكان احمد بن كليب قد اهدى الى اسلم في أول أمره كتاب الفصيح وكتب عليه

هذا كتاب الفصيح ۞ بكل لفظ مليح
وهبته لك طوعاً ۞ كما وهبتك روحي

وقرأت في كتاب الديارات للخالدي حكاية اعجبني امر صاحبها واحببت ان يكون لها موضع من كتابي هذا وكان المثل يذكر بالمثل ذكرتها عقيب خبر احمد بن كليب فانهما خبران متقاربان قال حدثني(٢) ابو الحسين يحيي بن الحسين الكندي الحراني الشاعر قال حدثني ابو بكر احمد بن محمد الصنوبري قال كان بالرها وراق يقال له سعد(٣) وكان في دكانه مجلس كل اديب وكان حسن الادب والفهم يعمل شعراً رقيقا وما كنا نفارق دكانه انا وابو بكر المعوج الشامي الشاعر وغيرنا من شعراء الشام وديار مصر وكان لتاجر بالرها نصراني من كبار تجارها ابن اسمه عيسى

---

(١) الحميدي قال ابو محمد (علي بن احمد) (٢) وردت هذه الحكاية في تزيين الاسواق بتفصيل اشواق العشاق (طبع مصر ١٣١٩) ص ١٧٠ (٣) ق سعيد: ويظهر من الابيات فيما يأتي ان اسمه سعد

من احسن الناس وجهاً [١] واحلاهم قداً واظرفهم طبعا ومنطقا وكان يجلس الينا ويكتب عنا اشعارنا وجميعنا يحبه ويميل اليه وهو حينئذ صبي في الكتاب فعشقه سعد [٢] الوراق عشقا متبرحا ويعمل فيه الاشعار فمن ذلك وقد جلس عنده في دكانه

اجعل فؤادي دواة والمداد دمي   وهاك فابر عظامي موضع القلم
وصير اللوح وجهي وامحه بيد   فان ذلك برء لي من السقم
ترى المعلم لا يدري بمن كلفي   وانت اشهر في الصبيان من علم

ثم شاع بعشق الغلام في الرها خبره فلما كبر وشارف الاشلاف [٣] احب الرهبنة وخاطب اباه وامه في ذلك والح عليهما حتى اجاباه وخرجا به الى دير زكي بنواحي الرقة وهو في نهاية حسنه فابتاعا له قلاية ورفعا الى راس الدار جملة من المال عنها فاقام الغلام فيها وضاقت على سعد الوراق الدنيا بما رحبت واغلق دكانه وهجر اخوانه ولزم الدير مع الغلام وسعد [٤] في خلال ذلك يعمل فيه الاشعار فمما عمل فيه وهو في الدير وكان الغلام قد عمل شماساً

يا حمة قد علت غصنا من البان   كأن اطرفها اطراف ريحان
قد قايسوا الشمس بالشماس فاعترفوا   بانما الشمس والشماس سيان
فقل لعيسى بعيسى كم هراق دما   انسان عينك من عين لانسان

ثم ان الرهبان انكروا على الغلام كثرة المام سعد به ونهوه عنه وحرموه ان ادخله وتوعدوه باخراجه من الدير ان لم يفعل فاجابهم الى ما سألوه من ذلك فلما رأى سعد امتناعه منه شق عليه وخضع للرهبان ورفق بهم ولم

(١) ق أو (٢) ق سعيد (٣) لعله الشباب (٤) ق سعيد

يجيبوه وقالوا في هذا علينا اثم وعار ونخاف[١] السلطان فكان اذا وافى الدير اغلقوا الباب في وجهه ولم يدعوا الغلام يكلمه فاشتد وجده وازداد عشقه حتى صار الى الجنون نخرق ثيابه وانصرف الى داره فضرب جميع ما فيها بالنار ولزم صحراء الدير وهو عريان يهيم ويعمل الاشعار ويبكي قال ابو بكر الصنوبري ثم عبرت يوماً انا والمعوج من بستان بتنا فيه فرأيناه جالساً في ظل الدير وهو عريان وقد طال شعره وتغيرت خلقته فسلمنا عليه وعذلناه وعتبناه فقال دعاني من هذا الوسواس أترىان ذلك الطائر على هيكل واومأ بيده الى طائر هناك فقلنا نعم فقال انا وحقكما يا اخويّ اناشده منذ الغداة ان يسقط فاحمله رسالة الى عيسى ثم التفت اليّ وقال ياصنوبري معك الواحك قلت نعم قال اكتب

بدينك يا حمامة دير زكي   وبالانجيل عندك والصليب
قفي وتحملي عني سلاماً   الى قمر على غصن رطيب
عليه مسوحة واضاء فيها[٢]   وكان البدر في حلل المغيب
وقالوا رابنا المام سعد   ولا والله ما انا بالمريب
وقولي سعدك المسكين يشكو   لهيب جوى احر من اللهيب
فصله بنظرة لك من بعيد   اذا ما كنت تمنع من قريب
وان انا مت فاكتب حول قبري   محب مات من هجر الحبيب
رقيب واحد تنغيص عيشي   فكيف بمن له مائتا رقيب

(١) ق ويخاف . (٢) في تزيين الاسواق بدلا عن هذا البيت

حماه جماعة الرهبان عني   فقلبي ما يقر من الوجيب

ثم تركنا وقام يعدو الى باب الدير وهو مغلق دونه وانصرفنا عنه وما زال كذلك زمانا ثم وجد في بعض الايام ميتاً الى جانب الدير وكان امير البلد يومئذ العباس بن كيغلغ فلما اتصل ذلك به وبأهل الرها خرجوا الى الدير وقالوا ما قتله غير الرهبان وقال لهم ابن كيغلغ لابد من ضرب رقبة الغلام واحراقه بالنار ولا بد من تعزير جميع الرهبان بالسياط وتصعب في ذلك فافتدى النصارى نفوسهم وديرهم بمائة الف درهم وكان الغلام بعد ذلك اذا دخل الرها لزيارة اهله صاح به الصبيان يا قاتل سعد الوراق وشدوا عليه بالحجارة يرجمونه وزاد عليه الامر في ذلك حتى امتنع من دخول المدينة ثم انتقل الى دير سمعان وما ادري ما كان منه. ومثل هذه الحكاية خبر[1] مدرك بن علي الشيباني وكان مدرك شاعراً أديباً فاضلاً وكان كثيراً مايلم بدير الروم ببغداد ويعاشر نصاراه وكان بدير الروم غلام من اولاد النصارى يقال له عمرو بن يوحنا وكان من احسن الناس وجها وأملحهم صورة وأكملهم خلقا وكان مدرك بن علي يهواه وكان لمدرك مجلس يجتمع فيه الاحداث لاغير فان حضر شيخ أو ذو لحية[2] قال له مدرك * انه قبيح بك[3] ان تختلط مع الاحداث والصبيان فقم في حفظ الله فيقوم وكان عمرو ممن يحضر مجالسه فعشقه وهام به فجاء عمرو يوما فكتب مدرك رقعة فطرحها في حجره فقرأها فاذا فيها

بمجالس العلم التي ... بك تم حسن جموعها

---

(١) وردت هذه الحكاية فى مصارع العشاق (طبع قسطنطينية ١٣٠١) ص ١٥٩ وص ٤٠٠ (٢) في المصارع كهل (٣) فى المصارع يقبح بمثلك

ألا رثيت لمقلة غرقت بفيض[١] دموعها
بيني وبينك حرمة الله في تضييعها

فقرأ الابيات عمرو ووقف عليها من كان في المجلس وقرأوها فاستحيا عمرو وانقطع عن الحضور وغلب الامر على مدرك فترك مجلسه وتبعه وقال فيه قصيدته المزدوجة المشهورة التي اولها

من[٢] عاشق ناءٍ هواه دان ناطق دمع صامت اللسان
موثق قلب مطلق الجثمان معذب بالصد والهجران

وهي طويلة وكتب اليه لما هجره وقطع مجلسه

فيض الدموع وشدة الانفاس شهدا على ما في هواه أقاسي
لبس الملاحة وهو[٣] البسني الضنا شتان بين لباسه ولباسي
يا من يريد وصالنا ويصده ما قد يحاذر من كلام الناس
صلني فان سبقت اليك مقالة منهم فعصب ما يقال براسي

ثم خرج مدرك الى الوسواس وسل جسمه وتغير عقله وترك مجلسه وانقطع عن الاخوان ولزم الفراش قال حسان بن محمد بن عيسى بن شيخ فحضرته عائداً في جماعة من اخوانه فقال ألست صديقكم والقديم العشق لكم * فما منكم احد[٤] ليسعدني بالنظر الى وجه عمرو قال فمضينا الى عمرو فقلنا له ان كان قتل هذا الرجل ديناً فان احياءه مروءة قال وما فعل قلنا قد صار الى حال لا نحسبك تلحقه[٥] قال فنهض معنا فلما دخلنا عليه سلم عليه

(١) فى المصارع بماء (٢) القصيدة برمتها طبعت في مصارع العشاق ص ٣٤١ – الى ٣٤٥ (٣) ق – (٤) فى المصارع أفما فيكم احد (٥) فى المصارع ترضى به

عمرو فأخذ بيده وقال كيف تجدك يا سيدي فنظر اليه ثم اغمي عليه وافاق وهو يقول

انا في عافية الـــا من الشوق اليكا
ايها العائد ما بي منك لا يخفى عليكا
لا تعد جسماً وعد قلـــباً رهيناً في يديكا
كيف * لا يهلك مرشو ق[١] بسهمي مقلتيكا

ثم شهق شهقة فارق الدنيا فيها فما برحنا حتى دفناه رحمه الله

﴿ أحمد المحرر يعرف بالاحول ﴾

قديم كان في ايام الرشيد والمأمون وبعد ذلك قال ابو عبد الله بن عبدوس ذكر ابو الفضل بن عبد الحميد في كتابه ان الاحول المحرر شخص مع محمد بن يزداد بن سعيد وزير المأمون عند شخوص المأمون الى دمشق وانه شكا يوما الى ابي هارون خليفة محمد بن يزداد الوحدة والغربة وقلة ذات اليد وسأله ان يكلم له محمداً في كلام المأمون في امره[٢] ليبره بشيء ففعل ابو هارون ذلك ورأى محمد بن يزداد من المأمون طيب نفس فكلمه فيه وعطفه عليه فقال له المأمون انا اعرف الناس به ولا يزال بخير ما لم يكن معه شيء فاذا رُزق فوق القوت بذره وافسده ولكن أعطه لموضع كلامك اربعة آلاف درهم فدعا ابن يزداد بالاحول وعرفه ماجرى ونهاه عن الفساد وامر له بالمال فلما قبضه ابتاع غلاماً بمائة دينار واشترى سيفاً ومتاعاً واسرف فيما بقي بعد ذلك حتى لم يبق معه شيء فلما رأى

(١) المصارع قد تهلك من شوق (٢) ق امر

الغلام ذلك أخذ كلما كان في بيته وهرب فبقي عريانًا باسوأ حال وصار الى ابي[١] هارون خليفة ابن يزداد فاخبره فأخذ ابو هارون نصف طومار ونشره ووقع[٢] في آخره

فر الغلام فطار قلب الاحول   وانا الشفيع وانت خير معوّل

ثم ختمه ودفعه اليه وقال له امض به الى محمد بن يزداد فاوصله اليه فلما رآه ابن يزداد قال له ما في كتابك قال لا أدري فقال هذا من حمقك تحمل كتابا لا تدري ما فيه ثم فضه فلم ير فيه شيئًا فجعل ينشره وهو يضحك حتى أتى على آخره فوقف على البيت ووقع تحته

لو لا تعنت احمد لغلامه   كان الغلام ربيطة بالمنزل

ثم ختمه وناوله وامره ان يرده الى خليفته فقال له الله الله فيَّ جعلت فداك ارحمني من الحال التي صرت اليها فرق له ووعده أن يكلم المأمون فلما وجد بعد ذلك خلوة من المأمون كلمه فيه وشرح له ما جرى اجمع ووصف له ضعف عقل الاحول ووهى عقدته وسخفه فامر المأمون باحضاره فلما وقف بين يديه قال له يا عدو الله تأخذ مالي فتشتري به غلاماً حتي يفر منك فارتاع لذلك وتلجلج لسانه فقال جعلت فداك يا أمير المؤمنين مافعلت فقال له ضع يدك على رأسي واحلف انك لم تفعل فجعل ابن[٣] يزداد يأخذ بيده لذلك والمأمون[٤] يضحك ويشير اليه ان ينحيها ثم أمر له باجراء رزق واسع في كل شهر ووصله مرة بعد مرة حتى اغناه وكان يعجبه خطه

---

(١) ق ـ (٢) ق ورفع (٣) ق ـ (٤) ق المامون

﴿ احمد بن محمد بن حميد بن سليمان بن حفص بن عبد الله ﴾

ابن ابي الجهم بن حذيفة بن غانم بن عامر بن عبد الله بن عبيد بن عويج ابن عدي بن كعب العدوي الجهمي ابوعبد الله من [١] بني عدي بن كعب القرشي ينسب الى جده ابي الجهم بن حذيفة حجازي دخل العراق وبها تأدب ونشأ وكان اديباً راوية شاعراً متقناً عالماً بالنسب والمثالب ويتناول جلة الناس وله في ذلك كتب مات [٢] ذكره المرزباني ومحمد بن اسحاق [٣] النديم فقالا وقع بينه وبين قوم من العمريين والعثمانيين شر فذكر سلفهم باقبح ذكر فكلمه بعض الهاشميين في ذلك فذكر العباس بامر عظيم فانتهى خبره الى المتوكل فامر بضربه مائة سوط تولى ضربه اياها ابراهيم بن اسحاق بن ابراهيم فلما فرغ من ضربه قال فيه

تبرا الكلوم وينبت الشعر ولكل مورد غلة صدر

واللؤم في أثواب منتطح لعبيده ما اورق الشجر

قال وله من الكتب كتاب انساب قريش واخبارها. كتاب المعصومين. كتاب المثالب . كتاب الانتصار في الرد على الشعوبية . كتاب فضائل مضر

﴿ احمد بن ابي عبد الله بن محمد بن خالد بن عبد الرحمن ﴾

ابن محمد بن علي الرقي ابو جعفر الكوفي الاصل وكان يوسف بن عمر الثقفي والي العراق من قبل هشام بن عبد الملك قد حبس جده محمد بن علي بعد قتل زيد بن علي ثم قتله وكان خالد صغير السن فهرب مع ابيه عبد الرحمن الى

(١) ق بن (٢) بياض بالاصل (٣) في الفهرست (ص ١١١) ورواية ياقوت اصح

برقةقم فاقاموابها وكان ثقة في نفسه غيرانه اكثرالرواية عن الضعفاء واعتمد المراسيل وصنف كتبا كثيرة منها المحاسن (١) وغيرها وقد زيد في المحاسن ونقص فمما وقع الي منها كتاب الابلاغ . كتاب التراحم والتعاطف . كتاب ادب النفس . كتاب المنافع . كتاب ادب المعاشرة . كتاب المعيشة . كتاب المكاسب . كتاب الرفاهية . كتاب المعاريض . كتاب السفر . كتاب الامثال . كتاب الشواهد من كتاب الله عزّ وجلّ . كتاب النجوم . كتاب المرافق . كتاب الدواجن . كتاب المشوم . كتاب الزينة . كتاب الاركان . كتاب الزي . كتاب اختلاف الحديث . كتاب المأكل . كتاب الفهم . كتاب الاخوان . كتاب الثواب . كتاب تفسير الاحاديث واحكامه . كتاب (٢) * العلل . كتاب العقل . كتاب * التخويف . كتاب * التحذير . كتاب التهذيب . كتاب التسلية . كتاب * التاريخ . كتاب التبصرة . كتاب غريب . كتب المحاسن . كتاب مذامّ الاخلاق . كتاب النساء . كتاب المآثر والاحساب . كتاب انساب الامم . كتاب الذاهد والموعظة . كتاب الشعر والشعراء . كتاب العجائب . كتاب الحقائق . كتاب المواهب والحظوظ . كتاب * الحياة وهو كتاب النور والرحمة . كتاب التعيين . كتاب التأويل . كتاب مذامّ الافعال . كتاب * الفروق . كتاب المعاني * والتحريف . كتاب العقاب . كتاب الامتحان . كتاب

(١) ق المحاير (٢) قد نسب صاحب الفهرست بعض الكتب المذكورة هنا لحسن بن محبوب وهي المعلم عليها بالنجيم

العقوبات . كتاب العين . كتاب الخصائص . كتاب النحو . كتاب العيافة والقيافة . كتاب الرجز والفأل . كتاب الطيرة . كتاب المراشد . كتاب * الافانين . كتاب الغرائب . كتاب الخيل . كتاب الصيانة . كتاب الفراسة . كتاب العويص . كتاب النوادر . كتاب مكارم الاخلاق . كتاب ثواب القرآن . كتاب فضل (١) * القرآن . كتاب مصابيح الظلم . كتاب المنتخبات . كتاب الدعابة والمزاح . كتاب الترغيب . كتاب * الصفوة . كتاب الرؤيا . كتاب * المحبوبات والمكروهات . كتاب خلق السموات والارض . كتاب بدء خلق ابليس والجن . كتاب الدواجن والرواض . كتاب مغازي النبي صلعم . كتاب بنات النبي صلعم وازواجه . كتاب * الاحناش والحيوان . كتاب التأويل . كتاب طبقات * الرجال . كتاب * الاوائل . كتاب الطب . كتاب التبيان . كتاب * الجمل . كتاب * ما خاطب الله به خلقه . كتاب * جداول الحكمة . كتاب الاشكال والقرائن . كتاب * الرياضة . كتاب ذكر الكعبة . كتاب التهانئ . كتاب التعازي

﴿ احمد بن محمد بن يوسف الاصبهاني ﴾

قال حمزة في كتاب اصبهان وذكره في جملة الادباء الذين كانوا بها وقال له كتاب في طبقات البلغاء . وكتاب في طبقات الخطباء لم يسبق الى مثلهما . وكتاب ادب الكتاب وانشد الاصبهاني في القاضي الوليد ابن ابي الوليد

---

(١) فهرست فضائل

منهم ابو الحسن ابن كلّس [١] دهره وابو الهذيل وليس بالعلاف [٢]
والهرمزاني الذي يسمو به شرفٌ اناف به على الاشراف
فاجعل حديثك عندنا يشفي الجوى فنفوسنا ولهى الى الايلاف
ولن الجواب فليس يعجبني اخ في الدين شاب وفاءه [٣] بخلاف

﴿ احمد بن محمد بن ابي محمد اليزيدي ﴾

ابو جعفر ذكره الحافظ ابو القاسم بن عساكر في تاريخ دمشق فقال احمد بن محمد بن يحيي بن المبارك بن المغيرة ابو جعفر العدوي النحوي المعروف ابوه باليزيدي كان من ندماء المأمون وقدم معه دمشق وتوجه منها غازيا للروم سمع جده ابا محمد يحيي وابا زيد الانصاري وكان مقرئًا روى عنه أخواه عبيد الله والفضل ابنا محمد وابن اخيه محمد بن العباس ومحمد بن ابي محمد وعون بن محمد الكندي ومحمد بن عبد الملك الزيات مات قبيل سنة ٢٦٠ . قرأت في كتاب أبي الفرج الاصبهاني [٤] حدثنا محمد بن العباس حدثني ابي عن اخيه ابي جعفر قال دخلت يوما على المأمون بقارا وهو يريد الغزو فانشدته شعرا مدحته به اوله

ياقصر ذا النخلات من بارا [٥] اني حبيت [٦] اليكَ من قارا
ابصرت اشجاراً على نهر فذكرت انهارا واشجارا

---

(١) ق قلس (٢) ابو الهذيل العلاف المعرض به ذكره صاحب وفيات الاعيان (٣) ق وفاته (٤) الاغاني (١٨ : ٩٣) (٥) قال صاحب تاج العروس ان بارى قرية من اعمال كلواذا من نواحي بغداد وكان بها بساتين ومنتزهات يقصدها اهل البطالة (٦) الاغاني حللت

لله ايام نعمت بها   في القفص [١] احيانا وفي بارا
اذ لا أزال ازور غانية   ألهو بها وأزور خمارا
لا استجيب لمن دعا لهدى   واجيب شطّاراً ودعّارا
اعصى النصيح وكل عاذلة   واطيع اوتارا ومزمارا

قال فغضب المأمون وقال انا في وجه عدو واحض الناس على الغزو وانت تذكرهم نزهة بغداد قلت الشيء بتمامه ثم قلت

وصحوت بالمأمون من [٢] سكري   ورأيت خير الامر ما اختارا
ورأيت طاعته مؤدية   للفرض اعلانا واسرارا
نخلعت ثوب الهزل من عنقي   ورضيت دار الخلد [٣] لي دارا
وظللت معتصماً بطاعته   وجواره وكفى به جارا
ان حل ارضا فهي لي وطن   وأسير عنها حيثما سارا

فقال له يحي بن أكثم ما احسن ما قال يا امير المؤمنين اخبر انه كان في سكر وخسار فترك ذلك وارعوى وآثر طاعة خليفته وعلم ان الرشد فيها فسكن وأمسك. ولاحمد بن اليزيدي هذا بيت جمع فيه حروف المعجم كلها وهو

ولقد شجتني طفلة برزت ضحى   كالشمس خثماء العظام بذي الغضا

وذكره ابو بكر الزبيدي فقال هو امثل اهل بيته في العلم وهو القائل يهجو غلاما   (بياض بالاصل)

(١) قرية قريبة من بغداد من مواطن اللهو (٢) الاغاني عن (٣) الاغاني الجد

﴿ احمد بن محمد بن عبد الكريم بن سهل ﴾

ويقال ابن ابي سهل الاحول ابو العباس ذكره محمد بن اسحاق النديم (١) فقال هو من متقدمي الكتاب وافاضلهم وكان عالماً بصناعة الخراج متقدماً في ذلك على اهل عصره مات سنة ٢٧٠ وله كتاب الخراج

﴿ احمد بن محمد بن ثوابة بن خالد الكاتب ﴾

ابو العباس قال محمد بن اسحق النديم (٢) هو احمد بن محمد بن ثوابة بن يونس ابو العباس الكاتب اصلهم نصارى وقيل ان يونس يعرف بلبابة وكان حجاما وقيل أمهم لبابة ومات ابو العباس سنة ٢٧٧ وقال الصولي مات في سنة ٧٣ قال وحدثني ابو سعيد وهب بن ابراهيم بن طازاذ قال كان بين علي بن الحسين و بين ابي العباس بن ثوابة منازعة في ضيعة فاجتمعا في مجلس بعض الرؤساء فاحسبه عبيد الله بن سليمان فرد علي ابن الحسين مناظرة ابي العباس الى اخيه ابي القاسم (٣) بن الحسين فناظر ابا العباس فاقبل ابو العباس يهاتره ويطنز به وقال في جملة قوله من أنتم انما نفقتم بالبذيذة (٤) قال فالتفت علي بن الحسين الى صبي كان معه كأنه الدنيا المقبلة فاخذ بيده وقام قائماً في موضعه وكشف عن رأسه وقال باعلى صوته يامعاشر الكتاب قدعرفتموني وهذا ولدي من فلانة بنت فلان الفلاني وهي مني طالق طلاق الحرج والسنة على سائر المذاهب ان لم يكن هذا الشرط الذي في اخدعي شرط جده فلان المزين (٥) لايكني عن جد

---

(١) فهرست (ص١٣٥) (٢) فهرست (ص ١٣٠) (٣) فهرست جعفر بن الحسين (٤) مصحف فى الفهرست (٥) فهرست بالبحرين

ابن ثوابة قال فاستخذل ابو العباس ولم يحر جوابا ولا اجرى بعد ذلك كلاماً في الضيعة وسلمها من غير منازعة ولا محاورة . قال وكان ابو العباس من الثقلاء البغضاء وله كلام مدون مسهجن مستثقل منه: عليّ بماء الورد اغسل فمي من كلام الحاجم : ومنه لما رأى امير المؤمنين الناس قد تدراسوا وتدقلموا وترسعوا وتذورروا تدسقن :[1] وله من التصانيف . كتاب رسائله المجموعة . كتاب رسالته في الكتابة والخط . واخوه[2] جعفر بن محمد ابن ثوابة تولى ديوان الرسائل في ايام عبيد الله بن سليمان الوزير وله ابن اسمه[3] محمد بن احمد كان ايضاً مترسلا بليغاً وله كتاب رسائل وابو الحسين محمد[4] بن جعفر بن ثوابة وابنه ابو عبد الله احمد ابن محمد بن جعفر له ايضاً ديوان رسائل وهو آخر من بقي من فضلائهم

﴿ ومن كلام ابي العباس ﴾

من حق المكاتبة ان يسبقها انس وينعقد قبلها ود ولكن الحاجة اعجلت عن ذلك فكتبت كتاب من يحسن الظن الى من يحققه. ومن فصل له الى عبيد الله بن سليمان: لم يؤت الوزير من عدم فضيلة ولم اؤت من عدم وسيلة وغلة الصادي تأبى له انتظار الوراد وتعجل عن تأمل ما بين الغدير والواد ولم ازل اترقب ان يخطرني بباله ترقب الصائم لفطره وانتظره انتظار الساري لفجره الى ان برح الخفاء وكشف الغطاء وشمت الاعداء وان في تخلفي وتقدم المقصرين لآية للمتوسمين والحمد لله رب العالمين .

---

(١) التصحيف بين في هذه الكلمات ورواية الفهرست أشد تصحيفاً (٢) سقط ذكره من نسخة الفهرست المطبوعة (٣) فهرست ابو عبد الله (٤) فهرست ثوابة

وقيل لابن ثوابة قد تقلد اسماعيل ابن بلبل الوزارة فقال ان هذا عجز قبيح من الاقدار. وكان محمد بن احمد بن ثوابة [١] لبايكباك التركي فلما اغري المهتدي بالرافضة قال المهتدي لبايكباك كاتبك والله ايضاً رافضي فقال بايكباك [٢] كذب والله على كاتبي ما كان يقول هؤلاء فشهدت الجماعة عليه فقال بايكباك كذبتم ليس كاتبي كما تقولون كاتبي خير فاضل يصلي ويصوم وينصحني ونجاني من الموت لا اصدق قولكم عليه فغضب المهتدي ورد الايمان على صحة القول في ابن ثوابة وهو يقول لا لا فلما انصرف القوم من حضرة المهتدي اسمعهم بايكباك وشتمهم ونسبهم الى اخذ الرشى والمصانعات واغلظ لهم وامر ببعضهم فنيل بمكروه الى ان تخلصوا من يده واستتر ابن ثوابة وقلد المهتدي كتابة بايكباك سهل بن عبد الكريم الاحول ونودي على ابن ثوابة ثم تنصل بايكباك الى المهتدي واعتذر اليه فقبل عذره وصفح عنه فلما قدم موسى بن بغا سر من رأى من الجبل تلقاه بايكباك وسأله التلطف في المسئلة في الصفح عن كاتبه ابن ثوابة فلما جدد المهتدي البيعة في دار اناجور التركي عاود بايكباك المسألة في كاتبه [٣] فوعده بالرضى عنه وقال الذي فعلته بابن ثوابة لم يكن لشيء كان في نفسي عليه يخصني لكن غضبا لله تعالى وللدين فان كان قد نزع عما انكر منه واظهر تورعا فاني قد رضيت عنه ثم رضي عنه الخليفة في يوم الجمعة النصف من محرم سنة ٢٥٠ وخلع عليه اربع خلع وقلده سيفاً ورجع الى كتابة بايكباك ميمون بن هارون ٠ قال لي ابو الحسن علي بن محمد بن الاخضر

(١) لعله سقط كاتباً او يكتب (٢) ق بايكبال والصواب عند الطبري (٣) ق كتابه

كنا يوماً في مجلس ابي العباس ثعلب اذ جاءه ابو هفان البصري للسلام عليه فسأله عن امره وسبب قدومه من سامرا واين يريد فقال اريد ابن ثوابة يعني احمد بن محمد بن ثوابة بن خالد وكان بالرقة وكان ذلك في ايام عبيد [١] فقال ابو العباس كيف رضاك عن بني ثوابة فقال اني والله اكره هجاءهم في يوم مثل هذا ولكني اقمت هجائي لهم مقام الزكاة وقلت

ملوك ثناهم كاحسابهم واخلاقهم شبه آدابهم

فطول قرونهم اجمعين يزيد على طول اذنابهم

وقال الصولي كانت بين ابي الصقر اسماعيل بن بلبل الوزير وبين ابي العباس احمد بن محمد بن ثوابة وحشة شديدة لاسباب منها اشياء جرت في مجلس صاعد في آخر ايامه قد حدثني رشيق الموساي [٢] الخادم وما رأيت خادماً اعقل منه ولا اكتب يدا قال كنا في مجاس صاعد فسأل عن رجل فقال ابو الصقر قد كان أُنفي يريد [٣] نُفِي فقال ابن ثوابة في الخرء [٤] فسمعها فقال ابو الصقر كيف تكلم من حقه ان يشد [٥] ويحد فقال ابن ثوابة من جهلك انك لا تعلم ان من يشد لا يحد ومن يحد لا يشد ثم ضرب الدهر من ضربه فرأيت ابن ثوابة قد دخل الى ابي الصقر بواسط فوقف بين يديه ثم قال ايها الوزير لَقَدْ آثَرَكَ اللهُ عَلَيْنَا وَإِنْ كُنَّا لَخَاطِئِينَ فقال له ابو الصقر لَا تَثْرِيبَ عَلَيْكُمْ يا ابا العباس ثم رفع مجلسه وقلده

---

(١) لعله العيد (٢) لعله الموسوي (٣) ق ريد (٤) ق الجزا : والصواب في غرر الخصائص (طبع مصر ١٢٨٤ ص ٣٨١) فكأنه لفظ انني بالفتحة (٥) ق يسد

طساسيج بابل وسورا وبرسيما [١] فضاعف وزاد في الدعاء له فما زال واليًا الى ان توفي في سنة ٢٧٣ هكذا ذكر الصولي والاول منقول من كتاب محمد ابن اسحاق وهذا اولى بالصواب . قال الصولي وحدثني الحسين بن علي الكاتب قال كان ابو العيناء في جملة ابي الصقر قال وكان يعادي ابن ثوابة لمعاداة ابي الصقر فاجتمعا في مجلس بعقب ما جرى بين ابي الصقر وبين ابن ثوابة في مجلس صاعد فتلاحيا فقال له ابن ثوابة اما تعرفني قال [٢] بلى اعرفك ضيق العطن كثير الوسن قليل الفطن خارا على الذقن قد بلغني تعديك على ابي الصقر وانما حلم عنك لانه لم يرَ عزًّا فيذله ولا علوا فيضعه ولا حجرا فيهدمه فعاف لحمك ان يأكله وسهك دمك ان يسفكه فقال له اسكت فما تسابّ اثنان الا غلب الأمهما قال ابو العيناء فلهذا غلبت بالامس ابا الصقر فاسكته . ومن كتاب الوزراء [٣] لهلال بن المحسن حدث علي بن سليمان الاخفش قال ذكر لي المبرد انه كان في يوم نوبة له عند ابي العباس احمد بن محمد بن ثوابة حتى دخل عليه غلامه وفي يده رقعة البحتري فقرأها ابو العباس ووقع فيها توقيعاً خفيفاً وأمر باصلاحها فاصلحت واعيدت اليه قال المبرد فرمى بها اليّ فاذا فيها

اسلم ابا العباس وا بق فلا ازال الله ظلك
وكن الذي يبقى لنا وتموت حين نموت قبلك
لي حاجة ارجو لها احسانك الاوفى وفضلك

(١) لعله باروسما (٢) ق ـ (٣) هذه الرواية لم ترد في ما طبع من كتاب الوزراء

والمجد مشترط عليـ ... ـك قضاءها والشرط املك

فلئن كفيت ملمها ... فلمثلها اعددت مثلك

قال واذا قد وقع ابو العباس مقضية والله الذي لا اله الا هو ولو
اتلفت المال واذهبت الحال فقل رعاك الله ما شئت منبسطا وثق بما انا
عليه لك مغتبطاً ان شاء الله تعالى . وقال احمد بن علي المادرائي الكاتب
الاعور الكردي صديق المبرد يهجو ابن ثوابة [1] من قصيدة

تعست ابا الفضل الكتابه ... من اجل مقت بني ثوابه

وسألت اهل المهتيـ ... ـن من الخطابة والكتابه

عن عادل في حكمه ... فعليك اجمعت العصابه

فاسمع فقد ميزتهم ... ولكلهم طرز وبابه

أما الكبير فمن بجلا ... لته يقال له لبابه

واذا خلا فمدّد [2] ... في البيت قد شالوا كعابه

وارفضّ عنه زهوه ... وتقشعت تلك المهابه

نقلت من خط عبد السلام البصري ثنا ابو العباس التميمي ثنا
جحظة في اماليه قال حضرت مجلس ابي العباس ثعلب وعنده جماعة من
اصحابه وحضر احمد بن علي الماذرائي فسأله عن ابي العباس ابن ثوابة
وقال له متى عهدك به فقال لا عهد ولا عقد ولا وفاق ولا ميثاق فقال له
ثعلب عهدي بك اذا غضبت هجوت فهل من شيء فانشد

بني ثوابة انتم اثقل الامم ... جمعتم ثقل الاوزار والتخم

(١) ق ثوبة (٢) ق فمدد

اهاض حين اراكم من بشامتكم … على القلوب وان لم أوتَ من بشم

كم قائل حين غاظته كتابتكم … لو شئت يا رب ما علَّمت بالقلم

فقال ثعلب احسنت والله في شعرك واسأت الى القوم . وعن ابي الفرج الاصبهاني حدثني ابو الفضل العباس بن احمد بن محمد بن ثوابة قال [١] قدم البحتري النيل على احمد بن علي الاسكافي مادحا له فلم يثبه ثوابا يرضاه بعد ان طالت مدته عنده فهجاه بقصيدته التي يقول فيها

ما كسبنا من احمد بن علي … ومن النيل غير حمى النيل

وهجاه بقصيدة أخرى اولها … قصة النيل فاسمعوها عجابه [٢]

فجمع الى هجائه اياه هجاء بني ثوابة وبلغ ذلك ابي فبعث اليه بألف درهم وثيابا ودابة بسرجها ولجامها [٣] فرده [٤] وقال قد اسلفتكم اساءة فلا يجوز معه قبول صلتكم فكتب اليه ابي اما الاساءة فمغفورة [٥] والمعذرة مشكورة والحسنات يذهبن السيئات وما ياسو جراحك مثل يدك وقد رددت اليك ما رددته عليّ واضعفته فان تلافيت ما فرط منك أثبنا وشكرنا وان لم تفعل احتملنا وصبرنا فقبل ما بعث به وكتب اليه كلامك والله احسن من شعري وقد اسلفتني ما اخجلني وحملتني ما أثقلني وسيأتيك ثنائي ثم غدا عليه بقصيدة اولها

ضلال لها ماذا ارادت من الصد [٦]

---

(١) الاغاني (١٨ : ١٧٠) (٢) القصيدة مطبوعة في ديوان البحتري (٢ : ١٠٨) (٣) ق بسرجه ولجامه (٤) الاغاني فرده اليه (٥) ق مغفورة (٦) ديوان البحتري (١ : ١١٧) الى الصد

وقال فيه بعد ذلك

برق اضاء العقيق من ضرمه[١]

وقال فيه ايضاً

إن دعاه داعي الهوى فاجابه[٢]

فلم[٣] يزل ابي يصله بعد ذلك وتتابع بره لديه حتى افترقا . وكتب احمد بن محمد بن ثوابة الى اسماعيل بن بلبل حين صاهر الناصر لدين الله الموفق بالله بسم الله الرحمن الرحيم بلغني للوزير ايده الله نعمة زاد شكرها على مقادير الشكر كما اربى مقدارها على مقادير النعمة فكان مثلها قول ابراهيم بن العباس

بنوك غدوا آل النبي ووارثو الـــخلافة والحاوون كسرى وهاشما

وانا اسأل الله تعالى ان يجعلها موهبة يرتبط ما قبلها وينتظم ما بعدها وتصل جلال الشرف حتى يكون الوزير اعزه الله على سادة الوزراء موفياً ولجميل العادة مستحقاً ولمحمود العاقبة مستوجباً وان يلبس خدمه واولياءه من هذه الحلل العالية ما يكون لهم ذكراً باقياً وشرفا مخلداً . وكان يلقب لبابة وكان عبيد الله بن سليمان قد صرف احمد بن محمد بن ثوابة عن طساسيج كان يتقلدها بابي الحسن بن مخلد فقال احمد بن علي الماذرائي الاعور الكردي

اني وقفت بباب الجسر في نفر فوضى يخوضون في غرب من الخبر

---

(١) ديوان البحتري (١:١٢٥) (٢) ديوان البحتري (١:١١٩) : ق لان : الاغاني وان (٣) ق يز يزل

قالوا لبابة اضحت وهي ساخطة … قد قدت الجيب من غيظ ومن ضجر
فقلت حقاً وقد قرت بقولهم … عيني واعين اخواني بني عمر
لا تعجبوا لقميص قُدَّ (١) مِنْ قُبُلٍ … فان صاحبه قد قد من دبر

ولابي سهل فيه يخاطب عبيد الله بن سليمان

يا أبا القاسم الذي قسم اللـــه له في الورى الهوى والمهابه
كدت تنفي اهل الكتابة عنها … حين ادخلت فيهم ابن ثوابه
انت الحقته وما كان فيهم … بهم ظالماً به للكتابه
هل رأينا مخنثا كاتبا او (٢) … هل يسمى اديب قوم لبابه

وله فيه

اقصرت عن جدي وعن شغلي … والمكرمات وعدت في هزلي
لما اراني الدهر من تصريفه … غيراً يغير مثلها مثلي
بلغ أحمد بن ثوابةٍ بجنونه … ما ليس يبلغه ذوو عقل
ان كان نقص المرء يجلب حظه … فالعقل يرفع رزق ذي فضل

قال ابو حيان في كتاب الوزيرين حدثنا ابو بكر الصيمري قال حدثنا ابن سمكة قال حدثنا ابن محارب قال سمعت احمد بن الطيب يقول ان صديقاً لابن ثوابة الكاتب ابي العباس يكنى ابا عبيدة قال له ذات يوم انك بحمد الله ومنه ذو ادب وفصاحة وبراعة فلو اكملت فضائلك بان تضيف اليها معرفة البرهان القياسي وعلم الاشكال الهندسية (٣) الدالة على حقائق الاشياء وقرأت **اقليدس وتدبرته** فقال له ابن ثوابة وما كان اقليدس

---

(١) ق قد قد (٢) ق و (٣) ق الهندسي

ومن هو قال رجل من علماء الروم يسمى بهذا الاسم وضع كتاباً فيه اشكال كثيرة مختلفة تدل على حقائق الاشياء المعلومة والمغيبة يشحذ الذهن ويدقق الفهم ويلطف المعرفة ويصفي الحاسة ويثبت الروية ومنه افتتح الخط وعرفت مقادير حروف المعجم قال له[1] ابو العباس بن ثوابة وكيف ذلك قال لا تعلم كيف هو حتى تشاهد الاشكال وتعاين البرهان قال فافعل ما بدالك فاتاه برجل يقال له قويرى[2] مشهور ولم يعد اليه بعد ذلك قال احمد بن الطيب فاستظرفت ذلك وعجبت منه فكتبت الى ابن ثوابة رقعة نسختها : بسم الله الرحمن الرحيم اتصل بي جعلت فداك ان رجلا من اخوانك اشار عليك بتكميل فضائلك وتقويتها بشيء من معرفة القياس البرهاني وطمأنينتك اليه وانك اصغيت الى قوله واذنت له فاحضرك رجلا كان غاية في سوء الادب معدنا من معادن الكفر واماماً من ائمة الشرك لاستغرارك واستغوائك يخادعك عن عقلك الرصين وينازلك في ثقافة فهمك المبين فابى الله العزيز الا جميل عوائده الحسنة قبلك ومننه السوابق لديك وفضله الدائم عندك بان تأتي على قواعد برهانه من ذروته وتحط[3] عوالي اركانه من اقصى معاقد أسه فاحببت استعلامي ذلك على كنهه من جهتك ليكون شكري لك على ما كان منك حسب لومي لصاحبك على ما كان منه ولاتلافي الفارط في ذلك بتدبر المشيئة ان شاء الله تعالى قال فاجابني ابن ثوابة برقعة نسختها : بسم الله الرحمن الرحيم وصلت رقعتك اعزك الله وفهمت فحواها وتدبرت متضمنها والخبر كما اتصل بك والامر

---

(١) ق قاله (٢) هو ابو اسحاق ابراهيم المشهور (٣) ق: وحط

كما بلغك وقد لخصته و بينته حتى كانك معنا وشاهدنا واول ما اقول الحمد لله مولى النعم والمتوحد بالقسم اليه يرد علم الساعة واليه المصير وانا اسأل اتراع الشكر على ذلك وعلى ما منحنا من ودك واتمامه بيننا بمنه ومما احببت اعلامك وتعريفك بما تأدى اليك ان ابا عبيدة لعنه الله تعالى بحسه(۱) ودسه وحدسه اغتالني ليكلم ديني من حيث لا أعلم وينقلني عما أعتقده وأراه وأضمره من الايمان بالله عز وجل و برسوله صلى الله عليه وسلم موطداً الى الزندقة بسوء نيته الى الهندسة وأنه يأتيني برجل يفيدني علماً شريفاً تكمل به فضائلي فيما زعم فقلت عسى أفيد(۲) به براعة في صناعة او كمالا في مروءة او فخاراً عند الاكفاء فاجبته بان هلم فاتاني بشيخ ديراني شاخص النظر منتشر عصب البصر طويل مشذب محزوم الوسط متزمل في مسكة فاستعذت بالرحمن اذ نزغني الشيطان ومجلسي غاص بالاشراف من كل الاصراف(۳) وكلهم يرمقه ويتشوف الى رفعتي مجلسه وادنائه وتقريبه ويعظمونه ويحيونه والله محيط بالكافرين فاخذ مجلسه ولوى اشداقه وفتح اوساقه فتبينت في مشاهدته النفاق وفي الفاظه الشقاق فقلت بلغني ان عندك معرفة من الهندسة وعلماً واصلاً الى فضل يفيد الناظر فيه حكمة وتقدماً في كل صناعة فهلم ابدنا شيئاً منها عسى ان يكون عونا لنا على دين او دنيا في مروءة ومفاخرة لدى الاكفاء ومفيدا زهداً ونسكا فذلك هو الفوز العظيم فَمَنْ زُحْزِحَ عَنِ النَّارِ وَأُدْخِلَ الْجَنَّةَ فَقَدْ فَازَ وما ذلك على الله بعزيز قال فاحضرني دواة وقرطاساً فاحضرتهما

(۱) ق تنزى بالحسه (۲) لعله استفيد (۳) لعله الاصناف

فاخذ القلم ونكت نكتة نقط منها نقطة تخيلها بصري وتوهمها طرفي كاصغر من حبة الذر فزمزم عليها من وساوسه وتلا عليها من حكم اسفار اباطيله ثم اعلن عليها جاهراً بافكه واقبل عليّ وقال ايها الرجل وان هذه النقطة شيء لا جزء له فقلت اضللتني و رب الكعبة وما الشيء الذي لا جزء له فقال كالبسيط فاذهلني وحيرني وكاد يأتي على عقلي لولا ان هداني ربي لانه اتاني بلغة ما سمعتها والله من عربي ولا عجمي [1] وقد احطت علما بلغات العرب وقمت بها واستبرتها جاهداً واختبرتها عامداً وصرت فيها الى ما لا اجد احداً يتقدمني الى المعرفة به ولا يسبقني الى دقيقه وجليله فقلت انا وما الشيء البسيط فقال كالله وكالنفس فقلت له انك من الملحدين اتضرب لله الامثال والله يقول فَلَا تَضْرِبُوا لِلّٰهِ الْأَمْثَالَ إِنَّ اللّٰهَ يَعْلَمُ وَأَنْتُمْ لَا تَعْلَمُونَ لعن الله مرشداً ارشدني اليك ودالاً دلني عليك فما ساقك اليّ الا قضاء سوء ولا كسعك نحوي الا الحين واعوذ بالله من الحين وابرأ اليه منكم ومما تلحدون والله ولي امير المؤمنين اني بريء مما تشركون لا حول ولا قوة الا بالله العلي العظيم فلما سمع مقالتي كره استعاذتي فاستخفه الغضب فاقبل علي مستبسلا [2] وقال اني ارى فصاحة لسانك سبباً لعجمة فهمك وتدرعك بقولك آفة من آفات عقلك فلولا من حضر والله المجلس واصغاؤهم اليه مستصوبين اباطيله ومستحسنين اكاذيبه وما رأيت من استهوائه اياهم بخدعه وما تبينت من توازرهم لامرت بسل لسان اللكع الا لكن وامرت باخراجه الى آخر نار الله وسعيره وغضبه ولعنته

(١) هذا مطابق لما حكي صاحب الفهرسة من صعوبة عبارته (٢) ق ومستنسلا

ونظرت الى امارات الغضب في وجوه الحاضرين فقلت ماغضبكم لنصراني يشرك بالله ويتخذ من دونه الانداد ويعلن بالالحاد لولا مكانكم لنهكته عقوبة فقال لي رجل منهم انسان حكيم فغاظني قوله فقلت لعن الله حكمة مشوبة بكفر فقال لي آخر ان عندي مسلما يتقدم اهل هذا العلم ورجوت بذكره الاسلام خيراً فقلت ايتني به فاتاني برجل قصير دحداح آدم محدور الوجه اخفش العينين اجلح افطس سيء المنظر قبيح الزي فسلم فرددت عليه السلام فقلت ما اسمك فقال أعرف بكنية فقد غلبت عليَّ فقلت ابو مَنْ فقال ابو يحي فتفاءلت بملك الموت عليه السلام وقلت اللهم اني اعوذ بك من الهندسة اللهم فاكفني شرها فانه لا يصرف السوء الا انت وقرأت الحمد لله والمعوذتين وَقُلْ هُوَ اللهُ أَحَدٌ وقلت ان صديقاً لي جاءني بنصراني يتخذ الانداد ويدعي ان لله الاولاد ليغويني فهلم افدنا شيئا من هندستك واقبسنا من ظرائف حكمتك ما يكون لي سببا الى رحمة الله ووسيلة الى غفرانه فانها اربح تجارة واعود بضاعة فقال احضرني دواة وقرطاسا فقلت اتدعو بالدواة والقرطاس وقد بليت منهما ببلية كلها لم تندمل عن سويداء قلبي فقال وكيف كان ذلك فقلت ان النصراني نقط نقطة كاصغر من سم الخياط وقال لي انها معقولة كربك الاعلى فوالله ما عدا فرعون وكفره وافكه فقال اني اعفيك من النقطة لعن الله قويري وما كان يصنع بالنقطة وهل بلغت انت ان تعرف النقطة فقلت استجهلني ورب الكعبة وقد اخذت بازمّة الكتابة ونهضت باعبائها واستقللت بثقلها يقول لي لا تعرف نحوى

النقطة فنازعتني نفسي في معالجته بغليظ العقوبة ثم استعطفني الحلم الى الاخذ بالفضل ودعا بغلامه وقال ايتني بالتخت فوالله ما رأيت مخلوقا باسرع احضاراً له من ذلك الغلام فاتاه به فتخيلته هيئة منكرة ولم ادر ماهو وجعلت اصوب الفكر فيه واصعد اخرى واجيل الرأي ملها (١) واطرق طولا (٢) لاعلم اي شيء هو اصندوق هو فاذا ليس بصندوق أتخت فاذا ليس بتخت فتخيلته كتابوت فقلت لحد لملحد يلحد به الناس عن الحق ثم أخرج من كمه ميلا عظيما فظننته متطبباً وانه لمن شرار المتطببين فقلت له ان أمرك لعجب كله ولم ار اميال المتطببين كميلك أتفقأ به العين قال لست بمتطبب ولكن اخط به الهندسة على هذا التخت فقلت له انك وان كنت مبايناً للنصراني في دينه لموازر له في كفره أتخط على تخت بميل لتعدل به عن وضح الفجر الى غسق الليل وتميل بي الى الكذب باللوح المحفوظ وكاتبيه الكرام اياي تستهوي ام حسبتني كمن يهتز لمكايدكم فقال لست اذكر لوحا محفوظا ولا مضيعا ولا كاتباً كريماً ولا لئيماً ولكن اخط فيه الهندسة واقيم عليها البرهان بالقياس والفلسفة قلت له اخطط فأخذ يخط وقلبي مروع يجب وجيباً (٣) وقال لي غير متعظم ان هذا الخط طول بلا عرض فتذكرت صراط ربي المستقيم وقلت له قاتلك الله اتدري ما يقول تعالى صراط ربي المستقيم عن تخطيطك وتشبيهك وتحريفك وتضليلك انه لصراط مستقيم وانه لأحدّ من السيف الباتر والحسام القاطع وادق من الشعر واطول مما تمسحون وابعد مما تذرعون ومداه بعيد وهوله

(١) لعله ملياً (٢) لعله طويلا (٣) وجوبا

شديد اتطمع ان تزحزحني عن صراط ربي وحسبتني غراً عيياً لا اعلم ما في باطن الفاظك ومكنون معانيك والله ما خططت الخط واخبرت انه طول بلا عرض الا ضلة بالصراط المستقيم لتزل قدمي عنه وان ترديني في جهنم اعوذ بالله وابرأ اليه من الهندسة ومما تدل عليه وترشد اليه اني بريء من الهندسة ومما تعلنون وتسرون ولبئسما سولت لك نفسك ان تكون من خزنتها بل من وقودها وان لك فيها لا نكالا وسلاسل واغلالا وطعاما ذا غصة فاخذ يتكلم فقلت سدوا فاه مخافة ان يبدر من فيه مثل ما بدر من المضلل الاول وامرت بسحبه فسحب الى اليم عذاب وَنَار وَقُودُهَا ٱلنَّاسُ وَٱلْحِجَارَةُ عَلَيْهَا مَلَائِكَةٌ غِلَاظٌ شِدَادٌ لَا يَعْصُونَ ٱللَّهَ مَا أَمَرَهُمْ وَيَفْعَلُونَ مَا يُؤْمَرُونَ ثم اخذت قرطاساً وكتبت بيدي يمينا آليت فيها بكل عهد مؤكد وعقد مردد ويمين ليست لها كفارة اني لا أنظر في الهندسة ابدا ولا اطلبها ولا اتعلمها من احد سراً ولا جهراً ولا على وجه من الوجوه ولا على سبب من الاسباب واكدت بمثل ذلك على عقبي وعقب اعقابهم لا تنظروا فيها ولا تتعلموها ما دامت السموات والارض الى ان تقوم الساعة لميقات يوم معلوم. وهذا بيان ما سألت اعزك الله عنه فيما دفعت اليه وامتحنت به ولتعلم ما كان مني ولولا وعكة انا في عقابيلها لحضرتك مشافهاً واخذت بحظ المتمني[(١)] بك والاستراحة اليك تمهد على ذلك عذري فانك غير مباين لفكري والسلام . قال عبد الله الفقير اليه مؤلف هذا الكتاب لا شك ان اكثر ما في هذه الرسالة مفتعل مزور وما

(١) كذا بالاصل

اظن برجل مثل ابن ثوابة وهو بمكانة من العلم بحيث تلقى اليه مقاليد الخلافة فيخاطب عنها بلسانه القاصي والداني ويرتضيه العقلاء والوزراء بحيث لا يروا له نظيراً في زمانه في براعة لسانه تولى كتابة الانشاء السنين الكثيرة ان يكون منه هـذا كله ولكن عسى ان يكون منه ما كان من ابن عباد وهو الذي ساق ابو حيان خبر ابن ثوابة لاجله وهو ان قال كان ابن عباد يسب اصحاب الهندسة ويقول جاءني بعض هؤلاء الحمقى ورغبني في الهندسة فابتدأ فاثبت خمسة وعشرين وخط خطا ووضع شكلا وطول وزعم انه يعمل برهانا على ذلك فقلت له كنت اعرف ان هـذا خمسة وعشرون ضرورة وقد شكلت الان فانا مجتهد حتى اعلم بالاستدلال وهذا هو الخسار . قلت ومثل هذا لا يبعد ان يقول مثله من لم يتدرب بهـذه الصناعة فاما ما تقدم من حديث ابن ثوابة فهو غاية في التجلف والرجل كان من أجل [1] ذلك وانما اتى اما من جهة احمد بن الطيب لانه كان فيلسوفا وكان ابن ثوابة متعجرفاً كما ذكرنا فاخذ يسخر منه ليضحك المعتضد فان احمد بن الطيب كان من جلساء المعتضد واما ان يكون ابو حيان جرى على عادته في وضع ما اكثر من وضعه من مثل ذلك والله أعلم

﴿ احمد بن علي بن المأمون النحوي اللغوي ﴾

القاضي صاحب الخط المليح والعقل الصحيح مات في ١٩ شعبان سنة ٥٨٦ ومولده في ذي القعدة سنة ٥٠٩ سألت ولده أبا محمد عبد الله ابن احمد عنه فاعطاني جزءاً بخط والده هذا وقد ضمنه ذكر نفسه وذكر

(١) لعله اجل من

ولده فنقلت منه جميع ما اذ كره في هذه الترجمة الا ما ايينه . فقال انا احمد ابن علي بن هبة الله بن علي الزوال (واصله الزول وانما غيره المتكلمون وزادوا الفا والزول الرجل الشجاع وقد ذكر ذلك في كتاب الالفاظ لابن السكيت) ابن محمد بن يعقوب بن الحسين بن عبد الله المأمون بالله الخليفة ابن هارون الرشيد بالله الخليفة بن محمد المهدي بالله الخليفة بن عبد الله المنصور بالله الخليفة بن محمد الكامل بن علي السجاد بن عبد الله خير الامة ابن العباس سيد العمومة ابن عبد المطلب شيبة الحمد ابن هاشم عمرو العلى بن عبد مناف بن قصي بن كلاب بن مرة بن كعب بن لوي بن غالب بن فهر بن مالك بن النضر هو قريش بن كنانة بن خزيمة بن مدركة بن الياس بن مضر بن نزار بن معد بن عدنان بن اد بن ادد بن اليسع بن الهميسع بن سلامان بن ثبت بن جميل بن قيدار بن اسماعيل ابن ابراهيم الخليل بن آزر بن تارح بن ناحور بن ساروغ بن أرغو بن فالغ بن عابر بن سالخ بن أرفخشذ بن سام بن نوح بن لمك بن متوشلخ ابن أخنوخ وهو ادريس بن ليارد بن مهلائيل بن قينان بن أنوش بن شيث بن آدم ابي البشر فطرة الله عز وجل ومولدي في ضحى [(١)] نهار الثلاثاء ثالث عشر ذي القعدة سنة ٥٠٩ ولدت بدرب فيروز في الدار المعروفة الآن بورثة ابن الثقفي القاضي عز الدين قاضي القضاة رحمه الله وكان والدي يومئذ كاتب الزمام في الايام المستظهرية وبعد ذلك في الايام المسترشدية مدة وكنت مذ نشأت ختمت القرآن وقرأته للعشرة على المرزقي

(١) ق ضاحي

رحمه الله الامين أبي بكر أنا وحجة الاسلام أبو محمد اسماعيل بن الجواليقي وفقه الله وكنا نترافق حين الحداثة في القراءة على الشيوخ ويتكثر بعضنا ببعض ونتعاضد في القراءة وكتبت الخط على أبي سعيد الحسن بن منصور أبي[1] الحسن الجزري رحمه الله وكان صالحاً أديباً صائم الدهر عالماً في فنون من العلم فقيها وكان والدي يؤثرني من دون اخواني لما يراه من اشتغالي بالعلم فانني منذ انفصلت من المكتب رجعت بقراءة النحو واللغة الى شيخنا أوحد الزمان أبي منصور بن الجواليقي رحمه الله وصحبته احدى عشرة سنة وقرأت عليه كتباً كثيرة من حفظي وغير حفظي حتى توليت القضاء سنة ٥٣٤ وكان الحكم والقضاء على دجيل الى والدي المقدم ذكره مضافاً الى الخطابة فحين ولي أمر ديوان الزمام ببغداد رد القضاء الى ولده هبة الله الملقب بتاج العلى وكان يخاطب من الديوان العزيز مجده الله بالاجل الاوحد زين الاسلام نجم الكفاءة تاج العلى جمال الشرف مجد القضاة عين الكفاة وكان بعد ذلك أضيف اليه نظر دجيل أجمع مع المخزنيات وكان ذا سطوة وشجاعة وثروة كبيرة ومماليك من الاتراك والاماء والعبيد والقرايا والاملاك والرئاسة التامة والصيت والذكر الجميل بين العرب والعجم وكان له معروف كبير ودار مضيف بحربي[2] يجتمع اليها أمراء العجم على طبقاتهم وغيرهم من الغرباء وكان له نواب في القضاء بحربي والحظيرة وغيرهما[2] وكانت ولايته من قاضي القضاة الدامغاني الى ان

(١) ق ـ (٢) حربي اسم بليدة في أقصى دجيل بين بغداد وتكريت

(٢) ق وغيرها

درج بالموصل مسموماً مخافة منه لما شوهد من رئاسته وتبع العرب والتركمان له وحمل السلاح والجند الكثير والاستطالة العظيمة ونفذ ميتا في شفارة [١] حتى دفن بحربي في أواخر سنة ٥٣٣ وانحدر ولده علي ابن هبة الله بن علي طالباً مكانه ببذل [٢] المال الجم وكان وزير الزمان يومئذ شرف الدين علي بن طراد الزينبي في أوائل الايام المقتفوية فترك مع بذله ووليتُ بعد ان احضرت وقيل لي قد رسم توليك من غير قربة لتميزك بالعلم وكان لي من العمر يومئذ أربع وعشرون سنة واعتزى ابن أخي بعد ذلك الى ديوان السلطنة وخاطب الديوان العزيز في ذلك فلم يجب ودخل في النوبة جماعة من الاهل والاكابر من ولاة الامر فتوسط الحال على ان يكون لولده مجلس وساطة وحكم بحربي في المداينات وما عداها اليّ مع الخطابة ولذلك نصر يقين فكتبت رسالة الى المواقف المقدسة النبوية المقتفوية قدسها الله ومنها ومعاذ الله أن يقارن هذا الفتى بالعبد ولا يعرف فتيلا من وثير ولا يؤلف بين كلمتين في تعبير لو سيم قراءة الفاتحة أخجلته أو ريم منه التماس حاجة في التطهر أخفرته وعدّ عن أسباب لا يمكن بسطها ولا يروق خطها وأما العبد [٣] فطرائقه معلومة ومآخذه مفهومة ومحل الشيء عنده قابل والجمهور اليه مائل وسحاب الاستحقاق لما أهل له في أرضه هاطل ومعاذ الله أن يتغير من كريم الآراء الشريفة في حقه رأي أو ينفصم من تلك الوعود فيما أهل له وأي الوعود كالعهود ومواقع الكلم الشريفة كالترتق في الجلمود وهو واثق من

(١) كذا بالاصل . (٢) ق بذل (٣) ق والعبد

الانعام بما سار بين الانام ليغدو مستحكم الثقة بالاكرام والامر أعلى والسلام . فبرز التوقيع الاشرف المقتفوي يؤمر فيه بالعمل بسابق التوقيع وخرجت الى العمل وبقيت مدة فتولى القضاء بمدينة السلام وفاء بن المرخم وكان على حالة جليلة من الاختصاص واستخدام قضاة الاطراف من جانبه فابيت ذلك وخاطبت في الخروج عن يده واضافة باقي دجيل مع ما والاه وقاربه من لدن تكريت الى الانبار والى الجبل وما والاه من بلد خانقين وروشن قبادوا الى الحربية من الجانب الغربي ببغداد وكنت أحكم في ذلك أجمع حتى ولي المستنجد بالله رضي الله عنه وقصر القضاة وغيرهم وأنا في الجملة وبقيت احدى عشرة سنة مقصوراً الى أن توفي الى رحمة الله بعد ان أستوعب ما كنت أملكه سائره فلم أضيع من زماني شيئاً وكنت في الحبس بمائتين مجلدة منها الجمهرة لابي بكر بن دريد مجلدتان وشرح سيبويه ثلاث مجلدات واصلاح المنطق محشي مجلدة واحدة والغريبان للهروي مجلدة واحدة وأشعار الهذليين ثلاث مجلدات وشعر المتنبي مجلدة وغريب الحديث لابي عبيد مجلدتان وأشياء يطول شرحها من الكتب الكبار وحفظت أولادي الختمة وأيضاً حفظتهم كتباً كثيرة في علم العربية والتفاسير وغريب القرآن والخطب والاشعار وشرحت لهم كتاب الفصيح وجمعت لهم كتاباً سميته أسرار الحروف يبين فيه مخارجها ومواقعها من الزوائد والمنقلب والمبدل والمتشابه والمضاعف وتصريفها في المعاني الموجودة فيها والمعاني الداخلة عليها وذكرت فيه من اشتقاق الاسماء كلما تكلمت به علماء البصريين

والكوفيين وغيرهم من أهل اللغة وهو مجلدة ضخمة تحتوي على عشرين كراسة في كل وجهة عشرون سطراً . ولما درج الامام المستنجد بالله وأتاح الله الخروج من ذلك الضيق وولي بعده الامام العادل الرحيم المستضيء بالله أمير المؤمنين وشملت رحمته من كانت في السجن من الامة حتى لم يبق فيه أحداً الا أفرج عنه ومن وجد له بخزانته المعمورة من ماله شيئاً عليه اسمه أعاده عليه وكل من كان في ولاية أعاده اليها ومن وجد من ملكه شيئاً تحت الاعتراض افرج عنه واعاده اليه وانا ممن انعم في حقه باعادة خرقة كان ختمها باقياً عليها واسمي فيها ثلثمائة دينار امامية صحاح من جملة ما اخذ من مالي فاعادها عليّ واعاد عليّ سهاماً في ثلث قرايا بالراذان وقراحاً ببلدة الحظيرة وما كان فات وبيع لم يرجع وانعم في حقي باعادة ولايتي عليّ وتقريبي واستخدامي في مهامّ عدة وكان الوسيط في ذلك كله الوزير عضد الدولة ابو الفرج بن رئيس الرؤساء وكان محباً لاسداء العوارف والاصطناع وجذب الباع وادخال المكارم عند الرجال وكان كريما رحب الفناء لارباب الحوائج بعيداً ما ينفصل من بابه محروم. هذا آخر ما نقلته من خطه واجتمعت بولده قوام الدين ابي محمد عبد الله ابن احمد وقد افردت له ترجمة في هذا الكتاب فانشدني لوالده من حفظه

فؤاد المشوق كثير العنا ... ومن كتم الوجد ابدى الضنا
وكم مدنف في الهوى بعدهم ... وكانوا الاماني له والمنا
لقد خلفوه اخا لوعة ... موله شوق يعاني المنا

اذا آده ما به قـد منا … ينادي من الشوق في أثرهم

مقيما وقلباً بوادي منا … بيا جسدا ناحلا بالعراق

ويغدو بهن الشجا ديدنا … تحرقه زفرات الحنين

وهي طويلة قالها في زعيم الدين بن جعفر عند عوده من مكة

﴿ احمد بن ابي عمر المقرئ المعروف باحمد الزاهد ﴾

ابو عبد الله الاندرابي مات في العشرين من ربيع الاول سنة ٤٧٠ ذكره عبد الغافر وقال شيخ زاهد عابد عالم بالقراآت له التصانيف الحسنة في علم القراآت سمع الحديث واكثر سماعه مع السيد ابي المعالي جعفر بن حيدر العلوي الهروي الصوفي وكان رفيقه سمعا صحيح مسلم وغيره وروي عن محمد بن يحيي بن الحسن الحافظ روى عنه ابو الحسن الحافظ

﴿ احمد [١] بن محمد بن بشر بن [٢] سعد المرثدي ابو العباس ﴾

ذكره الخطيب فقال كنيته ابوعلي ومات في صفر سنة ٢٨٦ وذكر ابن بنت الفريابي انه مات في سنة ٨٤ وسمع على بن الجعد والهيثم بن خارجة في آخرين وروى عنه ابو بكر الشافعي وغيره وكان عبد الرحمن ابن يوسف يثني عليه وقال ابن المنادي هو احد الثقات وذكره محمد بن اسحق النديم فقال * كنيته ابو العباس [٣] الكبير وهو الذي كان ابن الرومي يكاتبه في السمك [٤] كان المرثدي يكتب للموفق في خاصه [٥]

---

(١) فهرست ابو احمد (٢) ق — (٣) فهرست (١٢٩) — (٤) فهرست السمك وكان بينهما مداعبة (٥) فهرست في خاص امره

وله من الكتب كتاب الانواء في نهاية الحسن . كتاب رسائله . كتاب اشعار قريش وعليه عول ابو بكر الصولي في كتاب الاوراق وله انتحل وقد ذكرت ذلك في اخبار الصولي

﴿ احمد بن محمد بن عاصم ابو سهل الحلواني ﴾

ذكره محمد بن اسحق النديم وقال بينه و بين ابي سعيد السكري نسب قريب فروى عن ابي سعيد كتبه وكان كثيراً ما يوجد بخطه وخطه في نهاية القبح الا انه من العلماء وله من الكتب كتاب المجانين الادباء

﴿ احمد بن محمد بن بنت الشافعي ﴾

هو صحيح الخط متقن الضبط من اهل الادب يعتمد على خطه وضبطه لا اعرف من خطه الا ما رأيته بخطه بكتاب تفسير القرآن لابن جرير الطبري وقد ذكر عند خاتمته « وكتبه احمد بن محمد بن بنت الشافعي وراق الجهشياري »

﴿ احمد بن محمد بن سليمان بن بشار الكاتب ﴾

ذكره محمد بن اسحق النديم فقال هو استاذ [١] ابي عبد الله الكوفي الوزير وكان احد الافاضل من الكتاب بلاغة وفصاحة وصناعة وله كتاب الخراج نحو الف ورقة وكتاب الشراب [٢] والمنادمة

﴿ احمد بن محمد المهلبي ابو العباس ﴾

كذا ذكره محمد بن اسحق النديم في كتابه وقال هو مقيم بمصر [٣]

---

(١) فهرست : ق استاذي ابو (٢) فهرست البيوتات وهو ظاهر التصحيف
(٣) فهرست وبمصر آخر يعرف بابن ولاد وآخر يعرف بالرحابي

ويعرف بالبرحاني وله من الكتب كتاب شرح علل النحو . كتاب المختصر في النحو .وكان بمصر نحوي يعرف بالمهلبي اسمه علي بن احمد وكان في هذا العصر فان كان هذا فقد وهم النديم في اسمه والاّ فهو غيره والله اعلم وقد كتبنا لذلك ترجمة في بابه

﴿ احمد بن محمد بن نصر ﴾

الجيهاني ابو عبد الله وزير نصر بن احمد بن نصر السامانى صاحب خراسان كان (١) اديبا فاضلا ذكره محمد بن اسحق النديم وقال له من الكتب كتاب آئين. كتاب العهود والخلفاء (٢) والامراء . كتاب المسالك. والممالك. كتاب الزيادات في كتاب الناشئ من المقالات . (٣) ولاحمد بن ابي بكر الكاتب يهجو ابا عبد الله الجيهاني

ايا رَبّ فرعون لما طغى — وتاه وابطره ما ملك
لطفت وانت اللطيف الخبير — فاقحمته اليم حتى هلك
فما بال هذا الذي لا ارا — ه يسلك الا الذي قد سلك
مصونا على نائبات الدهور — يدور بما يشتهيه الفلك
الست على اخذه قادرًا — نخذه وقد خلص الملك لك
فقد قرب الامر من ان يقا — ل ذا (٤) الامر بينهما مشترك
والا فلم صار يملى له — وقد لج في غيه وانهمك
ولن يصفو الملك ما دام فيه — شريك وان شك (٥)

---

(١) ق ـ (٢) فهرست للخلفاء (٣) فهرست كتاب الزيادات في كتاب آئين في المقالات (٤) ق ـ (٥) البيت ناقص

ذكر هذه الابيات ابو الحسن محمد بن سليمان بن محمد في كتاب فريد التاريخ في اخبار خراسان وقال فيه بعضهم يهجوه قال واظنه اللحام

لا لسان لا رواء   لا بيان لا عباره
لا ولا رد سلام   منك الا بالاشاره
انا اهواك ولكن   اين آثار الوزاره

قال ثم مات السديد منصور بن نوح وقام مقامه الرضى ابو القاسم نوح بن منصور والجيهاني على وزارته ثم صرفت عنه الوزارة في شهر ربيع الآخر سنة ٣٦٧ ووليها ابو الحسين عبد الله بن احمد العتبي

﴿ احمد بن محمد بن يزداد بن رستم ﴾

ابو جعفر النحوي الطبري سكن بغداد قال الخطيب وحدث بها عن نصير بن يوسف وهاشم بن عبد العزيز صاحبي علي بن حمزة الكسائي روى باسناده قال قال عبد الله بن مسعود اني قد سمعت القراء فوجدتهم متقاربين فاقرءوا كما علمتم فانما هو كقول احدكم هلم وتعال. قال عمر بن محمد بن سيف الكاتب سمعت من ابن رستم في سنة ٣٠٤ . قال محمد بن اسحاق النديم وله من الكتب كتاب غريب القرآن . كتاب المقصور والممدود . كتاب المذكر والمؤنث . كتاب صورة الهمز . كتاب التصريف . كتاب النحو . وقرأت في كتاب الغاية لابي بكر بن مهران النيسابوري في القرآت قرأت على ابي عيسى بكار بن احمد المقرئ قال قرأت على ابي جعفر احمد بن محمد بن رستم الطبراني وكان مؤدبا في دار الوزير ابن الفرات ووصلنا اليه بالحيل والشفعاء وكان بصيرا

بالعربية حاذقا في النحو اخذ القرآات عن نصير بن يوسف ابي المنذر النحوي صاحب الكسائي واخذ نصير عن الكسائي

﴿ احمد بن محمد بن عبد الله بن صالح ﴾

ابن شيخ بن عميرة [١] ابو الحسن احد اصحاب ابي العباس ثعلب ذكره المرزباني في كتاب المقتبس وقال ابن بشران في تاريخه في سنة ٣٢٠ مات ابو بكر بن ابي شيخ ببغداد وكان محدثا اخباريا وله مصنفات ولا ادري أهو هذا ام غيره فان الزمان واحد وكلاهما اخباري والله اعلم ولعل ابن بشران غلط في جعله ابن ابي شيخ وجعله ابا بكر والله اعلم . حدث المرزباني عن عبد الله بن يحيي العسكري قال انشدني ابو الحسن احمد ابن محمد بن صالح بن شيخ بن عمير الاسدي لنفسه وكتب بها الى بعض اخوانه

كنت ياسيدي على التطفيل امس لولا مخافة التثقيل
وتذكرت دهشة القارع البا ب اذا ما اتى بغير رسول
وتخوفت ان اكون على القو م ثقيلا فقدت كل ثقيل
لو تراني وقد وقفت اروي في دخول اليك او في قفول
لرأيت [٢] العذراء حين تحايا وهي من شهوة على التعجيل

وحدث عن عمر بن بنان الانماطي عن ابي الحسن الاسدي قال تركت النبيذ واخبرت ابا العباس ثعلباً بتركي اياه ثم لقيت محمد بن عبد الله بن طاهر فسقاني فمررت على ثعلب وهو جالس على باب منزله عشيا فلما

---

(١) لعله عمير (٢) لو رأيت

رآني اتكفأ في مشيتي علم اني شارب فقام ليدخل الى منزله ثم وقف على بابه فلما حاذيته وسلمت عليه انشأ يقول

فتكت من بعد ما نسكت وصا — حبت ابن سهلان صاحب القسط
ان كنت احدثت زلة غلطا — فالله يعفو عن زلة الغلط

قال عمر فسألت ثعلبا عن ابن سهلان صاحب القسط فقال أهل الطائف يسمون الخمار صاحب القسط . وحدث عن الصولي قال انشدني ابو الحسن احمد بن محمد الانباري لنفسه في قصيدته المزدوجة التي تمم بها قصيدة علي بن الجهم التي ذكر فيها الخلفاء الى زمانه

ثم تولى المستعين بعده — فحاز بيت ماله وجنده
ثم أتى بغداد في محرم — احدى وخمسين برأي مبرم

وذكر قطعة من اخباره ثم قال

وثبتت خلافة المعتز — ولم يشب اموره بعجز

وذكر طرفا من اموره ثم قال

وقلدوا محمد بن الواثق — في رجب من غير امر عائق
المهتدي بالله دون الناس — جاء به الرحمن بعد الياس

ثم قال بعد ابيات

وقام بالامر الامام المعتمد — امام صدق في صلاح مجتهد

وساق قطعة من سيرته

﴿ احمد بن محمد جراب الدولة ﴾

هو احمد بن محمد بن علويه من اهل سجستان ويكني ابا العباس وكان

طنبور يا احد الظرفاء الطياب كان في ايام المقتدر وادرك دولة بني بويه[1] فلذلك سمي نفسه بجراب الدولة لانهم كانوا يفتخرون بالتسمية في الدولة وكان يلقب بالريح ايضا وله كتاب ترويح الارواح ومفتاح السرور والافراح لم يصنف في فنه مثله اشتمالا على فنون الهزل والمضاحك

﴿ احمد بن محمد بن اسحاق بن ابراهيم الهمذاني ﴾

ابو عبد الله يعرف بابن الفقيه احد اهل الادب ذكره محمد بن اسحاق في كتابه الذي الفه في سنة ٣٧٧ قال وله كتاب البلدان نحو الف ورقة اخذه من كتب الناس وسلخ كتاب الجيهاني . وكتاب ذكر الشعراء المحدثين والبلغاء منهم والمفحمين .وقال شيرويه محمد بن اسحاق بن ابراهيم الفقيه ابو احمد والد ابي عبيد الاخباري روى عن ابراهيم بن حميد البصري وغيره روى عنه ابنه ابو عبد الله .وقال شيرويه احمد بن احمد ابن محمد بن اسحاق بن ابراهيم الاخباري ابو عبد الله يعرف بابن الفقيه ويلقب بحالان صاحب كتاب البلدان روى عن ابيه وابراهيم بن الحسين بن ديزيل ومحمد بن ايوب الرازي وابي عبد الله الحسين بن ابي السرح الاخباري وذكر جماعة قال وروى عنه ابو بكر بن لال وابو بكر ابن روزنة ولم يذكر وفاته

﴿ احمد بن محمد بن الوليد بن محمد يعرف بولاد ﴾

من اهل بيت علم ولابيه وجده ذكر في هذا الكتاب وتراجم في مواضعها وكنية احمد هذا ابو العباس مات فيما ذكره الزبيدي في

(١) نوبه

كتابه سنة ٣٠٢ قال وكان بصيراً بالنحو سادًّا فيه ورحل الى بغداد من موطنه مصر ولقي ابراهيم الزجاج وغيره وكان الزجاج يفضله و يقدمه على ابي جعفر النحاس وكانا جميعا تلميذيه وكان الزجاج لا يزال يثني عليه عند كل من قدم الى بغداد من مصر ويقول لهم لي عندكم تلميذ من حاله وصفته كذا [1] فيقال له ابو جعفر النحاس فيقول بل ابو العباس بن ولاد قال وجمع بعض ملوك مصر بين ابن ولاد وابن النحاس وامرهما بالمناظرة فقال ابن النحاس لابن ولاد كيف تبني مثال أفعلوت من رميت فقال ابن ولاد اقول ارمييت نخطأه ابو جعفر وليس في كلام العرب افعلوت ولا افعليت فقال ابو العباس انما سألتني [2] ان امثل لك بناء ففعلت وانما تعقله ابو جعفر بذلك . قال الزبيدي ولقد احسن في قياسه حين قلب الواو ياء وقد كان ابو الحسن سعيد بن مسعدة الاخفش يبني من الامثلة ما لا مثال له في كلام العرب . وله كتاب المقصور والممدود . وكتاب الانتصار لسيبويه فيما ذكره المبرد

﴿ احمد بن محمد البشتي الخارزنجي ﴾

قال السمعاني خارزنج قرية بنواحي نيسابور بناحية بشت والمشهور من هذه القرية ابو حامد احمد بن محمد الخارزنجي امام اهل الادب بخراسان في عصره بلا مدافعة فان فضلاء عصره [3] لما حج بعد الثلاثين وثلاثمائة شهد له ابو عمر الزاهد صاحب ثعلب ومشايخ العراق بالتقدم وكتابه المعروف بالتكملة البرهان في تقدمه وفضله ولما دخل

(١) ق ـ (٢) ق سألني (٣) لعله سقط شهدوا له

بغداد تعجب اهلها من تقدمه في معرفة اللغـة فقيل هذا الخراساني لم يدخل البادية قط وهو من آدب الناس فقال انا بين عربـين بشت وطوس. سمع الحديث من ابي عبدالله محمد بن ابراهيم البوشنجي وحدث سمع منه الحاكم ابو عبـد الله الحافظ ومات في رجب سنة ٣٤٨ وهذا كله نقله السمعاني من كتاب الحاكم ابي عبد الله . قال الازهري وممن الف وجمع من الخراسانيين في زماننا هذا فصحف واكثر فغير رجلان احدهما يسمى احمد بن محمـد البشتي ويعرف بالخارزنجي والآخر ابو الازهر البخاري فاما الخارزنجي فانه الف كتاباً سماه التكملة اراد انه كمل كتاب العين المنسوب الى الخليـل بن احمد بكتابه واما البخاري فانه سمى كتابه الحصائل فاعاره هذا الاسم لانه اراد تحصيل ما اغفله الخليل ونظرت في اول كتاب البشتي فرأيته اثبت في صدره الكتب المؤلفة التي استخرج كتابه منها وعدد كتبا قال الخارزنجي استخرجت ما وضعت في كتابي هذا من الكتب المذكورة قال ولعـل بعض الناس يبتغي العيب بتهجينه والقدح فيه لاني أسندت ما فيه الى هؤلاء [1] العلماء من غير سماع وانما أخباري عن صحفهم كأخباري [2] ولا يزري ذلك على من عرف الغث من السمين وميز بين الصحيح والسقيم وقد فعل مثل ذلك ابو تراب صاحب كتاب الاعتقاب فانه روى عن الخليل بن احمد وابي عمرو بن العلاء والكسائي و بينـه و بين هؤلاء فترة وكذلك العتبي روى عن سيبويه والاصمعي وابي عمرو وهو لم ير منهم احداً. قال المؤلف

(١) ق الى العلماء (٢) لعله سقط عنهم

ورد عليه الازهري في هذا الفصل بما يطول عليّ كتبه. وله من الكتب كتاب التكملة . كتاب التفصلة . كتاب تفسير ابيات ادب الكاتب .

﴿ احمد بن محمد بن اسحاق بن ابي خميصة ﴾

يعرف بالجرمي بن ابي العلاء ابو عبدالله من اهل مكة سكن بغداد ذكره الخطيب فقال مات سنة ٣١٧ وكان كاتب ابي عمر محمد بن يوسف القاضي وحدث عن الزبير بكتاب النسب وغيره عنه ابو حفص بن شاهين وابو عمر بن حيويه واكثر ابو الفرج على بن الحسين الاصبهاني وغيره

﴿ احمد بن محمد بن موسى بن العباس ابو محمد ﴾

ذكره ابن الجوزي في المنتظم وقال كان معتنيا بامر الاخبار وطلب التواريخ وولي حسبة سوق الرقيق وكتب عنه ومات في محرم سنة ٣٢٤

﴿ احمد بن محمد بن عبد الله الزردي ﴾

اللغوي العلامة النيسابوري ابو عمرو الزردي من قرى اسفرائين من رساتيق نيسابور ذكره الحاكم وقال مات ابو عمرو الزردي في شعبان سنة ٣٣٨ قال وكان واحداً في هذه الديار في عصره بلاغةً و براعةً وتقدماً في معرفة اصول الادب وكان رجلا ضعيف البنية مسقاماً يركب حمارا ضعيفا ثم اذا تكلم تحير العلماء في براعته سمع الحديث الكثير من ابي عبد الله محمد بن المسيب الارغياني وابي عوانة يعقوب بن اسحاق واقرانهما .قال الحاكم سمعت الاستاذ ابا عمرو الزردي في منزلنا يقول ان الله اذا فوض سياسة خلقه الى واحد يخصه لها منهم وفقه لسداد

السيرة واعانه بالهامه من حيث رحمته تسع كل شيء ولمثل ذلك كان يقول ابن المقفع تفقدوا كلام ملوككم اذ هم موفقون للحكمة ميسرون للاجابة فان لم تحظ به عقولكم في الحال فان تحت كلامهم حيات فواغر و بدائع جواهر وكان بعضهم يقول ليس لكلام سبيل اولى من قبول ذلك فان السنتهم ميازيب الحكمة والاصابة قال وسمعت ابا عمرو الزردي يقول العلم علمان علم مسموع وعلم ممنوح

﴿ احمد بن محمد بن عبد ربه بن حبيب بن حدر [(١)] ﴾

ابن سالم مولى هشام بن عبد الرحمن بن معاوية بن هشام بن عبد الملك بن مروان كنيته ابو عمر ذكره الحميدي وقال انه مات سنة ٣٤٨ ومولده سنة ٢٤٦ عن احدى وثمانين سنة وثمانية اشهر وثمانية ايام وهو من اهل بلاد الاندلس قال الحميدي وابو عمر من اهل العلم والادب والشعر وهو صاحب كتاب العقد في الاخبار مقسم على عدة فنون [(٢)] وسمى كل باب منه على نظم العقد كالواسطة والزبرجدة والياقوتة والزمردة وما اشبه ذلك. [(٣)] و بلغني ان الصاحب ابن عباد سمع بكتاب العقد فحرص حتى حصل عنده فلما تأمله قال هَذِهِ بِضَاعَتُنَا رُدَّتْ إِلَيْنَا ظننت ان هذا الكتاب يشتمل على شيء من اخبار بلادهم وانما هو مشتمل على اخبار بلادنا لاحاجة لنا فيه فرده. قال الحميدي وشعره كثير مجموع رأيت منه نيفاً وعشرين جزءاً من جملة ماجمع للحكم بن عبدالله [(٤)]

---

(١) الحميدى حدير (٢) عند الحميدي عبارات غير الموجودة هنا (٣) انتهى ما اخذ من الحميدى (٤) الحميدي عبد الرحمن

الملقب بالناصر الاموي سلطان العرب و بعضها بخطه . قال وكانت لابي عمر بالعلم جلالة و بالادب رياسة وشهرة مع ديانته وصيانته واتفقت له ايام وولايات للعلم فيها نفاق فتسود [١] بعد الخمول واثرى بعد فقر واشير بالتفضيل اليه الا انه غلب عليه الشعر [٢] ومن شعره وكان بعض من تألفه قد ازمع على الرحيل في غداة عيّنها فأتت السماء في تلك الغداة بمطر جود منعته من الرحيل فكتب اليه ابو عمر بن عبد ربه

هلا ابتكرت لبين انت مبتكر | هيهات يأبى عليك الله والقدر
ما زلت ابكي حذار البين ملتهفا | حتى رثا ليَ فيك الريح والمطر
يا برده من حيا مزن على كبد | نيرانها بغليل الشوق تستعر
آليت الا ارى شمساً ولا قمراً | حتى اراك فأنت الشمس والقمر

ومن شعره السائر

الجسم في بلد والروح في بلد | يا وحشة الروح بل يا غربة الجسد
ان تبك عيناك لي يا من كلفت به | من رحمة فهما سهمان في كبد

قال ووقف ابن عبد ربه تحت روشن لبعض الرؤساء فرش بماء وكان فيه غناء حسن ولم يعرف [٣] فقال

يا من يضن بصوت الطائر الغرد | ما كنت احسب هذا البخل في احد [٤]
لو ان اسماع اهل الارض قاطبة | اصغت الى الصوت لم ينقص ولم يزد

---

(١) الحميدي فساد (٢) الحميدي ومما انشدني من شعره علي بن احمد واخبرني ان بعض من كان يألفه الخ (٣) الحميدي غناء حسن فرش بماء ولم يعرف من هو (٤) البيت تركه ياقوت فنقلناه عن الحميدي

فلا تضن على سمعي تقلده   صوتا يجول مجال الروح في الجسد
لو كان زرياب[1] حيا ثم اسمعه   لذاب من حسد او مات من كمد
أما النبيذ فاني لست اشربه   ولست آتيك الا كسرتي بيدي

وزرياب عندهم يجري مجرى اسحاق بن ابراهيم الموصلي في صنعة الغناء ومعرفته وله اصوات مدونة الفت الكتب فيها وضربت به الامثال. قال ولابي عمر أيضا أشعار كثيرة سماها الممحصات وذلك انه نقض كل قطعة قالها في الصبى والغزل بقطعة في المواعظ والزهد وارى ان من ذلك قوله

الا انما الدنيا غضارة ايكة   اذا اخضر منها جانب جف جانب
هي الدار ما الآمال الا فجائع   عليها ولا اللذات الا مصائب
وكم سخنت بالامس عينا قريرة   وقرت عيون دمعها الان ساكب
فلا تكتحل عيناك منها بعبرة   على ذاهب منها فانك ذاهب

ومن شعره وهو آخر شعر قاله فيما قيل

بليت وابلتني الليالي بكرها   وصرفان للايام معتوران
وما بيَ لا أبكي لسبعين حجة   وعشر أتت من بعدها سنتان

وقد اجاز لي رواية كتابه الموسوم بالعقد الحافظ ذو النسبين بني دحية والحسين ابو الخطاب عمر بن الحسين المعروف بابن دحية المغربي السبتي فانه رواه عن شيخه ابي محمد عبد الحق بن عبد الملك بن ثوبة العبدي عن شيخه ابي عبد الله محمد بن معمر عن شيخه ابي بكر محمد بن

(١) الحميدي : ق زربيان

هشام المصحفي عن أبيه عن زكريا بن بكر بن الاشبح عن المصنف .
وقسم كتاب العقد على خمسة وعشرين كتابا كل كتاب منها جزءان فذلك خمسون جزءاً في خمسة وعشرين كتابا كل كتاب باسم جوهرة من جواهر العقد فاولها كتاب اللؤلؤة في السلطان ثم كتاب الفريدة في الحروب ثم كتاب الزبرجدة في الاجواد ثم كتاب الجمانة في الوفود ثم كتاب المرجانة في مخاطبة الملوك ثم كتاب الياقوتة في العلم والادب ثم كتاب الجوهرة في الامثال ثم كتاب الزمردة في المواعظ ثم كتاب الدرة في التعازي (١) والمراثي ثم كتاب اليتيمة في الانساب ثم كتاب العسجدة في كلام الاعراب ثم كتاب المجنبة في الاجوبة ثم كتاب الواسطة في الخطب ثم كتاب المجنبة الثانية في التوقيعات والفصول والصدور واخبار الكتبة ثم كتاب العسجدة الثانية في الخلفاء وأيامهم ثم اليتيمة الثانية في اخبار زياد والحجاج والطالبيين والبرامكة ثم الدرة الثانية في ايام العرب ووقائعهم ثم الزمردة الثانية في فضائل الشعر ومقاطعه ومخارجه ثم الجوهرة الثانية في اعاريض الشعر وعلل القوافي ثم الياقوتة الثانية في الالحان واختلاف الناس فيه ثم المرجانة الثانية في النساء وصفاتهن ثم الجمانة الثانية في المتنبئين والممرورين والطفيليين ثم الزبرجدة الثانية في التحف والهدايا والتحف والفاكهات والملح ثم الفريدة الثانية في الهيئات والبنايين والطعام والشراب ثم اللؤلؤة الثانية في طبائع الانسان وسائر الحيوان وتفاضل البلدان وهو آخر الكتاب . ومن

(١) ق النواد

شعر ابن عبد ربه

ودعتني بزورة واعتناق ثم نادت متى يكون التلاقي
وبدت لي فاشرق الصبح منها بين تلك الجيوب والاطواق
يا سقيم الجفون من غير سقم بين عينيك مصرع العشاق
ان يوم الفراق اقطع يوم ليتني متّ قبل يوم الفراق

ومن شعره ايضا

يا ذا الذي خط الجمال بخده خطين هاجا لوعة وبلابلا
ما صح عندي ان لحظك صارم حتى لبست بعارضيك حمائلا

قال اخبرني بعض العلية ان الخطيب ابا الوليد بن عسال حج فلما
انصرف تطلع الى لقاء المتنبئ واستشرف ورأى ان لقيته فائدة يكتسبها
وحملة (١) نخر لا يحتسبها فصار اليه فوجده في مسجد عمرو بن العاص
فقاوضه قليلا ثم قال الا انشدني لمليح الاندلس يعني ابن عبد ربه فانشده

يا لؤلؤا (٢) يسبي العقول انيقا ورشا بتقطيع القلوب رفيقا
ما ان رأيت ولا سمعت بمثله ورداً يعود (٣) من الجناء عقيقا
واذا نظرت الى محاسن وجهه ابصرت وجهك في سناه غريقا
يا من تقطع خصره من ردفه ما بال قلبك لا يكون رقيقا

فلما اكمل انشاده استعادها منه ثم صفق بيديه وقال يا ابن عبد ربه لقد
يأتيك العراق حبواً . ثم ان ابن عبد ربه اقلع في آخر عمره عن صبوته

---

(١) لعله حلة (٢) الصواب في اليتيمة (١:٣٦٤) قمرا يسبي ذوي (٣) في
اليتيمة دراً يصير

واخلص لله في توبته فاعتبر اشعاره التي قالها في الغزل واللهو وعمل على اعاريضها وقوافيها في الزهد وسماها الممحصات فمنها القطعة التي اولها

هلا ابتكرت لبين انت مبتكر　　　محصها بقوله

يا قادراً ليس يعفو حين يقتدر　　　ما ذا الذي بعد شيب الرأس تنتظر
عاين بقلبك ان العين غافلة　　　عن الحقيقة واعلم انها سقر
سوداء تزفر من غيظ اذا سعرت　　　للظالمين فما تبقي ولا تذر
لو لم يكن لك غير الموت موعظة　　　لكان فيه عن اللذات مزدجر
انت المقول له ما قلت مبتدئاً　　　هلا [1] ابتكرت لبين انت مبتكر

﴿ احمد بن محمد بن اسماعيل النحاس ابو جعفر ﴾

من اهل مصر رحل الى بغداد فاخذ عن المبرد والاخفش علي بن سليمان ونفطويه والزجاج وغيرهم ثم عاد الى مصر فاقام بها الى ان مات بها فيما ذكره ابو بكر الزبيدي في كتابه في سنة ٣٣٧ وابو جعفر هذا صاحب الفضل الشائع والعلم المتعارف الذائع يستغنى بشهرته عن الاطناب في صفته . قال الزبيدي ولم يكن له مشاهدة فاذا خلا بعلمه جود واحسن وكان لا ينكر ان يسال اهل النظر والفقه ويفاتشهم عما اشكل عليه في تصانيفه . قال الزبيدي فحدثني قاضي القضاة بالاندلس وهو المنذر بن سعيد البلوطي قال اتيت ابن النحاس في مجلسه بمصر فالفيته يملي في اخبار الشعراء شعر قيس بن معاذ المجنون حيث يقول

خليلي هل بالشام عين حزينة　　　تبكي على نجد [2] لعلي اعينها

(١) ق هذا (٢) الضبي (١٣٥٧) ليلى

قد اُسلمها الباكون الا حمامة ‏ مطوقة باتت وبات قرينها
تجاوبها اخرى على خيزرانة ‏ يكاد يدنيها من الارض لينها

فقلت يا ابا جعفر ما ذا اعزك الله باتا يصنعان فقال لي وكيف تقوله انت يا اندلسي فقلت بانت وبان قرينها فسكت وما زال يستثقلني (١) بعد ذلك حتى منعني كتاب العين وكنت ذهبت الى الانتساخ من نسخته فلما قطع بي قيل انت (٢) من ابي العباس بن ولاد فقصدته فلقيت رجلا كامل العلم حسن المروءة فسالته الكتاب واخرجه الي ثم تندم ابو جعفر لما بلغه اباحة ابن العباس الكتاب لي وعاد الى ما كنت اعرفه منه. قال وكان ابو جعفر لئيم النفس شديد التنفير على نفسه وكان ربما وهبت له العمامة فقطعها ثلاث عمائم وكان يأبى شرى حوائجه بنفسه ويتحامل فيها على اهل معرفته. وصنف كتبا حسانا مفيدة منها كتاب الانوار. كتاب الاشتقاق لاسماء الله عز وجل. كتاب معاني القرآن. كتاب اختلاف الكوفيين والبصريين سماه المقنع. كتاب اخبار الشعراء. كتاب ادب الكتاب. كتاب الناسخ والمنسوخ. كتاب الكافي في النحو. كتاب صناعة الكتاب. كتاب اعراب القرآن. كتاب شرح السبع الطوال. كتاب شرح ابيات سيبويه. كتاب الاشتقاق. كتاب معاني الشعر. كتاب التفاحة في النحو. كتاب ادب الملوك. وسمعت من يحكي ان تصانيفه تزيد (٣) على الخمسين مصنفاً. وقد ذكر ابو عبد الله الحميدي القاضي المذكور في قصة ابن النحاس وقال هو ابو الحكم المنذر بن سعيد يعرف بالبلوطي

---

(١) ق يستثلقني (٢) لعله انتسخ (٣) ق زيد

ينسب الى موضع هناك قريب من قرطبة يقال له فحص البلوط ولي قضاء الجماعة بقرطبة في حياة الحكم المستنصر وذكر له قصة استحسنتها فاثبتها هاهنا اذ لم اجعل له ترجمة لانه لم يذكره بالتصنيف في الادب فقال كان الحكم المستنصر مشغوفا بابي علي القالي يؤهله لكل مهمة (١) في بابه فلما ورد رسول ملك الروم امره عند دخول الرسول الحصن (٢) ان يقوم خطيباً بما كانت العادة جارية به فلما كان في ذلك الوقت وشاهد ابو علي الجمع وعاين الحفل جبن ولم يحمله رجلاه ولا ساعده لسانه وفطن له ابو الحكم منذر بن سعيد القاضي (٣) فوثب وقام مقامه وارتجل خطبة بليغة على غير اهبة وانشد لنفسه في آخرها

هذا المقال الذي ما عابه فند ... لكن صاحبه ازرى به البلد
لو كنت فيهم غريباً كنت مطرفاً ... لكنني منهم فاغتالني النكد
لولا الخلافة ابقى الله بهجتها (٤) ... ما كنت ابقى بارض ما بها احد

واتفق الجمع على استحسانه وجمال استدراكه وصلَّبَ العلج وقال هذا كبش رجال الدولة ثم ذكر قصته مع ابن النحاس بعينها

﴿ احمد بن محمد بن حمادة (٥) ابو الحسن الكاتب ﴾

حسن الادب من افاضل الكتاب صنف الكتب ولقي الادباء وله كتاب امتحان الكتاب وديوان ذوي الالباب . كتاب شحذ الفطنة . كتاب الرسائل ذكر ذلك محمد بن اسحاق

• (١) الحميدي والضبي (١٣٥٧) مهم (٢) الحميدي والضبي الى الحضرة (٣) الحميدي ـ (٤) الحمدي والضبي : ق مهجتها (٥) في الفهرست حماوة

﴿ احمد بن محمد بن عبد الله بن هارون ﴾

ابو الحسين اظنه من عسكر مُكْرَم لانه اعتنى بشرح مختصر محمد بن علي بن اسماعيل المبرمان ثم قرأت في بعض المجموعات تقدم رجلان الى القاضي ابي احمد بن ابي علان رحمه الله فادعى أحدهما على الآخر شيئاً فقال المدعى عليه ما له عندي حق فقال القاضي من هـذا فقالوا ابن هارون النحوي العسكري فقال القاضي فاعطه ما اقررت له به . له شرح كتاب التلقين رأيته وسماه البارع . وكتاب شرح العيون. وكتاب شرح المجاري . رأيت كتاب شرح التلقين بخطه وقد كتبه في رجب سنة ٣٦٩

﴿ احمد بن محمد بن احمد بن نصر بن ميمون ﴾

ابن مروان بن الاسلمي الكفيف النحوي ابو عمرو قال ابن الفرضي [١] هو من أهل قرطبة ويقال له اشكابة [٢] سمع من قاسم بن اصبغ ومحمد ابن محمد الخشني وغيرهما وكان صالحاً عفيفاً ادب عند الرؤساء والجلة من الملوك ومات لاحدى عشرة ليلة خلت من شوّال سنة ٣٩٠

﴿ احمد بن محمد بن احمد ابو الحسن العروضي ﴾

معلم اولاد الراضي بالله وجدت على كتابه في العروض بخطه وقد قرئ عليه في سنة ٣٣٦ وكان اماما في علم العروض حتى قال ابو علي الفارسي في بعض كتبه وقد احتاج الى الاستشهاد ببيت قد تكلم عليه في التقطيع «وقد كفانا ابو الحسن العروضي الكلام في هذا الباب» ولقي ابو الحسن ثعلباً واخذ عنه وروى عنه ابو عبيد الله محمد بن عمران المرزباني . نقلت

(١) عدد ١٩٢ (٢) الشكل عند ابن الفرضي اشكابّة

من كتاب الفه ابو القاسم عبيد الله بن جرو الاسدي في العروض وكان الكتاب بخط ابي الحسن السمسماني يقول فيه : وكان ابو الحسن علي بن احمد العروضي عمل كتاباً كبيراً وحشاه بما قد ذكر اكثره ونقل كلام ابي اسحاق الزجاج وزاد فيه شيئاً قليلاً وضم اليه باباً في علم القوافي وذاك علم مفرد مثل علم العروض وفيه مسائل لطيفة واختلاف كثير يحتاج الى كشف واستقصاء نظر ولم اره كبير عمل ولو نسخ كتاب ابي الحسن الاخفش في القوافي لكان اعذر عندي ثم ضم اليه باباً في استخراج المعمى وهذا لا يتعلق بالعروض وضم اليه باباً في الايقاع ونسبه وغيرُه به احذق وختمه بقصيدة في العروض ولم يفد بها غير التكرير وكان ينبغي ان يوفي صناعته حقها ولا يخل بشيء منها ثم يتعرض لما قد ضمه اليها

﴿ احمد بن محمد التاريخي الرعيني (١) الاندلسي ﴾

قال الحميدي عالم بالاخبار الف في (٢) مآثر المغرب كتباً جمة منها كتاب ضخم ذكر فيه مسالك الاندلس ومراسيها وامهات مدنها واجنادها (٣) الستة وخواص كل بلد منها ذكره ابن جرير (٤) واثنى عليه

﴿ احمد بن محمد بن موسى بن بشير بن جناد (٥) ﴾

ابن لقيط الرازي الاندلسي اصله من الري ذكره ابو نصر الحميدي وقال

---

(١) التاريخي غير الرعيني وجمع المصنف بين ترجمتين في كتاب الحميدي (٢) الحميدي : ق ـ (٣) الحميدي : ق اخبارها (٤) الحميدي ابو محمد علي بن احمد (٥) عند ابن الفرضي حماد

له كتاب فى اخبار ملوك الاندلس وكتابهم وخططها (١) على نحو كتاب احمد بن ابي طاهر في اخبار بغداد . وكتاب في انساب مشاهير اهل الاندلس في خمس مجلدات ضخم من احسن كتاب واوسعه . كتاب تاريخه الاوسط . كتاب تاريخه الاصغر . كتاب مشاهير اهل الاندلس في خمسة اسفار من جيد كتبه . وقال ابن الفرضي (٢) اصله رازي قدم ابوه على الامام محمد وكان ابوه من اهل اللسن (٣) والخطابة وولد احمد هذا بالاندلس يوم الاثنين عاشر ذي الحجه سنه ٢٧٤ ومات لاثنتي عشرة ليلة خلت من رجب سنة ٣٤٤

﴿ احمد بن محمد بن فرج (٤) الجياني الاندلسي ﴾

ابو عمرو قد ينسب الى جده فيقال احمد بن فرج وكذلك اخوه وهو وافر الادب كثير الشعر معدود في (٥) العلماء والشعراء وله الكتاب المعروف بكتاب الحدائق الفه للحكم المستنصر عارض فيه كتاب الزهرة لابن داوود الاصبهاني الا ان ابن داوود ذكر مائة باب في كل باب مائة بيت وابو عمرو ذكر مائتي باب في كل باب مائة (٦) بيت ليس منها باب يكرر اسمه لابي بكر (٧) ولم يورد فيه لغير الاندلسيين شيئاً واحسن الاختيار ما شاء . وله ايضاً كتاب المنتزين والقائمين (٨) بالاندلس واخبارهم.

---

(١) الحميدي وخدمتهم ونكباتهم وغزواتهم والف في صفة قرطبة وخططها ومنازل العظماء بها كتاباً على نحو ما بدأ به احمد الخ :وجمع المصنف بين الكتابين
(٢) عدد ١٣٥ (٣) ابن الفرضي اللسانة (٤) الضبي فرح (٥) الحميدي : ق ـ
(٦) الحميدي : ق والضبي مائتي (٧) الحميدي : ق لابن داود (٨) ق بغير واو

وكان الحكم قد سجنه لامر نقمه عليه قال الحميدي واظنه مات في سجنه وله في السجن اشعار كثيرة مشهورة

﴿ احمد بن محمد بن سعيد بن عبيد الله ﴾

ابن احمد بن سعيد بن ابي مريم ابو بكر القرشي الوراق وراق ابي الحسن احمد بن عمير بن جوصا الحافظ الدمشقي ويعرف بابن فطيس قال ابن عساكر في تاريخ دمشق ومات في شوّال سنة ٣٥٠ ومولده في رمضان سنة ٢٧١ او٢٧٢ وهو صاحب الخط الحسن المشهور مولى جويرية بنت ابي سفيان روى الحديث عن جماعة من اهل الشام. قال ابن عساكر وقد ذكره عبد العزيز الكناني وقال كان ثقة مأموناً يورق للناس بدمشق له خط حسن . قال المؤلف وانما ذكرناه لما اشترطنا في اول الكتاب من ذكر أرباب الخطوط المنسوبة فذكرناه لما وصفه به ابن عساكر من جودة الخط واما انا فلم ار من خطه شيئاً

﴿ احمد بن محمد بن الفضل بن جعفر بن محمد ﴾

ابن الجراح ابو بكر الخزاز سمع ابا بكر بن دريد وابا بكر بن السراج وابا بكر بن الانباري وروى كثيراً من مصنفاتهم ومات في سنة ٣٨١ وكان ثقة حسن الادب والخط والاتقان والضبط فاضلاً اديباً كثير الكتب حسن الحال ظاهر الثروة روى عنه القاضي ابو العلاء الواسطي والصيمري والتنوخي وابو الحسين هلال بن المحسن واولاد الصابئ كلهم كثيراً من كتب الادب متصلة الرواية الى الآن وقد روى شيخنا تاج الدين ابو اليمن من طريقه عدة كتب ادبية . قال ابو القاسم التنوخي

سمعت ابن الجراح يقول كتبي بعشرة آلاف درهم ودوابّي بعشرة آلاف درهم قال التنوخي وكان احد الفرسان يلبس اداته و يركب فرسه ويخرج الى الميدان ويطارد الفرسان

﴿ احمد بن محمد بن احمد بن الحسين بن سعيد ابو علي ﴾

الاصبهاني المقرئ سكن دمشق وصنف تصانيف في القرآآت وقرأ القرآن على أبي القاسم زيد بن علي بن احمد بن ابي بلال الكوفي وابي بكر النقاش وابي العباس بن الحسن بن سعد الفاسي وابي عبد الله صالح ابن مسلم بن عبيد الله بن المقرئ وابي الفتح المظفر بن احمد بن ابراهيم ابن برهان وسمع بدمشق ابا[١] محمد عبد الله بن عطية وعبد الوهاب بن الحسن الكلابي والحسين بن علي وابا[٢] القاسم بن الفرات وابا[٣] نصر بن الجبّان ومات سنة ٣٩٣ بدمشق في شهر ربيع الآخر وكان لجنازته مشهد عظيم

﴿ احمد بن محمد بن هاشم بن خلف بن عمرو بن سعيد ﴾

ابن عثمان بن سلمان بن سليمان القيسي القرطبي الاعرج يكنى ابا عمر سمع محمد بن عمر بن لبابة واسلم بن عبد العزيز واحمد بن خالد ومال الى النحو وغلب عليه وادب به وكان وقوراً مهيباً لا يقدم عليه ولا عنده بالهزل[٤] وكان يلقب بالقاضي لوقاره مات سنة ٣٤٥ قال ابن الفرضي ذكره محمد بن حسن

(١) ق انبأنا (٢) ق ابو (٣) ابن الفرضي (عدد ١٣٦): ق هزل

﴿ احمد بن محمد بن جعفر بن ثوابة ﴾

يكنى ابا عبد الله احد البلغاء الفهماء وأرباب الاتساع فى علم البلاغة ولي ديوان الرسائل بعد ابيه محمد بن جعفر في سنة٣١٢ في ايام المقتدر ولم يزل على ديوان الرسائل الى ان مات وهو متوليه في ايام معز الدولة في سنة ٣٤٩ فولي ديوان الرسائل بعده ابو اسحاق الصابىء حدث[1] ابوالحسين علي بن هشام الكاتب قال سمعت الوزير ابا الحسن علي بن عيسى يقول لابي عبد الله احمد بن محمد بن محمد بن جعفر بن ثوابة ما قال « اما بعد » احد على وجه الارض ا كتب من جدك وكان ابوك اكتب منه وانت اكتب من ابيك . قال ابو علي المحسن التنوخي وقد رأيت انا ابا عبد الله هذا في سنة ٤٠٩ واليه ديوان الرسائل وكان نهاية في حسن الكلام والكتبة

﴿ احمد بن محمد بن الفضل الاهوازي ﴾

يعرف بابن كثير صاحب بلاغة وفضل ذكره محمد بن اسحاق النديم وقال له من الكتب كتاب مناقب الكتاب

﴿ احمد بن محمد الافريقي المعروف بالمتيم ﴾

ابو الحسن احد الادباء الفضلاء الشعراء له من التصانيف كتاب الشعراء الندماء . كتاب الانتصار المنبىء عن فضل المتنبىء . وغير ذلك وله ديوان شعر كبير . قال الثعالبي[2] رأيته ببخارى شيخاً رث الهيئة تلوح عليه سيماء الحرفة وكان يتطبب ويتنجم فاما صناعته التي يعتمد عليها فالشعر ومما انشدني لنفسه

---

(١) ق يحدث (٢) فى اليتيمة (٤:٨١)

وفتيـة ادباء ما علمتهم شبهتهم بنجوم الليل اذ نجموا
فروا الى الراح من خطب يلمّ بهم فما درت نوب الايام اين هم

قال وانشدني ايضاً لنفسه

تلوم على تركي[١] الصلاة حليلتي فقلت اعزبي عن ناظري انت طالق
فوالله لا صليت لله مفلساً يصلي له الشيخ الجليل وفائق
لماذا اصلي اين باغي[٢] ومنزلي واين خيولي والحلى والمناطق
اصلي ولا فتر من الارض يحتوي عليـه يميني انني لمنافق
بلى ان عليّ الله وسّع لم ازل اصلي له ما لاح في الجو بارق

وله في تركي

قلبي اسير في يدي مقلة تركية ضاق لها صدري
كانها من ضيقها عروة ليس لها[٣] زر سوى السمر

﴿ احمد بن محمد بن ابراهيم بن الخطاب ﴾

الخطابي ابو سليمان من ولد زيد بن الخطاب اخي عمر بن الخطاب كذا ذكر ابو عبيد الهروي وكان تلميذه وابو منصور الثعالبي وكان صديقه مات الخطابي فيما ذكره عبد الرحمن بن عبد الجبار الفامي الهروي في تاريخ هراة من تصنيفه(وسماه حمداً) في سنة ٣٨٨ ومولده في رجب سنة ٣١٩. نقلت من خط ابي سعد السمعاني قال نقلت من خط الشيخ ابن عمر توفي الامام ابو سليمان الخطابي ببست في رباط على شاطئ هندمند يوم السبت السادس عشر من شهر ربيع الآخر سنة ٣٨٦ . وذكر ابو

(١) اليتيمة : ق ترك (٢) اليتيمة باغي : وفوات الوفيات ملي (٣) ق ـ

الفرج عبد الرحمن بن الجوزي في كتاب المنتظم انه توفي سنة ٣٤٩ وهذا ليس بشيء . قال السمعاني كان الخطابي حجة صدوقاً رحل الى العراق والحجاز وجال في خراسان وخرج الى ما وراء النهر وكان يتجر في ملكه الحلال وينفق على الصلحاء من اخوانه وقد ذكره الثعالبي في كتاب يتيمة الدهر وقال كان تشبه في زماننا بابي عبيد القاسم بن سلام . وذكره الحافظ ابو طاهر احمد بن محمد بن احمد السلفي في شرح مقدمة كتاب معالم السنن له فقال وذكر الجم الغفير والعدد الكثير ان اسمه حمد وهو الصواب وعليه الاعتماد . قال المؤلف وانما ذكرته انا في هذا الباب لان الثعالبي واباعبيد الهروي وكان معاصريه وتليذيه سمياه احمد وقد سماه الحاكم ابن البيع في كتاب نيسابور حمدا وجعله في باب من اسمه حمد وذكر ابو سعد السمعاني في كتاب مرو سئل ابو سليمان عن اسمه فقال اسمي الذي سميت به حمد لكن الناس كتبوه احمد فتركته عليه قال ورثاه ابو بكر عبد الله بن ابراهيم الحنبلي ببست في شعر فسماه حمدا فقال

وقد كان حمداً كاسمه حمد الورى شمائل فيها للثناء ممادح
خلائق ما فيها معاب لعائب اذا ذكرت يوماً فهن مدائح
تغمده الله الكريم بعفوه ورحمته والله عاف وصافح
ولا زال ريحان الالاه وروحه قرى روحه ما حن في الايك صادح

قال وقد اخذ العلم عن كثير من اهله ورحل في طلب الحديث وطوّف والف . في فنون من العلم وصنف . واخذ الفقه عن ابي بكر القفال الشاشي وابي علي بن ابي هريرة ونظرائهما من فقهاء اصحاب الشافعي

ومن تصانيفه كتاب معالم السنن في شرح كتاب السنن لابي داوود. كتاب غريب الحديث ذكر فيه ما لم يذكره ابو عبيد ولا ابن قتيبة في كتابيهما وهو كتاب ممتع[١] مفيد رواه عنه ابو الحسين عبد الغافر بن محمد بن عبد الغافر الفارسي ثم النيسابوري. كتاب تفسير اسامي الرب عز وجل. شرح الادعية المأثورة. كتاب شرح البخاري. كتاب العزلة. كتاب اصلاح الغلط. كتاب العروس. كتاب اعلام الحديث. كتاب النية عن الكلام. كتاب شرح دعوات لابي خزيمة. ومن شيوخ الخطابي في الادب وغيره اسماعيل الصفار وابو عمر الزاهد وابو العباس الاصم واحمد بن سليمان النجار وابو عمرو السماك ومكرم القاضي وجعفر الخلدي كل هؤلاء بغداديون وبها كتب عنهم سوى الاصم فانه نيسابوري عالي الاسناد جداً وروى عنه خلق منهم عبد بن احمد بن غفير الهروي وابو مسعود الحسن بن محمد الكرابيسي البستي روى عنه ببست وابو بكر محمد بن الحسن المقرئ روى عنه بغزنة وابو الحسن علي ابن الحسن الفقيه السجزي روى عنه بسجستان وابو عبد الله محمد بن علي ابن عبد الله الفسوي روى عنه بفارس وآخرون وقد روى عنه الامام الفقيه ابو حامد الاسفرايني فقيه العراق والحاكم ابو عبد الله محمد بن البيع النيسابوري روى عنه بخراسان وقد حدث عنه ابو عبيد الهروي في كتاب الغريبين. وانشد ابو منصور عبد الملك بن محمد الثعالبي لابي سليمان الخطابي في اليتيمة اشعاراً منها[٢]

---

(١) ق ممتع (٢) اليتيمة ٤ : ٢٣٢

وما غربة الانسان في شقة النوى ولكنها والله في عدم الشكل
واني غريب بين بست واهلها وان كان فيها اسرتي وبها اهلي

ولابي منصور الثعالبي في الخطابي شعر منه

ابا سليمان سر في الارض او فاقم فانت عندي دنا مثواك او شطنا
ما أنت غيري فاخشى ان تفارقني فديت روحك بل روحي فأنت أنا

نقلت من خط ابي سعد السمعاني انبأنا اسماعيل بن احمد الحافظ أنبأنا ابو القاسم سعد بن علي بن محمد الريحاني ادباً (١) أنبأنا ابو سعد الخليل بن محمد الخطيب قال كنت مع ابي سليمان الخطابي فرأى طائراً على شجرة فوقف ساعة يستمع ثم أنشأ يقول

يا ليتني كنت ذاك الطائر الغردا من البرية منحازاً ومنفردا
في غصن بان دهته الريح تحقضه (٢) طوراً وترفعه افنانه صعدا
خلو الهموم سوى حب تلمسه في الترب او نغبة يروي بها كبدا
ما ان يؤرقه فكر لرزق غدٍ ولا عليه حساب في المعاد غدا
طوباك من طائر طوباك ويحك طب من كان مثلك في الدنيا فقد سعدا

وحدث ابو بكر محمد بن علي بن الحسن بن البراغوثي اللغوي فيما ذكره السلفي قال انشدني ابو منصور الثعالبي بنيسابور للخطابي يقوله في الثعالبي

قلبي رهين بنيسابور عند اخ ما مثله حين يستقرى البلاد اخ
له صحائف اخلاق مهذبة منها التقى والنهى والحلم ينتسخ

قال ابو طاهر السلفي وقلت انا فيه في سنة ٥٥٠ لشغفي بتآليفه (٣) ورغبتي

(١) كذا بالاصل (٢) ق تخفضه (٣) ق بتواليفه

في تحصيل تصانيفه

ظن هذا الخطَّاء في الخطابي   شيخ اهل العلوم (١) والآداب

من على كتبه اعتماده ذي الفضـــل ومن قوله كفصل الخطاب

ان يحوز الفردوس اذا تعب النفـ   ـس لذي العرش غاية الاتعاب

وتعنى في الاخذ جداً وفي التصـــنيف من بعد رغبة في الثواب

نضر الله وجهه من امام   المعيّ اتى بكل صواب

ولعمري قد فاز بالروح والريحـــان من غير شبهة وارتياب

فلقد كان شمس متبعي الشر   ع على الزائغين سوط عذاب

وللسلفي فيه اشعار غير هذا في نهاية الضعف والسقط كما ترى . ومن شعره في اليتيمة

وليس اغترابي في سجستان انني   عدمت بها الاخوان والدار والاهلا

ولكني ما لي بها من مشاكل   وان الغريب الفرد من يعدم الشكلا

وله

شر السباع العوادي دونه وَزَرُ   والناس شرهم (٢) ما دونه وزر

كم معشر سلموا لم يؤذهم سبع   وما ترى بشراً لم يؤذه بشر

ومنه ايضاً

ما دمتَ حياً فدارِ الناس كلهم   فانما أنت في دار المداراة

من يدر دارى ومن لم يدر سوف يُرى   عما قليل نديماً للندامات

(١) ق العلم (٢) ق شر

ومنه ايضاً

وقائلٍ ورأى من حجبتي عجباً — كم ذا التواري وأنت الدهر محجوب

فقلت حلت نجوم الدهر[١] منذ بدا — نجم المشيب ودين الله مطلوب

فلذت من وجلٍ[٢] بالاستتار عن الـ — ـابصار ان غريم الموت مرهوب

ومنه ايضاً

تغنم سكوت الحادثات فانها — وان سكنت عما قليل تحرك

وبادر بايام السلامة انها — رهان وهل للرهن عندك مترك

ومنه ايضاً

تسامح ولا تستوف حقك كله — وابق ولم يستقص قط كريم

ولا تغل في شيء من الامر واقتصد — كلا طرفي قصد الامور سليم[٣]

وقال ابو القاسم الداوودي الهروي قال الثعالبي له في مرثية الخطابي رحمه الله

انظروا كيف تخمد الانوار — انظروا كيف تسقط الاقمار

انظروا هكذا نزول الرواسي — هكذا في الثرى تغيض البحار

﴿ احمد بن محمد بن عبد الرحمن ابو عبيد الهروي الباشاني ﴾

المؤدب صاحب كتاب غريبي القرآن والحديث والسابق الى الجمع بينهما في علمنا قرأ على جماعة منهم ابو سليمان الخطابي وكان اعتماده وشيخه الذي يفتخر به ابا منصور محمد بن احمد الازهري صاحب كتاب التهذيب في اللغة مات ابو عبيد هذا فيما ذكره المليحي سنة ٤٠١ في رجبها روى

(١) اليتيمة العمر (٢) اليتيمة رجل (٣) اليتيمة ذميم

عنه كتاب الغريبين ابو عمرو عبدالواحد بن احمد المليحي وابو بكر محمد بن ابراهيم بن احمد الاردستاني وله من الكتب كتاب الغريبين. كتاب ولاة هراة

﴿ احمد بن محمد بن عبد الله بن يوسف ﴾

ابن محمد بن مالك السهلي الاديب ابو الفضل العروضي الصفار الشافعي ذكره عبد الغفار في السياق فقال مات بعد سنة ٤١٦ ومولده سنة ٣٣٤ وهو شيخ اهل الادب في عصره حدث عن الاصم والمكاري[1] وابي الفضل المزكي وابي منصور الازهري واقرانهم وتخرج به جماعة من الائمة منهم علي بن احمد الواحدي وغيره وذكره ابو منصور الثعالبي فقال امام في الادب خنق التسعين في خدمة الكتب واتفق عمره على مطالعة العلوم وتدريس مؤدبي نيسابور واحراز الفضائل والمحاسن وهو القائل في صباه

اوفى على الديوان بدر الدجى — فسل نجوم السعد ما حظه
اخده املح ام خطه — ولحظه افتن ام لفظه

قال وانشدني لنفسه

لعزة الفضة المبره — اودعها الله قلب صخره
حتى اذا النار اخرجتها — بالف كد والف كره
اودعها الله كف وغد — اقسى من الصخر الف مره

---

(١) ق المكارري

﴿ احمد بن محمد بن احمد بن سلمة بن شرام الغساني ﴾

احد النحاة المشهورين بالشام صحب أبا القاسم الزجاجي واخذ عنه وكتب تصانيفه وكان جيد الخط والضبط صحيح الكتابة وجدت خطه في كتاب امالي الزجاجي وقد فرغ من كتابتها في سنة ٣٤٦ ذكره ابو القاسم فقال احمد بن محمد بن احمد بن سلمة ابو بكر بن ابي العباس الغساني المعروف بابن شرام النحوي سمع ابا بكر الخرائطي وابا الدحداح احمد بن محمد بن اسماعيل التميمي وابا الحسن احمد بن جعفر بن محمد الصيدلاني وعبد الغافر ابن سلامة الحمصي وابا القاسم عبد الرحمن بن اسحاق الزجاجي وابا بكر احمد بن محمد بن سعيد بن عبيد الله بن فطيس والحسن بن حبيب الحظائري وابا الطيب احمد بن ابراهيم بن عبادل الشيباني وابراهيم بن محمد بن ابي ثابت وابا علي محمد بن القاسم بن ابي نصر روى عنه رشا بن نظيف وابو بكر احمد بن الحسن بن احمد بن الطبال وابو الحسن الربعي وابو نصر بن الجبان قال ابن الاكفاني رأيت في كتاب عتيق توفي ابو بكر بن شرام يوم الثلاثاء لعشر خلون من شعبان سنة ٣٨٧

﴿ احمد بن محمد بن الحسن الخلال الوراق الاديب ﴾

صاحب الخط المليح الرائق والضبط المتقن الفائق اظنه ابن ابي الغنائم الاديب وقد ذكرنا في باب علي بن محمد آخر ونراه اخا هـذا والله اعلم وجدت بخطه على كتاب قد كتبه في سنة ٣٦٥

﴿ احمد بن محمد بن يعقوب الملقب مسكويه ﴾

ابو علي الخازن صاحب التجارب مات فيما ذكره يحيي بن منده

في تاسع صفر سنة ٤٢١ قال ابو حيان في كتاب الامتاع وقد ذكر طائفة من متكلمي زمانه ثم قال واما مسكويه ففقير بين اغنياء وغني بين انبياء لانه شاذ وانما اعطيته في هذه الايام صفو الشرح لايساغوجي وقاطيغورياس من تصنيف صديقنا بالري قال الوزير ومن هو قلت ابو القاسم الكاتب غلام ابي الحسن العامري وصححه معي وهو الآن لائذ بابن الخمار وربما شاهد ابا سليمان المنطقي وليس له فراغ لكنه محب(١) في هذا الوقت للحسرة التي لحقته مما فاته من قبل فقال يا عجبا لرجل صحب ابن العميد وأبا الفضل ورأى ما عنده وهذا خطه قلت قد كان هذا ولكنه كان مشغولا بطلب الكيمياء مع ابي الطيب الكيميائي الرازي مملوك الهمة في طلبه والحرص على اصابته مفتونا بكتب ابي زكريا وجابر ابن حيان ومع هذا كان اليه خدمة صاحبه في خزانة كتبه هذا مع تقطيع الوقت في الحاجات الضرورية والشهوية والعمر قصير والساعات طائرة والحركات دائمة والفرص بروق تأتلق . والاوطار في عرضها تجتمع وتفترق . والنفوس عن قرابتها تذوب وتحترق. ولقد قطن العامري الري خمس سنين ودرس واملى وصنف وروى فما اخذ عنه مسكويه كلمة واحدة ولا وعى مسئلة حتى كأنه كان بينه وبينه سد ولقد تجرع على هذا التواني الصاب والعلقم ومضغ لقمة حنظل الندامة في نفسه وسمع باذنه قوارع الندامة من اصدقائه حين ما ينفع ذلك كله و بعد هذا فهو ذكي حسن نقي اللفظ وان بقي عساه ان يتوسط هذا الحديث وما ارى ذلك مع كلفه

---

(١) لعله مختبٍ

بالكيمياء وانفاق زمانه وكد بدنه وقلبه في خدمة السلطان واحتراقه في البخل بالدانق والقيراط والكسرة والخرقة نعوذ بالله من مدح الجود باللسان وايثار الشح بالفعل ومحتد [١] الكرم بالقول ومفارقته بالعمل. قال ابو منصور [٢] الثعالبي كان [٣] في الذروة العليا من الفضل والادب والبلاغة والشعر وكان في ريعان شبابه متصلا بابن العميد مختصاً به وفيه يقول

لا يعجبنك حسن القصر تنزله — فضيلة الشمس ليست في منازلها
لو زيدت الشمس في ابراجها مائة — ما زاد ذلك شيئاً في فضائلها

ثم تنقلت به احوال جليلة في خدمة بني بويه والاختصاص ببهاء الدولة وعظم شأنه وارتفع مقداره فترفع عن خدمة الصاحب ولم ير نفسه دونه ولم يخل من نوائب الدهر حتى قال ما هو متنازع بينه وبين نفر من الفضلاء

من عذيري من حادثات الزمان — وجفاء الاخوان والخلان

قال وله قصيدة في عميد الملك تفنن فيها وهنأه باتفاق الاضحى والمهرجان في يوم وشكا [٤] سوء اثر الهرم و بلوغه الى ارذل العمر

قل للعميد عميد الملك والادب — اسعد بعيديك عيد الفرس والعرب
هذا يشير بشرب ابن الغمام ضحى — وذا يشير عشياً بابنة العنب
خلائق خيرت في كل صالحة — فلو دعاها لغير الخير لم تجب
اعدت شرخ شباب لست اذكره — بعدا وردت [٥] علي العمر من كثب

(١) لعله تمجيد (٢) اظنه في القسم الثالث من تتمة اليتيمة (٣) ق — (٤) ق شكا (٥) لعله ورد

فطاب لي هرمي والموت يلحظني لحظ المريب ولولا انت لم يطب
فان تمرس لي خصم تعصب لي وان اساء الي الدهر أحسن بي

ومنها

وقد بلغت الى اقصى مدى عمري وكَلّ غربيَ واستأنست بالنوب
اذا تملأتُ من غيظ على زمني وجدتني نافخاً في جذوة اللهب

ومنها

وان تمنيت عيش الدهر اجمعه وأن تعاين ما ولى من الحقب
فانظر الى سير القوم الذين مضوا والحظ كتابتهم من باطن الكتب
تجد تفاوتهم في الفضل مختلفاً وان تقاربت الاحوال في النسب
هـذا كتاج على رأس يعظمه وذاك كالشعر الجافي على الذنب

قال المؤلف وكان مسكويه مجوسياً واسلم وكان عارفاً بعلوم الاوائل معرفة جيدة وله في ذلك كتاب الفوز الاكبر. كتاب الفوز الاصغر . وصنف كتاب تجارب الامم في التاريخ ابتداؤه من بعد الطوفان والى سنة ٣٦٩ . وله كتاب انس الفريد وهو مجموع يتضمن أخباراً واشعاراً وحكماً وامثالاً غير مبوب . وكتاب ترتيب العادات . وكتاب المستوفي اشعار مختارة . وكتاب الجامع . كتاب جاوذان خرد . كتاب السير اجاده ذكر فيه ما يسير به الرجل نفسه من امور دنياه مزجه بالاثر والآية [١] والحكمة والشعر . وللبديع الهمذاني الى ابي علي مسكويه يعتذر من شيء بلغه عنه بعد مودة كانت بينهما [٢] .

---

(١) لعله بالآثار والآي (٢) في رسائل الهمذاني البيروتية ص ١٥٧

ويا عزّان واشٍ وشى بي عندكم فلا تمهليه ان تقولي له مهلا
كما لو وشى واشٍ بعزة عندنا لقلنا تزحزح لا قريباً ولا سهلا (١)

بلغني اطال الله بقاء الشيخ ان قيضة كلب وافته باحاديث لم يعرها الحق نوره . ولا الصدق ظهوره . وان الشيخ اذن لها على مجاب (٢) اذنه . وفسح لها فناء ظنه . ومعاذ الله ان اقولها . واستجيز معقولها . بلى (٣) قد كان بيني وبينه عتاب لاينزع كتفه . (٤) ولا يجذب (٥) انفه. (٦) وحديث لا يتعدى الى (٧) النفس وضميرها . ولا تعرفه (٨) الشفة وسميرها . وعربدة كعربدة اهل الفضل لا تتجاوز الدلال والادلال ووحشة يكشفها (٩) عتاب لحظة. كغناء (١٠) جحظة. فسبحان من ربى هذا الامر حتى صار امرًا. وتابط شراً . واوحش حراً . واوجب عذراً . بل سبحان من جعلني في حيز العذر (١١) اشيم بارقته . واستحيل صاعقته . وانا المُساء اليه . والمجني عليه . والمستحق به (١٢) لكن من بلي من الاعداء كما بليت . ورمي من الحسدة بما رميت . ووقف من الوجد والوحدة حيث وقفت . واجتمع عليه من المكاره (١٣) ما وصفت. اعتذر مظلوماً .واحسن ملوماً (١٤) .وضحك مشتوماً. ولو علم الشيخ عدد ابناء الحدد. (١٥) واولاد العدد . بهذا البلد . ممن ليس له همة الا في شكاية او حكاية او سعاية او نكاية لضن بعشرة غريب

---

(١) رسائل اهلا (٢) رسائل مجال (٣) رسائل بل (٤) رسائل ينزل كتفه (٥) رسائل يجدف (٦) رسائل ــ (٧) رسائل ــ (٨) رسائل تعرف (٩) رسائل لا يكشفها (١٠) رسائل كتاب (١١) رسائل جنب العدو (١٢) رسائل ــ (١٣) رسائل : ق المكارم (١٤) رسائل ــ (١٥) في الرسائل الجدد وعند شارح الرسائل انه جمع جديد : والصواب الحدد بمعنى الباطل

اذا بدر . وبعيد اذا حضر . ولصان مجلسه عمن لا يصونه عما رقي اليه . فهبني قلت ما حكي له أليس الشاتم من اسمع [١] أليس الجاني من ابلغ فقد بلغ من كيد هؤلاء القوم انهم حين صادفوا من الاستاذ نفسا لا تستفزّ . وحبلا لا يهز . دسوا اليه حديثه بما حرشوا به نارهم [٢] وردِ عليّ مما قالوه فما لبثت ان قلت

فان يك حرب بين قومي وقومها فاني لها في كل نائبة سلم

فليعلم الشيخ الفاضل ان في كبد الاعداء مني جمرة . وان في أولاد الزنا عندنا [٣] كثرة . قصاراهم نار يشبونها . او عقرب يدبونها . او مكيدة يطلبونها . ولولا ان العذر اقرار بما قيل . وا كره ان استقيل . بسطت في الاعتذار شاذروانا . ودخلت في الاستقالة ميدانا . لكنه امر لم اضع اوله فلا اتدارك آخره وقد ابى الشيخ ابو محمد الا ان يوصل هذا النثر الفاتر بنظم مثله فكاهة [٤] يلعن بعضه بعضا

مولاي ان عدت ولم ترض لي ان اشرب البارد لم اشرب
امتط خدي وانتعل ناظري وصد بكفي حمة العقرب
بالله ما انطق عن كاذب فيه [٥] ولا ابرق عن خلب
فالصفو بعد الكدر المفتري كالصحو بعد [٦] المطر الصيب
ان اجتن الغلظة من سيدي فالشوك عند الثمر الطيب

---

(١) رسائل : ق اسمع الناس (٢) رسائل وشوا الى خدمه بما ارثوا نارهم
(٣) رسائل : ق ـ (٤) رسائل فهاكه (٥) رسائل فيك (٦) رسائل عقب

او نفذ (١) الزور على ناقد   فالخمر قد تعصب بالثيب (٢)

ولعل الشيخ ابا محمد يقوم من الاعتذار بما قعد عنه القلم والبيان فنعم زائد الفضل هو والسلم

وجاء الجواب من ابي علي (٣)

واذا الواشي اتى يسعى لها   نفع الواشي بما جاء يضر

فهمت خطاب الشيخ الفاضل الاديب البارع الذي لو قلت انه السحر الحلال والعذب الزلال لنقصته حظه ولم اوفه حقه فاما البلاغات التي اومأ اليها فوالله ما اذنت لها ولا اذنت فيها وما اذهبني عن هذه الطريقة وابعدني عنها وقد نزه الله لسانه عن الفحشاء وسمعي عن الاصغاء وما يتخذ العدو بينهما مجالاً واما الابيات فقد تكلفت الجواب عنها لا مساجلة له ولكن لابلغ المجهود في قضاء حقه

يا بارعاً في الادب المجتنى   منه ضروب الثمر الطيب
لو قلت ان البحر مستغرق   في بحرك الفياض لم اكذب
اذا تبوأت محلاً لما   نزلت الا منزل الكوكب
احمدتني الشعر واعتبتني   فيه ولم اذمم ولم اعتب
والعذر يمحو ذنب فعاله   فكيف يمحوه ولم يذنب

---

(١) ق لقد نفذ : والرسائل ان يفسد (٢) قال شارح الرسائل تطلق الثيب على الخمر اذا خالطها الماء يريد ان الخمر على ما فيها من المزايا لا يضرها اسم الثيب : وعندي انه يعرض بالمثل العوان لا تعلم الخمرة (٣) هذا العنوان زدناه ظنا منا انه سقط من الاصل

انا الذي آتيك مستغفراً من زلة لم تك من مذهبي

وانت لا تمنع مستوهبا مالا فهب ذنبا لمستوهب

قال ابو حيان في كتاب الوزيرين فان ابن العميد اتخذه خازنا لكتبه واراد ايضا ان يقدح ابنه به ولم يكن من[1] الصنائع المقصودة والمهمات اللازمة وكان يحتمل ذلك لبعض العزازة بظله والتظاهر بجاهه . (بسم الله الرحمن الرحيم) نسخة وصية ابي علي مسكويه : هذا ما عاهد عليه احمد بن محمد وهو يومئذ آمن في سربه معافي في جسمه عنده قوت يومه لا تدعوه الى هـذه المعاهدة ضرورة نفس ولا بدن ولا يريد بها مرآة مخلوق ولا استجلاب منفعة ولا دفع مضرة منهم عاهده على ان يجاهد نفسه ويتفقد امره فيعف ويشجع ويحكم وعلامة عفته ان يقتصد في مآرب بدنه حتى لا[2] يحمله الشره على ما يضر جسمه او يهتك مروءته وعلامة شجاعته ان يحارب دواعي نفسه الذميمة حتى لا تقهره شهوة قبيحة ولا غضب في غير موضعه وعلامة حكمته ان يستبصر في اعتقاداته حتى لا يفوته بقدر طاقته شيء من العلوم والمعارف الصالحة ليصلح اولاد نفسه ويهذبها ويحصل له من هـذه المجاهدة ثمرتها التي هي العدالة وعلى ان يتمسك بهذه التذكرة ويجتهد في القيام بها والعمل بموجبها وهي خمسة عشر باباً ايثار الحق على الباطل في الاعتقادات والصدق على الكذب في الاقوال والخير على الشر في الافعال . وكثرة الجهاد الدائم لاجل الحرب الدائم بين المرء وبين نفسه . والتمسك بالشريعة ولزوم وظائفها . وحفظ المواعيد

(١) لعله عنده (٢) ق ـ

حتى ينجزها واول ذلك ما بيني وبين الله جلّ وعز . قلة الثقة بالناس بترك الاسترسال . محبة الجميل لانه جميل لا لغير ذلك. الصمت في اوقات حركات النفس للكلام حتى يستشار فيه العقل. حفظ الحال التي تحصل في شيء شيء حتى يصير ملكه ولا يفسد بالاسترسال . الاقدام على كل ما كان صوابا. الاشفاق على الزمان الذي هو العمر استعمل في المهم دون غيره . ترك الخوف من الموت والفقر لعمل ما ينبغي وترك التواني : ترك الاكتراث لاقوال اهل الشر والحسد لئلا يشتغل بمقابلتهم وترك الانفعال لهم . حسن احتمال الغنى والفقر والكرامة والهوان بجهة وجهة . ذكر المرض وقت الصحة والهم وقت السرور والرضى عند الغضب ليقل الطغي والبغي . قوة الامل وحسن الرجاء والثقة بالله عزّ وجل وصرف جميع البال اليه

﴿ احمد بن محمد الصخري ابو الفضل ﴾

قتل في اواخر سنة ٤٠٦ هكذا ذكر ابو محمد محمود بن ارسلان في تاريخ خوارزم وقال هو احد مفاخر خوارزم اديب كامل وعالم ماهر وكاتب بارع وشاعر ساحر . قال ابو منصور الثعالبي في كتابه له ظرف حجازي وخط عراقي و بلاغة جزلة سهلة ومروءة ظاهرة ومحاسن متظاهرة وله شعر كثير يجمع فيه بين الاسراع [١] وابداع وياخذ بطرفي الاتقان والاحسان ثم هو في الارتجال فرد الرجال لسرعة خاطره وسلامة طبعه وحصول اعنة القوافي فى يده وكان فى عنفوان شبابه الَمَّ بحضرة الصاحب

(١) لعله اختراع

اسماعيل بن عباد فاقتبس من نورها واغترف من سحرها[١] وانخرط فى سلك اعيان اهل الفضل بها وتزود من ثمارها فاحسن[٢] اثره وطاب خبره ورجع الى اوطانه واقام بحضرة سلطانه فى اجلة الكتاب ووجوه العمال وهو الآن من اخص جلساء الامير واقرب ندمائه وافضل كتابه واجل شعرائه ولا يكاد يخلو منه مجالس انسه ولا يتقشع عنه سحائب جوده وما اكثر ما يقترح عليه الاشعار فى المعاني البديعة ويكمل لها ويفي ويعلنها فى الوقت والساعة بين يديه ويعرضها عليه وعهدي بذلك المجلس العالي ليلة من الليالي وقد جرى فيه ذكر ابي الفضل الهمذاني بديع الزمان واعجاز لطائفه[٣] وخصائصه في الارتجالات وسرعة اتيانه واثباته بالاقتراحات وانه كان يكتب الكتاب المقترح عليه ويبتدئ بآخر سطر ثم هلم جرًّا الى السطر الاول حتى يخرجه مستوفى الالفاظ والمعاني كاملح شيء واحسنه فانتدب الصخري لهذه النادرة وضمن الاستقلال بهذه الغريبة الصعبة فرُسم له على لسان الشيخ ابي الحسين السهيلي ان يكتب في معنى مؤلف الكتاب كتاباً الى الدهخدا ابي سعيد محمد بن منصور الحوالي يذكر فيه ان اخبار فلان في محاسن ادبه وبديع تاليفاته لم تزل تاتينا ثم تشوقنا الى مشاهدته الفصل فاخذ القلم والقرطاس وكتب اولا السطر الذي يقع في آخره ان شاء الله تعالى ثم لم يزل يمضي قدماً في الكتاب ويرتفع من عجزه الى صدره ومن سفله الى علوه ويصل اواخره باوائله حتى اتم المعنى المقترح عليه مع جودة الالفاظ وسهولتها وحسن مطالعها ومقاطعها وفرغ من الكتاب في زمان

(١) لعله بحرها (٢) لعله فحسن (٣) ق الطايفة

قصير المدة وقد اخذ منه الشراب واثرت فيه الكاسات فوقع ذلك احسن موقع [١] وعد من محاسنه وله كتاب رسائل مدونة. كتاب ديوان شعر مجلد.

فمن منثور كلامه

الشيخ أصدق لهجة . وأبين في الكرم محجة . من ان يخلف برق ضمانه . ولا يمطر سحاب احسانه . فليت شعري ما الذي فعله في امر وليه القاصر عليه امله . وهل بلغ الكتاب اجله . وقد استهل الشهر الثامن استهلالاً . ولا بدى لافق مواعده هلالا . آخر . طبع كرمه اغلب من [٢] ان يحتاج الى هز . وحسام فضله اقطع من ان يهز لحز . آخر . اما اني لا ارضى من كرمه العد . ان تجر اولياؤه على شوك الرد . فبحق مجده المحض . الذي فاق به اهل الارض . ان يرفع عن حاجتي قناع الخجل . ولا يقبر املي فيها قبل حلول الاجل . وهذا قسم ارجو ان يصونه عن الحنث . وعهد اظن انه لا يعرضه للنكث . آخر . لا أدري أهنئ الشيخ بعوده الى مركزه . ومستقر عزه . سالما في نفسه التي سلامتها سلامة المعالي والمكارم . وهي اجسم المتاع وانفس الغنائم . ام اهنئ الحضرة به فقد عاد اليها ماؤها . ورجع برجوعه حسنها وبهاؤها . ام اهنئ الملك ثبت الله اركانه . كما نضر بمكانه منه زمانه . فقد آب اليه رونقه . وزال عن امره رنقه . ام اهنئ الفضل فقد كان ذوي عوده ثم اخضرّ واورق . وهوى نجمه ثم انار واشرق . ثم [٣] اهنئ جماعة الاولياء والخدم وكافة انشاء الكتاب [٤] فقد عاشوا . وانتعشوا وارتاشوا . وارتفعت نواظرهم بعد الانخفاض .

(١) ق موقعه (٢) ق ـ (٣) لعله ام (٤) لعله كتاب الانشاء

وانشرحت صدورهم غب الانقباض . وانا اعد نفسي من جملتهم . ولا انحرف مع طول العهد عن قبلتهم . وله : كتابي وقد عرتني علة منعتني من استغراق المعاني واستيعابها . واشباع الكلم في وجوهها وابوابها . فاختصرت وقصرت . وعلى النبذ اليسيرة اقتصرت . وما أعرف هذه العلة الا من عوادي فراقه . ودواعي اشتياقه . وان كانت النعمة بمكانه خارجة عن القياس . غير خافية من جميع الناس . انها ازدادت الان ظهورا . وان لم يكن قدرها مستوراً . وقدر النعمة لايعرف الا بعد الزوال . ولا يتحقق الا مع الانتقال . اهلنا الله لعَوْدها . لنحسن جوارها بشكرها وحمدها . واصحبه السلامة حالاً ومرتحلاً . ومقيماً ومنتقلاً . انه خير صاحب . يصحب كل غائب . وله : وصل كتاب الشيخ فيما حلاني به من صفاته التي هو بها حالٍ . وانا منها خالٍ . وقد كان اعارني منها عارية . وجدت نفسي منها عارية . لكنه نظر اليّ بعين رضاه . وشهد لي بقلب هواه . فلا ينظرن بعين الرضى . فنظرتها ربما تجنح . ولا يشهدن بقلب الهوى . فانها شهادة تجرح . وله : كل من ورد جناب الشيخ من امثالي انما ورد بامل منفسح . ثم صدر بصدر منشرح . اذ ما امتدت اليه يد فارتدت عاطلاً . ولا توجه تلقاءه رجاء فعاد باطلاً . وانا اجله ان يفسخ من بينهم ذريعة رجائي . وينسخ شريعة ولائي . بل اظن إن لم يفضلني عليهم في المراتب . لم ينقصني عنهم في الواجب . ثم ليس طمعي في ماله . فكفاني ما شملني من افضاله . بل كفاه ما تكلفه في هذا الوقت من كلفة المروّة .

(١) ق انه

التي تنوءُ بِالْعَصْبَة أُولِي الْقُوَّةِ . ولكن طمعي في جاهه ومن ضن به ملوم . اذ البخل به لؤم . ومن اشعاره يمدح أبا العباس خوارزمشاه

اشبه البدر في السنا والسناء　　　وحوى رقة الهوى والهواء
واتى الشيب بعدها منفذا لي　　　عن يد الدهر بالبلى والبلاء
واذا شاء بالندى الملك العا　　　دل في المجد والعلى والعلاء
ابدل الشين منه سيناً[1] واوطا　　　ني الثريا من الثرى والثراء

ومن شعره ايضاً في الهجاء

ايا ذا الفضائل واللام حاء　　　ويا ذا المكارم والميم هاء
ويا انجب الناس والباء سين　　　ويا ذا الصيانة والصاد فاء
ويا اكتب الناس والتاء ذال　　　ويا اعلم الناس والعين ظاء
تجود على الكل والدال راء　　　فانت السخي ويتلوه خاء
لقد صرت عيبا لداء البغاء　　　ومن قبل كان يعاب البغاء

وله يستهدي ماء الورد

يا من حكى الورد الطريء بعرفه　　　وبظرفه وبلطفه وبهائه
ان شئت والافضال منك سجية　　　اهديت لي قارورة من مائه

وله من قصيدة في أبي الفتح البستي

نسب كريم فاضل انسى به　　　من كانَ معتمدا على انسابه
قد كنت في نوب الزمان وصرفه　　　اذ عضني صرف الزمان بنابه
فاليوم جانبت الحوادث جانبي　　　اذ قد نُسِبت الى كريم جنابه

---

(١) ق شيئاً : يريد انه يقلب الشيب سيباً

ومن قصيدة في ابي الحسين السهيلي

نفس مصدقة جميع عِداتها   لكن مكذبة ظنون عُداتها
هماته حكمت على هاماتها   ان أصبحت للوحش من اقواتها
يا احمد بن محمد يا خير من   ولي الوزارة عند خير ولاتها
مادامت الايام في الغفلات عن   عرصات مجدك فاغتنم غفلاتها

وله من قصيدة

لئن بخلت باسعادي سُعاد   فاني بالفؤاد لها جواد
وان نفد اصطباري في هواها   فدمع العين ليس له نفاد
ارى ثلجاً بوجنتها (١) ونارا   لتلك النار في قلبي اتقاد
فهب من نارها كان احتراقي   فلِمْ بالثلج ما برد الفؤاد
لاجهدنّ في طلب المعالي   بسعي ما عليه مستزاد
فان أدركت آمالي والا   فليس عليّ الا الاجتهاد

وله في بعض الصدور

جمعت الى العلى شرف الابوه   وجزت الى الندى فضل المروه
اتيتك خادماً فرفعت قدري   الى حال الصداقة والاخوه
فما شبهتني الا بموسى   رأى نارا فشرّف بالنبوه

وله من قصيدة

اسمعت يا مولاي دهـــري بعد بُعدك ما صنع
اخنى عليّ بصرفه   فرأيت هول المطلع

(١) ق بوجنته

﴿ احمد بن محمد ابو الحسين السهيلي الخوارزمي ﴾

قال محمود بن محمد الاسلامي في تاريخ خوارزم انه مات بسر من رأى في سنة ٤١٨ على ما يذكره قال وهو من اجلة خوارزم وبيته بيت رئاسة ووزارة وكرم ومروءة قال الثعالبي وهو وزير ابن (١) وزير

ورث الوزارة كابرا عن كابر　　موصولة الاسناد بالاسناد

قال وكان يجمع بين آلات الرئاسة وادوات الوزارة ويضرب في العلوم والآداب بالسهام الفائزة وياخذ من الكرم وحسن الشيم بالحظوظ الوافرة وله كتاب الروضة السهيلية في الاوصاف والتشبيهات وبامره والتماسه صنف الحسن بن الحارث الحسوني (٢) في المذهب كتاب السهيلي يذكر فيه المذهبين مذهب الشافعي والحنفي . وله شعر فن ذلك ولم يسبق الى معناه

الا سقّنا الصهباء صرفاً فانها　　اعز علينا من عتاق الترحل

واني لاقلي النقل حباً لطعمها (٣)　　لئلا يزول الطعم عند التنقل

وله في النجوم

فالشهب (٤) تلمع في الظلام كانها　　شرر تطاير من دخان النار

فكانها فوق السماء بنادق الـــكافور فوق صلاية العطار

وله في النجوم اشعار منها في شعاع القمر على الماء

كانما البدر فوق الماء مطلعا　　ونحنَ بالشط في لهو وفي طرب

---

(١) ق ــ (٢) ق الحيولي وفي كشف الظنون اسم ابيه حرب (٣) ق لطعمه

(٤) ق في الشهب

ملك رآنا فاهوى للعبور فلم ... يقدر فمد له جسر من الذهب

خرج السهيلي من خوارزم في سنة ٤٠٤ الى بغـداد وتوطنها وترك وزارة خوارزم شاه ابي العباس مامون خاف من شره ولما قدم بغـداد اكرمه فخر الملك ابو غالب محمد بن خلف وهو والي العراق يومئذ وتلقاه بالجميل فلما مات فخر الملك خرج من بغداد هاربا ايضاً حتى لحق بغريب ابن مقن خوفا على ماله وكان غريب صاحب البـلاد العليا تكريت ودجيل وما لاصقها فاقام عنده الى ان مات وخلف عشرين الف دينار سلمها غريب الى ورثته

﴿ احمد بن محمد بن الحسن المرزوقي ﴾

ابو علي من اهـل اصبهان كان غاية في الذكاء والفطنة وحسن التصنيف واقامة الحجج وحسن الاختيار وتصانيفه لا مزيد عليها في الجودة مات فيما ذكره ابو زكريا يحيي ابن منده في ذي الحجة سنة ٤٢١ قال وكتب عنه[1] سعيد البقال واخرجه في معجمه . ووجدت خطه على كتاب شرح الحماسة من تصنيفه وقد قرأ[2] عليه في شعبان سنة٤١٧ وكان قد قرأ كتاب سيبويه على ابي علي الفارسي وتتلمذ له بعـد ان كان راسا بنفسه .وله من الكتب كتاب شرح الحماسة اجاد فيه جداً . كتاب شرح المفضليات . كتاب شرح الفصيح . كتاب شرح اشعار هذيل . كتاب الازمنة . كتاب شرح الموجز كتاب شرح النحو . قال الصاحب ابن عباد فاز بالعلم من اصبهان ثلاثة حائك وحلاج واسكاف فالحائك

(١) ق وكنت عند (٢) ق لعله قرئ

هو المرزوقي والحلاج ابو منصور بن ماشدة والاسكاف ابو عبد الله الخطيب بالري صاحب التصانيف في اللغة . ووجدت في المجموع بخط بعض فضلاء العجم نقلت من خط الابيوردي ابو علي المرزوقي صاحب شرح الحماسة والهذليين قرأ على ابي علي وهو يتفاصح في تصانيفه كابن جني وكان معلم اولاد بني بويه باصبهان ودخل اليه الصاحب فما قام له فلما افضت الوزارة الى الصاحب جفاه

﴿ احمد بن محمد بن ابراهيم ابو اسحاق الثعلبي ﴾

المفسر صاحب الكتاب المشهور بايدي الناس المعروف بتفسير الثعلبي مات فيما ذكره عبد الغني بن سعيد الحافظ المصري ونقلته من حاشية كتاب الاكمال لابن ماكولة في محرم سنة ٤٢٧ فقال ابو اسحاق الثعلبي المفسر جليل خراساني وذكر وفاته وذكره عبد الغافر في السياق فقال احمد بن محمد بن ابراهيم ابو اسحاق الثعلبي المقرئ المفسر الواعظ الاديب الثقة الحافظ صاحب التصانيف الجليلة من التفسير الحاوي انواع الفرائد من المعاني والاشارات وكلمات ارباب الحقائق ووجوه الاعراب والقراآت ثم كتاب العرائس والقصص وغير ذلك مما لا يحتاج الى ذكره لشهرته وهو صحيح النقل موثوق به حدث عن ابي طاهر بن خزيمة وابي بكر ابن مهران المقرئ وابي بكر بن هانئ وابي بكر بن الطرازي والمخلدي والخفاف وابي محمد بن الرومي وطبقتهم وهو كثير الحديث كثير الشيوخ وذكر وفاته كما تقدم قال وسمع منه الواحدي التفسير واخذه عنه واثنى عليه وحدث عنه باسناد رفعه الى عاصم قال الرئاسة بالحديث رئاسة نذلة

ان صح (١) الشيخ وحفظ وصدق فاصمى (٢) فقال (٣) هذا شيخ كيس واذا وهم قالوا شيخ كذاب . وله كتاب ربيع المذكرين

﴿ احمد بن محمد بن احمد بن محمود بن دلويه ﴾

ابو حامد الاستوائي مات فيما ذكره الخطيب في سنة ٤٣٤ وقال يعرف بالدلوي واستوى التي نسب اليها قرية من قرى نيسابور قدم بغداد فسمع من الدارقطني واستوطنها الى حين وفاته وولي القضاء بعكبرا من قبل القاضي ابي بكر بن الطيب الباقلاني وكان ينتحل في الفقه مذهب الشافعي وفي الاصول مذهب الاشعري وله حظ في معرفة الادب والعربية وحدث بشيء يسير. قال الخطيب وكتب عنه وكان صدوقا ولما مات دفن بالشونيزية . قال المؤلف كان الدلوي اديبا فاضلا وكثيرا ما يوجد كتب الادب بخطه وكان صحيح النقل جيد الضبط معتبر الخط في الغالب

﴿ احمد بن محمد بن عمار بن مهدي بن ابراهيم ﴾

المهوي (٤) ابو القاسم المقرئ ذكره الحميدي فقال اصله من المهدية من بلاد القيروان ودخل الاندلس في حدود الثلاثين واربعمائة او نحوها وكان عالما بالقرآآت والادب متقدما ذكره لي بعض اهل العلم بالقرآآت واثنى عليه وانشدني له في ظاآت القران

ظنت (٥) عظيمة ظلمنا من حظها فظللت اوقظها لتكظم (٦) غيظها

---

(١) لعله اصح (٢) ق فاصى (٣) لعله قالوا (٤) الحميدي : ق المهدي
(٥) الحميدي : ق ظننت (٦) ق لكاظم : الحميدي ليكاظم

وظعنت انظر في الظلام وظله ظمآن انتظر الظهور لوعظها
ظهري وظفري [1] ثم عظمي في لظى لاظاهرن لحظها ولحفظها
لفظي شواظ اوكشمس ظهيرة ظفر لدى غلظ القلوب وفظها

﴿ احمد بن محمد بن احمد بن برد الاندلسي ﴾

ذكره الحميدي وقال هو مولى احمد بن عبد الملك بن عمر بن محمد بن شهيد ابو حفص الكاتب مليح الشعر بليغ الكتابة من اهل بيت ادب ورئاسة له رسالة في السيف والقلم والمفاخرة بينهما وهو اول من سبق الى القول في ذلك بالاندلس وقد رأيته بالمرية بعد الاربعين واربعمائة غير مرة [2] وله كتب في علم القرآن منها كتاب التحصيل في تفسير القرآن. كتاب التفصيل في تفسيره ايضاً . وله غير ذلك وكان جده احمد بن برد وزيراً في الايام العامرية وكاتبا بليغا ايضاً مات سنة ٤١٨ اعني الوزير.

ومن شعر احمد بن محمد هذا

تامل فقد شق البهار مغلسا كمائمه عن نواره الخضل الندي
مداهن تبر في انامل فضة على اذرع مخروطة من زبرجد

ومن شعره ايضاً

لما بدا في لازوردي الحرير وقد بهر
كبرت من فرط الجمال وقلت ما هذا بشر
فاجابني لا تنكرن ثوب السماء على القمر

(١) الحميدي : ق فظفري (٢) اسماء كتبه ووفاة جده نقلها المصنف عن غير الحميدي

ومن شعره ايضاً

قلبي وقلبك لا محالة واحد   شهدت بذلك بيننا الالحاظ
فتعال فلنغظ الحسود بوصلنا   ان الحسود بمثل ذاك يغاظ

﴿ احمد بن محمد بن هارون النزلي ابو الفتح ﴾

النحوي اخذ عن ابي الحسن علي بن عيسى الربعي وهو من اقران ابي يعلى بن السراج

﴿ احمد بن محمد العمودي الهمذاني ابو عبد الله ﴾

اللغوي ذكره شيرويه بن شهردار فقال روى عن عبد الرحمن بن حمدان الجلاب وابي الحسين محمد الحريري صاحب ابي شعيب الحراني وغيرهما روى عنه ابو عبد الله الامام وغيره

﴿ احمد ين محمد بن احمد بن شهردار المعلم ﴾

الاصبهاني كان اديباً فاضلاً بارعاً في الادب فصيحاً كثير السماع حسن الخط صاحب اصول مات في شوّال سنة ٤٤٦ قال يحيي بن منده سمعت من الثقات منهم ابو غالب بن هارون تلميذه انه كان رجلاً فاضلاً الا انه كان لايصلي الصلوات كما قيل

﴿ احمد بن محمد بن احمد بن ابراهيم الميداني ﴾

ابو الفضل النيسابوري والميدان محلة من محالّ نيسابور كان يسكنها فنسب اليها ذكر ذلك عبد الغافر وهو اديب فاضل عالم نحوي لغوي مات فيما ذكره عبد الغافر بن اسماعيل الفارسي في السياق في رمضان سنة ٥١٨ ليلة القدر ودفن بمقبرة الميدان قرأ على ابي الحسن علي بن احمد

الواحدي وعلى يعقوب بن احمد النيسابوري وله من التصانيف كتاب جامع الامثال جيد بالغ . كتاب السامي في الاسامي . كتاب الانموذج في النحو . كتاب الهادي للشادي. كتاب النحو الميداني . كتاب نزهة الطرف في علم الصرف . كتاب شرح المفضليات . كتاب منية الراضي في رسائل القاضي . وفي كتاب السامي في الاسامي يقول اسعد بن محمد المرساني (١)

هذا الكتاب الذي سماه بالسامي ... دُرج من الدر بل كنز من السام
ما صنفت مثله في فنه ابداً ... خواطر الناس من حام ومن سام
فيه قلائد ياقوت مفصلة ... لكل اروع ماضي العزم بسام
فكعب احمد مولاي الامام سما ... فوق السماكين (٢) من تصنيفه السامي

وسمعت في المفاوضة ممن لا احصي ان الميداني لما صنف كتاب الجامع في الامثال وقف عليه ابو القاسم الزمخشري فحسده على جودة تصنيفه واخذ القلم وزاد في لفظة الميداني نوناً (٣) فصار النميداني ومعناه بالفارسية الذي لا يعرف شيئاً (٤) فلما وقف الميداني على ذلك اخذ بعض تصانيف الزمخشري وزاد في نسبته سينة (٥) فصار الزنخشري معناه بايع (٦) زوجته . وذكر محمد بن المعالي بن الحسن الخواري في كتابه ضالة الاديب من الصحاح والتهذيب وقد ذكر الميداني فقال وسمعت غير مرة من كتاب

---

(١) كذا بالاصل ولعله الميهني (٢) ق المساكين (٣) ق سينة : وفي روضات الجنات نونا قبل الميم (٤) الصواب لا تعرف شيئاً (٥) الصواب فصير ميم نسبته نوناً وغير ترتيب الحرفين الخاء والشين (٦) الصواب مشتري

اصحابه يقولون لو كان للذكاء والشهامة والفضل صورة لكان الميداني تلك الصورة ومن تامل كلامه واقتنى أثره علم صدق دعواهم . وكان ممن قرأ عليه وتخرج به الامام ابو جعفر احمد بن علي المقرئ البيهقي وابنه سعيد وكان اماما بعده .قال عبد الغافر بن اسماعيل ومن اشعاره

تنفس صبح الشيب في ليل عارضي ... فقلت عساه يكتفي بعذاري
فلما فشى عاتبته فاجابني ... الا[1] هل يرى صبح بغير نهار

وذكره ابو الحسن البيهقي في كتاب وشاح الدمية فقال الامام استاذنا صدر الافاضل ابو الفضل احمد بن محمد بن احمد الميداني صدر الادباء وقدوة الفضلاء قد صاحب الفضل في ايام نفد زاده . وفني عتاده[2] عدته وبطلت اهبته . فقوم سناد العلوم بعد ما غيرتها الايام بصروفها . ووضع انامل الافاضل على خطوطها وحروفها.ولم يخلق الله تعالى فاضلاً في عهده الا وهو في مائدة[3] آدابه ضيف . وله بين بابه وداره شتاء وصيف . وما على من عام لجج البحر الخضم واستنزف الدرر ظلم وحيف . وكان هذا الامام يا كل من كسب يده ومما انشدني رحمه الله لنفسه

حننت اليهم والديار قريبة ... فكيف اذا سار المطي مراحلا
وقد كنت قبل البين لا كان بينهم ... اعاين للهجران فيهم دلائلا
وتحت سجوف الرقم اغيد ناعم ... يميس كخوط الخيزرانة مائلا
وينضو علينا السيف من جفن مقلة ... تريق دم الابطال في الحب باطلا
وتسكرنا لحظاً ولفظاً كانما ... بفيه وعينيه سلافة بابلا

(١) في وفيات الاعيان (١:٥٧) ايا (٢) سقطت كلمة معناها ذهبت (٣) ق مادته

وله أيضاً

شفـة لماها زاد في آلامي — في رشف ريقتها شفاء سقامي
قـد ضمنا جنح الدجى وللثمنا — صوت كقطك ارؤس الاقلام

ثم ذكر البيتين اللذين اولهما

تنفس صبح الشيب في ليل عارضي

وقد مر ذكرهما آنفاً ثم قال وله

يا كاذبا اصبح في كذبه — اعجوبة اية اعجوبه
وناطقا ينطق في لفظة — واحدة سبعين اكذوبه
شبهك الناس بعرقوبهم — لما رأوا اخذك اسلوبه
فقلت كلا انه كاذب — عرقوبُ لا يبلغ عرقوبه

ثم ذكر وفاته كما تقدم في رواية عبد الغافر ثم ذكر ولده سعيداً وقد ذكرناه في بابه

﴿ احمد بن محمد الصُلحي ابو الخطاب ﴾

كان اديبا فاضلا كاتبا حسن الخط وله شعر رقيق سائر ذكره ابو سعد في المذيل واورد له هذين البيتين وهما

ياراقد العين عيني فيك ساهرة — وفارغ القلب قلبي فيك ملآن
اني ارى منك عذب الثغر عذبني — واسهر الجفن جفن منك وسنان

﴿ احمد بن محمد بن القاسم بن احمد بن خذيو ﴾

الاخسيكثي ابو رشاد الملقب بذي الفضائل مات ليلة الاحد الثامن من جمادى الاولى سنة ٥٢٨ واخسيكث مدينة من فرغانة يقال بالثاء والتاء

وكان هو واخوه ذو المناقب محمد اديبي مرو غير مدافعين يقر لهما بذلك كلهم قدما مرو وسكناها الى ان ماتا وكان ذو الفضائل هذا شاعرا اديبا مصنفا كاتبا مترسلا في ديوان السلاطين وله تصانيف منها كتاب في التاريخ. كتاب في قولهم كذب عليك كذا. كتاب زوائد في شرح سقط الزند. وغير ذلك. قرأت في ديوان شعره بخطه انشدت لابي العلاء

هفت الحنيفة والنصارى ما اهتدت ... ومجوس حارت واليهود مضلله

أثنان اهل الارض ذو عقل بلا ... دين وآخر ديّن لا عقل له

فقلت مجيبا له

الدين آخذه وتاركه لم ... يخف رشدهما وغيهما

رجلان اهل الارض قلت فقل ... ياشيخ سوء انت ايهما

ذكره السمعاني في مشيخته فقال كان اديبا فاضلا بارعا له الباع الطويل في معرفة النحو واللغة واليد الباسطة في النظم والنثر وله ورود على جماعة من قدماء الفضلاء ومشاعرات ومنافرات مع الفحول والكبراء وكان اكثر فضلاء خراسان قرأوا الادب عليه وتلمذوا له سمع باخسيكث [١] ابا القاسم محمود بن محمد الصوفي وبمرو جدي ابا المظفر السمعاني سمعت منه كتاب الآداب والمواعظ للقاضي ابي سعد الخليل بن احمد السجزي بروايته عن محمود الصيرفي عن ابي عبيد الكرواني عن المصنف. كانت ولادته في حدود سنة ٤٦٦ وتوفي بمرو نجاءة [٢] ليلة الاثنين لاربع ليال بقين من جمادى الآخرة سنة ٥٢٨

(١) ق – (٢) ق مجاة

﴿ احمد بن محمد الآبي ابو العباس ﴾

كان من اهل آبة من ناحية برقة وسافر الى اليمن تاجراً واجتمع بابي بكر السعيدي بعدن وحدثني المولى المفضل جمال الدين بقصته مع السعيدي عنه انه[١] سمعها منه ثم قدم الاسكندرية واقام بها فجرى بينه وبين القاضي شرف الدين عبد الرحمن بن قاضي الاسكندرية ما احوجه الى قدومه الى القاهرة وشكا منه الى الصاحب صفي الدين شكر فلم يشكه فاقام بالقاهرة الى ان مات وكان شكواه من قطع رزقه من مسجد كان يصلي فيه او نحو ذلك وكان قدومه الى القاهرة في سنة ٥٩٦ ومات بعد ذلك في نحو سنة ٩٨ وصنف كتابا في النحو رأيته بخطه وهي مسائل منثورة . حدثني المولى القاضي المفضل جمال الدين قال دخلت الى الصاحب ابي بشر وهو في مجلسه فجلست الى جانبه فانشدني متمثلا

انك لا تشكو الى مصمت　　　فاصبر على الحمل الثقيل او مت

اشارة الى انه لم يشكه . قال ابو زياد الكلابي ومثل من امثال العرب انك لا تشكو الى مصمت والتصميت ان تقول المرأة اذا بكى صبيها الرضيع وهي مشغولة عنه لبعض صبيانها او لزوجها صمت هذا الصبي فياتيه فيختضه[٢] بيده حتى يسكت قال وحدثني قال دخلت الى مجلس الشيخ الموفق ابي الحجاج يوسف المعروف بابن الخلال كاتب الانشاء في ايام المصريين وكان الموفق قد عمل معمي في المرآة نثرا فقال لمن بحضرته ماتقولون في قولي شيء شديد الباس . يغيره ضعيف[٣] الانفاس . وذكر كلاما بعده

(١) ق انها (٢) لعله فيحضنه (٣) ق الضعيف

فاستدللت بهذه الفاتحة على انه المرآة لان الشديد الباس هو الحديد ويغير صقالها النفس فقلت له ذلك فاستحسن حدة خاطري . انشدني مولانا القاضي الامام جمال الدين ابو الحجاج يوسف ابن القاضي الاكرم علم الدين أبي الطاهر اسماعيل بن عبد الجبار بن ابي الحجاج قال انشدني ابو العباس احمد بن محمد الآبي مُمتدحا لي وكتبته انا من خطه بيده

ياخير من فاق الافاضل سوددا ... وامتاز خيما في الفخار ومحتدا
وسما لاعلام المعالي فاحتوى ... فضلاً به يهدي وفضلا يجتدا
واذا الرئاسة لم تُزَنْ بمعارف ... وعوارف يسدى بها كانت سدا
لاتنس من لم ينس ذكرك احمدا ... وافى [١] جنا بكم الكريم فاحمدا
يهدي الى الاسماع من اوصافكم ... ملحا كزهر الروض باكره الندا
مستحسنات كلما كررتها ... لم تسأم الاسماع منها موردا
والفضل فيه لكم ومنكم انما ... يعزى المضاعف في الجميل لمن بدا
كالزهر يسقي الزهر صيب افقها ... فيعود منه نشره متصعدا
جاد الغمام على الكمام بمائه ... عذباً فنضر ما حوته ونضدا
واذا امرؤ اسدى لحر نعمة ... بدءاً تملكه بها واستعبدا
دُعِي المفضل اذ تسامى فضله ... شرفاً على نظرائه واستمجدا.

﴿ احمد بن محمد بن جعفر بن مختار الواسطي ﴾

ابو علي النحوي العدل ابن اخي ابي الفتح محمد بن محمد بن جعفر بن مختار النحوي الذي يأتي ذكره فيما بعد ان شاء تعالى مات بعد سنة ٥٠٠

---

(١) ق وفي

وله عقب بواسط اخذ النحو عن ابي غالب بن بشران وكان منزله مألفاً لاهل العلم وكان من الشهود المعدلين وكان طحانا بمشرعة التنانيريين بواسط . حدثني ابو عبد الله محمد بن سعد بن الحجاج الديبثي قال حدثني عبد الوهاب بن غالب عن الشريف ابي العلاء بن التقي قال قدم الى واسط في بعض الاعوام عسكر الاعاجم فنهبوا قطعة من البلد ونهبوا دكان الشيخ ابي علي بن مختار ونزلوا بداره قال الشريف فدخلت معه اليهم نستعطفهم ان يردوا عليه بعض ما اخذوا منه فلم نر لذلك وجهاً وخرجنا وهو يقول

تذكرت مابين العذيب وبارق ... مجر عوالينا ومجرى السوابق

ثم التفت اليّ فقال ما العامل في الظرف في هذا البيت فقلت له يا سيدي ما اشغلك ما انت فيه عن النحو والنظر فيه فقال يا بني وما يفيدني اذا حزنت . وحدث الحافظ ابو طاهر احمد بن محمد السلفي قال انشدني الشيخ ابو علي احمد بن محمد بن مختار المعدل بواسط لنفسه وافادنيه خميس بن علي الحافظ

كم جاهل متواضع ... ستر التواضع جهله
ومميز في علمه ... هدم التكبر فضله
فدع التكبر ما حييـ ... ـت ولا تصاحب اهله
فالكبر عيب للفتى ... ابداً يقبّح فعله

وانشد له

ما هذه الدنيا بدار مسرة ... فتخوفي مكراً لها وخداعا

بينا الفتى فيها يسر بنفسه ... وبماله يستمتع استمتاعا
حتى سقته من المنية شربة ... وحمته منها[١] بعد ذاك رضاعا
فغدا بما كسبت يداه رهينة ... لا يستطيع لما عراه دفاعا
لو كان ينطق قال من تحت الثرى ... فليحسن العمل الفتى ما اسطاعا

﴿ احمد بن مروان المؤدّب ابن مسهر ﴾

من اهل الرملة عالم باللغة كان في أيام المتوكل وهو القائل

غيث وليث فغيث حين تسأله ... عرفا وليث لدى الهيجاء ضرغام
يحيا الانام به في الجدب ان قحطوا ... جوداً ويشقى به يوم الوغى الهام
حالان ضدان مجموعان فيه فما ... ينفك بينهما بوسى وانعام
كالمزن يجتمع الحارات[٢] فيه معا ... ماء ونار وارهام واضرام

﴿ احمد بن مطرّف بن اسحاق القاضي ﴾

ابو الفتح المصري كان في الدولة المصرية في ايام الحاكم وله تآليف في الادب منها كتاب النوائح . كتاب كبير في اللغة . ورسالة في الضاد والظاء كتب بها الى الشريف ابي الحسن محمد بن القاسم الحسيني عامل تنيس

﴿ احمد بن مطرّف ابو الفتح العسقلاني ﴾

كان يلي القضاء بدمياط ومات في سنة ٤١٣ ومولده سنة نيف و ٣٢٠ وكان اديبا فاضلا وله كتب كثيرة مصنفة في الادب وفي[٣] اللغة وغيرهما .[٤] وديوان شعره جمعه على نسختين احداهما معربة والاخرى

(١) ق منه (٢) لعله الحادّان (٣) ق في (٤) ق وغيرها

مجردة يكون دون الف ورقة قال ذلك كله ابو عبد الله الصوري الحافظ وحكى انه انشده قطعة من شعره وناوله بقيته واذن له في روايته عنه ورواية سائر مصنفاته قال ومما احفظ له من قطعة انشدنيها لنفسه اولها

علي بعاقبة الايام يكفيني   وما قضى الله لي لابد يأتيني

يقول فيها

ولا خلاف بان الناس مذ (١) خلقوا   فيما يرومون معكوسو القوانين

اذ ينفق العمر في الدنيا مجازفة   والمال ينفق فيها بالموازين

﴿ احمد بن موسى بن ابي عمار الحناط ﴾

صاحب ابي عبيد القاسم بن سلام مات فيما ذكره ابن بنت الفريابي في سنة ٢٨١

﴿ احمد بن موسى بن العباس بن مجاهد ﴾

المقرئ ابو بكر قال الخطيب كان شيخ القراء في وقته والمقدم منهم على اهل عصره مات فيما ذكره الخطيب في شعبان سنة ٣٢٤ ودفن في مقبرة باب البستان من الجانب الشرقي ومولده في ربيع الاخر سنة ٢٤٥ قال الخطيب وحدث عن عبد الله بن ايوب المخرمي ومحمد بن الجهم السمري وخلق غيرهما وحدث عنه الدارقطني وابو بكر الجعابي وابو بكر ابن شاذان وابو حفص بن شاهين وغيرهم وكان ثقة مامونا يسكن بالجانب الغربي نحو مربعة الخرسي . حدث ابو بكر الخطيب قال قال ثعلب النحوي في سنة ٢٨٦ ما بقي من عصرنا هذا اعلم بكتاب الله من

---

(١) روضات الجنات : ق قد

ابي بكر بن مجاهد . وحدث ابو بكر النحوي قال صليت خلف ابي بكر ابن مجاهد صلاة الغداة فاستفتح بقراءة الحمد ثم سكت ثم استفتح ثانية ثم سكت ثم ابتدأ بالقراءة فقلت ايها الشيخ رأيت اليوم منك عجيباً . فقال لي شهدت المكان فقلت نعم فقال اشهدتك الله ان حدثت به عني الى ان اوارى تحت اطباق الثرى ثم قال لي يا بني ما هو الا ان كبرت تكبيرة الاحرام حتى كاني بالحجب قد انكشفت ما بيني وبين رب العزة تعالى سرا بسر ثم استفتحت بقراءة الحمد فاستجمع كل حمد لله في كتابه ما بين عيني فلم ادر باي الحمدلة ابتدئ . وحدث عيسى بن علي بن عيسى الوزير قال انشدني ابو بكر بن مجاهد وقد جئته عائدا واطال عنده قوم كانوا قد حضروا لعيادته فقال لي يا ابا القاسم عيادة ثم ماذا فصرف من حضر ثم هممت بالانصراف معهم فامرني بالرجوع اليه ثم انشدني عن علي بن الجهم السمري

لا تضجرن مريضاً جئت عائده ... ان العيادة يوم أثر يومين
بل سَلْهُ عن حاله وادع الاله له ... واقعد بقدر فواق بين حلبين
من زار غبا اخا دامت مودته ... وكان ذاك صلاحا للخليلين

وحدث الحسين بن محمد بن خلف المقرئ قال سمعت ابا الفضل الزهري يقول انتبه ابي فى الليلة التي مات فيها ابو بكر بن مجاهد فقال يا بني ترى من مات الليلة فاني قد رأيت فى منامي كانّ قائلاً يقول قد مات الليلة مقوم وحي الله منذ خمسين سنة فلما اصبحنا اذا ابن مجاهد قد مات آخر ما نقلناه من تاريخ الخطيب. وذكره محمد بن اسحاق في كتابه فقال كان

ابن مجاهد مع ما عرف به من الفضل واشتهر عنه من العلم والنبل كثير المداعبة طيب الخلق وله من الكتب كتاب القرآآت الكبير. كتاب القرآآت الصغير. كتاب اليا آت. كتاب الها آت. كتاب قراءة ابي عمرو. كتاب قراءة ابن كثير. كتاب قراءة عاصم. كتاب قراءة نافع. كتاب قراءة حمزة. كتاب قراءة الكسائي. كتاب قراءة ابن عامر. كتاب قراءة النبي صلى الله عليه وسلم [1] كتاب السبعة. كتاب انفرادات القراء السبعة. كتاب قراءة علي بن ابي طالب رضي الله عنه. نقلت من خط ابي سعد السمعاني واختياره لتاريخ يحيي بن منده سمعت الامام ابا المظفرعبد الله بن شيث المقرئ يقول سمعت احمد بن منصور المذكر يقول سمعت ابا الحسن بن سالم البصري الصوفي يقول وهو صاحب سهل بن عبد الله التستري قال سمعت ابا بكر بن مجاهد المقرئ يقول رأيت رب العزة في المنام فختمت عليه ختمتين فلحنت في موضعين فاغتممت فقال يابن مجاهد الكمال لي الكمال لي. قرأت في تاريخ خوارزم في ترجمة ابي سعيد احمد بن محمد بن حمديج الحمديجي [2] قال كنت اختلف الى ابي بكر ابن مجاهد المقرئ البغدادي فكان يكرمني لفقهي فاشتهيت ان اقرأ عليه لما رأيت من ولوع الناس بالقراءة عليه فقلت له أني اريد ان اقرأ عليك القرآن فقال نعم ان كنت تريد القراءة فاجلس مجلس التلامذة قال فتحولت من جنبه الى بين يديه فلما افتتحت القراءة على رسم العامة وقلت

---

(١) الكتب المذكورة بعد كتاب قراءة النبي لم ترد اسماؤها في النسخة المطبوعة من الفهرست (٢) لعله بن خديج الخديجي

بسم الله الرحمن الرحيم قال او كذا تقرأ اذهب الى ذلك الفتى حتى يرشدك ثم اقرأ عليّ فخجلت من ذلك وترك اكرامي كما كان يكرمني قبل ذلك لما عرف بضاعتي في القراءة . وقال التنوخي بلغني عن ابي بكر ابن مجاهد انه قال الناس اربعة مليح يتبغض لملاحته فيحتمل وبغيض يتملح فذاك الحمى والداء الذي لا دواء له وبغيض يتبغض فيعذر لانه طبعه ومليح يتملح فتلك الحياة الطيبة . ومن تاريخ ابن بشران كان مجاهد كثيراً ما ينشد

اذا عقد القضاء عليك امراً فليس يحله الا القضاء

قال وذكر عن ابن مجاهد انه حضر وجماعة من اهل العلم في بستان وداعب وقال وقد لاحظه بعضهم التعاقل فى البستان كالتخالع في المسجد. وروى عن ابي طالب الهاشمي صهر ابي بكر بن مجاهد قال كنت عند ابن مجاهد وقد حضرته الوفاة فقال لي اخرج مَن هاهنا مِن اهلنا قال ففعلت ذلك ثم قال لي وتباعد انت ايضا فوقفت عنه بعيدا فاستقبل القبلة واقبل يتلو آيات من القرآن ثم خفت صوته فلم يزل يتشاهد الى ان طفي . قال وكان له جاه عريض عند السلطان وسأله بعض اصحابه كتابا الى هلال بن بدر في حاجة له فكتب اليه كتابا وختمه ولم يقف عليه فلما صار الى هلال وسلم اليه الكتاب قضى حوائجه وبلغ له فوق ما اراد فلما اراد ان ينصرف قال له تدري ما في كتابك قال فاخرجه وفيه بسم الله الرحمن الرحيم حامل كتابي اليك حامل كتاب الله عني والسلام وصلى الله على سيدنا محمد وآله اجمعين

﴿ احمد النهرجوري ابو احمد الشاعر العروضي ﴾

له في العروض تصانيف وهو به عارف حاذق يجري مجرى ابي الحسن العروضي والعمراني وغيرهما فيه وهو مع ذلك شاعر متوسط الطبقة وهو من اهل البصرة حدثني ابو الحسن [1] علي بن محمد بن نصر الكاتب قال اجتمعت به بالبصرة في سنة ٣٩٩ وانا في جملة ابي الحسن بن ماسرجيس وسافرنا عنها الى ان حان [2] بهاء الدولة وخرج النهرجوري معاً واقام في مصاحبته الى ان تقلد ابو الفرج محمد بن علي الخازن البصرة في اواخر سنة ٤٠٢ فعاد معه اليها ثم وردتها في ذي القعدة سنة ٤٠٣ متصلا بخدمة شاهنشاه الاعظم جلال الدولة بن بهاء الدولة وقد مات النهرجوري قبل ذلك بشهور بعلة طريفة لحقته من ظهور القمل في جسمه عند حكه اياه الى ان مات وكان شيخاً قصيراً شديد الادمة سخيف اللبسة وسخ الجملة سيء المذهب متظاهراً بالالحاد غير مكاتم له ولم يتزوج [3] قط ولا اعقب وكان قوي الطبقة في الفلسفة وعلوم الاوائل ومتوسطا في علوم العربية وعلمه بها اكثر من شعره وكان ثلابة للناس هجاءً قليل الشكر لمن يحسن اليه غير مراعٍ لجميل يسدى اليه وانشدني اشياء كثيرة من شعره ومنه

من عاذري من رئيس ... يعدّ كسبيَ حسبي
لما انقطعت اليه ... حصلت منقطعاً بي

فسمع ذلك ابو العباس بن ماسرجيس فقال هذا تدليس منه وانا المقصود

(١) عن علي (٢) لعله الى ارجان مع بهاء الدولة (٣) ق يتزج

بالهجو وانما قال من عذيري من وزير وقد راقبني في تعبيره فلما توفي النهرجوري حمل الى ابي العباس مسوداته فوجد فيها القطعة منسوبة اليه فاخرجها ووقفني عليها وعرفني صحة حدسه فيه . ومن شعره في ابي الوفاء ابن الصيقل

ما استخرج المال بمثل العصا . لطالبيه من ابي الغدر
اليس قد اخرج موسى بها لقومه الماء من الصخر

وله ايضاً

صاح نديمي (١) وشفه الطرب يا قومنا ان امرنا عجب
نار اذا الماء مسها زفرت كانها لالتهابها حطب

وله يهجو طبيبا من اهل الابلة يعرف بابي غسان وكان قد اغري بهجائه

يا طبيبا داوى كساد ذوي الاكـــفان حتى اعادهم في نفاق
ان تكن قد وصلت رزقهمُ فيـ ـها فكم قد قطعت من ارزاق
وقع الله في جبينك للار زاق ان ودعي وداع الفراق

وله فيه ايضا

يا ابن غسان انت ناقضت عيسى فهو يحيي الموتى (٢) وانت تميت
يشهد القلب انه يقدم الغا سل او ان دسته تابوت

وقال في ابي اسحاق الصابئ يمدحه وهو بالبصرة بقصيدة اولها

لا يذهبن عليك في العوّاد ضعف القوى وتفتت الاكباد
لا تسالي عني سواك فانما ذكراك انفاسي وحبك زادي

---

(١) ق عديمي (٢) ق –

يا سمحة بدمي على تحريمه　　فيما يظن اصادقٌ واعادي

حاشاك ان القاك غير بخيلة　　او ان ارى ما لا ترين رشادي

وله يهجو امرأة

تموت من شهوة الضراط ولا　　يسعدها دبرها بتصويت

كانما اليتاك خابية　　تغسل ملقية لتزفيت

وله ايضا

لو كان يورث بالمشابه ميت　　لملكت بالاعضاء ما لا يملك

نقل مخايله تخبر انه　　في الناس من نطف الجميع مشبك

قالوا ولم يكن وسخه وقذراته عن فقر فان حاله كانت مستقيمة حسنة بل كانت لعادة سيئة فيه وكان الناس يتقون لسانه وكثرة هجائه . قال ابو نصر ومدح ابو احمد النهرجوري ابا الفرج منصور بن سهل المجوسي عامل البصرة فاعطاه صلة حاضرة هينة والتف به الحواشي فطالبوه فكتب رقعة ودفعها الى بعض الداخلين اليه وقال تسلم هذه الى الاستاذ وكان فيها

اجازني الاستاذ عن مدحتي　　جائزة كانت لاصحابه

ولم يكن حظيَ منها سوى　　جبهذتي يوماً على بابه

فلما وصلت اليه الرقعة خرج في الحال من صرف الحواشي عنه وصار معه حتى دخل منزله

﴿ احمد بن نصر بن الحسين البازيار ابو علي ﴾

كان نديماً لسيف الدولة بن حمدان وكان ابوه نصر بن الحسين

من ناقلة سامرا واتصل بالمعتضد وخدمه وخف على قلبه واهله من خراسان وكان يتعاطى لعب الجوارح (١) فرد اليه المعتضد نوعاً من انواع جوارحه ومات ابو علي بحلب في حياة سيف الدولة وله من الكتب كتاب تهذيب البلاغة (٢) ذكر ذلك كله محمد بن اسحاق النديم . قال ثابت بن سنان مات ابو علي احمد بن نصر بن البازيار بالشام في سنة ٣٥٢ . وحدث ابو جعفر طلحة بن عبد الله بن فتاش صاحب كتاب القضاة قال كنا بحضرة سيف الدولة وقد كان من ندمائه قال، كان يحضر معنا مجلسه ابو نصر البنص وكان رجلا من اهل نيسابور اقام ببغداد قطعة من ايام المقتدر وبعدها الى ايام الراضي وكان مشهوراً بالطيبة والخلاعة وخفة الروح وحسن المحاضرة مع العفة والستر وتقلد الحكم في عدة نواحٍ بالشام فقيل له يوماً بحضرة سيف الدولة لم لقبت البنص فقال ما هذا لقب وانما هو اشتقاق من كنيتي كما لو اردنا ان نشتق من ابي علي مثل هذا (واوماً الى ابن البازيار) لقلنا البعل او اشتققنا من ابي الحسن (واومأ الى سيف الدولة) لقلنا البحس فضحك سيف الدولة منه ولم ينكر عليه وقد استدللت بهذه الحكاية على عظم قدر ابن البازيار عند سيف الدولة اذ قرن اسمه باسمه . قال ابو علي عبد الرحمن بن عيسى بن الجراح في تاريخه لما ورد ناصر الدولة الى بغداد وقد رد اليه تدبير العساكر وامرة الامراء قلد الوزير ابو اسحاق احمد بن محمد القراريطي ابن اخي ابراهيم بن ابي الحسن علي بن عيسى اصل ديوان المشرق

(١) الفهرست (١٣١) ق الجوانح (٢) زاد صاحب الفهرست كتاب اللسان

وزمام البر وزمام المغرب وزمام المنبع [١] وديوان الفراتية مدة من القراريطي [٢] ثم استشفع الى الوزير احمد بن نصر البازيار بابن مكرم كاتب ناصر الدولة فقلده ديوان المشرق وزمام البر وزمام المغرب وعوض ابا نصر ابراهيم بن اخي ابي الحسن مكان ما صرفه عنه ديوان البر وديوان ضياع ورثة موسى بن بغا الاصل نقلت هذا من خط ابراهيم بن ابي الحسن علي بن عيسى صاحب هذه القصة فان النسخة بالتاريخ كانت بخطه . وذكر هلال ان احمد بن نصر البازيار كان ابن اخت [٣] ابي القاسم علي بن محمد بن الحواري وكان ابو العباس الصفري شاعر سيف الدولة قد حبس لمحاكمة كانت بينه وبين رجل من اهل حلب فكتب الى ابن البازيار من محبسه [٤]

كذا الدهر بوس مرة ونعيم — فلا ذا ولا هذا يكاد يدوم
وذو الصبر محمود على كل حالة — وكل جزوع في الانام ملوم

يقول فيها

اترضى الطماى [٥] قاض بحبسه — اذا اختصمت يوماً اليه خصوم
وان زمانا فيه يحبس مثله — لمثلي زمان ما علمت لئيم
يكاد فؤادي يستطير صبابة — اذا هب من نحو الامين نسيم
هل أنت ابن نصر ناصري بعقالة — لها في دجى الخطب البهيم نجوم

---

(١) لعله المبيع (٢) لعله مدة من الزمان ثم استشفع الى القراريطي الوزير
(٣) في تاريخ هلال المطبوع (ص ٣٩) ابن اخيه : ويظهر ان رواية ياقوت اصح
(٤) ق مجلسه (٥) كذا بالاصل

ولائم قاض رد توقيع من به ... غدا قاضيا فالامر فيه عظيم
ومتخذ عندي صنيعة ماجد ... كريم نماه في الفخار كريم

﴿ احمد بن هبة الله بن العلاء بن منصور المخزومي ﴾

ابو العباس الاديب النحوي المعروف بالصدر بن الزاهد مات في ١٣ رجب سنة ٦١١ وقد نيف على الثمانين وكان له اختصاص عظيم بالشيخ ابي محمد بن الخشاب لا يفارقه فحصل منه علماً جما وصارت له يد باسطة في العربية واللغة وكان قرأ قبله على ابي الفضل بن الاشتر وكان كيسا مطبوعاً خفيف الروح حسن الفكاهة وسمع من عبد الوهاب الانماطي وابن المانداني وغيرهما . انبانا ابو عبد الله الدبيثي قال انشدني ابو العباس احمد بن هبة الله الاديب لفظاً قال انشدني الامير ابو الفوارس سعد بن محمد الصيفي لنفسه

اجنب اهل الامر والنهي زورتي ... واغشى امرءا في بيته وهو عاطل
واني لسمح بالسلام لاشعث ... وعند الهمام القيل بالرد باخل
وما ذاك من كبر ولكن سجية ... تعارض تيها عندهم وتساجل

ذكره العماد فقال هو من فقهاء النظامية ذو الخاطر الوقاد والقريحة والانتقاد وله يد في العربية والنحو قرأ على شيخنا ابي محمد الخشاب وانشدني لنفسه

ومهفهف يسبيك خط عذاره ... ويريك ضوء البدر في ازراره
حدث(١) شمائله الشمول وهجنت ... لطف النسيم يهب في اسحاره

(١) لعله حاكت

وله قصيدة كتبها الى الملك الناصر يوسف بن ايوب منها

ان الاكاسرة الألي شادوا العلى … بين الانام فمفضل او منعم

يشكون انك قد نسخت فعالهم … حتى تنوسي ما تقدم منهم

وسننت في شرح[1] الممالك ما عموا … عن بعضه وفهمت ما لم يفهموا

وله ايضاً

ماذا يقول لك الراجي وقد نفدت … فيك المعاني وبحر القول قد نزفا

وما له حيلة الا الدعاء فان … يُسْمع يظل عليه الدهر معتكفا

﴿ احمد بن الهيثم بن فراس بن محمد بن عطاء الشامي ﴾

قال المرزباني هو احد الرواة المكثرين روى عنه الحسن بن عليل العنزي وابو بكر وكيع قلت وكان ابوه الهيثم بن فراس شاعراً مكثراً وكان جده فراس من شيعة بني العباس وقد ادرك دولة هشام بن عبد الملك وله في اول الدولة اخبار فحدث المرزباني باسناد رفعه الى الهيثم ابن فراس قال انشدت عمار بن ثمامة

ينادي الجار خادمة فتسعى … مشمرة اذا حضر الطعام

وادعو حين يحضرني طعامي … فلا أمة تجيب ولا غلام

وحدث عن محمد بن العباس عن المبرد قال قال الهيثم بن فراس في الفضل بن مروان وزير المعتصم

تجبرت يا فضل بن مروان فاعتبر … فقبلك كان الفضل والفضل والفضل

ثلاثة املاك مضوا لسبيلهم … ابادهم الموت المشتت والقتل

(١) لعله شرع

يريد الفضل بن يحيي والفضل بن الربيع والفضل بن سهل

فانك قد[١] اصبحت في الناس ظالماً　　ستودي كما اودي الثلاثة من قبل

﴿ احمد بن يحيي بن جابر بن داوود البلاذري ﴾

ابو الحسن وقيل ابو بكر من اهل بغداد ذكره الصولي في ندماء المتوكل على الله مات في ايام المعتمد على الله في أواخرها وما ابعد ان يكون ادرك اول ايام المعتضد وكان جده جابر يخدم الخصيب صاحب مصر وذكره ابن عساكر في تاريخ دمشق فقال سمع بدمشق هشام ابن عمار وابا حفص [٢] عمر بن سعيد وبحمص محمد بن مصفى وبانطاكية محمد بن عبد الرحمن بن سهم واحمد بن مرد الانطاكي وبالعراق عفان بن مسلم وعبد الاعلى بن حماد وعلي بن المديني وعبد الله ابن صالح العجلي ومصعباً الزبيري وابا عبيد القاسم بن سلام وعثمان بن ابي شيبة وابا الحسن علي بن محمد المدائني ومحمد بن سعد كاتب الواقدي وذكر جماعة قال وروى عنه يحيي بن النديم واحمد بن عبد الله بن عمار وابو يوسف يعقوب بن نعيم قرقارة الارزني .قال محمد بن اسحاق النديم كان جده جابر يكتب للخصيب صاحب مصر وكان شاعراً راوية ووسوس آخر ايامه فشد بالمارستان [٣] ومات فيه وكان سبب وسوسته انه شرب ثمر البلاذر على غير معرفة فلحقه مالحقه . وقال الجهشياري في كتاب الوزراء جابر بن داوود البلاذري كان يكتب للخصيب بمصر هكذا ذكرا ولا أدري ايهما شرب البلاذر احمد بن يحيي او جابر ابن

(١) ق ـ (٢) ق بن عمر (٣) في الفهرست (١١٣) في البيمارستان

داوود الا ان ما ذكره الجهشياري يدل على ان الذي شرب البلاذر هو جده لانه قال جابر بن داوود ولعل ابن ابنه لم يكن حينئذ موجوداً والله اعلم . وكان احمد بن يحيي بن جابر عالماً فاضلاً شاعراً راوية نسابة متقناً وكان مع ذلك كثير الهجاء بذيّ اللسان اخذ الاعراض وتناول وهب ابن سليمان بن وهب لما ضرط فمزقه فمن قوله فيه وكانت الضرطة بحضرة عبيد الله بن يحيي بن خاقان

ايا ضرطة حسبت رعدهْ   تنوق في سلها جهدهْ
تقدم (١) وهب بها سابقاً   وصلى اخو صاعد بعده
لقد هتك الله ستريهما .   كذا كل من يطعم الفهده

وقال احمد بن يحيي بن جابر يهجو عافية بن شبيب

من رآه فقد رأى   عربياً مدلسا
ليس يدري جليسه   افسا ام تنفّسا

وحدث علي بن هارون بن المنجم في اماليه عن عمه قال حدثني ابو الحسن احمد بن يحيي البلاذري قال لما أمر المتوكل ابراهيم بن العباس الصولي ان يكتب فيما كان امر به من تأخير الخراج حتى يقع في خمس (٢) من حزيران ويقع استفتاح الخراج فيه كتب في ذلك كتابه المعروف واحسن فيه غاية الاحسان فدخل عبيد الله بن يحيي على المتوكل فعرفه حضور ابراهيم بن العباس واحضاره الكتاب معه فامر بالاذن له فدخل وامره بقراءة الكتاب فقرأه واستحسنه عبيد الله بن يحيي وكل من حضر

---

(١) في الفهرست فقدمت (٢) لعله الخامس

قال البلاذري فدخلني حسد له فقلت فيه خطأ قال فقال المتوكل في هذا الكتاب الذي قرأه عليّ ابراهيم خطأ قال قلت نعم قال يا عبيد الله وقفت على ذلك قال لا والله يا امير المؤمنين ما وقفت فيه على خطأ قال فاقبل ابراهيم بن العباس على الكتاب يتدبره فلم ير فيه شيئاً فقال يا أمير المؤمنين الخطأ لا يعرى منه الناس وتدبرت الكتاب خوفاً من ان اكون قد اغفلت شيئاً وقف عليه احمد بن يحيي فلم ير (١) ما انكره فليعرفنا موضع الخطأ قال فقال المتوكل قل لنا ما هو هذا الخطأ الذي وقفت عليه في هذا الكتاب قال فقلت هو شيء لا يعرفه الا علي بن يحيي المنجم ومحمد بن موسى وذلك انه ارّخ الشهر الرومي بالليالي وايام الروم قبل لياليها فهي لا تؤرخ بالليالي وانما يؤرخ بالليالي الى (٢) العرب لان لياليها قبل ايامها بسبب الاهلّة فقال ابراهيم يا أمير المؤمنين هذا ما لا علم لي به ولا ادّعي فيه ما يدعي قال فغير تاريخه . قال الجهشياري وقال احمد بن يحيي البلاذري في عبيد الله بن يحيي وقد صار الى بابه فحجبه

قالوا اصطبارك للحجاب مذلة ‏ ‏ عار عليك به الزمان وعاب

فاجبتهم ولكل قول صادق ‏ ‏ او كاذب عند المقال جواب

اني لاغتفر الحجاب لماجد ‏ ‏ امست له منن عليّ رغاب

قد يرفع المرء اللئيم حجابه ‏ ‏ ضعة ودون العرف منه حجاب

وحدث الجهشياري قال حدثني ابن ابي العلاء الكاتب قال حدثني ابو الحسن احمد بن يحيي بن جابر البلاذري قال دخلت الى احمد بن صالح

(١) لعله أرَ (٢) لعله زائد

ابن شيرزاد فعرضت عليه رقعة لي فيها حاجة فتشاغل عني فقلت

تقدم وهب سابقاً بضراطه   وصلى الفتى عبدون والناس حضّر
واني ارى من بعد ذاك وقبله   بطوناً لناس آخرين تقرقر

فقال يا ابا الحسن بطن من فقلت بطن من لم يقض حاجتي [١] فاخذ الرقعة [٢] ووقع فيها بما اردت . وقال احمد بن يحيى يهجو صاعداً وزير المعتمد

اصاعد قد ملأت الارض جوراً   وقد سست الامور بغير لب
وساميت الرجال وانت وغد   لئيم الجد ذو عي وغب
اضل عن المكارم من دليل   واكذب من سليمان بن وهب
وقد خبرت انك حارثي   فرد مقالتي اولاد كعب

قلت اما سليمان بن وهب فمعروف واما دليل فهو دليل بن يعقوب النصراني احد وجوه الكتاب كان يكتب لبغا التركي ثم توكل للمتوكل على خاصة . وحدث ابو القاسم الشافعي في تاريخ دمشق باسناده قال قال احمد بن جابر البلاذري قال لي محمود الوراق قل من الشعر ما يبقى ذكره ويزول عنك اثمه فقلت

استعدّي يانفس للموت واسعي   لنجاة فالحازم المستعدُّ
قد تثبتُّ انه ليس للحـــيّ خلود ولا من الموت بدُّ
انما انتِ مستعيرة ما سو   ف تردّين والعواري تَرَدُّ
انت تسهين والحوادث لا تسـ   ـهو وتلهين والمنايا تجدُّ

(١) لعله حاجته (٢) ق رقعة

لا ترجيّ البقاء في معدن المو　　ت ودار حقوقها[١] لك وِرْدُ

ايّ ملك في الارض ام ايّ حظ　　لامرئٍ حظه من الارض لَحْدُ

كيف يهوى امرؤ لداره ايا　　ماً[٢] عليه الانفاس فيها تعدُّ

ومن شعر البلاذري الذي رواه المرزباني في معجم الشعراء

يا[٣] من روى ادباً ولم يعمل به　　فيكف عادية الهوى باديب

حتى يكون بما تعلم عاملا　　من صالح فيكون غير معيب

ولقلما يجدي اصابة صائب　　اعماله اعمال غير مصيب

قال ابن عساكر في كتابه وبلغني ان البلاذري كان اديباً راوية له كتب جياد ومدح المامون بمدائح وجالس المتوكل ومات في ايام المعتمد ووسوس في آخر عمره . قال المؤلف هذا الذي ذكره ابن عساكر من كلام المرزباني في معجم الشعراء بعينه . وقال محمد بن اسحاق النديم وله من الكتب كتاب البلدان الصغير . كتاب البلدان الكبير لم يتم . كتاب جمل نسب الاشراف وهو كتابه المعروف المشهور[٤] . كتاب عهد اردشير ترجمه بشعر قال وكان احد النقلة من الفارسي الى العربي . كتاب الفتوح[٥] . وحدث الصولي في كتاب الوزراء حدثني احمد بن محمد الطالقاني قال قال لي احمد بن يحيي البلاذري كانت بيني وبين عبيد الله بن يحيي بن خاقان حرمة منذ ايام المتوكل وما كنت اكلفه حاجة لاستغنائي عنه فنالتني في ايام المعتمد على الله اضاقة فدخلت اليه

(١) لعله اخفقوقها (٢) ق ايام (٣) لعله ما (٤) في الفهرست اسمه كتاب الاخبار والانساب (٥) هذا لم يذكره صاحب الفهرست

وهو جالس للمظالم فشكوت تاخّر رزقي وثقل ديني وقلت ان عيباً على الوزير اعزه الله حاجة مثلي في ايامه وغض طرفه عني فوقع لي ببعض ما اردت وقال اين حياؤك المانع لك من الشكوى (١) على الاستبطاء فقلت غرس البلوى يثمر ثمر الشكوى وانصرفت وكتبت اليه

لحاني الوزير المرتضى في شكايتي … زماناً احلّت للجدوب محارمه
وقال لقد جاهرتني بملامة … ومن لي بدهر كنت فيه اكاتمه
فقلت حياء المرء ذي الدين والتقى … يقل اذا قلّت لديه دراهمه

وحدث الصولي عن محمد بن علي ان البلاذري امتدح ابا الصقر اسماعيل ابن بلبل وكتب اليه كتاباً حسنا وساله ان يطلق له شيئاً من ارزاقه فوعده فلم يفعل فقال

تجانف اسماعيل عني بوده … ومل اخائي واللئيم ملول
وان امرءًا يغشى ابا الصقر راغبا … اليه ومغترا به لذليل
وقد علمت شيبان انلست منهم … فما (٢) الذي ان انكروك تقول
ولو كانت الدعوى تثبّت بالرشى … لثبّت دعواك الذين تنيل
ولكنهم قالوا مقالا فكذّبوا … وجاءوا بامر ما عليه دليل

وله فيما اورده عبيد الله بن ابي طاهر

لما رأيتك زاهياً … ورأيتني اجفى ببابك
عدّيت رأس مطيتي … وحجبت نفسي عن حجابك

(١) ق — (٢) لعله فما ذا الذي

﴿ احمد بن يحيي بن يسار ابو العباس ثعلب ﴾

الشيباني مولاهم النحوي اللغوي امام الكوفيين في النحو واللغة والثقة والديانة وُلِد فيما ذكره المرزباني عن مشايخه سنة ٢٠٠ ومات لثلاث عشرة ليلة بقيت من جمادي الاولى سنة ٢٩١ في خلافة المكتفي بن المعتضد وقد بلغ ٩٠ سنة واشهراً وكان رأى احد عشر خليفة اولهم المأمون وآخرهم المكتفي وكان قد ثقل سمعه قبل موته ودفن في مقابر باب الشام في حجرة اشتريت له وبنيت بعد ذلك وقبره هناك معروف وردّ ماله على ابنته وكان خلف احدا وعشرين الف درهم والفي دينار ودكاكين بباب الشام قيمتها ثلاثة آلاف دينار وضاع له قِبَل ابي احمد الصيرفي الف دينار وكان يتجر له بها ذكر ذلك عبد الله بن الحسين القطربلي في تاريخه . حدث المرزباني عن ابي العباس محمد بن طاهر الطاهري وكان ابو العباس ثعلب يؤدب اباه طاهر بن محمد بن عبد الله ابن طاهر قال كان سبب وفاة ابي العباس ثعلب انه كان في يوم جمعة قد انصرف من الجامع بعد صلاة العصر وكان يتبعه جماعة من اصحابه الى منزله انا احدهم فتبعناه في تلك العشية الى ان صرنا الى درب قد اسماه بناحية باب الشام واتفق ان ابنا لابراهيم بن احمد المادرائي يسير من ورائنا على دابة وخلفه خادم له على دابة قد قلق واضطرب وكان في تلك العشية بيده دفتر ينظر فيه وقد شغله عما سواه فلما سمعنا صوت حوافر[١] الدوابّ خلفنا تأخر[٢] عن جادة الطريق ولم يُسمع ابا العباس لصمته

(١) ق حافر (٢) لعله تأخرنا

صوت الحوافر فصدمته دابة الخادم فسقط على رأسه في هوة من الطريق قد أخذ ترابها فلم يقدر على القيام فحملناه الى منزله كالمختلط يتأوه من رأسه وكان سبب وفاته رحمه الله . وحدث المرزباني عن احمد ابن محمد الغروضي قال انما فضل ابو العباس اهل عصره بالحفظ للعلوم التي يضيق عنها الصدور وقد كان ابو سعيد السكري كثير الكتب جداً فكتب بيده ما لم يكتبه احد فكانا في الطرفين لان ابا سعيد كان غير مفارق للكتاب عند ملاقاة الرجال وابو العباس لا يمس بيده كتاباً اتكالاً على حفظه وثقةً بصفاء ذهنه . قال الخطيب سمع (يعني ثعلب) محمد بن سلام الجمحي ومحمد بن زياد الاعرابي وعلي بن المغيرة الأثرم وابراهيم بن المنذر الحراني وسلمة بن عاصم وعبيد الله بن عمر القواريري والزبير بن بكار وخلقاً كثيراً وروى عنه محمد بن العباس اليزيدي وعلي بن سليمان الاخفش وابراهيم بن محمد بن عرفة[1] نفطويه وابو بكر بن الانباري وابو عمر الزاهد وخلق وابو الحسن بن مقسم واحمد بن كامل القاضي وخلق كثير وكان يقول سمعت من القواريري مائة الف حديث . قرأت بخط ابي سالم الحسن بن علي قال نقلت من خط الحسن بن علي بن مقلة قال ابو العباس احمد بن يحيي ابتدأت النظر في العربية والشعر واللغة في سنة ست عشرة ومولدي سنة ٢٠٠ في السنة الثانية من خلافة المأمون قال أبو العباس ورأيت المأمون لما قدم من خراسان في سنة ٢٠٤ وقد خرج من بابي[2] الحديد وهو يريد قصر الرصافة والناس صفّان في المصلّى قال وكان

(١) ق ونفطويه (٢) في روضات الجنات (٥٦) باب

أبي قد حملني على يده فلما مر المأمون رفعني وقال لي هذا المأمون وهذه سنة اربع فحفظت ذلك الى هذه الغاية وحذقت العربية وحفظت كتب الفراء كلها حتى لم يشذ عني حرف منها ولي ٢٥ سنة وكنت اعنى بالنحو اكثر من عنايتي بغيره فلما اتقنته اكببت على الشعر والمعاني والغريب ولزمت ابا عبد الله بن الاعرابي بضع عشرة سنة واذكر يوماً وقد صار الى احمد بن سعيد بن سليم وانا عنده وجماعة منهم السدري وابو العالية فاقام وتذاكروا شعر الشماخ واخذوا في البحث عن معانيه والمسئلة عنه فجعلت أجيب ولا أتوقف وابن الاعرابي يسمع حتى اتينا على معظم شعره فالتفت الى احمد بن سعيد يعجبه مني . قال ابو العباس قلت لابن ماسويه في علة شكوتها اليه ما تقول في الحمام فقال لي ان تهيأ لانسان بعد اربعين سنة ان يكون قيم حمام فليفعل . قال ابو العباس « الذي » لا ينسب اليه لانه لا يتم الا بصلة والعرب لا تنسب الا الى اسم تامّ والذي وما بعده حكاية والحكاية لا ينسب اليها لئلا تتغير قال ابو العباس وسئل ابن قادم عنها وانا غائب بفارس فقال « اللذوي » فلما قدمت وسئلت فقلت لا ينسب اليه واتيت بهذه العلة فبلغته فلما اجتمعنا تجاذبنا ثم[١] رجع الى قولي . وقال ابو العباس كنت اصير الى الرياشي لاسمع عنه وكان نقي العلم فقال لي يوماً وقد قرئ عليه

ما تنقم الحرب العوان مني بازل عامين حديث سني
لمثل هذا ولدتني أمي

---

(١) لعله منه

كيف تقول بازلٍ او بازلُ فقلت اتقول لي هذا في العربية انما اقصدك[١] لغير هذا[٢] يروى بازلِ وبازلُ الرفع على الاستئناف[٣] والخفض على الاتباع والنصب على الحال فاستحيا وامسك . قال ابو العباس ودخلت على محمد بن عبد الله بن طاهر فاذا عنده المبرد وجماعة من اسبابه وكتّابه وكان محمد بن عيسى وصفه له فلما قعدت قال لي محمد بن عبد الله ما تقول في قول امرئ القيس

لها متنتان خظاتا كما   اكب على ساعديه النمر

قال قلت اما غريب البيت فانه يقال لحم خظا بخظا اذا كان صلباً مكتنزاً ووصف فرسا وقوله اكب على ساعديه النمر اي في صلابة ساعد النمر اذا اعتمد على يده والمتن الطريقة الممتدة من عن يمين الصلب وشماله وما فيه من العربية انه خظتا فلما تحركت التاء اعاد الالف من اجل الحركة والفتحة قال فاقبل بوجهه على محمد بن يزيد فقال له محمد اعز الله الامير انما اراد خظاتا الاضافة اضاف خظاتا الى ما قال فقلت ما قال هذا احد قال محمد بن يزيد بلى سيبويه يقوله فقلت لمحمد بن عبد الله لا والله ما قال هذا سيبويه وهذا كتابه فليحضر ثم اقبلت على محمد بن عبد الله وقلت ما حاجتنا الى كتاب سيبويه أيقال مررت بالزيدين طريفي عمرو فيضاف نعت الشيء الى غيره فقال محمد لصحة طبعه لا والله ما يقال هذا ونظر الى محمد بن يزيد فامسك ولم يقل شيئاً وقمت ونهض المجلس . قال

(١) ق اقصدا : والصواب في روضات الجنات ٥٦ (٢) الروضات : ق قال يروى (٣) الروضات : ق الايتناف

عبد الله الفقير اليه لا ادري لم لا يجوز هذا وما اظن احداً ينكر قول القائل رأيت الفرسين مركوبي زيد ولا الغلامين عبدي عمرو ولا الثوبين دراعتي زيد ومثله مررت بالزيدين طريقي عمرو فيكون مضافاً الى عمرو وهو صفة لزيد وهذا ظاهر لكل متأمّل . قال ابو العباس لما شاهدني المازني وجاراني النحو وخرج الى سر من رأى كان يذكرني ويوجه اليّ اخيك [١] يقرئك السلام . قال ابو العباس قال لي محمد بن عيسى بحضرة محمد بن عبد الله نحن نقدمك لتقدمة الامير فقلت له يا شيخ اني لم اتعلم العلم لتقدّمني الامراء وانما تعلمته لتقدّمني العلماء . قال احمد بن يحيي كان محمد بن عبدالله يكتب الف درهم واحدة فاذا مر به [٢] الف درهم واحد اصلحه واحدة فكان كتّابه ينكرون ذلك ويغلظ عليهم ويهابونه فلا يبتدئونه فيه بشيء فقال يوماً اتدري لم عمل الفراء كتاب البهي قلت لا قال لعبد الله ابي بامر طاهر جدي قلت له انه قد كان عمل له كتباً منها كتاب المذكر والمؤنث قال وما فيه قلت مثل الف درهم واحد ولا يجوز واحدة ففتح عينيه وتنبّه واقلع . وقال ابو العباس بعث الى عبد الله بن اخت لي الوزير رقعة فيها خط المبرد ضربته بلا سيف قال ايجوز هذا فوجهت اليه لا والله ما سمعت بهذا قال ابو العباس هذا خطأ بتة [٣] لان التبرئة لا يقع عليها خافض ولا غيره لانها اداة وما تقع اداة على اداة . قال العجوزي صرت الى المبرد مع القاسم والحسن ابني عبيدالله ابن سليمان بن وهب فقال لي القاسم سله عن شيء من الشعر فقلت

(١) لعله اخوك (٢) الروضات : ق بي (٣) لعله بين

ما تقول اعزك الله في قول اوس

وعزها من وصلها[1] الشيب انه　　شفيع الى بيض الخدور مدرب

فقال بعد تمكث وتمهل وتمطق يريد ان النساء انسن به فصرن لا يستترن منه ثم صرنا الى ابي العباس احمد بن يحيى فلما غص المجلس سألته عن البيت فقال قال لنا ابن الاعرابي ان الهاء في « انه » للشاب[2] وان لم يجر له ذكر لانه عُلم والتفت الى الحسن والقاسم فقلت اين صاحبنا من صاحبكم . وقال حمزة لما مات المازني خلفه ابو العباس المبرد وبقي ذكره ببغداد وسامرا لا يغض احد منه الى ان ذكره ابن الانباري في بعض مصنفاته واراد ان يضع منه ويرفع من صاحبه ابي العباس احمد بن يحيى ثعلب جارياً على عادته في العصبية للكوفيين على البصريين فقال سمعت ابا العباس يعني ثعلباً يقول عزمت على المضي الى المازني لاناظره فانكر ذلك عليّ اصحابنا وقالوا مثلك ما يصلح ان يمضي الى بصري فيقال غداً انه تلميذه فكرهت الخلاف عليهم فاراد ابن الانباري ان يرفع من ثعلب فوضع منه ولم يقتصر على ذلك التقصير بالمازني حتى قصر بالخليل ايضاً وزعم ان ابا العباس احمد بن يحيى حكى له ان ابا جعفر الرؤاسي عمل كتاباً في النحو وسماه الفيصل فبعث الخليل اليه يستعيره فوجه به اليه فقال والدليل على ان الخليل تعلم النحو من كتاب الرؤاسي ما يوجد في كتاب سيبويه من ذكره اذ يقول قال الكوفي وهذا متى سُمع عُلم انه لا يقوله الا[3] عصبي . قرأت في كتاب ابن ابي الازهر بخط عبد السلام

(١) لعله وصله　(٢) لعله الشباب　(٣) ق لا

البصري قال كان بازاء دار ابي العباس ثعلب رجل قد غُلب على عقله فكان ربما خرج فجلس على الباب باب بيته ينظر [١] الى الناس فرأى يوماً غلام ابي العباس وقد ادخل الى داره خبزاً اسود فقال له يا ابا العباس الا تشتري لك خبز حوارى ما معنى هذا الضيق والشؤم فقال له هـذا اصلح من الحاجة وبذل الوجـه الى الناس فضحك وقال عجبت لك من هذا الكلام اما لك هذا الا [٢] من بذل الوجه والحاجة الى الطلب منهم لا تقبل برّ احد ان كنت صادقاً فالتفت اليّ وقال قد قال قولاً ثم انشدني في الزهد

زماننا صعب واخواننا ... ايديهم جامدة البذل
وقد مضى الناس ولم يبق في ... عصرك الا محكم البخل
ومالنا بلغة اقواتنا ... ما فيه للاسراف من فضل
فضمَّ كفيك على ملكها ... واطرش السمع عن العذل

فتعجبتُ من انشاده هذا الشعر بعقب ما خوطب به . قال احمد بن فارس اللغوي كان ابو العباس ثعلب لا يتكلف الاعراب في كلامه كان يدخل المجلس فنقوم له فيقول اقعدوا اقعدوا بفتح الالف. قال ابن كامل القاضي انشدني ابو بكر بن العلاف لنفسه لما مات المبرد

ذهب المبرد وانقضت ايّامـه ... وليلحقن [٣] مع المبرّد ثعلب
بيت من الآداب [٤] اصبح نصفه ... خرِبا وباقي بيتها فسيخرب [٥]

(١) ق ينتظر (٢) الحرف زائد (٣) في نزهة الالباء وليذهبن (٤) النزهة : ق بيتين للآداب (٥) في النزهة وباقي النصف منه سيخرب

* فا بكوا لما سلب الزمان ووطنوا ... للدهر انفسكم على ما يسلب
* ذهب المبرد حيث لا ترجونه ... ابداً ومن ترجونه فمغيب
فتزوّدوا من ثعلب فبكأس ما ... شرب المبرد عن قليل (١) يشرب
* واستحلبوا الفاظه فكانكم ... بسريره وعليه جمع محلِب
وارى لكم (٢) ان تكتبوا انفاسه ... ان كانت الانفاس مما يكتب
* فليلحقن بمن مضى متخلف ... من بعده وليذهبن ونذهب

وقال ابو الطيب عبد الواحد اللغوي في كتابه المسمى مراتب النحويين قال كان ثعلب يعتمد على ابن الاعرابي في اللغة وعلى سلمة بن عاصم في النحو ويروي عن ابن نجدة كتب ابى زيد وعن الاثرم كتب ابي عبيدة وعن ابي نصر كتب الاصمعي وعن عمرو بن ابي عمرو كتب ابيه وكان ثقة متقناً يستغنى بشهرته عن نعته وقال وكان ثعلب حجة ديناً ورعاً مشهوراً بالحفظ والصدق واكثار الرواية وحسن الدراية كان ابن الاعرابي اذا شك في شيء يقول له ما عندك يا ابا العباس في هذا ثقةً بغزارة حفظه وُلد سنة ٢٠٠ وطلب اللغة والعربية في سنة ٢١٦ قال وابتدأت بالنظر في حدود الفراء وسني ثماني عشرة سنة وبلغت خمسا وعشرين سنة وما بقي عليّ مسئلة للفراء الا وانا احفظها واحفظ موضعها من الكتاب ولم يبق شيء من كتب الفراء في هذا الوقت الا وقد حفظته . وحدث المرزباني قال عبد الله بن حسين بن سعد القطربلي

(١) فى النزهة قريب (٢) في النزهة اوصيكم
* النجيم يدل على ان البيت لم يرد في نزهة الالباء

في تاريخه كان ابو العباس احمد بن يحيي ثعلب من الحفظ والعلم وصدق اللهجة والمعرفة بالغريب ورواية الشعر القديم ومعرفة النحو على مذهب الكوفيين على ما ليس عليه احد وكان يدرس كتب الفراء والكسائي درساً وكان متبحراً في مذهب البصريين [١] ولا مستخرجاً للقياس ولا مطالباً له وكان يقول قال الفراء وقال الكسائي فاذا سئل عن الحجة والحقيقة في ذلك لم يعرق [٢] في النظر وكان ابو علي احمد بن جعفر النحوي ختنه زوج ابنته يخرج من منزله وهو جالس على باب داره فيتخطى اصحابه ويمضي ومعه دفتره ومحبرته فيقرأ على ابي العباس المبرد كتاب سيبويه فيعاتبه احمد بن يحيي على ذلك ويقول له اذا رآك الناس تمضي الى هذا الرجل تقرأ عليه يقولون ماذا ولم يكن يلتفت الى قوله . قال وكان ختنه هذا ابو علي يعرف بالدينوري وكان حسن المعرفة فسمعت اسحاق المصعبي يقول له كيف صار محمد بن يزيد اعلم بكتاب سيبويه من احمد ابن يحيي [٣] قال لان محمد بن يزيد قرأه على العلماء واحمد بن يحيي قرأه على نفسه. قال ولم يزل ثعلب متقدماً عند العلماء منذ ايام حداثته وكان ضيق النفقة مقتراً على نفسه حدثني اخي وكان صاحبه ووصيه قال دخلت اليه يوماً وقد احتجم وبين يديه طبق فيه ثلاثة أرغفة وخمس بيضات وبقل وخل وهو يأكل فقلت له يا ابا العباس قد احتجمت ولو أخذ لك رطل لحم وثمن التوابل ومثله للعيال ما له معنى . قال وسمعت احمد بن اسحاق المعروف بابي المدوّر يقول كنت ارى ابا عبد الله بن

(١) لعله الكوفيين (٢) لعله يغرق (٣) ق احمد

الاعرابي يشك في الشيء فيقول لثعلب ماعندك يا ابا العباس في هذا ثقة بغزارة حفظه ولم يكن مع ذلك موصوفاً بالبلاغة ولا رأيته اذا كتب كتاباً الى بعض اخوانه من اصحاب السلطان خرج عن طبع العامة فاذا اخذته في الشعر والغريب ومذهب الفراء والكسائي رأيت من لا يفي به احد ولا يتهيأ له الطعن عليه وكان هو ومحمد بن يزيد عالمين (١) ختم بهما تاريخ الادب او كانا كما قال بعض المحدثين (٢)

ايا طالب العلم لا تجهلن وعذ بالمبرد او ثعلب
تجد عند هذين علم الورى فلا تك كالجمل الاجرب
علوم الخلائق مقرونة بهذين في الشرق والمغرب

قال المرزباني اخبرني الصولي ان عبد الله بن الحسين بن سعد القطربلي انشده هذه الابيات لنفسه . وحدث محمد بن احمد الكاتب قال حدثنا احمد بن يحيى النحوي قال سألني ابن الاعرابي كم لك من الولد فقلت ابنة وانشدته

لولا اميمة لم اجزع من العدَم ولم اجب في الليالي حندس الظلم
تهوى حياتي واهوى موتها شفقا والموت اكرم نذال على الحرم

فانشدني ابن الاعرابي في المعنى

عميمة تهوى عمر شيخ يسره لها الموت قبل الليل لو انها تدري
يخاف عليها جفوة الناس بعده ولا ختن يرجى اودّ من القبر

(١) ق عليهن : والصواب فى وفيات الاعيان (١ : ٦٢٦) (٢) في وفيات الاعيان انه ابو بكر بن ابي الازهر

وحدث عن ابى عبد الله الحكيمي عن يموت ابن المزرّع قال واراد ابو العباس ثعلب ان يرحل الى ابي حاتم السجستاني الى البصرة فبلغه ان ابا حاتم انتشر ذكره يوماً لما رأى جماعة من المرد يكتبون في مجلسه فرآه غلام منهم فقال له اصلحك الله اي لام هذه قال لام كيْ يا بُنيّ فلم يخرج ابو العباس اليه . وحدث الصولي قال كنا عند ابي العباس احمد بن يحيى فقال له رجل المسجد هذا المعروف فما المصدر قال مصدره السجود قال فعرّفني ما لا يجوز من ذا فقال لا يقال مسجَد وضحك وقال هذا يطول ان وصفنا ما لا يجوز وانما يوصف الجائز ليدل على ان غيره لا يجوز ومثل ذلك ان ماسويه وصف لانسان دواء ثم قال له كل الفروج وشيئاً من الفاكهة وقال اريد ان تخبرني بالذي لا آكل فقال لا تأكلني ولا حماري ولا غلامي واجمع كثيراً من القراطيس وبكر اليّ فان هذا يكثر ان وصفته لك . وحدث عن الصولي قال قال ابو العباس ثعلب لم اسمع من جماعة كلهم قد رأيته وتمكنت منه ولو اردت ذلك ما فاتني عنهم جميع ما اطلب منهم ابو عبيد القاسم بن سلام واسحاق الموصلي وابو توبة والنضر ابن حديد واني لاذكر موت الفراء ذكراً جيداً وانا في الكتاب

وحدث قال وقال ابو العباس يوماً آخر الهرم علة قائمة بنفسها فاذا كان معه علة فذاك امر عظيم وانشد

اری بصري في كل يوم وليلة ... يكل وخطوي عن مداهن تقصر[1]

ومن يصحب الايام تسعين حجة ... يغيّرنه والدهر لا يتغير

(١) لعله عن مداه يقصّر

لعمري لئن اصبحت امشي مقيداً   لما كنت امشي مطلقاً قبلُ اكثر

وحدث ابو بكر محمد بن الحسن الزبيدي قال قال ثعلب اقعدني محمد بن عبد الله بن طاهر مع ابنه طاهر وافرد لي داراً في داره واقام لنا وظيفة فكنت اقعد معه الى اربع ساعات من النهار ثم انصرف اذا اراد الغداء فنمى ذلك الى ابنه فوجه فكسا البهو والاروقة واضعف ما كان يعدّ من الالوان فلما حضر وقت الانصراف انصرفت فنمى ذلك اليه فقال للخادم الموكل بنا قد نمى اليّ انصراف احمد بن يحيى وقت الطعام فظننت انه يستقل ما يحضر ولم يستطب الموضع فامرنا بتضعيفه ثم نمى اليّ انه انصرف فقل له عن نفسك ابيتك ابرد من بيتنا او طعامك اطيب من طعامنا وتقول له عني انصرافك الى بيتك وقت الغداء هجنة علينا فلما عرفني الخادم ذلك اقمت فكنت على هذه الحال ثلاث عشرة سنة وكان يقيم لي مع ذلك في اليوم سبع وظائف من الخبز الخشكار ووظيفة من الخبز السميد وسبعة ارطال من اللحم وعلوفة رأس واجرى لي في الشهر الف درهم ولقد جاءت سنة الفتنة وعظم الامر في الدقيق واللحم فكتب اليه كاتبه على المطبخ يعرّفه ما هو فيه من عظم المؤنة ويسأله احضار الجريدة فيقتصر على ما لا بد منه فانفذها فكانت مشتملة على ثلاثة الاف وستمائة انسان فرأيت محمداً قد زاد فيها بخطه قوماً آخرين ووقع عليها لست اقطع عن احد ما عوّدته ولا سيما من قال لي اطعمني الخبز فاجر الامر على ما في الجريدة واصبر على هذه المؤنة فأما عشنا جميعا وأما متنا جميعا . قال الزبيدي وخلف كتباً جليلة فاوصى الى علي بن محمد

الكوفي احد اعيان تلاميذه وتقدم اليه في دفع كتبه الى ابي بكر احمد بن اسحاق القطربلي فقال الزجاج للقاسم بن عبيد الله هذه كتب جليلة فلا تفوتنك فاحضر خيران الوراق فقوم ما كان يساوي عشرة دنانير ثلاثة فبلغت اقل من ثلثمائة دينار فاخذها القاسم بها. وقال ابو الطيب عبد الواحد بن علي اللغوي في كتاب مراتب النحويين وانتهى علم الكوفيين الى ابن السكيت وثعلب وكانا ثقتين امينين ويعقوب اسنّ واقدم موتاً واحسن الرجلين تأليفاً وكان ثعلب اعلمهما بالنحو وكان يعقوب يضعف فيه. قال ثعلب كنت يوماً عند ابن السكيت فسألني عن شيء فصحت وكان ثعلب شديد الحدة قال فقال لي لا تصح فوالله ما سألتك الا مستفهماً. وحدث احمد بن العسكري في كتاب التصحيف قال واخبرنا ابو بكر بن الانباري قال حدثني ابي قال قرأ القطربلي على ابي العباس ثعلب بيت الاعشى

فلو كنت في حب ثمانين[1] قامة ورقيت اسباب السماء بسلّم

فقال ابو العباس خرب بيتك هل رأيت حباً قط ثمانين قامة انما هو جب. وحدث الخطيب قال قال ثعلب كنت احب ان ارى احمد بن حنبل فلما دخلت عليه قال لي فيم تنظر قلت في النحو والعربية فانشدني ابو عبد الله وهو لبعض بني اسد

اذا ما خلوت الدهر يوما فلا تقل خلوت ولكن قل عليّ رقيب
ولا تحسبن الله يغفل ما يرى ولا ان ما تخفي عليه يغيب

(١) ق سبعين

لهونا عن الآثام حين تتابعت ذنوب على آثارهن ذنوب
فياليت ان الله يغفر ما مضى فيأذن في توباتنا فنتوب

وحدث الخطيب قال قال ابو محمد الزهري كان لثعلب عزاء ببعض اهله فتأخّرت عنه لانه خفي عليّ ثم قصدته معتذراً فقال لي يا أبا محمد ما بك حاجة الى تكلف عذراً فان الصديق لا يحاسب والعدو لا يحتسب له . وجدت بخط ابي الحسن علي بن عبيد الله السمسمي اللغوي حدثنا ابو محمد بن الحسن النوبختي قال حدثنا ابو الفتح محمد بن جعفر المراغي النحوي قال حدثنا ابو بكر بن الخياط النحوي قال كنت (١) عند ابي العباس ثعلب في بعض الايام فسأله رجل وقد ساء سمعه فقال له يا أبا العباس اعزك الله ما الصوص فقال له الصوح اصل الجبل فاعاد الرجل سؤاله لعلمه بان الشيخ ما فهم فقال ثعلب السوح جمع ساحة فاعاد سؤاله ثالثة فعلم ثعلب انه ما فهم عن الرجل قال فقال له ادنُ مني فالقم اذني فاك وقل ففعل ذلك فلما فهم ثعلب سؤاله قال نعم العرب تقول رأيت صوصاً على اصوص اي رجلا نذلاً على ناقة كريمة . حدث الزجاجي ابو القاسم عن علي بن سليمان الاخفش قال اخبرنا احمد بن يحيى ثعلب قال قدم الرياشي بغداد سنة ٢٣٠ فصرت اليه لآخذ عنه فقال لي اسئلك عن مسئلة فقلت نعم فقال تجيز نعم الرجل يقوم فقلت نعم هي جائزة عند الجميع اما الكسائي فيضمر والتقدير عنده نعم الرجل رجل يقوم لان نعم عنده فعل والفراء لا يضمر لان نعم عنده اسم فيرفع الرجل بنعم ويقوم صلة

---

(١) ق كيف

للرجل واما صاحبك يعني سيبويه فانه لا يضمر شيئاً ونعم عنده ايضاً فعل ولكن يجعل بقوم مترجما وهو الذي يسمونه البدل فسكت فقلت له فاسئلك عن مسئلة فقال نعم فقلت يقوم نعم الرجل فقال جائز فقلت هذه خطأ عند الجميع اما على مذهب الكسائي فانه لا يولي الفعل فعلا فاما على مذهب الفراء فان [1] يقوم عنده صلة للرجل والصلة لا تتقدم على الموصول واما على مذهب سيبويه صاحبك فانه لا يجوز لانه ترجمة والترجمة ايضاح وتبيين للجملة التي تتقدمها ولا يجوز تقديمها عليها فقال انا تارك للعربية نخذ فيما قصدت له ففاتحته ايام الناس والاخبار والاشعار ففتحت به بسيَح بحر . وحدث قال اخبرنا علي بن سليمان الاخفش قال كنت يوماً بحضرة ثعلب فاسرعت القيام قبل انقضاء المجلس فقال الى أين ما اراك تصبر عن مجلس الخلدي يعني المبرد فقلت لي حاجة فقال لي اراه يقدم البحتري على ابي تمام فاذا اتيته فقل له ما معنى قول ابي تمام

أ آلفة النحيب كم افتراق ... اظل [2] فكان داعية اجتماع

قال ابو الحسن فلما صرت الى أبي العباس المبرد سألته عنه فقال معنى هذا ان المتحابّين العاشقين قد يتصارمان ويتهاجران إذلالاً لا عزماً على القطيعة فاذا حان الرحيل واحساً بالفراق تراجعا الى الود وتلاقيا خوف الفراق وان يطول العهد بالالتقاء بعده فيكون الفراق حينئذ سبباً للاجتماع كما قال الآخر

متّعا بالفراق يوم الفراق ... مستجيرين بالبكا والعناق

(١) ق فانه (٢) في ديوان ابي تمام الم"

كم اسرًا هواهما حذَر النا   س وكم كاتما غليل اشتياق

فاظل الفراق فالتقيا فيـــه فراقاً اتاهما باتفاق

كيف ادعو على الفراق بحتف   وغداةَ الفراق كان التلاقي

قال فلما عدت الى ثعلب سألني عنه فاعدت عليه الجواب والابيات فقال ما أشد تمويهه ما صنع شيئاً انما معنى البيت ان الانسان قد يفارق محبوبه رجاءَ ان يغنم في سفره فيعود الى محبوبه مستغنياً عن التصرف فيطول اجتماعه معه الا تراه يقول في البيت الثاني

وليست فرحة الاوبات الا   لموقوف على برح الوداع

وهذا نظير قول الآخر بل منه اخذ ابو تمام

واطلب بعد الدار عنكم لتقربوا   وتسكب عيناي الدموع لتجمدا

هذا هو ذاك بعينه. وحكى ان ثعلباً خرج يوماً على اصحابه وليس فيهم الا كهل او شيخ فانشد متمثلاً

الا ربما سؤت الغيور و برحت   بي الاعين النجل المراض الصحائح

فقد ساءني ان الغيور يودني   وان نداماي الكهول الجحاجح

قلت انا هذا والله مليح جدًا . وحدث جحظة في اماليه قال كنت يوماً في مجلس ثعلب فقال له رجل يا سيدي ما البجدة قال لا أعرفها في كلام العرب فقال الرجل فاني وجدتها في شعر عبد الصمد بن المعذّل حيث يقول

اعاذلتي اقصري ابع جدتي بالمين (١)

(١) لعله بالمنن

فاغتاظ ابو العباس غيظا عظيما وقال ياقوم اجيدوا اذنيه عركا او يحلف انه لا يرجع يحضر حلقتي ففعلنا . قال ابو محمد عبد الرحمن بن احمد الزهري كانت بيني وبين ابي العباس ثعلب مودة وكيدة وكنت استشيره في اموري فجئته يوماً اشاوره في الانتقال من محلة الى محلة لتاذيّ بالجيران فقال يا ابا محمد العرب تقول صبرك على اذى من تعرف خير من استحداث ما لا تعرف . قال ابو عمر الزاهد انشدني ابو العباس ثعلب

اذا ما شئت ان تبلو صديقاً فجرب وده عند الدراهمْ
فعند طلابها تبدو هنات وتعرف ثمّ اخلاق الاكارم

وحدث الخطيب قال كان بين المبرد وثعلب منافرات كثيرة والناس مختلفون في تفضيل كل واحد منهما على صاحبه قال وجاء رجل الى ثعلب فقال له يا أبا العباس قد هجاك المبرد فقال بماذا فانشده

اقسم بالمبتسم العذب ومشتكى الصب الى الصب
لو اخذ النحو عن الرب ما زاده الا عمى القلب

فقال انشدني من انشده ابو عمرو بن العلاء

يشتمني (١) عبد بني مسمع فصنت عنه النفس والعِرضا
ولم أجبه لاحتقاري به من ذا يعض الكلب ان عضاّ

وحدث ايضاً قال قال ابو العباس محمد بن عبيد الله بن عبد الله بن طاهر قال لي ابي حضرت مجلس اخي محمد بن عبد الله بن طاهر وحضره ابو العباس ثعلب والمبرد فقال لي اخي محمد قد حضر هذان الشيخان فليتناظرا

(١) ق يشاتمني

قال فتناظرا في شيء من علم النحو مما أعرفه فكنت اشركهما فيه الى ان دقفا فلم افهم ثم عدت اليه فلم اعرف ما المجلس فسألني فقلت انهما تكلما فيما اعرف فشركتهما ثم دققا فلم اعرف ما قالا ولا والله ياسيدي مايعرف أَغْلَمَهما الا من هو اعلم منهما ولست ذلك الرجل فقال لي يا اخي احسنت والله هذا أحسن يعني اعترافه بذلك. وقال لي ابو عمر الزاهد سألت أبا بكر ابن السراج فقلت أي الرجلين اعلم ثعلب ام المبرد فقال ما أقول في رجلين العالَم بينهما . وحدث ابو عمر أيضاً قال كنت في مجلس ابي العباس ثعلب فضجر فقال له شيخ خضيب من الظاهرية لو علمتَ ما لك من الاجر في افادة الناس لصبرت على أذاهم فقال لولا ذاك ما تعذبت ثم انشد بعقب هذا

يَغايَيْنَ بالقضبان كل مفلّج ... به الظَلْم لم يفلل لهن غروب

رضابا كطعم الشهد يجلو متونه[(١)] ... من الضرو اوغصن الاراك قضيب

اولائك لولاهن ما سقت نضوة ... لحاج ولا استشعلت بِرد جنوب[(٢)]

وحدث ابو بكر بن مجاهد قال كنت عند[(٣)] ابي العباس ثعلب فقال لي يا أبا بكر اشتغل اصحاب القرآن بالقرآن ففازوا واشتغل أهل الفقه بالفقه ففازوا واشتغل اصحاب الحديث بالحديث ففازوا واشتغلت أنا بزيد وعمرو فليت شعري ما يكون حالي في الآخرة فانصرفت من عنده فرأيت تلك الليلة النبي صلى الله عليه وسلم في المنام فقال لي اقرئ ابا العباس عني السلام وقل له انك صاحب العلم المستطيل . قال الروذباري أراد أن

---

(١) كذا بالاصل (٢) لعله ولا استسعلت بِرداً (٣) ق عن

الكلام به يكمل والخطاب به يجمل فقال مرة أخرى أراد أن جميع العلوم مفتقرة اليه . وانشد الخطيب قال انشد ابو العباس ثعلب

بلغت من عمري ثمانينا ... وكنت لا آمل خمسينا
والحمد لله وشكراً له ... اذ زاد في عمري ثلاثينا
واسال الله بلوغا الى ... مرضاته آمين آمينا

ونقلت من كتاب محمد بن عبد الملك التاريخي في أخبار النحويين فقال ابو العباس احمد بن يحيى بن زيد بن[1] ثعلب الشيباني النحوي فاروق النحويين والمعاير[2] على اللغويين من الكوفيين والبصريين اصدقهم لساناً وأعظمهم شاناً وابعدهم ذكراً وأرفعهم قدراً وأصحهم علما واوسعهم حلما[3] واتقنهم حفظا واوفرهم حظا من الدين والدنيا . حدثني المفضل بن سلمة ابن عاصم قال رأس ابو العباس احمد بن يحيى ثعلب النحوي واختلف الناس اليه في سنة ٢٢٥ . قال وسمعت ابراهيم الحربي يقول وقد تكلم الناس في الاسم والمسمّى وقد كرهت لكم ولنفسي ما كره احمد بن يحيى ورضيت لكم ولنفسي ما رضي احمد بن يحيى . قال وكان ابو الصقر اسماعيل بن بلبل الشيباني قد ذكر ابا العباس ثعلباً للناصر لدين الله الموفق بالله وأخرج له رزقاً سنياً سلطانياً فحسن موقع ذلك من أهل العلم والادب . وقال قائلهم لابي الصقر وابي العباس في ابيات ذكرها

فيا جبلي شيبان لا زلتما لها ... حليفي فخار في الورى وتفضل

(١) كذا بالاصل (٢) لعله المعبّر (٣) في نزهة الالباء اوضحهم علماً وارفعهم معلماً واثبتهم حفظاً

فهذا ليوم الجود والسيف والقنا   وأنت لبسط العلم غير مبخل
عليك ابا العباس كل معوّل   لانك بعد الله خير معوّل
فككت حدود النحو بعد انغلاقه   واوضحته شرحاً وتبيان مشكل
فكم ساكن في ظل نعمتك التي   على الدهر ابقى من ثبير ويذبل
فاصبحت للاخوان بالعلم ناعشا   واخصبت منه منزلا بعد منزل

وذكر التاريخي وفاة ثعلب كما تقدم . قال وقال بعض اصحابنا يرثيه

مات ابن يحيى فماتت دولة الادب   ومات احمد انحى العجم والعرب
فان تولى ابو العباس مفتقداً   فلم يمت ذكره في الناس والكتب

وللتاريخي في ثعلب شعر رثاه به نذكره في بابه ان شاء الله تعالى . قال التاريخي وحدثني ابو الحصين البجلي قال تقول اهل الكوفة لنا ثلاثة فقهاء في نسق لم ير الناس مثلهم ابو حنيفة وابو يوسف ومحمد بن الحسن ولنا ثلاثة نحويين كذلك وهم ابو الحسن علي بن حمزة الكسائي وابو زكريا يحيى بن زياد الفراء وابو العباس احمد بن يحيى ثعلب آخر ما نقلناه من كتاب التاريخي . وذكره محمد بن اسحاق النديم في كتاب الفهرست وقال له من الكتب . كتاب المصون في النحو جعله حدوداً . كتاب اختلاف النحويين . كتاب معاني القرآن . كتاب مختصر في النحو سماه الموفّقي . كتاب القرا آت . كتاب معاني الشعر . كتاب التصغير . كتاب ما ينصرف وما لا ينصرف . كتاب ما يجزى وما لا يجزى . كتاب الشواذّ . كتاب الوقف والابتداء . كتاب الهجاء [1] . كتاب استخراج

(١) ق الهيجاء

الالفاظ من الاخبار . كتاب الاوسط . كتاب غريب القرآن لطيف كتاب المسائل . كتاب حدّ النحو . كتاب تفسير كلام ابنة الخس [١] كتاب الفصيح [٢] وذكر ان الفصيح تصنيف الحسن بن داوود الرقي وادعاه ثعلب وهذا له ترجمة . قال ولابي العباس مجالسات وامالٍ [٣] املاها على اصحابه في مجالسه تحتوي علي قطعة من النحو واللغة والاخبار ومعاني القرآن والشعر رواها عنه جماعة . وعمل ابو العباس قطعة من دواوين العرب وفسر غريبها كالاعشى والنابغتين وغيرهم . وسئل ثعلب عن معنى قولهم لا اكلمك اصلاً فقال معناه اقطع ذلك من اصله وانشد

باهليَ من لا يقطع البخل رغبتي ... اليه ومن يزداد عن رغبتي بخلا
ومن قد لحاني الناس فيه فاكثروا ... عليَّ فكل الناس مضطغن ذحلا
وامنحه صفو الهوى ولو أنه ... على البحر يسقي ما سُقيت به سجلا
وما زلت تعتادين وديَ بالمنى ... وبالبخل حتى قد ذهبت به اصلا

قرأت في امالي ابي بكر بن محمد بن القاسم الانباري انشدنا ابو بكر لاحمد بن يحيي النحوي

اذا كنت قوت النفس ثم هجرتها ... فلم تلبث النفس التي انت قوتها
ستبقى بقاء الضب في الماء او كما ... يعيش لدى ديمومة البيد حوتها

---

(١) محرف في نسخة الفهرست المطبوعة : قال صاحب تاج العروس الخس ابو هند بنت الخس الايادية التي جاءت عنها الامثال وكانت معروفة بالفصاحة
(٢) قد ترك المؤلف من الكتب المذكورة في الفهرست كتاب الامثال . وكتاب الايمان والدواهي . (٣) الفهرست ـ

قال وزادنا ابو الحسن بن البراء

اغرك اني قد تصبرت جاهداً   وفي النفس مني منك ما سيُميتها
فلوكان ما بي بالصخور لهدها   وبالريح ما هبت وطال خفوتها
فصبراً لعل الله يجمع بيننا   فاشكو هموماً منك كنت لقيتها

كذا كان في الكتاب ولا ادري اهذا الشعر لثعلب ام انشده لغيره الا ان في هذا الكتاب لاحمد بن يحيي كما ترى

﴿ احمد بن يحيي بن علي بن يحيي بن ابي منصور ﴾

المنجم ابو الحسن قد ذكرنا آباءه في ابوابهم وكان ابو الحسن هذا اديباً شاعراً فاضلاً عالماً احد رؤساء زمانه في علم الكلام وعلوم الدين والافتنان في الآداب مات في سنة ٣٢٧ عن نيف وسبعين سنة وله اخبار مع الراضي في منادمته اياه ذكر ذلك كله المرزباني في المعجم . قال ثابت وفي ذي الحجة كانت وفاته ومولده في سنة ٢٦٢ وكان يحيي بن علي ابوه قد صنف كتاباً في اخبار الشعراء المخضرمين فاتمه ابنه (١) هذا . وله من الكتب كتاب اخبار اهله ونسبهم . كتاب الاجماع في الفقه على مذهب ابن جرير الطبري وكان يرى رأيه . كتاب المدخل الى مذهب الطبري ونصرة مذهبه . كتاب الاوقات . وابو الحسن هذا هو القائل فيما رواه المرزباني

يا سيداً قد راح فر   دآ ما له في الفضل توامْ
عُمِّرت اطول مدة   تزداد تمكيناً وتسلمْ

(١) وصف صاحب الفهرست (١٤٣) هذا الكتاب

في صفو عيش لا تزا　　ل به العدى تقذى وترغمْ
ما زلتَ في كل الامو　　ر موفقا للخير ملهمْ
بك ان تذوكرت الايا　　دي يبتدأ فيها ويختمْ

﴿ احمد بن يحيي بن الوزير بن سليمان بن مهاجر ﴾

مولى قيسبة بن كلثوم السوقي يكنى ابا عبد الله (١) بن كليب وعبد الله ابن وهب وكان فقيهاً من جلساء ابن وهب وكان عالماً بالشعر والادب والاخبار وايام الناس والانساب يقال كان مولده سنة ١٧١ وتوفي في حبس ابن المدبر صاحب الخراج بمصر لخراج كان عليه ودفن يوم الاحد لاثنتين وعشرين ليلة خلت من شوال سنة ٢٥٠ وكل (٢) من اهل مصر ذكر (٣) ابن يونس في تاريخ مصر ذلك كله

﴿ احمد بن يحيي بن سهل بن السدي الطائي ﴾

ابو الحسن المنبجي الشاهد المقرئ النحوي الاطروش ذكره ابن عساكر في تاريخ دمشق وكان وكيلاً في الجامع مات سنة ٤١٥ روى عن ابي عبد الله بن مروان وابي العباس احمد بن فارس الاديب المنبجي وابي الحسن نظيف بن عبد الله المقرئ وغيرهم وكان يحفظ من اخبار ابي عبد الله بن خالويه النحوي وكان ثقة قال ابن عساكر انشدني ابن الاكفاني عن ابن الكتاني عن احمد بن يحيي بن سهل المنبجي انشدني ابو العباس احمد بن فارس الاديب انشدني ابن طباطبا لنفسه

حسود مريض القلب يخفي انينه　　ويضحي كئيب البال مني حزينه

---

(١) لعله سمع ابن الكلبي (٢) لعله وكان (٣) ق ذكره

يلوم على ان رحت للعلم طالباً　　اقلب من كل الرواة فنونه
واختار ابكار الكلام وعونه　　واحفظ مما استفيد عيونه
ويزعم ان العلم لا يجلب الغنى　　ويُحسن بالجهل الذميم ظنونه
فيالائمي دعني اغالي بقيمتي　　فقيمة كل الناس ما يحسنونه

﴿ احمد بن يزيد بن محمد المهلبي ابو جعفر ﴾

اديب شاعر راوية له قصيدة مدح فيها الموفق وهنأه بفتح مصر منها

قل للامير هناك النصر والظفر　　وفيهما للاله الحمد والشكرُ
ما فوق فتحك فتح في الزمان كما　　ما فوق فخرك يوم الفخر مفتخر

﴿ احمد بن يعقوب بن يوسف ابو جعفر ﴾

النحوي المعروف ببرزويه الاصبهاني مات فيما ذكره الخطيب سنة ٣٥٤ في أيام المطيع فكان يعرف بغلام نفطويه اخذ عن ابي خليفة الفضل بن الحباب ومحمد بن العباس اليزيدي وغيرهما

﴿ احمد بن يعقوب بن ناصح الاصبهاني ﴾

الاديب ابو بكر النحوي ذكره الحاكم فقال هو نزيل نيسابور وسمع باصبهان محمد بن يحيي بن منده الاصبهاني واقرانه مات بنيسابور قبل الخمسين وبعد الاربعين والثلاثمائة وكتب عنه الحاكم واسند اليه في كتابه حديثين

﴿ احمد بن ابي يعقوب اسحق بن جعفر ﴾

ابن وهب بن واضح الاخباري العباسي ذكره ابو عمر محمد بن يوسف بن يعقوب المصري الكندي المؤرخ في تاريخ له ابتداؤه

بسنة ٢٨٠ [١] قال ان احمد بن اسحق بن واضح مولى بني هاشم توفي في سنة ٢٨٤ وله تصانيف كثيرة منها كتاب التاريخ كبير . كتاب اسماء البلدان مجلد . وكتاب في اخبار الامم السالفة صغير . كتاب مشاكلة الناس لزمانهم

﴿ احمد بن ابي يعقوب يوسف بن ابراهيم ﴾

يعرف بابن الداية كان ابوه ولد داية ابن المهدي واظن ان المعروف بابن الداية هو يوسف الراوي اخبار ابي يونس والله اعلم وكان ابوه يوسف بن ابراهيم يكنى ابا الحسن وكان من جلة الكتاب بمصر ولا ادري كيف كان انتقاله اليها عن بغداد وكان له مروءة تامة وعصبية مشهورة . قال ابو القاسم العساكري الحافظ يوسف بن ابراهيم ابو الحسن الكاتب واظنه بغداديا كان في خدمة ابراهيم بن المهدي قدم دمشق سنة ٢٢٥ وحكى عن عيسى بن حكم الدمشقي الطبيب النسطوري وشكلة ام ابراهيم بن المهدي واسماعيل بن ابي سهل بن نوبخت وابي اسحق ابراهيم بن المهدي واحمد بن رشيد الكاتب مولي سلام الابرش وجبرئيل بن بختيشوع الطبيب وايوب بن الحكم البصري المعروف بالكسروي واحمد بن هارون الشرابي . روى عنه ابنه ابو جعفر احمد ورضوان بن احمد بن جالينوس وكان من ذوي المروآت وصنف كتاباً فيه اخبار المتطببين . قال الحافظ وبلغني عن ابي جعفر احمد بن يوسف قال حبس احمد بن طولون يوسف بن ابراهيم والدي في

(١) ق –

بعض داره وكان اعتقال الرجل في داره يؤيس من خلاصه فكاد ستره ان ينهتك لخوف شمله عليـه وكان له جماعة من ابناء الستر تتحمل مؤونة مقيمة لاتنقطع الى غيره فاجتمعوا وكانوا زهاء ثلاثين رجلا وركبوا الى دار احمد بن طولون فوقفوا بباب له يعرف بباب الخيل واستأذنوا عليه فأذن لهم فدخلوا اليه وعنده محمد بن عبدالله بن عبد الحكم وجماعة من اعلام مستوري مصر فابتدءوا كلامه بان قالوا قد اتفق لنا ايد الله الامير من حضور هذه الجماعة (واشاروا الى ابن عبد الحكم والحاضرين مجلسه) ما رجونا ان يكون ذريعة الى ما ناله [1] ونحن نرغب الى الامير في ان يسألها عنا ليقف على امرنا ومنازلنا فسألهم عنهـم فقالوا قد عُرضت العدالة على اكثرهم فامتنع منها فامرهم احمد بن طولون بالجلوس وسألهم تعريفه ما قصـدوا له فقالوا ليس لنا ان نسأل الامير مخالفة ما يراه في يوسف بن ابراهيم لانه اهدى الى الصواب فيه ونحن نسأله ان يقدمنا الى ما اعتزم عليه فيه ان آثر قتله ان يقتلنا وان آثر غير ذلك ان يبلغه فهو في سعة وحل منه فقال لهم ولِمَ ذلك فقالوا لنا ثلاثون سنة ما افكرنا في ابتياع شيء مما احتجنا اليه ولا وقفنا بباب غـيره ونحن والله يا أمير نرتمض [2] البقاء بعده ومن السلامة من شيء مكروه وقع به وعجوا بالبكاء بين يديه فقال احمـد بن طولون بارك الله عليكم فقـد كافأتم احسانه وجازيتم انعامه ثم قال احضروا يوسف بن ابراهيم فاحضر فقال خذوا بيد صاحبكم وانصرفوا فخرجوا معه وانصرف الى منزله . قال ابو جعفر

(١) لعله نناله او نامله (٢) لعله سقط من

احمد بن يوسف بن ابراهيم وبعث احمد بن طولون فى الساعة التى(١) توفي فيها والدي يوسف بن ابراهيم بخدم فهجموا الدار وطالبوا بكتبه مقدرين ان يجدوا فيها كتابا من احد ممن ببغداد فحملوا صندوقين وقبضوا عليّ وعلى اخي وصاروا بنا الى داره وادخلنا اليه وهو جالس و بين يديه رجل من اشراف الطالبيين فامر بفتح احد الصندوقين وادخل خادم يده فوقع يده على دفتر جراياته على الاشراف وغيرهم فاخذ الدفتر بيده وتصفحه وكان جيد الاستخراج فوجد اسم الطالبي في الجراية فقال له وانا اسمع كانت عليك جراية ليوسف بن ابراهيم فقال له نعم يا ايها الامير دخلت هذه المدينة وانا مملق فاجرى عليّ في كل سنة مائتي دينار(٢) اسوة ابن الارقط والعقيقي وغيرهما ثم امتلأت يداي بطَوْل الامير فاستعفيته منها فقال لي نشدتك الله ان قطعت سببا لي برسول الله صلى الله عليه وسلم وتدمع الطالبي فقال احمد بن طولون رحم الله يوسف بن ابراهيم ثم قال انصرفوا الى منزلكم فلا بأس عليكم فانصرفنا فلحقنا جنازة والدنا وحضر ذلك العلوي وقضى حقنا وقد أحسن مكافأة والدنا في مخلفيه . فقال ابو جعفر احمد بن ابي يعقوب يوسف بن ابراهيم يعرف بابن الداية من فضلاء اهل مصر ومعروفيهم وممن له علوم كثيرة فى الادب والطب والنجامة والحساب وغير ذلك وكان ابوه ابو يعقوب كاتب ابراهيم بن المهدي ورضيعه الّف كتابا في اخبار الطب مات احمد بن يوسف في سنة نيف و ٣٣٠ واظنها سنة ٣٤٠ وله من التصانيف سيرة احمد بن

---

(١) ق الذي (٢) زاد الصفدي في ترجمة يوسف « ومائة اردب قمحاً »

طولون . كتاب سيراته الى ابي الجيش حمال [١] . كتاب سيرة هارون ابن ابي الجيش واخبار غلمان بني طولون . كتاب المكافأة . كتاب حسن العقبى . كتاب اخبار الاطبّاء . كتاب مختصر المنطق الّفه للوزير علي بن عيسى . كتاب ترجمته . كتاب الثمرة . كتاب اخبار المنجّمين . كتاب اخبار ابراهيم بن المهدي . كتاب الطبيخ . وذكره ابن رولان [٢] الحسن بن ابراهيم فقال كان ابو جعفر رحمه الله في غاية الافتنان احد وجوه الكتّاب الفصحاء والحسّاب والمنجمين مجسطيّ اوقليدسيّ حسن المجالسة حسن الشعر قد خرج من شعره اجزاءً . دخل يوما على ابي الحسن علي بن المظفر الكرخي عامل خراج مصر مسلّما عليه فقال له كيف حالك يا ابا جعفر فقال على البديهة

يكفيك من سوء حالي ان سألت به   اني علي طبريّ في الكوانين

﴿ احمد بن يوسف بن القاسم بن صبيح الكاتب ﴾

القفطي [٣] ابو جعفر من اهل الكوفة كان يتولى ديوان الرسائل للمأمون وكان اخوه القاسم بن يوسف يدعي انه من بني عجل ولم يدّعِ احمد ذلك قال المرزباني كان مولى لبني عجل ومنازلهم بسواد الكوفة وزر احمد للمأمون بعد احمد بن ابي خالد مات في قول الصولي في شهر رمضان سنة ٢١٣ وقال غيره سنة ٢١٤ وكان ابوه يوسف يكنى ابا القاسم وكان يكتب لعبد الله بن علي عمّ المنصور وله شعر حسن وبلاغة وكان احمد

---

(١) لعله سيرة ابنه ابي الجيش خمارويه : وهذا الكتاب ذكره صاحب المغرب في حلي المغرب (طبع طلكويست ٤) (٢) لعله ابن زولاق (٣) لعله الكوفي

واخوه القاسم شاعرين اديبين واولادهما جميعاً اهل ادب يطلبون الشعر والبلاغة حكى عن المأمون وعبد الحميد بن يحيي الكاتب وحكى عنه ابنه محمد بن احمد بن يوسف وعلي بن سليمان الاخفش وغيرهما . قال الصولي لما مات احمد بن ابي خالد الاحول شاور المأمون الحسن بن سهل فيمن يكتب له ويقوم مقامه فاشار عليه باحمد بن يوسف وبابي عباد ثابت بن يحيي الرازي وقال هما اعلم الناس باخلاق امير المؤمنين وخدمته وما يرضيه فقال له اختر لي احدهما فقال الحسن ان صبر احمد على الخدمة وجفا لذته قليلاً فهو احبهما اليَّ لانه اعرق في الكتابة واحسنهما بلاغة واكثر علما فاستكتبه المأمون وكان يعرض الكتب ويوقع ويخلفه ابو عباد اذا غاب عن دار المأمون مترفعا عن الحال التي كان عليها ايام احمد بن ابي خالد وكان ديوان الرسائل وديوان الخاتم والتوقيع والازمّة الى عمرو بن مسعدة وكان امر المأمون يدور على هؤلاء الثلاثة الالف احمد بن يوسف الوزير.

حدث الصولي عن ابي الحارث النوفلي قال كنت ابغض القاسم بن عبيد الله لمكروه نالني منه فلما مات اخوه الحسن قلت على لسان ابن بسام

قل لابي القاسم المرجى ... قابلك الدهر بالعجائب
مات لك ابن وكان زينًا ... وعاش ذو الشين والمعايب
حياة هذا كموت هذا ... فليس تخلو من المصائب

وانما اخذه من قول احمد بن يوسف الكاتب لبعض اخوانه من الكتّاب وقد ماتت له ببغا وكان له اخ يضعف فكتب اليه

انت تبقى ونحن طرًّا فداكا   احسن الله ذوالجلال عزاكا
فلقد جل خطب دهر اتانا   بمقادير اتلفت بغاكا
عَجَبا للمنون كيف اتاها   وتخطت عبد الحميد اخاكا
كان عبد الحميد اصلح للمو   ت من البغا واولى بذاكا
شملتنا المصيبتان جميعا   فقدنا هذه ورؤية ذاكا

حدث ابو القاسم عبد الله بن محمد بن باقيا (١) الكاتب في كتاب ملح الممالحة قال ولما خرج عبد الله بن طاهر من بغداد الى خراسان قال لابنه محمد ان عاشرت احدا بمدينة السلام فعليك باحمد بن يوسف الكاتب فان له مروءة فما عرج محمد حين انصرف من توديع ابيه على شيء حتى هجم على احمد بن يوسف في داره فاطال عنده ففطن له احمد فقال يا جارية غدينا فاحضرت طبقاً وارغفة نقية وقدمت الواناً يسيرة وحلاوة واعقب ذلك بانواع من الاشربة في زجاج فاخر وآلة حسنة وقال يتناول الامير من ايها شاء ثم قال له ان رأى الامير ان يشرف عبده ويجيئه في غد انعم بذلك فنهض وهو متعجب من وصف ابيه له واراد فضيحته فلم يترك قائداً جليلاً ولا رجلاً مذكوراً من اصحابه الا عرفهم انه في دعوة احمد بن يوسف وامرهم بالغدوّ معه فلما اصبحوا قصدوا دار احمد بن يوسف وقد اخذ اهبته واظهر مروءته فرأى محمد من النضائد والفرش والستور والغلمان والوصائف ما ادهشه ونصب ثلاثمائة مائدة وقد حفّت بثلاثمائة وصيفة ونقل الى كل مائدة ثلاثمائة لون في صحاف

(١) في كشف الظنون بن ماميا

الذهب والفضة ومثارد الصين فلما رفعت الموائد قال ابن طاهر هل اكل من بالباب فنظروا فاذا جميع من بالباب قد نصبت لهم الموائد فاكلوا فقال شتان بين يوميك يا أبا الحسن (كذا في هذه الرواية كناه بابي الحسن) فقال ايها الامير ذاك قوتي وهذه مروءتي . وحدث الصولي قال كان من اول ما ارتفع به احمد بن يوسف ان المخلوع لما قُتل امر طاهر الكتّاب ان يكتبوا الى المأمون فاطالوا فقال طاهر اريد احضر من هذا فوصف له احمد بن يوسف فاحضره لذلك فكتب [1] اما بعد فان المخلوع وان كان قسيم امير المؤمنين في النسب واللحمة فقد فرق حكم الكتاب بينه وبينه في الولاية والحرمة لمفارقته عصمة الدين وخروجه عن اجماع المسلمين قال الله عز وجل لنوح عليه السلام في ابنه يَا نُوحُ إِنَّهُ لَيْسَ مِنْ أَهْلِكَ إِنَّهُ عَمَلٌ غَيْرُ صَالِحٍ ولا صلة لاحد في معصية الله ولا قطيعة ما كانت في ذات الله وكتبت الى امير المؤمنين وقد قتل الله المخلوع واحصد لامير المؤمنين امره وانجز له وعده فالارض باكنافها اوطأ مهاد لطاعته واتبع شيء لمشيئته وقد وجهت الى أمير المؤمنين بالدنيا وهو رأس المخلوع وبالآخرة وهي البردة والقضيب والحمد لله الآخذ لامير االمؤمنين بحقه والكائد له من خان عهده ونكث عقده حتى رد الالفة واقام به الشريعة والسلام على أمير المؤمنين ورحمة الله وبركاته

---

(١) قد طبعت هذه الرسالة في تجارب الامم (طبع ليدن ١٨٧١ ص ٤١٨) وفي مفتاح الافكار (طبع مصر ١٣١٤ ص ٣٤٨) : ورواية التجارب تخالف رواية ياقوت في مواضع كثيرة

فرضي طاهر ذلك وانفذه ووصل احمد بن يوسف وقدمه . وحدث محمد ابن عبدوس انه لما حمل رأس المخلوع اليه وهو بمرو امر المأمون بانشاء كتاب عن طاهر بن الحسين ليقرأ على الناس فكتبت عدة كتب لم يرضها المأمون والفضل بن سهل فكتب احمد بن يوسف هذا الكتاب فلما عرضت النسخة على ذي الرئاستين رجع نظره فيها ثم قال لاحمد ابن يوسف ما انصفناك ودعا بقهرمانه واخذ القلم والقرطاس واقبل يكتب بما يفرغ له من المنازل ويعد له فيها من الفرش والآلات والكسوة والكراع وغير ذلك ثم طرح الرقعة الى احمد بن يوسف وقال له اذا كان في غد فاقعد في الديوان وليقعد جميع الكتاب بين يديك واكتب الى الآفاق . وحدث فيما رفعه الى ابراهيم بن اسماعيل قال قال كثر الطلاب للصلات بباب المأمون فكتب اليه احمد بن يوسف داعي نداك يا أمير المؤمنين ومنادي جدواك جمعا الوفود ببابك يرجون نائلك المعهود فمنهم من يمتّ بحرمة ومنهم من يدل بخدمة وقد اجحف بهم المقام وطالت عليهم الايام فان رأى أمير المؤمنين ان ينعشهم بسيبه ويحقق حسن ظنهم بطَوْله فعل ان شاء الله تعالى فوقع المأمون الخير متبع وابواب الملوك مغانٍ لطالبي الحاجات ومواطن لهم ولذلك قال الشاعر

يسقط الطير حيث يلتقط الحـــب وتغشى منازل الكرماء

فاكتب اسماء من ببابنا منهم واحك مراتبهم ليصل الى كل رجل قدر استحقاقه ولا تكدر معروفنا عندهم بطول الحجاب وتأخير الثواب فقد

قال الشاعر

فانك لن تري طرداً لحر ... كالصاق به طرف الهوان

حدث [١] احمد بن ابي طاهر قال كتب صديق لاحمد بن يوسف الكاتب في يوم دجن اليه يومنا ظريف النواحي رقيق الحواشي قد رعدت سماؤه وبرقت وحنت وارجحنت وانت قطب السرور. ونظام الامور . فلا تفردنا منك فنقل ً . ولا تنفرد عنا فنذل ً . فان المرء باخيه كثير وبمساعدته جدير . قال فصار احمد بن يوسف الى الرجل وحضرهم من ارادوا [٢] ثم تغيمت السماء فقال احمد بن يوسف

اري غيما يؤلفه جنوب ... واحسب ان سيأتينا بهطل

فعين [٣] الرأي ان تدعو [٤] برطل ... فتشربه وتدعو لي برطل

ونسقيه ندامانا جميعا ... فيفترقون [٥] منه بغير عقل

فيوم الغيم يوم الغم ان لم ... تبادر بالمدامة كل شغل

ولا تكره محرمها عليها ... فاني لا اراه لها باهل

قال فغنى فيه عثعث اللحن المشهور . واهدى احمد بن يوسف هدية في يوم نوروز الى المأمون وكتب معها

على العبد حق فهو لا بد فاعله ... وان عظم المولى وجلت فضائله

الم ترنا نهدي الى الله ماله ... وان كان عنه ذا غنى فهو قابله

(١) الحكاية في الاغاني (١٣ : ٣٢) عن ابن مهرويه (٢) الاغاني عثعث الاسود (٣) ق يعين (٤) الاغاني تأتي (وروايتها ٢٠ : ٢٨ تدعو) (٥) الاغاني فينصرفون

ولو كان يهدى للكريم بقدره ... لقصر فضل المال عنه وسائله[١]

ولكننا نهدي الى من نعزه ... وان لم يكن في وسعنا مايعادله

وذكر الجهشياري قال كان يكتب لعبد الله بن علي يوسف بن صبيح مولى بني عجل من ساكني سواد الكوفة فذكر القاسم بن يوسف بن صبيح ان اباه حدثه ان عبد الله بن علي لما استتر عند اخيه سليمان بالبصرة علم انه لا وزر له من ابي جعفر[٢] قال فلم استتر وقصدت اصحابنا الكتاب فصرت في ديوان ابي جعفر واجرى لي في كل يوم عشرة دراهم قال فبكرت يوماً الى الديوان قبل فتح بابه ولم يحضر احد من الكتاب واني لجالس عليه اذ انا بخادم لابي جعفر قد جاء الى الباب فلم ير غيري فقال لي اجب امير المؤمنين فاسقط في يدي وخشيت الموت فقلت له ان امير المؤمنين لم يرِدْني فقال وكيف قلت لاني لست ممن يكتب بين يديه فهم بالانصراف عني ثم بدا له فاخذني وادخلني حتى اذا كنت دون الستر وكل بي ودخل ولم يلبث ان خرج فقال لي ادخل فدخلت فلما ضرب باب الايوان قال لي الربيع سلم على امير المؤمنين فشممت رائحة الحياة فسلمت فادناني وامرني بالجلوس ثم رمى اليّ بربع قرطاس وقال لي اكتب وقارب بين الحروف وفرج[٣] بين السطور واجمع خطك ولا تسرف في القرطاس وكانت معي دواة شامية فتوقفت عن اخراجها فقال لي يا يوسف وانت تقول في نفسك انا بالامس في ديوان الكوفة اكتب لبني امية ثم مع عبد الله بن علي واخرج الساعة دواة

---

(١) لعله ونائله (٢) يعني المنصور (٣) لعله وحرج

شامية انك انما كنت في الكوفة تحت يدي غيرك وكنت مع عبد الله ابن علي لي ومعي والدوى الشامية ادب جميل ومن ادوات الكتاب ونحن احق بها قال فاخرجتها وكتبت وهو يملي فلما فرغت من الكتاب امر به فاترب واصلح وقال دعه وكل العنوان الي ثم قال لي كم رزقك يا يوسف في ديواننا فقلت عشرة دراهم فقال قد زادك أمير المؤمنين عشرة دراهم اخرى رعاية لحرمتك بعبد الله بن علي ومثوبة لك على طاعتك ونقاء ساحتك واشهد انك لو اختفيت باختفائه لاخرجتك ولو كنت في[1] جحرة النمل ثم زايلت بين اعضائك فدعوت له وخرجت مسروراً بالسلامة.

كان[2] للمأمون جارية اسمها مؤنسة وكانت تعتني باحمد بن يوسف وكان احمد بن يوسف يقوم بحوائجها فادلت على المأمون في بعض الامور فانكر عليها وصار الى الشماسية ولم يحملها معه فاستحضرت نصرة خادم احمد بن يوسف وحملته رسالة الى مولاه بخبرها وسألته التلطف لاصلاح نية المأمون فلما عرفه الخادم ذلك دعا بدواته وقصد الشماسية فاستأذن على المأمون فلما وصل اليه قال انا رسول فائذن لي في تادية الرسالة فانشده هذه الابيات

قد كان عتبك كرة[3] مكتوما ... فاليوم اصبح ظاهراً معلوما
نال الاعادي سؤلهم لا هنئوا ... لما رأونا ظاعنا ومقيما
هبني اسأت فعادةلك ان ترى ... متجاوزاً متفضلاً مظلوما

---

(١) ق ـ (٢) مثل هذه الحكاية ورد في الاغاني (٢٠:٥٧) (٣) الاغاني (٢٠:٥٦) مرة

قال قد فهمت الرسالة فكن الرسول بالرضى ووجه بياسر الخادم فحملها . وكان موسى بن عبد الملك في ناحية احمد بن يوسف وهو خرجه وقدمه قال (١) الحسن بن مخلد حدثني موسى بن عبد الملك قال وهب لي احمد ابن يوسف (وكان يرمى بابنة كان يعبث بموسى بن عبد الملك يتعشقه) الف الف درهم في مرات وكان عاتبه فيه محمد بن الجهم البرمكي فكتب اليه احمد بن يوسف

لا تعذلنّيَ ابا جعفر لَوم الاخلاّء من اللُومِ
ان استه مشربة حمرة كانه وجنة ملكوم

فتقدم محمد الى البجلي وكان في ناحيته فاجابه

لستُ بلاحيك على حبه ولستَ في ذاك بمذموم
لانهُ في (٢) استه سخنة كانها سخنة محموم

ذكر غرس النعمة في كتاب الهفوات حدثني محمد بن علي بن طاهر بن الحسين قال كان احمد بن يوسف يسقط السقطة بعد السقطة فيتلف (٣) نفسه في بعض سقطاته وذلك انه حكى علي بن يحيي بن ابي منصور ان المأمون كان اذا تبخر طرح له العود والعنبر فاذا تبخر امر باخراج الجمرة ووضعها تحت الرجل من جلسائه اكراماً له وحضر احمد بن يوسف يوماً وتبخر المأمون على عادته ثم توضع (٤) الجمرة تحت احمد بن يوسف فقال هاتوا ذا المردود فقال المأمون النا يقال هـذا ونحن نصل رجلاً واحدا

---

(١) وردت هذه الحكاية في الاغاني (٢٠:١١٤) (٢) لعله على (٣) ق فيلفت
(٤) لعله امر بوضع

من خدمنا بستة آلاف الف دينار انما قصدنا اكرامك وان اكون انا وانت قد اقتسمنا بخوراً واحداً يحضر عنبر فاحضر منه شيء في الغاية من الجودة في كل قطعة ثلاثة مثاقيل وامر ان تطرح قطعة في المجمر ويبخر بها احمد ويدخل رأسه في زيقه[١] حتى ينفذ بخورها وفعل به ذلك بقطعة ثانية وثالثة وهو يستغيث ويصيح وانصرف الى منزله وقد احترق دماغه واعتل ومات سنة ٢١٣ وقيل ٢١٤ وكانت له جارية يقال لها نسيم لها من قلبه مكان خطير فقالت ترثيه

ولو ان ميتا هابه الموت قبله ... لما جاءه المقدار وهو هيوب

ولو ان حياً قبله صابه[٢] الردى ... اذاً لم يكن للارض فيه نصيب

وقالت ايضا ترثيه

نفسي فداؤك لو بالناس كلهم ... ما بي عليك هتوا[٣] انهم ماتوا

وللورى موتة في الدهر واحدة ... ولي من الهمّ والاحزان موتات

ومن شعر احمد بن يوسف كتب به الى صديق له

تطاول باللقاء العهد منا ... وطول العهد يقدح فى القلوب

اراك وان نأيت بعين قلبي ... كانك نصب عيني من قريب

فهل لك في الرواح الى حبيب ... يقر بعينه قرب الحبيب

قال احمد بن يوسف وقد شتمه[٤] رجل بين يدى المأمون للمأمون قد والله يا امير المؤمنين رأيته يستملي من عينيك ما يلقاني به . وكتب الى اسحاق بن ابراهيم الموصلي وقد اراده ابراهيم بن المهدي : من انا عبده

(١) ق ريقه (٢) لعله هابه (٣) لعله هنوا (٤) ق شمه

وحجتنا عليك اعلامنا اياك والسلام

عندي من تبهج العيون به فان تخلفت كنت مغبونا

واهدى الى المأمون في يوم عيد هدية وكتب معها هذا يوم جرت فيه العادة باهداء العبيد الى السادة وقد اهديت قليلا من كثير عندي وقلت

اهدى الى سيده العبد ما ناله الامكان والوجد(١)

وانما اهدى له ماله يبدأ هذا ولذا رد

ومن شعره اللطيف

اذا ما التقينا والعيون نواظر فالسننا حرب وابصارنا سلم

وتحت استرقاق(٢) اللحظ منامودة تطلع سرا حيث لا يبلغ الوهم

وهو القائل في محمد بن سعيد بن حماد الكاتب وكان يميل اليه وكان صبياً مليحاً

صد عني محمد بن سعيد احسن العالمين ثاني جيد

صد عني لغير جرم اليه ليس الا(٣) لحسنه في الصدود

قال وكان محمد بن سعيد يكتب بين يديه فنظر الى عارضه قد اختط في خده فاخذ رقعة وكتب فيها

لحاك الله من شعر وزادا كما البست عارضه الحدادا

اغرت على تورد وجنتيه فصيرت احمرارهما سوادا

ورمى بها الى محمد بن سعيد فكتب مجيباً عظم الله اجرك فيّ ياسيدي واحسن لك العوض مني . ومن شعر احمد بن يوسف

---

(١) ق الامكان الوجد (٢) لعله استراق (٣) الاغاني (٢٠ : ٥٨) يحيى

كثير هموم النفس حتى كانما   عليه كلام العالمين حرام
اذا قيل ما اضناك اسبل دمعه   يبوح بما يخفي وليس كلام

وعاش [١] القاسم اخوه بعده فقال يرثيه

رماك الدهر بالحدث الجليل   فعزِّ النفس بالصبر الجميل
اترجو سلوة واخوك ثاوٍ   ببطن الارض تحت ثرى مهيل
ومثل اخيك فلتبك البواكي   لمعضلة من الخطب الجليل
وزير الملك يرعى جانبيه   بحسن تيقظ وصواب قيل

« اخثاء »

هو لقب ولا اعرف اسمه ولم اجد له ذكراً الا ما ذكره ابو بكر المبرمان فى الباب من كتابه في نكت كتاب سيبويه فى الفرق بين الكلم والكلام فقال وقال لي الملقب باخثا [٢] وكان احد من راينا من النحويين الذين صحت لهم القراءة على ابي عثمان المازني وكان موصوفاً في اول نظره بالبراعة مسلماً له استغراق الكتاب على ابي عثمان ثم ادركته علة فقصر عن الحال الاولى [٣] انا حاكيه ورأيت انا ابا العباس ثعلبا يروم ذلك وهو ان كل ما لُفِظ به ينقسم اقساماً ثلاثة قسم منه يكون للحدث ولاسماء المحدثين ولاسماء الامكنة والازمنة التي تقع فيها الاحداث ولا اسمَ للجنس فيه وذلك نحو الضرب والقتل والاخذ والكلام وما اشبه

---

(١) ق ابو القاسم (٢) لعله وهم ياقوت وكان لقب الرجل باختاً وقد ذكر صاحب الفهرست رجلاً اسمه محمد بن سهل ولقبه الباحث عن معتاص العلم

(٣) سقط ما معناه « كلاما »

ذلك فاذا سئلت عن شيء من هـذا فقيل لك ما هو فجوابه ان تذكر الحدث المنقضي مع الزمان وصنف منه يكون للاجناس ولا اسم للاحداث فيـه ولا يكون حدثاً وهو كقولك سفرجلة وسفرجل فاذا سئلت عن ذلك فجوابه ان تخبر عن صفة الشيء فتقول هو الذي لونه كذا وجسمه كذا ومركب من كذا وصنف آخر يجمع الجنسين وذلك نحو تمرة وتمر فهذا من باب سفرجلة وسفرجل ثم تقول اتمر النخل يتمر اتماراً فهذا انما هو عبارة عن الحدث فاذا سئلت ما التمر فجوابه ان تقول هو الجسم الذي من صفته كذا ومن قده كذا وفي داخله كذا واذا سئلت ما الاتمار فجوابه ان يمر[1] الزمان بحرّه وبرده وما فيه على البسر فيتغير من حال كذا الى حال كذا ثم يلين فيصير فيه الدبس وانما تنبئ عن الاحداث التي تقع وكذا كلمة وكلم في باب تمرة وتمر فاذا قيل لك ما الكلم فالجواب هو الموضوع المتعارف بين الناس استعملوه وهو الذي يسمونه اسم وفعل وحرف فان قيل فما الكلام فجواب ذلك ان تقول هو اجراء هـذا الذي يسمونه كلما واخراجه بالصواب من الفم فهو حدث فالكلام حدث والكلم موضوع الكلام الذي يستعمل كزيد وضرب وهل وبل فقد جمع الكلم امرين والكلام ليس كذلك انما هو لامر واحد

﴿ اسامة بن سفيان السجزي النحوي ﴾

من نحاة سجستان وشعرائها ذكره ابو الحسن البيهقي في كتاب الوشاح وانشد له

(١) لعله انه يمرّ

ابي النأي الا ان يجدد لي ذكرى — لمن ود عيني وهي لا تملك العبرا
وقالت رعاك الله ما خلت انني — اراك تسلّى او تطيق لنا هجرا
وكانت ترى فرط العلاقة ساعة — تغيّبها عنا وان قصرت شهرا
وتجزع من وشك الفراق فما لنا — على فرقة الاحباب ان نظهر الصبرا

منها في المديح

وزير يرى المعروف يجمل ذكره — فارسل بين الناس معروفه غمرا
فما اقلعت يوماً غمامـة جوده — ولا قطرت رشاً ولا اخطأت قطرا
وما اختصّ يوماً حاضراً دون غائب — برفد ولا ذا فاقة دون من أثرى
وقد امّه الراجون من كل وجهـة — فاربى مرجّاهم بواحـدة عشرا
وقد كان يعطيهم وهم في ديارهم — ولكن هوى ان يجمع الرفد والبشرا
رأى ماله مال العـدى فاباده — فلم يبق منـه لا ولا منهمُ اثرا

﴿ اسامة بن مرشد بن علي بن مقلد ﴾

ابن نصر بن منقذ بن محمد بن منقـذ بن نصر بن هاشم بن
سوار (١) بن زياد بن رغيب (٢) بن مكحول بن عمر بن الحارث بن
عامر بن مالك بن ابي مالك بن عوف بن كنانة بن بكر بن عـذرة
ابن زيد اللات بن رفيـدة بن ثور بن كلب بن وبرة بن ثعلب بن
حلوان بن عمران (٣) بن قضاعة بن مالك بن حمير بن مرة بن زيد بن

---

(١) في كتاب عماد الدين الاصفهاني (الذي نشره الاستاذ درنبورغ في المجلد ١٩ من السلسلة ٢ من مطبوعات مدرسة اللغات الشرقية الحية) ص ١٢٢ سرار (٢) العماد دعيب (٣) العماد بن الحسن بن قضاعة

مالك بن حمير بن سبا بن يشجب بن يعرب بن قحطان هكذا ذكر هو نسبه وفيه اختلاف يسير عند ابن الكلبي ويكنى ابا اسامة وابا المظفر ويلقب مؤيّد الدولة مجد الدين وفي بني منقذ جماعة امراء شعراء لكن اسامة اشعرهم واشهرهم وانا اذكر لكل واحد من اهله وترجمته [١] ما يليق ولا افرقهم . ذكره عماد الدبن ابو عبد الله محمد بن محمد بن حامد الاصفهاني في كتاب خريدة القصر وفريدة العصر واثنى عليه كثيراً فقال ما زال بنو منقذ هولاء مالكي شيز ر وهي حصن قريب من حماة معتصمين بحصانتها ممتنعين بمناعتها [٢] حتى جاءت الزلزلة في سنة نيف وخمسين نخربت حصنها واذهبت حسنها وتملكها نور الدين محمود بن زنكي عليهم واعاد بناءها فتشعبوا شعباً وتفرقوا ايدي سبا. قال ابن عساكر ذكر لي اسامة انه ولد سنة ٤٨٨ وقدم دمشق سنة ٥٣٢ ومات اسامة في ثالث عشري رمضان سنة ٥٨٤ ودُفن بجبل قاسيون [٣]. قال العماد واسامة كاسمه في قوة نثره ونظمه يلوح من كلامه امارة الامارة. ويؤسّس بيت قريضه عمارة العبارة. حلو المجالسة. حالي المساجلة. ندي الندى بماء الفكاهة. عالي النجم في سماء النباهة. معتدل التصاريف . مطبوع التصانيف . اسكنه عشق الغوطة . دمشق المغبوطة . ثم نبت به كما تنبو الدار بالكريم. فانتقل الى مصر فبقي بها مؤمرا مشاراً اليه بالتعظيم. الى ايام ابن رزيك فعاد الى الشام . وسكن

(١) لعله من ترجمته (٢) الكلمة محرفة عند درنبورغ (٣) ق كاسيون

دمشق مخصوصاً بالاحترام[١]. حتى اخذت شيزر من أهله ورشقهم صرف الزمان بنبله ورماه الحدثان الى حصن كيفا مقيما بها في ولده. مؤثرا لها على بلده. حتى اعاد الله دمشق الى سلطنة الملك الناصر صلاح الدين يوسف بن ايوب سنة ٥٧٠ ولم يزل مشغوفاً بذكره. مشتهراً باشاعة نظمه ونثره. والامير العضد مرهف ولد الامير مُؤيّد الدولة جليسه. ونديمه وانيسه. (قال مؤلف هذا الكتاب وقد رأيت انا العضد هذا بمصر عند كوني بها في سنتي ٦١١و٦١٢ وانشدني شيئاً من شعره وشعر والده) قال فاستدعاه الى دمشق يعني مؤيّد الدولة وهو شيخ قد جاوز الثمانين. قال وانشدني العامري من شعره باصبهان وكنت اتمنى لقياه. واشيم على البعد حياه. حتى لقيته في صفر سنة ٧١ بدمشق وسألته عن مولده فقال وُلدت في ٢٧ من جمادى الآخرة سنة ٤٨٨ وانشدني لنفسه البيتين اللذين سارا له في قلع ضرسه

وصاحب لا املّ الدهر صحبته	يشقى لنفعي ويسعى سعي مجتهد
لم القه مذ تصاحبنا فحين بدا	لناظريّ افترقنا فرقة الابد

وانشدني لنفسه من قديم شعره

قالوا نهته الاربعون عن الصبى	واخو المشيب يحور[٢] ثمة يهتدي
كم حار في ليل الشباب فدله	صبح المشيب على الطريق الاقصد
واذا عددت سنيّ ثمّ نقصتها	زمن الهموم فتلك ساعة مولدي

(١) عند درنبورغ بالاكرام (٢) في ذيل ترجمة اسامة للاستاذ درنبورغ (باريز ١٨٩٣ ص ١٠٦) يحوم

قلت انا هذا كلام نفيس ومعنى لطيف ولكنه اخذ معنى البيت الثاني من قول ابن الرومي

كفى بسراج الشيب في الرأس هاديا ‏ ‏ ‏ الى من اضلته المنايا لياليا
فكان كرامي الليل يرمي فلا يرى ‏ ‏ ‏ فلما اضاء الشيب شخصي رمانيا

واخذ معنى البيت الاخير من قول ابي فراس بن حمدان في مزدوجته

ما العمر ما طالت به الدهور ‏ ‏ ‏ العمر ما تم به السرور
ايام عزي ونفاذ امري ‏ ‏ ‏ هي التي احسبها من عمري
لو شئت مما قد قللن جدّا ‏ ‏ ‏ عددت (١) ايام السرور عدّا

ولكن قول اسامة ابلغ في المعنى وهذا ظاهر . قال وانشدني من قديم شعره

لم يبق لي في هواكمُ اربُ ‏ ‏ ‏ سلوتكم والقلوب تنقلبُ
اوضحتمُ لي سبل السلوّ وقد ‏ ‏ ‏ كانت لي الطرق عنه تنشعب
الامَ دمعي من هجركم سرب ‏ ‏ ‏ قانٍ وقلبي من غدركم يجب
ان كان هذا لِأَن (٢) تعبدّني الـحبّ ‏ ‏ ‏ فقد اعتقتني الرِيَب
احببتكم فوق ما توهّمه الـناس وخنتم اضعاف ما حسبوا

وقوله أيضا

يا دهر مالك لا يصـدّكَ عن مساءتيَ العتاب
امرضت من اهوى ويا ‏ ‏ ‏ بى ان امرّضه الحجاب

---

(١) في ديوان ابي فراس (طبع مصر ١٩٠٠) اعددت (٢) الكلمة محرفة عند درنبورغ

لو كنت تنصف كانت الـــامراض لي وله الثواب

اخذ هذا المعنى من قول الشاعر

يا ليت علّته لي غير انّ له ... اجر المريض واني غير مأجور

قال العماد وهذا الذي اوردته من شعره نقلته من تاريخ السمعاني فلما وردت الى دمشق واجتمعت به قلت له هل لك معنى مبتكر في الشيب فانشدني

لو كان صد معاتباً ومغاضباً ... ارضيتهُ وتركت خدّي شائبا

لكن رأى تلك النضارة قد ذوت ... لما غدا ماء الشبيبة ناضبا

ورأى النهى بعد الغواية صاحبي ... فثنى العنان يريغ غيري صاحبا

وأبيه ما ظلم المشيب فانه ... املي فقلت عساه عني راغبا

انا كالدجى لما تناهى عمره ... نشرت له ايدي الصباح ذوائبا

ومن شعره ايضاً في محبوس

حبسوك والطير النواطق انما ... حبست لميزتها على الانداد

وتهيّبوك وانت مودع سجنهم ... وكذا السيوف تهاب في الاغماد

ماالحبس دار[1] مهانة لذوي العلى ... لكنه كالغيل للآساد

ومنه قوله في الشمعة

انظر الى حسن صبر الشمع يظهر للـ ... رائين نوراً وفيه النار تستعر

كذا الكريم تراه ضاحكاً جذلا ... وقلبه بدخيل الغم منفطر

(١) ق ـ

وقوله ايضاً

نافقت دهري فوجهي ضاحك جذل ... طلق وقلبي كئيب مكمد باك

وراحة القلب في الشكوى ولذتها ... لوامكنت لاتساوي ذلة (١) الشاكي

وقوله ايضاً

لئن غض دهر من جماحي اوثنى ... عناني او زلت باخمصي النعل

تظاهر قوم بالشمات جهالة ... وكم احنة في الصدر ابرزها الجهل

وهل انا الا السيف فلل حده ... قراع الاعادي ثم ارهفه الصقل

وقوله ايضاً

لا تحسدنّ على البقاء معمراً ... فالموت ايسر ما يؤول اليه

واذا دعوت بطول عمر لأمرئ ... فاعلم بانك قد دعوت عليه

قال العماد وتناشدنا بيتاً للوزير المغربي في وصف خفقان القلب وتشبيهه بظل اللواء الذي تخترقه الرياح وهو

كأنّ قلبي اذا عنّ ادّكاركمُ ... ظل اللواء عليه الريح تخترق

فقال لي الامير مؤيد الدولة اسامة فقد شبهت القلب الخافق (٢) وبالغت في تشبيهه واربيتُ عليه في قولي من ابيات وهي

احبابنا كيف اللقاء ودونكم ... عنّ (٣) المهامه والفيافي الفيح

ابكيتمُ عيني دماً لفراقكم ... فكأنما انسانها مجروح

وكأنّ قلبي حين يخطر ذكركم ... لهب الضرام تعاورته الريح

فقلت له صدقت فان المغربي قصد تشبيهه خفقان القلب وانت شبهت

---

(١) ق لذة (٢) ق الخالق (٣) العماد عرض

القلب الواجب (١) باللهب وخفقانه باضطرابه عند اضطرامه لتعاور الريح فقد اربيت عليه. وانشدني ايضاً من قوله ايام شبابه وهو معتقل في الخيال

ذكر الوفاء خيالكُ المنتاب   فالمّ وهو بودنا مرتاب
نفسي فداؤك من حبيب زائر   متعتّب عندي له الاعتاب
ودي كعهدك والديار قريبة   من قبل ان تتقطع الاسباب
ثَبْت فلا طول الزيارة ناقص   منه وليس يزيده الاغباب
حظر الوفاء عليّ هجرك طائعاً   واذا اقتُسرت فما عليّ عتاب

قال وتذاكرنا قول ابي العلاء المعرّي

لوحط رحليَ فوق النجم رافعه   الفيت ثم خيالاً منك منتظري

وابلغ من هذا قول المعرّي في بعد المسافة

وذكرت كم بين العقيق الى الحمى (٢)   فجزعت من امد المدى المتطاول
وعذرت طيفك فى الجفاء فانه   يسري فيصبح دوننا (٣) بمراحل

وانشدني

وأعْجَب ما لقيت من الليالي   واي فعالها بي لم يسؤني
تقلُّب قلب مَن مثواه قلبي   وجفوة من ضممت عليه جفني

قال واجتمعنا عند الملك الناصر صلاح الدين يوسف بن ايوب بدمشق وكان يلعب بالشطرنج فقال الامير اسامة الا أنشدك البيتين اللذين قلتهما في الشطرنج فقلت هات فانشدني لنفسه

---

(١) ق الواحد والعماد الواجد (٢) في سقط الزند (١ : ١٥٧) وسألت كم بين العقيق الى الفضى (٣) العماد : ق دونها

انظر الى لاعب الشطرنج يجمعها مغالباً ثم بعد الجمع يرميها
كالمرء يكدح للدنيا ويجمعها حتى اذا مات خلاها وما فيها

وانشدني لنفسه في غرض له في نور الدين محمود رحمه الله

سلطاننا زاهد والناس قد زهدوا له فكلٌ على الخيرات منكمش
ايامه مثل شهر الصوم خالية (١) من المعاصي وفيها الجوع والعطش

قال وانشدني لنفسه

أأحبابنا هلا سبقتم بوصلنا صروف الليالي قبل ان نتفرقا
تشاغلتمُ بالهجر والوصل ممكن وليس الينا للحوادث مرتقا
كأنّا اخذنا من صروف زماننا أمانا ومن جور الحوادث موثقا

وقال ايضا

قمرٌ اذا عاينته شغفا به غرس الحياء بوجنتيه شقيقا
وتلهبّت خجلا فلولا ماؤها مترقرقا فيه لصار حريقا
وازورّ عني مطرقاً فاضلّني ان (٢) اهتدي نحو السلوّ طريقا
(٣) فليلحني من شاء فيه فصبوتي بهواه سكر لستُ منه مفيقا

وكتب اليه ابنه ابو الفوارس مرهف الى حصن كيفا كتاباً على يد مستمنح فلم يمكّن الوقت من بلوغ الغرض من البر فكتب اسامة جوابه

ابا الفوارس ما لاقيت من زمني اشدّ من قبضه كفي عن الجود
رأى سماحي بمنزور تجانف لي (٤) عنه وجودي به فاجتاح موجودي

---

(١) العماد طاهرة (٢) ق لما (٣) سقط هذا البيت من كتاب العماد (٤) لعله تجانف بي عنه وجودي لذاك اجتاح موجودى

فصرت ان هزني جانٍ تعوّد ان يجني نداي رآني يابس العود

وقال ايضا

سقوف الدور في خربرت[١] سود كستها النار اثواب الحداد
فلا تعجب اذا ارتفعت علينا فللحظ اعتناء بالسواد
بياض العين يكسوها جمالاً وليس النور الا فى السواد
ونور الشيب[٢] مكروه وتهوى سواد الشعر اصناف العباد
وطرس الخط ليس يفيد علماً وكل العلم في وشي المداد

وله في مدح صلاح الدين

هو من عرفت فلو عصاه نهاره لرماه نقع جيوشه بالغياهب

وله فى الهزل

خلع الخليع عذاره في فسقه حتى تهتّك في بغا ولواط
يأتي ويؤتى ليس ينكر ذا ولا هذا كذلك ابرة الخياط

قال العماد وكان قد سألني ان انتجز له مطلوباً عند الملك الناصر صلاح الدين فكتب اليّ يستحثني

عماد الدين مولانا جواد مواهبه كمنهلّ السحاب
يحكّم في مكارمه الاماني ولو كلّفته رد الشباب
وعذرك في قضاشغلي قضاء يصرّفه فما عذر الجواب[٣]

ولمؤيد الدولة اسامة بن منقذ تصانيف حسان منها كتاب القضاء .

---

(١) خرتبرت اسم حصن في اقصى ديار بكر فاسقط اسامة التاء ضرورة قاله ياقوت في معجم البلدان (٢ : ٤١٧) (٢) في معجم البلدان الشعر (٣) لعله الجذاب

كتاب الشيب والشباب الفه لابيه . كتاب ذيل يتيمة الدهر للثعالبي كتاب تاريخ ايّامه . كتاب في اخبار اهله رأيته . ومن شعر الأمير الاجل مؤيّد الدين اسامة بن منقذ

صديق لنا كالبحر قد اهلك الورى ‏ ‏ ولم ينههم اخطاره عن ركوبه
مودّاته تحكيه صفواً وخبرُها ‏ ‏ كمشربه من حوبه وذنوبه

ومنه ايضا

كنت بين الرجاء واليأس منه ‏ ‏ اقطع الدهر بين سلم وحرب
التقي عتبه باكرم اعتا ‏ ‏ ب ويلقى ذلّي بتيه وعجب
فبدا للملوك اني لو رم ‏ ‏ ت سلوّاً لما سلا عنه قلبي
فتجنى لى الذنوب ولا والـ ‏ ‏ ـله مالي ذنب سوى فرط حبي

ومنه ايضا

انظر بعينك هل ترى ‏ ‏ احداً يدوم على المودّة
لترى اخلاّء الصفا ‏ ‏ ء عِدًى اذا تأتيك شدّة

ومنه ايضا

تنكّرني الاخوان حتى ثقاتهم ‏ ‏ وحذّرني منهم نذير التجارب
كأني اذا اودعت سرّي عندهم ‏ ‏ رفعت بنار فوق اعلى المراقب

قال العماد وكتبها الى دمشق بعد خروجه الى مصر في ايام بني الصوفي يشير اليهم (١)

---

(١) العماد في زمان بني الصوفي كتبها الى الامير اتسز ويشير الى بني الصوفي : ق في ايام بنى الصوفي اليهم

ولّوا فلما رجونا عدلهم ظلموا ... فليتهم حكموا فينا بما علموا
ما مرّ يوماً بفكري ما يريبهم ... ولا سعت بي الى ماساءهم قدم
ولا اضعت لهم عهداً ولا اُطلعت ... على ودائعهم (١) في صدري التهم
محاسني منذ ملّوني باعينهم ... قذى وذكريَ في آذانهم صمم
وبعد لو قيل لي ما ذا تحبّ وما ... تختار من (٢) زينة الدنيا لقلتُ همُ
هم مجال الكرى من مقلتيَّ ومن ... قلبي محل المنى جاروا او اجترموا
تبدلوا بي ولا ابغي بهم بدلاً ... حسبي بهم (٣) انصفوا في الحكم ام ظلموا
يا راكباً تقطع البيداء همّته ... والعيس تعجز عمّا تدرك الهمم
بلّغ اميري معين الدين مألكة ... من نازح الدار لكن ودّه امم
هل في القضية يا من فضل دولته ... وعدل سيرته بين الورى علم
تضيع واجب حقي بعد ما شهدت ... به النصيحة والاخلاص والخدم
اذا نهضت الى مجد تؤثله ... تقاعدوا واذا شيّدته هدموا
وان عرتك من الايام نائبة ... فكلّهم للذي يُبكيك يبتسم
وكل من مِلتَ عنه قرّبوه ومن ... والاكَ فهو الذي يُقصَى ويهتضم
* اين الحمية والنفس الابية اذ ... ساموك (٤) خطّة خسف عارها يصم
* هلا انفت حياءً او محافظة ... من فعل ما انكرته العرب والعجم
* اسلمتنا وسيوف الهند مغمدة ... ولم يروّ سنان السمهري دَمُ
* وكنت احسب من والاكَ في حرم ... لا يعتريه به شيب ولا هرم

---

(١) العماد : ق ودايهم (٢) العماد هواك من (٣) العماد هم (٤) ق ضاموك

* النجيم يدل على ان البيت لم يرد فيما طبع من الخريدة

*وأنّ جارك جار للسموءل لا — يخشى الاعادي ولا تغتاله النقم

* هبنا جنينا ذنوبا لا يكفرها — عُذر فماذا جنى الاطفال والحرم

ومنها

لكنّ رأيك ادناهم وابعدني — فليت انّا بقدر الحب نقتسم

ولا سخطتُ بعادي اذ رضيتَ به — ولا لجرح اذا ارضاكم الَمُ (١)

تعلقت بحبال الشمس منك (٢) يدي — ثم انثنت وهي صفر ملؤها ندم

* لكن فراقك آساني واسفّني — ففي الجوانح نار منه تضطرم

فاسلم فما عشت لي فالدهر طوع يدي (٣) — وكلما نالني من بؤسه نعم (٤)

ومن شعره ايضا

إلقَ الخطوب اذا طرقـــن بقلب محتسب صبور

فسينقضي زمن الهمو — م كما انقضى زمن السرور

فمن المحال دوام حا — ل في مدى العمر القصير

وتوفى بعد الـ ٥٨٠ . ومنهم اخوه ابو الحسن علي بن مرشد بن علي ابن مقلد بن منقذ سيد بني منقذ ورد بغداد حاجا بعد الـ ٥٢٠ وقد ذكره السمعاني في تاريخه وانشد له

ودعت صبري ودمعي يوم فرقتكم — وما علمت بان الدمع يدّخر

وضلّ قلبيَ من صدري فعدت بلا — قلب فيا ويح ما آتي وما اذر

ولو علمت ذخرت الصبر مبتغيا — اطفاء نار بقلبي منك تستعر

---

(١) العماد : والبيت محرف في ق (٢) العماد « فيه » (٣) المصراع محرف في ق (٤) قد ترك ياقوت مما اورده العماد ثمانية عشر بيتاً

قال الامير علي بن مرشد سمعت دراباً (١) يصيح بدرب حبيب (٢) فقلت فيه

يا طائراً لعبت ايدي الفراق به … مثلي فاصبح ذا همّ وذا حزنِ
داني الأسى نازح الاوطان مغترباً … عن الاحبه مصفوداً عن الوطن
بلا نديم ولا جار يُسرّ به … ولا حميم ولا دار ولا سكن
لكن نطقت فزال الهمّ عنك ولي … همّ يقلقل احشائي ويخرسني
وكلّ من باح بالشكوى استراح ومن … اخفى الجوى بثّ عنه شاهد البدن
ارّقتَ عيني بنوح لست افهمه … مع ما بقلبيَ من وجد يؤرقّني
وما بكيت ولي دمع غواربه … اذا ارتمت منه لم تنشقّ بالسفن

قال وكتب الى صديق له

ما فهت مع متحدّث متشاغلا … الا رأيتك خاطراً في خاطري
ولو اُستطعت لزرت ارضك ماشياً … بسواد قلبي او باسود ناظري

وكتب الى اخيه مؤيّد الدولة اسامة وهو بالموصل

الا هل لمحزون تذكّر الفة … تحنّ وابدى وجده مَنْ يُعينه
وعيشاً مضى بالرغم اذ نحن جيرة … ترفّ على روض الوصال غصونه
لدى منزل كان السرور قرينكم … به فتولّى اذ تولّى قرينه
فلو اعشبت من فيض دمعي محوله … لما رضيت عن دمع عيني جفونه

قال وانشدني له ابن اخيه الامير مرهف بن اسامة

(١) لعله درباباً وهو طائر ذكره الدميري (٢) درب حبيب ببغداد من نهر معلى

لاشكرنّ النوى والعيس (١) اذقصدت … بي معدن الجود والاحسان والكرم
فسرت في وطني اذ سرت من وطني … فمن رأى صحةً جاءت من السقم
وقد ندمت على عمر مضى اسفاً … اذ لم اكن لك جاراً فيه في القدم
فاسلم ولا زلت محروس العلا ابداً … ما لاحت الشهب في داج من الظلم

وقال اخوه اسامة بن مرشد ونقلت من خط اخي عز الدولة ابي الحسن علي بن مرشد من شعره وكان استشهد رحمه الله على غزة في شهر رمضان سنة ٥٤٥ في حرب الفرنج لعنهم الله قبل ان يكمل من شعره وكان تقنطر به (٢) فرسه على باب غزة واستعلى الفرنج على اصحابه فانكشفوا عنه فقتُل وبقي في المعركة وانشد له اشعاراً منها قوله في مرض طال به

ظننت وظن الالمعي مصدق … بان سقام المرء سجن حمامه
فان لم يكن موت صريح فانّه … عذاب تملّ النفس طول مقامه
وكم يلبث المسجون في قبضة الاذى … يجرّب فيه الموت غرب حسامه (٣)

وانشد له قوله عند رحيله عن بغداد الى الحجاز

ترحلت عن بغداد لا كارهاً لها … وفي القلب منها لوعة وحريق
فسقياً لايام تقضّت بربعها … اذا العيش غض والزمان انيق
باخوان صدق ليس فيهم مشاقق … وكلهمُ حانٍّ عليّ شفيق

وانشد له ايضاً

ولما اعارتني النوى منك نظرة … احب الى قلبي من البارد العذب

(١) ق والعيش (٢) ق بقطرته (٣) ق حمامه

تعقّبها البين المشتّ فليتنا بقينا على تأميلنا لذة القرب

وانشد له

ليت شعري علامَ صدُّك عنّا بعد ما كنت تدعي الاشواقا

لا تجارِ الزمان سبقاً الى الهجـــر فما زالَ صرفه سبّاقا

انت غِرّ بغدره فلهذا قد تعجلت بالصدود الفراقا

وانشد له

بني ابي ان عدا دهر ففرّقنا فهمُّ نفسي بكم ما عشت مجتمع

هل تعلمون الذي[1] في النفس من اسف عليكمُ وحنين ليس ينقطع

نزحتمُ ادمعي حتى لقد محلت جفون عيني ومات اليأس والطمع

وإنّ دهراً رمى عن جيده دررا امثالكم لزمانٌ عاطل ضرع

ومنهم جده سديد الملك ابو الحسن علي بن مقلد بن منقذ وكان من شرطه ان يقدم على بنيه. قال هو جد الجماعة. موفور الطاعة. احكم آساس مجده وشادها. وفضل امراء ديار بكر والشام وسادها. قال ابو يعلى حمزة ابن اسد في سنة ٤٧٤ في رجب ملك الامير ابو الحسن علي بن المقلد بن منقذ حصن شيزر من الاسقف الذي كان فيه بمال بذله له وارغبه فيه الى ان حصل في يده وشرع في عمارته وتحصينه والمصافعة عنه الى ان تمكنت حاله فيه وقويت نفسه في حمايته والمدافعة[2] عنه. والامير سديد الملك هو ممدوح فحول الشعراء والذي امتدحه ابن حيوس بقصيدته التي اولها (وكتبها اليه من طرابلس وهو بحلب)

(١) ق ما (٢) في كتاب ابى يعلى حمزة والممارأة دونه

اما الفراق فقد عاصيته فابى وطالت الحرب الاّ انه غلبا

اراني َ البين لمـا حُمَّ عن قدر وَداعُنا كلَّ جِدِّ بعده لعبا

قال وسألت ابن ابنـه الامير اسامة بن مرشـد بن علي عن وفاة جده فقال مات سـنة ٤٧٥ . قال وانشدني مجد العرب العامري باصبهان قال انشدني الاميرابو سـلامة مرشد لابيه الامير ابي الحسن علي بن مقلد في غلام له ضربه وقد ابدع في هذا المعنى واغرب

اسطو عليه وقلبي لو تمكن من كفيَّ غلّهما غيظاً الى عنقي

واستعـير اذا عاينتـه حنقا واين ذل الهوى من عزة الحنق

قال وانشدني له ايضاً

ماذا النجيع بوجنتيك وليس من شرط الانوف على الخدود رعاف

الحاظنا جرحتك حين تعرضت لك ام اديمك جوهر شفّاف

وقرأت له في مجموع

اذا ذكرت اياديك التي سلفت(١) مع سوء فعلي وزلاّتي ومجترَمي

اكادُ اقتـل نفسي ثُمَّ يمنعني علمي بانك مجبول على الـكرم

وله ايضاً

من كان يرضى بذلّ في ولايته من خول(٢) عزل فاني لست بالراضي

قالوا فتوكب احياناً فقلت لهم تحت الصليب ولا في موضع القاضي

وله ايضا

لا تعجلوا(٣) بالهجر انَّ النوى تحمل عنكم منة الهجر

(١) ق سفلت (٢) لعله خوف (٣) ق تجعلوا

وظاهرونا بوفاء فقد اغنا كم البين عن الهُجر

وله ايضاً

التى المنيّة في درعين قد نسجا من المنيّة لا من نسج داوود
ان الذي صور الاشياء صوّرني ناراً من البأس في بحر من الجود

وهذان البيتان يرويان لعبد المؤمن ملك الغرب . ولسديد الملك من مجموع اسامة

كيف السلوّ وحبّ من هوَ قاتلي ادنى اليَّ من الوريد الاقرب
اني لاعمل فكرتي في سلوة عنه فيظهر في ذلّ المذنب

وله ايضا

بكرت تنظر شيبي وثيابي يوم عيد
ثم قالت لي بهزءٍ يا خليعاً في جديد
لا تغالظنى فما تـــصلح الاّ للصدود

قال العماد انشدت هذه الابيات والقطع جميعها الامير موئيد الدولة اسامة في سنة ٧٢ فانكر ان يكون لجده سوى البيتين اللذين اولهما

لا تعجلوا بالهجر ان النوى

وانشدني لجده وكان كتب بها الى القاضي جلال الملك ابي الحسن علي ابن عمارة صاحب طرابلس

احبابنا لو لقيتم في مقامكم من الصبابة ما لاقيت في ظعني
لاصبح البحر من انفاسكم يبسا كالبرّ من ادمعي ينشقّ بالسفن

ومنهم الامير ابو سلامة مرشد بن علي بن مقلد بن نصر بن منقذ والد

اسامة وولد المقدّم ذكره له البيت القديم والفضل العميم من فروع الاملاك الفارعي الافلاك . قال السمعاني في تاريخه رأيت مصحفا بخطه كتبه بماء الذهب على الطاق الصوري ما رأيت ولا اظن ان الرائين رأوا مثله فقد جمع الى فضائله حسن خطه وتقدم بحسن تدبيره على رهطه واسنّ وعمّر وله اولاد نجباء امجاد كرماء اجواد وكان مولده سنة ٤٦٠ ومات بشيزر سنة ٥٣١ فيما حكاه ولده اسامة للسمعاني وذكره (١) مجد العرب ابو فراس العامري وقال كنت مقيماً مدّةً بشيزر في كنفهم حاظياً برفدهم سامياً بشرفهم . واثنى على خلفهم وترحّم على سلفهم . قال وكان الامير حينئذ بقلعة شيزر اخوه ابو العساكر سلطان وهو ممدوحي الذي حباني الاكرام والاحسان والامير مرشد يقرّبني ويكرمني وقال فيّ ابياتاً منها

لئن نسي أمرؤ عهداً فاني　　لعهد ابي الفوارس غير ناس
وما عاش الامير ابو فراس　　فما مات الامير ابو فراس

كنية العامري ابو فراس وابو فراس الآخر هو ابو فراس بن حمدان وكان العامري يتبجّح بالبيتين . وذكر السمعاني في تاريخه انشدني ولده ابو عبد الله محمد بن مرشد بن علي بن مقلد بن منقذ من حفظه عند القبة التي فيها قبر ايوب النبي صلى الله عليه وسلم عند عقبة افيق بنواحي الاردن قال وانا قائم اكتب وهو وغلمانه على الخيل قال انشدني والدي مرشد بن علي لنفسه بشيزر

---

(١) ق وذكر

ظلومُ ابت في الظلم الا التماديا ... وفي الصد والهجران الا تناهيا
شكت هجرنا والذنب في ذاك ذنبُها ... فيا عجباً من ظالم جاء شاكيا
وطاوعَتِ الواشين فيَّ وطالما ... عصيتُ عذولا في هواها وواشيا
ومال بها تيه الجمال الى العلا ... وهيهات ان امسي لها الدهر قاليا
ولا ناسيَ ما أُستودعت من عهودها ... وان هي ابدت جفوة وتناسيا

ومنها في العتاب

وقلت اخي يرعى بنيّ واسرتي ... ويحفظ فيهم عهدتي وذماميا
ويجزيهمُ ما لم اكلّفه فعله ... لنفسي فقد اعددتُهُ من تراثيا
فاصبحتُ صفر الكفّ ممّا رجوته ... ارى اليأس قد غطّى سبيل رجائيا
فما لك لمّا ان حنى الدهر صعدتي ... وثلّم مني صارماً كان ماضيا
تنكّرتَ حتى صار برّك قسوة ... وقربك منهم جفوة وتناسيا
على انني ما حلت عمّا عهدتَه ... ولا غيرت هذي الشؤون وداديا
فلا زعزعتك الحادثات فانني ... اراك يميني والانام شماليا

قال وقرأت في بعض الكتب كلمة نظمها الخطيب ابو الفضل يحيي بن سلامة الحصكفي في جواب رسالة وصلته من اليمين علي بن مرشد من شيزر وهي

حوى مرشد وابناه غرّ المناقب ... وحلّوا من العلياء اعلى المراتب
ذوائب مجد ما علمت بأنهم ... من العلم ايضا في الذرى والذوائب
اتت من عليّ روضة جاد روضها ... سحائب فضل لا كجود السحائب
بابيات شعر افحمت كل شاعر ... وآيات نثر اعجبت كل خاطب

وغرّ معانٍ اعجزت كل عالم ... واسطر خطّ ارعشت كل كاتب
ربيع بورد واقدٌ لمطالع ... وربع لوفد وارد بمطالب
وخود رمت بالسحر عن قوس حاجب ... لها في العلى نخر على قوس حاجب
فلو قطبت لما قطبت لها ... وجوه ولا غطت على حكم شارب (١)

ومنهم حميد بن مالك بن مغيث بن نصر بن منقذ بن محمد بن منقذ بن نصر بن هاشم ابو الغنائم الملقب بمكين الدولة ولد بشيزر في تاسع جمادى الآخرة سنة ٤٩١ ونشأ بها وانتقل الى دمشق فسكنها مدة طويلة واكتتب في العسكر وكان يحفظ القرآن وله شعر جيد وفيه شجاعة وعفاف ومات في نصف شعبان سنة ٥٦٤ بحلب ومن شعره

ما بعد جلّق للمرتاد منزلة ... ولا سكّانها في الارض سُكّان
فكلها لجمال الطرف منتزه ... وكلهم لصروف الدهر اقران
وهم وان بعدوا عني بنسبتهم ... اذا بلوتهم بالود اخوان

وقال في اخيه يحيي

بالشام لي حدث وجدت بفقده ... وجداً يكاد القلب منه يذوب
فيه من البأس المهيب صواعق ... تُخشى ومن ماء السماء قليب
فارقت حتى حسن صبري بعده ... وهجرت حتى النوم وهو حبيب

قال الحافظ علي بن الحسن بن هبة الله وانشدنا لنفسه

يذكرني يحيي الرماح شوارعا ... وبيض المواضي جُرّدت للوقائع
واقسم ما رؤياه في العين بهجةً ... باحسن من اوصافه في المسامع

(١) كذا بالاصل

قال وانشدنا لنفسه

وسلافة ازرى أُحمرار شعاعها بالورد والوجنات والياقوت
جاءت مع الساقي تنير بكأسها فكأنّها اللاهوت في الناسوت

قال وانشدنا لنفسه في صديق له يعاتبه

ادنو بودّي وحظّي منك يبعدني هذا لعمرك عين الغبن والغبَنِ
وان توخيتني يوماً بلائمة رجعت باللوم ابقاء على الزمن
وحسن ظنّي موقوف عليك فهل غيّرت بالظنّ بي عن رأيك الحسن

ومنهم الامير شرف الدين ابو الفضل اسماعيل بن ابي العساكر سلطان ابن علي بن منقذ كان ابوه عمّ مؤيد الدولة اسامة بن مرشد امير شيزر وكان شاباً فاضلاً سكن لما اخذت منهم شيزر بدمشق ومات بها سنة ٥٦١ قال العماد وسمعت من شعره

ومهفهف كتب الجمال بخدّه سطراً يحيّر ناظر المتامّل
بالغت في استخراجه فوجدته لا رأي الاّ رأي اهل الموصل

وذكره ابن عمه الامير مرهف بن اسامة واثنى عليه وانشدني له اشعاراً منها بيتان فى النحل والزنبور وهما

ومغرّدين ترنّما في مجلس فنفاهما لاذاهما الاقوامُ
هذا يجود بما يجود بعكسه هذا فيحمد ذا فذاك يذام

يعني العسل من النحل وعكسه اللسع من الزنبور. وانشدني ايضاً له

سُقيتُ كأس الهوى علاّ على نهل فلا تزدنيَ كأس اللوم والعذل
نأى الحبيب فبي من نأيه حرَق لو لابست جبلا هدّت قوى الجبل

ولو تطلّبتُ سلوانا لزدت هوى ... وقد يزيد رسوبا نهضة الوحل
عفت رسومي فعج نحوي لتندبني ... فالصبّ غب زياد الحبّ كالطلل
صحوت من قهوة تنفى الهموم بها ... لكنني ثمل من طرفه الثمل
اصبّر النفس عنه وهي قائلة ... ما لي بعادية الاشواق من قِبَل
كم ميتة وحياة ذقت طعمهما ... مذ ذقت طعم النوى لليأس والامل
والنفس ان خاطرت في غمرة وألت ... منها وان خاطرت في الوجد لم تئل
لها دروع تقيها من سهام يد ... فهل دروع تقيها اسهمْ المقل
فانظر اليه ترّ الاقمار في قمر ... وانظر اليَّ ترّ العشّاق في رجل
بأيّ امر سانجو من هوى رشأ ... في جفنه سحر هاروتٍ وسيف علي
اذا رمى طرفه باللحظ قال له ... قلبي أعِدْ لا رماك الله بالشلل
امن بني الروم ذا الرامي الذي فتكت ... سهامه بالورى ام من بني ثعل
ان خفت روعة هجران الحبيب فقد ... آمنت في حبّه من روعة العذل

ومنهم الامير ابو الفتح يحيي بن سلطان بن منقذ لقبه فخر الدولة ذكره الامير مرهف بن اسامة وذكر انه قتل على بعلبك في سنة ٥٤٠ وانشدني من شعره ما كتبه الى ابيه عز الدين يطلب منه رمحاً

يا خير قوم لم يزل مجدهم ... في صفحات الدهر مسطورا
عبدك يبغي اسمرا ذكره ... ما زال بين الناس مذكورا
مسدّدٌ والجور من شأنه ... ان نال وترا صار موتورا
فان تفضلت به عاد عن ... صدور اعدائك مكسورا

ومنهم الامير عز الدولة ابو المرهف نصر بن علي بن مقلد بن نصر بن

منقذ عمّ مؤيد الدولة اسامة قال العماد كنا حضرنا عند الملك الناصر ليلة بدمشق سنة ٧١ والامير مؤيد الدولة حاضر وتناشدنا ملح القصائد ونشدنا ضالة الفوائد وجرى حديث اقتضى انشاد الامير اسامة بيتين لبعضهم فى المشط الاسود والمشط الابيض وهما لابي الحسن احمد بن محمد بن الدريدة المغربي كان في زمن بني صالح

كنت استعمل السواد من الامـــشاط والشعر في سواد الدياجي
اتلقى مثلا بمثل فلما صار عاجا سرحته بالعاج

ثم قال الامير وقد اخذ هذا المعنى عمّي نصر وعكسه وقال

كنت استعمل البياض من الامـــشاط عجبا بلمّتي وشبابي
فاتخذت السواد فى حالة الشيـــب سلوًّا عن الصبى بالتصابي

وقال لي الامير اسامة كان عمّي نصر قد اخرج حجة عن والدته فرآها فى النوم كأنها تنشده فاتيته والابيات على حفظه وهي

جُزيت من ولد برّ بصالحة فقد كسبت ثوابًا آخر الزمن
وقد حججتَ الى البيت الحرام وقد اتيته زائراً يا خير محتضن
فلا تنلك يد الايام ما طلعت شمس وما صدحت ورقاء في فنن

وكان نصر هذا صاحب قلعة شيزر بعد والده سديد الملك وكان كريماً ذا اريحية . حدثني الامير مرهف بن اسامة بحضرة والده قال كتب القاضي ابو مسلم وادع المعرّيّ الى الامير نصر في نكبة نالته[1]

يا نصر يا ابن الاكرمين ومن شفع التلاد بطارف الفخر

(١) ق ناكبه

هذا كتاب من اخي ثقة يشكو اليك نوائب الدهر
فامنن بما عوّدت من حسن هـذا اوان النفع والضر

فكتب اليه نصر انه لم يحضرني سوى ما هو عندك مودع وهو ستة آلاف دينار فاصرفها في بعض مصالحك واعذر. وذكر ان نصرا كان برا بوالده سديد الملك فقال فيه سديد الملك

جزى الله نصرا خير ما جزيت به رجال قضوا فرض العلاء ونفلوا
هو الولد البرّ العطوف وان رمى به حادث فهو الحمام المعجّل
يفدّيك يا نصر رجال محلّهم من المجد والاحسان ان يتقوّلوا
سأثني بما اوليت بالموقف الذي تقر به الاقدام او تتزلزل
والقاك يوم الحشر ابيض ناصعاً واشكر عند الله ما كنت تفعل

وتوفي نصر بن علي في جمادى الآخرة سنة ٤٩١ بشيزر. ومنهم الامير عضد الدين ابو الفوارس مرهف بن اسامة بن مرشد بن علي بن مقلد بن نصر بن منقذ . قال مؤلف الكتاب فارقته في جمادي الاولى سنة ٦١٢ بالقاهرة يحيا ولقيته بها وهو شيخ ظريف واسع الخلق شائع الكرم جمّاعة للكتب وحضرت داره واشترى مني كتباً وحدثني انّ عنده من الكتب ما لا يعلم مقداره الا انه ذكر لي انه باع منها اربعة آلاف مجلد في نكبة لحقته فلم يؤثر فيها . وسألته عن مولده فقال وُلدت سنة ٥٢٠ فيكون عمره الى وقتنا هذا أثنتين وتسعين سنة وكان قد اقعد لا يقدر على الحركة الا انه صحيح العقل والذهن والفطنة والبصر يقرأ الخطّ الدقيق كقراءة الشبان الا ان سمعه فيه ثقل وكان ذلك يمنعني من

مكاثرته ومذاكرته . وكان السلطان صلاح الدين رحمه الله قد اقطعه ضياعاً بمصر فهو يصرفها في مصالحه واجراه الملك العادل اخو صلاح الدين على ذلك وكان الملك الكامل بن العادل يحترمه ويعرف له حقه . وانشدني شيئا من شعره وشعر اهله لم يحضرني منه في هـذا الوقت ما أورده . وذكر له العماد في كتاب الخريدة ما ذكر انه سمعه منه وهو

سمحت بروحي في رضاك ولم يكن ... ليعجزني لولا رضاك المذاهب
وهانت لجرّاك العظائم كلها ... عليّ وقد جلّت لديّ النوائب
فكان ثوابي عن ولائي لحبّكم ... رمتني به منك الظنون الكواذب
فهلا فلي في الارض عن منزل العلى ... مسارٍ اذا اخرجتني ومسارب
وان كنت ترجو طاعتي باهانتي ... وقسرى فان الراي عنك لعازب

وانشدني ايضاً لنفسه (قال وهو حاضر عند والده وذكر انه مما كتبه الى والده)

رحلتم وقلبي بالولاء مشرّق ... لديكم وجسمي للعناء مغرّب
فهذا سعيد بالدنوّ منعّم ... وهذا شقيّ بالبعاد معذّب
وما ادّعي شوقاً فسحب مدامعي ... تترجم عن شوقي اليكم وتعرب
و والله ما[1] اخترت التاخّر عنكم ... ولكن قضاء الله ما منه مهرب

ومات الامير عضد الدين بن مرهف في ثاني صفر سنة ٦١٣

﴿ اسحاق بن ابراهيم الموصلي ﴾

كنيته ابو محمد وكان الرشيد اذا اراد ان يولع به كناه ابا صفوان

---

(١) ق ـ

وموضعه من العلم ومكانه من الادب والشعر لو اردنا استيعابه طال الكتاب وخرجنا عن غرضنا من الاختصار ومن وقف على الاخبار وتتبع الآثار علم موضعه واما [١] الغناء فكان اصغر علومه وادنى ما يوصف به وان كان الغالب عليه لأنه كان له في سائر علومه نظراء ولم يكن له في هذا نظير لحق فيه من مضى وسبق من بقي فهو امام هذه الصناعة على انه كان اكره الناس للغناء والتسمّي به ويقول وددت اني أُضرب كلما اراد مني من يندبني ان اغني وكلما قال قائل اسحاق الموصلي المغنّي عشر مقارع (لا اطيق اكثر من هذا) وأُعفى من الغناء والنسبة اليه . وكان المأمون يقول لولا ما سبق لاسحاق على السنة الناس وشهر به من الغناء عندهم لولّيته القضاء بحضرتي فانه [٢] اولى به واحق واعف واصدق تديناً وامانةً من هؤلاء القضاة . قال [٣] بقيت زماناً من دهري اغلّس الى هشيم فاسمع منه الحديث ثم اصير الى الكسائي فاقرأ عليه جزءاً من القرآن وآتي الفرّاء فاقرأ عليه جزءاً ثم آتي منصور زلزل فيضاربني طريقين [٤] او ثلاثة ثم آتي عاتكة بنت شهدة فآخذ منها صوتاً او صوتين ثم آتي الاصمعي فاناشده وآتي ابا عبيدة فاذاكره ثم اصير الى ابي فاعلمه ما صنعت ومن لقيت وما اخذت واتغدى معه واذا كان العشاء رُحت الى الرشيد . وقال الاصمعي خرجت مع الرشيد [٥] فلقيت اسحاق

---

(١) اختصر ياقوت ما في الاغاني (٥ : ٥٢) من وصف اسحاق بن ابراهيم
(٢) ق فاياه (٣) الاغاني ٥ : ٥٤ (٤) الاغاني طرفين او ثلاثة (٥) سقط اسم المحل المخروج اليه وهذه الحكاية لم ترد في الاغاني

الموصلي بها فقلت له هل حملت شيئاً من كتبك فقال حملت ما خفّ فقلت كم مقداره فقال ثمانية عشر صندوقاً فعجبت وقلت اذا كان هذا ما خفّ فكم يكون ما ثقل فقال اضعاف ذلك . وكان الاصمعي يعجب بقول اسحاق

اذا كانت الاحرار اصلي ومنصبِي ... ودافع ضيمي خازم وابن خازم
عطست بانف شامخ وتنـاولت ... يداي الثريا قاعـداً غير (١) قائم

وقال (٢) جعفر بن قدامة حدثني علي بن يحيي المنجّم قال سأل اسحاق الموصلي المأمون ان يكون دخوله اليه مع اهل العلم والادب والرواة لا مع المغنـين فاذا اراد الغناء غناه فاجابه الى ذلك ثم سأله بعد ذلك مدّة ان يكون دخوله مع الفقهاء فاذن له في ذلك فكان يدخـل ويده في يد القضاة حتى يجلس بين يدي المأمون (٣) وقال ولا كل هذا يا اسحاق وقد اشتريت منك هذه المسئلة بمائة الف درهم وامر له بها . وحدث المرزباني عن محمد بن عطية الشاعر قال كنت عنـد يحيي بن اكثم في مجلس له يجتمع اليه فيه اهل العلم وحضره اسحاق فجعل يناظر اهل الكلام حتى انتصف منهم ثم تكلم في الفقه فاحسن واحتج ثم تكلم في الشعر واللغة ففاق من حضر فاقبل على يحيي بن اكثم وقال اعزّ الله القاضي افي شيء مما ناظرت فيه تقصير قال لا والله قال فما بالي اقوم بسائر العلوم قيام اهلها

---

(١) قئم (٢) الاغاني ٥ : ٦ (٣) ترك ياقوت جزءاً من الرواية لا يثبت لها معنى الا به وهو « فسأل اسحاق المأمون ان ياذن له في لبس السواد يوم الجمعة والصلاة معه في المقصورة قال فضحك المأمون وقال الخ »

وأُنسب الى فنّ واحد قد اقتصر الناس عليه قال العطويّ فالتفت اليَّ يحيي بن اكثم وقال جوابه في هذا عليك قال وكان العطوي من اهل الجدل والكلام فالتفتُ الى اسحاق قلت يا ابا محمد اخبرني اذا قيل من اعلم الناس بالشعر واللغة ايقولون اسحاق ام الاصمعي وابو عبيدة فقال بل الاصمعي وابو عبيدة قال فان قيل من اعلم الناس بالنحو ايقولون اسحاق ام الخليل وسيبويه قال بل الخليل وسيبويه قال فان قيل من اعلم الناس بالانساب ايقولون اسحاق ام ابن الكلبي قال بل ابن الكلبي قال فان قيل من اعلم الناس بالكلام ايقولون اسحاق ام ابو الهذيل والنظام قال بل ابو الهذيل والنظام قال فان قيل من اعلم الناس بالفقه ايقولون اسحاق ام ابو حنيفة وابو يوسف فقال بل ابو حنيفة وابو يوسف قال فان قيل من اعلم الناس بالحديث ايقولون اسحاق ام علي بن المديني ويحيي بن معين قال *بل علي بن المديني ويحيي بن معين قال(١) فاذا قيل من اعلم الناس بالغناء ايجوز ان يقول قائل فلان اعلم من اسحاق قال لا قلت فمن هاهنا نُسِبْتَ الى ما نسبت اليه لانه لا نظير لك فيه وانت في غيره لك نظراء فضحك وقام وانصرف . فقال لي يحيي بن اكثم لقد وفيت الحجة وفيها ظلم قليل لاسحاق لانه ربما ماثل او زاد على من فضلته عليه وانه ليقل في الزمان نظيره . وكان اسحاق قد روى الحديث عن جماعة منهم ابو معاوية الضرير وهشيم وابن عيينة وغيرهم وكان مع كراهيته للغناء احذق خلق الله به ممن تقدم وتاخر واشد الناس بخلاً

(١) سقط من الاصل

به على كل احد حتى على جواريه وغلمانه ومن ياخذ عنه منتسباً اليه متعصباً له فضلا عن غيره وهو الذي صحح اجناس الغناء وطرائقه وميزها تميزاً لم يقدر عليه احد قبله ولا تعلق به احد بعده ولم يكن قديماً مميّزاً على هذا الجنس . وكان ابراهيم بن المهدي يا كل المغنين اكلا حتى يحضر اسحاق فيداريه ابراهيم ويطلب مكافأته [١] ولا يدع اسحاق بكته [٢] ومعارضته وكان اسحاق آفته كما ان لكل شيء آفة وله معه عدة مشاهد قال اسحاق كنت يوماً عند الرشيد وعنده ندماؤه وخاصته وفيهم ابراهيم بن المهدي فقال لي الرشيد يا [٣] اسحاق تغنّ

شربت مدامة وسقيت اخرى　　وراح المنتشون وما انتشيت

فغنيته فاقبل عليّ ابراهيم بن المهدي فقال ما اصبت يا اسحاق ولا احسنت فقلت له ليس هذا مما تحسنه ولا تعرفه وان شئت فغنه فان لم اوجدك [٤] انك تخطئ فيه منذ ابتدائك الى انتهائك فدمي حلال ثم اقبلت على الرشيد فقلت يا امير المؤمنين هذه صناعتي وصناعة ابي وهي التي قربتنا منك واستخدمتنا اليك [٥] واوطأتنا بساطك فاذا نازعناها [٦] احد بلا علم لم نجد بدّاً من الايضاح والذب فقال لا غرو ولا لوم عليك وقام الرشيد ليبول فاقبل عليّ ابراهيم وقال ويلك يا اسحاق تجترئ عليّ وتقول ما قلت يا ابن الزانية فداخلني [٧] ما لم املك نفسي معه فقلت له انت [٨] تشتمني ولا اقدر على اجابتك وانت ابن الخليفة واخو الخليفة

---

(١) ق مكافيه (٢) ق يبكته (٣) ق ابا اسحاق (٤) الاغاني (٦٥:٥) اجدك (٥) الاغاني لك (٦) الاغاني بها (٧) ق فتداجلني (٨) ق ان

(١) ولولا ذلك لقد كنت اقول لك يا ابن الزانية كما قلت لي يا ابن الزانية ولكن قولي في ذمك ينصرف الى خالك الاعلم ولولاك لذكرت صناعته ومذهبه قال أسحاق وكان بيطاراً (٢) وعلمت ان ابراهيم يشكوني الى الرشيد وان الرشيد سيسأل (٣) من حضر عما جرى فيخبره (٤) ثم قلت له انت تظنّ ان الخلافة تصير اليك فلا تزال تهددني بذلك وتعاديني كما (٥) تعادي سائر اولياء اخيك حسداً له ولولده على الامر وانت تضعف عنه وعنهم وتستخف باوليائهم تشيعاً (٦) وارجو الاّ يخرجها الله تعالى عن يد (٧) الرشيد وولده وان يقتلك دونها وان صارت اليك والعياذ بالله فحرام عليّ العيش * يومئذٍ والموت اطيب من الحياة معك فاصنع (٨) حينئذ مابدا لك فلما خرج الرشيد وثب ابراهيم فجلس بين يديه وقال يا امير المؤمنين شتمني وذكر امي واستخف بي فغضب الرشيد وقال ما تقول ويلك قلت لا اعلم سل من حضر فاقبل على مسرور وحسين الخادم (٩) فسألهما عن القصّة فجعلا يخبرانه ووجهه يربدّ الى ان انتهيا الى ذكر الخلافة فسري عنه ورجع لونه وقال لابراهيم ما له ذنب شتمته فعرّفك انه لا يقدر على جوابك ارجع الى موضعك وامسك عن هذا فلما انقضى (١٠) المجلس وانصرف الناس امر ان لا ابرح وخرج كلّ من حضر حتى لم يبق غيري فساء ظنّي وهمّتني نفسي فاقبل عليّ

---

(١) الاغاني او ترى اني كنت لا احسن ان اقول لك الخ (٢) الاغاني ثم سكتّ وعلمت (٣) الاغاني سوف يسأل (٤) الاغاني فيخبرونه (٥) ق ثم (٦) الاغاني تشفيا (٧) ق ـ (٨) الاغاني : ق ـ (٩) الاغاني ـ (١٠) ق انصرف

وقال لي ويحك يا اسحاق اتراني [١] لا اعرف وقائعك قد والله زينته
دفعات ويحك لا تعد ويحك حدِّثني عنك لوضربك اخي ابراهيم
أكنت اقتصّ لك منه فاضربه وهو اخي يا جاهل اتراه لو امر غلمانه
ان يقتلوك فقتلوك أكنت اقتله بك فقات قد والله قتلتني يا امير المؤمنين
بهذا الكلام ولئن بلغه ليقتلني وما اشك في انه قد بلغه الآن فصاح
بمسرور الخادم وقال عليّ بابراهيم الساعة [٢] وقال لي قم فانصرف فقلت
لجماعة من الخدم وكلهم كان لي محباً واليّ مائلا [٣] اخبروني بما يجري
فاخبروني من غدٍ أنّه لما دخل عليه وبخه وجهّله وقال له تستخفّ بخادمي
وصنيعتي ونديمي [٤] وابن خادمي وصنيعة ابي في مجلسي وتقدم عليّ وتصنع
في مجلسي [٥] وحضرتي هاه هاه تقدم على هذا وامثاله وانت ما لك وللغناء
وما يدريك ما هو *ومن اخذ لحنه [٦] وطارحك اياه حتى تظنّ [٧] انك
تبلغ منه [٨] مبلغ اسحاق الذي غذي به [٩] وهو صناعته ثم تظنّ انك
تخطئه فيما لا تدريه ويدعوك الى اقامة الحجة عليك فلا تثبت لذلك
وتعتصم بشتمه اليس هذا مما يدل على السقوط وضعف العقل وسوء
الادب من دخولك فيما لا يشبهك [١٠] ثم اظهارك اياه ولم تحكمه [١١]

---

(١) ق يا ابا الاغاني اتراني لم افهم قولك ومرادك قد والله زينته ثلاث مرات اتراني لا اعرف وقائعك واقوامك واين ذهبت ويلك (٢) الاغاني فاحضر وقال (٣) الاغاني ولي مطيعاً اخبروني (٤) الاغانى وابن نديمي وابن (٥) الاغاني وتستخفّ بمجلسي (٦) ق ـ (٧) الاغاني يتوهم (٨) الاغاني ـ (٩) الاغاني وعلمه وهو (١٠) الاغاني وغاية لذلك على مروءتك وشرفك ثم (١١) اختصر ياقوت كلام الرشيد

اليس تعلم ويحك ان هذا سوء رأي وادب وقلة معرفة ومبالاة بالخطأ والتكذيب والردّ القبيح ثم قال له والله العظيم وحق رسولك الكريم والاّ فانا نفي من ابي (١) لئن اصابه سوء او سقط عليه حجر من السماء او سقط من دابّته او سقط عليه سقف او مات فجاءة لاقتلنك به والله والله والله وانت اعلم فلا تعرض له (٢) قم الآن فاخرج فخرج وقد كاد يموت فلما كان بعد ذلك دخلت عليه وابراهيم عنده فاعرضت عنه فجعل الرشيد ينظر اليّ مرة والى ابراهيم اخرى ويضحك ثم قال له (٣) اني لاعلم محبّتك لاسحاق وميلك اليه والاخذ عنه وان هذا لا تقدر عليه كما تريد الا ان يرضى والرضى لا يكون بمكروه ولكن احسن اليه واكرمه وبرّه وصله فاذا فعلت ذلك ثم خالف ما تهواه عاقبتهُ بيد منبسطة ولسان منطلق ثم قال لي قم الى مولاك وابن مولاك فقبل رأسه فقمت اليه واصلح بيننا . وحدث (٤) المبرّد قال حدثت عن الاصمعي قال دخلت انا واسحاق بن ابراهيم يوماً على الرشيد فرأيته لقس النفس فانشده اسحاق

وآمرة بالبخل قلت لها اقصري فذلك شيء ما اليه سبيل
ارى الناس خلاّن الكرام ولا ارى بخيلاً له حتى الممات خليل
واني رأيت البخل يزري باهله فاكرمت نفسي ان يقال بخيل
ومن خير اخلاق الفتى قد علمته اذا نال يوماً ان يكون (٥) ينيل

---

(١) الاغاني المهدي (٢) الاغاني فلا تعرض له وانت اعلم (٣) ق —
(٤) الاغاني ٥ : ٧٧ (٥) ق يقال

فعالي فعال الموسرين تكرّماً ... ومالي [١] كما قد تعلمين قليل
وكيف اخاف الفقر او احرم الغنى ... ورأي أمير المؤمنين جميل

قال فقال الرشيد لا كفيك [٢] ان شاء الله ثم قال لله درُّ ابيات تأتينا بها ما أشد أصولها واحسن فصولها واقل فضولها وامر له بخمسين الف درهم فقال له اسحاق وصفك والله يا أمير المؤمنين لشعري احسن منه فعلام آخذ الجائزة فضحك الرشيد وقال اجعلوها لهذا القول مائة الف درهم قال الاصمعي فعلمت يومئذ ان اسحاق احذق بصيد الدراهم مني . وحدث [٣] اسحاق قال قال لي الرشيد يوماً باي [٤] شيء يتحدث الناس قلت يتحدثون انك تقبض على البرامكة وتولي الفضل بن الربيع الوزارة فغضب وصاح وقال وما انت وذاك فامسكت فلما كان بعد ايام دعا بنا فكان اول شيء غنيته

اذا نحن صدقناك [٥] ... فضرَّ عندك الصدق
طلبنا النفع بالباطـــل ... اذ لم ينفع الحق
فلو قدَّم صباً في ... هواه الصبرُ والرفق
لقُدِّمت على الناس ... ولكن الهوى رزق

والشعر لابي العتاهية قال فضحك الرشيد وقال لي يا [٦] اسحاق قد صرت حقوداً . وحدثت [٧] شهوات جارية اسحاق التي كان اهداها الى الواثق ان محمداً الامين لما غنى اسحاق لحنه * الذي صنعه [٨] في شعره

---

(١) ق وحالي (٢) الاغاني لا تخف (٣) الاغاني ٥ : ١١٣ (٤) ق اي
(٥) ق صددناك (٦) ق يا ابا اسحاق (٧) الاغاني ٥ : ٩٩ (٨) ق في لحنه

يا ايّها القائم الامير فدت   نفسك نفسي بالاهل والولد
بسطت للناس اذ وليتهم [١]   يداً من الجود فوق كل يد

فامر له بالف الف درهم فرأيتها قد ادخلت [٢] الى دارنا يحملها مائة فراش. وحدث [٣] اسحاق قال اقام المأمون بعد قدومه عشرين شهراً لم يسمع حرفاً من الاغاني ثم كان اول من تغنى بحضرته ابو عيسى بن الرشيد ثم واظب على السماع متستراً متشبهاً في اول امره بالرشيد فاقام على ذلك اربع حجج ثم ظهر للندماء [٤] والمغنين وكان حين احبّ السماع سأل عني فجرحت بحضرته وقال الطاعن عليّ ما يقول امير المؤمنين في رجل يتيه على الخلافة فقال ما بقّى هذا شيئاً من التيه الا استعمله فامسك عن ذكري وجفاني من كان يصلني لسوء رأيه الذي ظهر فيّ فأضرّ ذلك بي حتى جاءني علويه يوماً فقال لي أتأذن لي في ذكرك فإنّا قد دعينا اليوم فقلت لا ولكن غنّه بهذا الشعر فإنّه سيبعثه على ان يسألك لمن هذا فاذا سألك انفتح لك ما تريد فكان الجواب اسهل عليك من الابتداء والقيت عليه لحني في شعري

يا سرحة الماء قد سدّت موارده   اما اليك طريق غير مسدود
لحائم حام حتى لا حيام [٥] له   محلأً عن طريق الماء مطرود

قال فلما استقرّ بعلويه المجلس غنّاه الشعر الذي امرته فما عدا المأمون ان سمع الغناء حتى قال ويلك يا علويه لمن هذا الشعر قلت يا سيدي

(١) ق اوليتهم (٢) الاغاني وصلت (٣) الاغاني ٥ : ١٠٦ (٤) الاغاني الى الندماء (٥) الاغاني حوام

لعبدك الذي جفوته واطرحته لغير جرم فقال اسحاق تعني قلت نعم فقال يحضرني الساعة فجاءني رسوله فصرت اليه فلما دخلت عليه قال أُدنُ فدنوت منه فرفع يديه مادّهما اليّ فاكببت عليه فاحتضنني بيديه واظهر من بري واكرامي ما لو اظهر صديق مؤانس لصديق لسره.[١] وقال[٢] اسحاق غنّيت المأمون يوماً

لَأَحسن من قرع المثاني ورجعها ... تواتر صوت الثغر يقرع بالثغر
وسكر الهوى اروى لعظمي ومفصلي ... من الشرب بالكأسات من عاتق الخمر

فقال لي المأمون الا اخبرك باطيب من ذلك واحسن الفراغ والشباب والجدة . وحدث[٣] اسحاق قال ذكر المعتصم وانا بحضرته يوماً بعض اصحابه وقد غاب عنه فقال تعالوا حتى نقول ما يصنع في هذا الوقت فقال قوم كذا[٤] وقال آخرون كذا[٥] فبلغت النوبة اليّ فقال قل يا اسحاق قلت اذاً اقول فاصيب قال اتعلم الغيب قلت لا ولكني افهم ما يصنع واقدر على معرفته قال فان لم تصب قلت وان اصبت قال لك حكمك وان لم تصب قلت لك دمي قال وجب قلت وجب قال فقل قلت يتنفس قال[٦] وان كان ميتاً قلت تحفظ الساعة التي تكلمت فيها[٧] فان كان[٨] مات قبلها او فيها فقد قمرتني قال قد انصفت قلت فالحكم قال فاحتكم ما شئت[٩] قلت ما حكمي الا رضاك يا امير المؤمنين قال فان رضاي لك

---

(١) الاغاني لصديقه لبره (٢) الاغاني ٥ : ١١٠ (٣) الاغاني ٥ : ١١٧
(٤) الاغاني يلعب بالنرد (٥) الاغاني يغني (٦) ق قلت (٧) ق ـ (٧) ق ـ
(٩) ق ـ

وقد امرت لك بمائة الف درهم اترى مزيداً فقلت ما اولاك يا أمير المؤمنين بذاك قال فانها مائتا الف اترى مزيداً فقلت ما احوجني الى ذاك قال فانها [١] ثلاثمائة الف اترى مزيداً قلت ما اولاك يا امير المؤمنين بذاك فقال يا صفيق الوجه ما نزيد على هذا. وحدث [٢] اسحاق قال كنت جالساً بين يدي الواثق وهو ولي عهد اذ خرجت وصيفة من القصر كأنّها خوط بان احسن من رأته عيني يقدمها [٣] عدة وصائف بايديهن المذابّ والمناديل ونحو ذلك فنظرت اليها نظر دهش وهي ترمقني [٤] فلما تبيّن الحاح نظري اليها قال لي مالك يا ابا محمد قد انقطع كلامك وبانت الحيرة فيك فلجلجت فقال رمتك والله هذه الوصيفة فاصابت قلبك فقلت غير ملوم فضحك وقال انشدني شيئاً في هذا المعنى فانشدته قول المرار

الكني اليها عمرك الله يا فتى ... باية ما قالت متى انت [٥] رائح

واية ما قالت لهنّ عشيّة ... وفي الستر حرّات الوجوه ملائح

تخيرن ارما كنّ فارمين رميةً ... اخا اسد اذ طوحته الطوائح [٦]

فلبسن مسلاس الوشاح كأنّها ... مهاة لها طفل برمان راشح

فقال الواثق احسنت وحياتي وظرفت فاصنع فيه لحناً فان جاء كما اريد [٧] فالوصيفة لك فصنعت فيه لحناً وغنّيتهُ اياه فانصرفت بالجارية. وحدث [٨]

---

(١) ق — (٢) الاغاني ٥ : ١٠٨ (٣) الاغاني قط تقدم (٤) الاغاني وهو يرمقني (٥) الاغاني هو (٦) الاغاني طرحته الطوارح (٧) الاغاني كما نريد والطربنا (٨) الاغاني ٥ : ١١٧

اسحاق قال غنّيت الواثق في شعر قلته عنده بسر من رأى وقد طال مقامي واشتقت الى اهلي وهو

يا حبذا ريح الجنوب اذا بدت   في الصبح وهي ضعيفة الانفاس
قد حملت برد الندى وتحملت   عبقاً من الخثحاث والبسباس

فاستحسنه (١) وقال يا اسحاق (٢) لو جعلت مكان الجنوب شمالاً الم يكن ارقّ واغذى واصحّ للاجساد واقلّ وخامة واطيب للانفس فقلت ما ذهب عليَّ ما قاله امير المؤمنين ولكن التفسير فيما بعد وهو

ما ذا يهيّج للصبابة والهوى   للصب بعد ذهوله والياس

فقال الواثق فانما استطبت ما يجيء به الجنوب لنسيم بغداد لا للجنوب (٣) واليهم اشتقت لا اليها فقلت اجل يا امير المؤمنين وقمت فقبلت يده فضحك وقال قد اذنت لك بعد ثلاثة ايّام فامض راشداً فامر لي (٤) بمائة الف درهم . وحدث (٥) اسحاق قال ما وصلني احد من الخلفاء بمثل ما وصلني به الواثق ولا كان احد يكرمني اكرامه ولقد غنّيته

لعلك ان طالت حياتك ان ترى   بلاداً بها مبدى لليلى (٦) ومحضر

فاستعاده مني جمعة (٧) لا يشرب على غيره ثم وصلني بثلاثمائة الف درهم ولقد استقدمني اليه فلما قدمت عليه قال لي ويحك يا اسحاق أما (٨) اشتقت اليَّ فقلت بلى والله يا سيدي وقد قلت في ذلك ابياتاً ان امرتني

---

(١) الاغاني فشرب عليه (٢) الاغاني يا ابا محمد (٣) الاغاني من نسيم اهل بغداد لا الجنوب (٤) ق ـ (٥) الاغاني ٨ : ١٦٧ (٦) ق لليالي (٧) الاغاني ليلة (٨) ق ما

انشدتك اياها قال هات فانشدته

اشكو الى الله بعدي عن خليفته　　وما اعالج من سقم (١) ومن كبر
لا استطيع رحيلاً ان هممت به　　يوماً اليه ولا اقوى على السفر
انوي الرحيل اليه ثمّ يمنعني　　ما احدث الدهر والايام في بصري

*وانما قال ما احدث الدهر والايام في بصري لان اسحاق لما كبر ضعف بصره ثم اضرّ (٢) واستأذنته في انشاد قصيدة مدحته بها فاذن لي فانشدته

لما امرت باشخاصي اليك هفا (٣)　　قلبي حنينا الى اهلي واولادي
ثم اعتزمت ولم احفل ببينهم　　وطابت النفس عن فضل وحمّاد
فلو شكرت اياديكم وانعمكم　　لما احاط بها وصفي وتعدادي (٤)

فقال احمد بن ابراهيم لعلي بن يحيي وقد اخبر بهذا الخبر اخبرني لو قال الخليفة احضرني فضلا وحمّاداً أليس كان اسحاق يفتضح من دمامة خلقتهما وتجلف شاهدهما . قال (٥) اسحاق وانحدرت معه الى النجف فقلت له يا امير المؤمنين قد قلت في النَجفَ قصيدة قال هاتها فانشدته

يا راكب العيس لا تعجل بنا وقفِ (٦)　　نُحَيِّ داراً لسعدي ثم ننصرف

حتى انتهيت فيها الى قولي

لم ينزل الناس في سهل ولا جبل　　اصفى هواءً ولا اغذى من النجف

---

(١) الاغاني همّ : وفي رواية (٥:١٠٠) سقم (٢) هذه الجملة لم ترد في ما طبع من الاغاني (٣) الاغاني هوى (٤) زادت رواية الاغاني بيتين (٥) الاغاني ٥ : ٩٣ و ٨ : ١٦٧ (٦) رواية ياقوت لهذه القصيدة في معجم البلدان (٤:٧٦٠) اكمل من غيرها

(١) حفت ببرّ وبحر في جوانبها فالبرّ في طرف والبحر في طرف
وما يزال نسيم من يمانية يأتيك منها بريّا روضة انف

ثم مدحته فقلت

لا يحسب الجود يفني ماله ابداً ولا يرى بذل ما يحوي من السرف

ومضيت فيها حتى اتممتها فطرب **وقال** احسنت والله يا ابا محمد وكناني يومئذ وامر لي بمائة الف درهم وانحدرت معه الى الصالحية التي يقول فيها ابو نواس

فالصالحية من اطراف كلواذى

فذكرت الصبيان وبغداد فقلت

اتبكي على بغداد وهي قريبة فكيف اذا ما ازددت منها(٢) غدا بعدا
لعمرك ما فارقت بغداد عن قلى لو انا وجدنا من فراق لها بدّا
اذا ذكرت بغداد نفسي تقطّعت من الشوق او كادت تهيم(٣) بها وجدا
كفى حزنا ان رحت لم استطع لها وداعاً ولم احدث بساحتها(٤) عهدا

فقال لي يا موصلي اشتقت الى بغداد فقلت لا والله يا امير المؤمنين ولكن من اجل الصبيان وقد حضرني بيتان فانشدته

حننت الى اصيبية صغار وشاقك منهم قرب المزار(٥)
وابرح ما يكون الشوق يوماً اذا دنت الديار من الديار

فقال لي يا(٦) اسحاق صر الى بغداد فاقم مع عيالك شهراً ثم صر الينا

---

(١) في معجم البلدان قد حف برّ وبحر فهو بينهما (٢) الاغاني : ق عنها (٣) الاغاني تموت (٤) الاغاني بساكنها او لساكنها (٥) ق الديار (٦) ق يا ابا

وقد امرت لك بمائة الف درهم. وحدث حمّاد [١] بن اسحاق عن اسحاق قال دخلت يوماً دار الواثق بالله بغير اذن الى موضع امر ان ادخله اذا كان جالساً فسمعت صوت عود من بيت وترنماً لم اسمع احسن منه قط فاطلع خادم رأسه وصاح فدخلت واذا الواثق فقال لي اي شيء سمعت فقلت الطلاق كاملاً لازم لي وكل مملوك لي حر لقد سمعت ما لم اسمع مثله قط حسناً فضحك وقال ما هو الا فضل [٢] ادب وعلم مدحه الاوائل واشتهاه اصحاب رسول الله صلى الله عليه وسلم والتابعون بعدهم وكثر في حرم الله عزّ وجلّ ومهاجر رسوله صلى الله عليه وسلم اتحب ان تسمعه قلت اي والذي شرّفني بخطاب امير المؤمنين وجميل رأيه وقال يا غلام هات العود واعط اسحاق رطلاً فدفع الرطل اليّ وضرب وغنى في شعر لابي العتاهية بلحن صنعه فيه

اضحت [٣] قبورهمُ من بعد عزّتهم [٤] تسفي عليها الصبا والحرجف الشمل
لا يدفعون هواما عن وجوههم كأنهم خشب بالقاع منجدل

فشربت الرطل ثم قمت ودعوت له فاجلسني وقال اتشتهي ان تسمع ثانية قلت اي والله فغنّانيه ثانية وثالثة وصاح ببعض خدمه وقال احمل الى اسحاق الساعة ثلاثمائة الف درهم قال يا اسحاق قد سمعت ثلاثة اصوات وشربت ثلاثة ارطال واخذت ثلاثمائة الف درهم فانصرف الى اهلك مسروراً ليسرّوا معك فانصرفت بالمال. وحدث [٥] اسحاق بن ابراهيم

---

(١) الاغاني ٨ : ١٦٢ (٢) الاغاني فضلته (٣) ق اصبحت (٤) الاغاني عزهم (٥) الاغاني ٥ : ٧٨

قال جاءني الزبير ابن دحمان [١] يوماً مسلماً فقلت له الى اين فقال ان الفضل بن الربيع امرني ان ابكر اليه لنصطبح فقلت له انت تعرف ان صبوح الفضل غبوق غيره فاقم عندي نشرب ثم قلت له

اقم يا ابا العوّام ويحك نشرب ونله مع اللاهين يوماً ونطرب
اذا ما رأيت اليوم قد [٢] بان خيره نخذه بشكر واترك الفضل يغضب

قال فاقام عندي وسررنا يومنا ثم صار الى الفضل فسأله عن سبب تأخره عنه فحدثه الحديث وانشده الشعر فعتب عليّ وحوّل وجهه عني وامر عوناً حاجبه بان لا يدخلني ولا يستأذن لي عليه ولا يوصل لي رقعة اليه فقلت وكتبت بها الى الفضل [٣]

يقول اناس شامتون وقد رأوا مقامي واغبابي الرواح الى الفضل
لقد كان هذا خص بالفضل مرّة فاصبح منه اليوم منصرم الحبل
ولو كان لي في ذاك ذنب علمته لقطعت نفسي بالملامة والعذل

وتوصلت حتى عرضت الابيات عليه فلما قرأها قال اعجب من ذنبه واشد انه لايرى من نفسه ذنبا بذلك الفعل فقلت في نفسي لااری امره يصلحه [٤] الا حاجبه عون فقلت لعون

عون يا عون ليس مثلك عون انت لي عدة اذا كان كون
لك عندي والله ان رضي الفضـــل غلام يرضيك او برذون

فقال اكتب رقعة وقل شعراً لاعرضه لك عليه فقلت

(١) ق حمان (٢) ق ـ (٣) الابيات في الاغاني ٥ : ٨٩ ولكن سبب انشائها يخالف ما حكاه ياقوت (٤) ق يصلح

حرام عليّ الراح مادمت [١] غضبانا   وما لم يعد عني رضاك كما كانا
فاحسن فاني قد اسأت ولم تزل   تعوّدني عند الاساءة احسانا

قال فاتى الفضل بالشعرين جميعاً فقرأهما وضحك وقال ويحك انما عرض بقوله « غلام يرضيك » بالسوءة فقال قد وعدني بما قد سمعت فان شئت ان تحرمنيه فانت اعلم فامره ان يرسل اليّ فاتاني رسوله فصرت اليه فرضي عني ووفيت لعون. وحدث اسحاق [٢] قال عتب عليّ جعفر بن يحيي وقال اني لا اراك ولا تغشاني فقلت اني اتيتك كثيراً فيحجبني خادمك نافذ فقال اذا حجبك عني فنكه فكتبت اليه بعد ايام

جعلت فداءك من كل سوء   الى حسن رأيك اشكو اناسا
يحولون بيني وبين السلام   فليس [٣] اسلّم الا اختلاسا
وانفذت امرك في نافذ   فما زاده ذاك الا شماسا

قال [٤] فاحضرني ودعا نافذا وقرأ الابيات عليه وقال له فعلتها يا عدو الله فغضب نافذ حتى كاد يبكي وجعفر يضحك ويصفق ثم لم يعد بعدها الى التعرض . وحدث [٥] علي بن الصباح قال كانت امرأة من بني كلاب يقال لها زهراء تحدّث اسحاق وتناشده وكانت تميل اليه وتكني عنه في شعرها [٦] اذا ذكرته بجمل [٧] قال فحدثني اسحاق انها كتبت اليه وقد غابت عنه

---

(١) الاغاني : ق دام (٢) الاغاني ٥:٨٠ (٣) الاغاني (٥ : ١١٦) فما ان
(٤) عبارة الاغاني غير هذه (٥) الاغاني ٥ : ٨١ (٦) الاغاني عشيرتها (٧) الاغاني بجمل

وجدي بحمل على اني اجمجمه   وجد السقيم يبرء بعد ادناف
او وجد ثكلى اصاب الموت واحدها   او وجد مغترب من بين الآف

قال فاجبتها

اقرأ السلام على زهراء اذ ظعنت (١)   وقل لها قد اذقت القلب ما خافا
اما اويت (٢) لمن خلفت مكتئباً   يذري مدامعه سحّاً وتوكافا
فما وجدت على الف فجعت به (٣)   وجدي عليك وقد فارقت الافا

وحدث (٤) محمد بن عبد الله الخزاعي قال انشدني اسحاق لنفسه

سقى الله يوم الماوشان ومجلساً   به كان احلى عندنا من جنى النحل
غداة اجتنينا اللهو غضاً ولم نبل   حجاب ابي نصر ولا غضب الفضل
غدونا صحاحاً ثم رحنا كأننا   اطاف بنا شر شديد من الخبل

فسألته ان يكتبنيها ففعل فقلت له ما حديث يوم الماوشان فقال لو لم اكتبك الابيات ما سألت عما لا يعنيك ولم يخبرني . قال وكان ابن الاعرابي يصف اسحاق ويقرظه ويثني عليه ويذكر ادبه وحفظه وعلمه وصدقه ويستحسن قوله

هل الى ان تنام عيني سبيل   ان عهدي بالنوم عهد طويل
غاب عني من لا اسمي فعيني   كل يوم وجداً عليه تسيل
(٥) انّ ما قلّ منك يكثر عندي   وكثير ممن تحب القليل

وكان اسحاق اذا غنى هذه الابيات تفيض عيناه ويبكي احرّ بكاء

(١) الاغاني شحطت (٢) الاغاني رثيت (٣) الاغاني افارقه (٤) الاغاني ٥:٨١
(٥) البيت مزيد على ما في الاغاني

فسئل [١] عن بكائه فقال تعشقت جارية فقلت لها هذه الابيات ثم ملكتها وكنت مشغوفا بها [٢] حتى كبرت واعتلت عيني فاذا غنيت هذا الصوت ذكرت ايامه المتقدمة وانا ابكي على دهري الذي كنت فيه .

قال [٣] اسحاق وانشدني بعض الاعراب لنفسه

الا قاتل الله الحمامة غدوة ... على الغصن ماذا هيجت حين غنّتِ
تغنّت بصوت اعجمي فهيجت ... من الوجد ما [٤] كانت ضلوعي اجنت
فلو قطرت عين أمرىءٍ من صبابة ... دماً قطرت عيني دماً وابلّت [٥]
فما سكتت حتى اويت لصوتها ... وقلت ارى هذي الحمامة جُنّت
ولي زفرات لو يدمن قتلنني ... بشوق الى هاتي [٦] ألتي قد تولّت
اذا قلت هذي زفرة اليوم قدمضـ ... ـت فمن لي باخرى في غدٍ قد اظلّت
فيا منشر الموتى اعنّي على التي ... بها نهلت نفسي سقاما وعلّت
لقد بخلت حتى لو أني سألتها ... قذى العين من سافي التراب لضنّتِ
فقلت ارحلا يا صاحبيّ فليتني ... ارى كل نفس اعطيت ما تمنّتِ
حلفت لها بالله ما امّ واحد ... اذا ذكرته آخر الليل انّتِ
ولا وجد اعرابية قذفت بها ... صروف النوى من حيث لم تك ظنّت
اذا ذكرت ماء العذيب [٧] وطيبه ... وبرد حصاه آخر الليل حنّت [٨]

---

(١) الاغاني ٥ : ١٠٤ (٢) ق ــ (٣) الاغاني ٨: ١٦٦ (٤) الاغاني ذو اي الذي (٥) الاغاني والمت (٦) ق التي تاتي : والاغاني نادى (٧) الاغاني العضاه (٨) الاغاني وبطن الحصى من بطن خبث ارنت : ولعل الصواب « وبرد الحصى من بطن خبت ارنت »

باكثر مني لوعة غير أنني احجم [١] احشائي على ما اجنت

وحدث [٢] حماد بن اسحاق لما خرج أبي الى البصرة وعاد انشدني لنفسه

ما كنت اعرف ما في البين من حزن حتى تنادوا بأنْ قد جيء بالسفنِ

لما افترقنا على كره لفرقتنا ايقنت اني قتيل الهم والحزن

قامت تودعني والدمع يغلبها فجمجمت بعض ما قالت ولم تبن

مالت عليَّ تفدّيني وترشفني كما يميل نسيم الريح بالغصن

واعرضت ثم قالت وهي باكية يا ليت معرفتي اياك لم تكن

وحدث [٣] اسحاق قال دخلت على الاصمعي فانشدته ابياتاً قلتها وكتبتها الى بعض الاعراب وهي « هل الى ان تنام عيني سبيل » الابيات وهي متقدمة [٤] قال فجعل يعجب بها ويرددها فقلت له انها بنو ليلتها فقال لا جرم ان أثر التوليد [٥] فيها بين فقلت ولا جرم ان أثر الحسد فيك ظاهر . وكان [٦] اسحاق يقوم على ابن الاعرابي ويبرّه فكان ابن الاعرابي يقول اسحاق والله احق بقول ابي تمام

يرمي [٧] باشباحنا الى ملك نأخذ من ما له ومن ادبه

ممن قد قيل فيه . وحدث [٨] اسحاق قال بعث اليَّ طلحة بن طاهر وقد انصرف من وقعة الشراة [٩] وقد اصابته ضربة في وجهه فقال غنّني

---

(١) الاغاني احجم (٢) الاغاني ٥ : ١٢٠ (٣) الاغاني ٥:٧٥ (٤) ص٢١٥ (٥) الاغاني : ق الوليد (٦) الاغاني٥ : ٥٥ : والعبارة غير هذه (٧) الاغاني نحمل اشباحنا : ورواية ياقوت مطابقة لما في ديوان ابي تمام (ص ٥١) (٨) الاغاني ٥:٨٣ (٩) الاغاني للشراة

ففنّيته في شعر بعض الاعراب

اني لا كني [١] باجبال عن اُجبلها ... وباسم اودية عن اسم واديها
عمداً لتحسبها الواشون غانيـة ... اخرى وتحسب اني لست اعنيها
ولا يغيّر [٢] ودي ان اهاجرها ... ولا فراق نوى في الدار انويها
وللقلوص ولي منها اذا بعدت ... بوارح الشوق تنضيني وانضيها

فقال احسنت والله اعده فاعدت عليه وهو يشرب حتى صلى العتمة وانا اغنّيه اياه فاقبل على خادم له [٣] فقال له كم عندك فقال مقدار سبعين الف درهم فقال تحمل معه فلما خرجت من عنده تبعني جماعة من الغلمان يسألوني فوزعت المال بينهم فرفع الخبر اليه فاغضبه ولم يوجه اليّ ثلاثاً [٤] فكتبت اليه

علمني جـودك السماح فما ... ابقيتُ شيئاً لديّ من صلتكْ
لم ابق شيئاً الا سمحت به ... كانّ لي قدرة كمقدرتِكْ
تتلف في اليوم بالهبات وفي ... الساعة ما تجتبيه في سنتكْ
فلست ادري من اين تنفق لو ... لا ان ربّي يجزي على هبتك [٥]

فلما كان في اليوم الرابع بعث اليّ فصرت اليه فدخلت فسلمت ورفع بصره اليّ ثم قال اسقوه رطلاً فسقيته فامر لي بآخر وآخر فشربت ثلاثة ثم قال غنني « اني لا كني باجبال عن اُجبلها » فغنيته اياه ثم اتبعته الابيات التي قلتها فقال لي ادنُ فدنوت فقال لي اعد الصوت فاعدته

---

(١) ق اكني (٢) ق اغير (٣) الاغاني له بالحضرة (٤) الاغاني فجلست ليلاً وتناولت الدواة والقرطاس فقلت (٥) الاغاني صاتك

فلما فهمه وعرف المعنى قال لخادم له احضرني فلانا فاحضره فقال له كم قبلك من مال الضياع قال ثمان مائة الف درهم فقال احضرها الساعة فجيء بثمانين بدرة فقال جئني بثمانين مملوكاً فاحضروا فقال احملوا المال ثم قال يا ابا محمد ذر[١] المال والمماليك حتى لا[٢] تحتاج الى احد تعطيه شيئاً.[٣]

حدث[٤] علي بن يحيي المنجم ان اسحاق لما انحدر الى البصرة كتب الى علي بن هشام القائد جُعلت فداك بعث اليَّ ابو نصر مولاك بكتاب منك اليَّ يرتفع عن قدري ويقصر عنه شكري فلولا ما اعرف من معانيه لظننت انَّ الرسول غلط بي فيه فما لنا ولك يا أبا عبد الله تدعنا حتى اذا نسينا الدنيا وابغضناها ورجونا السلامة من شرها افسدت قلوبنا وعلقت انفسنا فلا انت تريدنا ولا انت تتركنا[٥] وما ذكرته من شوقك اليَّ فلولا انك حلفت عليه لقلت

يا من شكا عبثاً الينا شوقه ... شكوى المحبِّ وليس بالمشتاق

لو كنتَ مشتاقاً اليَّ تريدني ... ما طبت نفساً ساعةً بفراقي

وحفظتني حفظ الخليل خليله ... ووفيت لي بالعهد والميثاق

هيهات قد حدثت امور بعدنا ... وشُغلت باللذّات عن اسحاق

قد تركت[٦] جعلت فداك ما كرهت من العتاب في الشعر وغيره وقلت ابياتاً لا ازال اخرج بها الى ظهر المربد واستقبل الشمال واتنسم ارواحكم

---

(١) الاغاني خذ (٢) ق ـ (٣) الاغاني تحتاج ان تعطي لاحد منهم شيئاً
(٤) الاغاني ١٥ : ١٥٨ (٥) الاغاني فباي شيءٍ تستحل هذا فاما ما ذكرته الخ
(٦) ق قد جعلت

فيها ثم يكون ما الله (١) اعلم به وان كنت تكرهها تركتها ان شاء الله

الا قد ارى ان الثواء قليلُ   وان ليس يبقى للخليل خليلُ
واني وان مليت (٢) في العيش حقبة   كذي سفر قد حان منه رحيلُ
فهل لي الى ان تنظر (٣) العين مرة   الى ابن هشام في الحياة سبيلُ
فقد خفت ان القى المنايا بحسرة   وفي النفس منه حاجة وغليلُ

واما بعد فاني اعلم انك وان لم تسأل عن حالي تحبّ ان تعلمها وان تأتيك عني سلامة فانا يوم كتبت اليك سالم البدن مريض القلب وبعد فانا جعلت فداك في صنعة كتاب ظريف مليح فيه تسمية القوم ونسبهم وبلادهم واسبابهم وازمنتهم وما اختلفوا فيه من غنائهم وبعض احاديثهم واحاديث قيان (٤) الحجاز والكوفة (٥) وقد بعثت اليك بانموذج فان كان كما قال القائل قبح الله كل دنّ اوّله دردىّ لم تجشم اتمامه وان كان كما قال العربي ان الجواد عينه فراره اعلمتنا فاتممناه مسرورين بحسن رأيك فيه . وكان اسحاق يألف علياً واحمد بن هشام وسائر اهلهم الفاً شديداً ثم وقعت بينهم نبوة ووحشة في امر لم يقع الينا (٦) فهجاهم هجاءً كثيراً . فحدث ابو ايوب المديني عن مصعب الزبيري قال قال لي احمد ابن هشام اما تستحي انت وصباح بن خاقان المنقري (٧) وانتما شيخان من مشايخ المروءة والعلم والادب ان يذكركما (٨) اسحاق في شعره فيقول

---

(١) سقط اسم الجلالة من رواية ياقوت (٢) ق الاغاني مكنت (٣) ق انظر (٤) ق فتيان (٥) ترك المؤلف بقية هذه الجملة (٦) الاغاني الينا الا لمعاً غير مشروحة (٧) الاغاني — (٨) الاغاني ان يشبب بذكركما

قد نهانا مصعب وصباح   فعصينا مصعباً وصباحا
عذلا ما (١) عذلا ثم ملاّ (٢)   فاسترحنا منهما واستراحا

فقلت له ان كان قد فعل فما قال الا خيراً انما ذكر اننا نهيناه عن خمر شربها او امرأة عشقها وقد اشاد باسمك في الشعر باشد من هذا قال بماذا قلت بقوله

وصافية تعشي (٣) العيون رقيقة   رهينة عام في الدنان وعام
ادرنا بها الكأس الروية موهنا   من الليل حتى انجاب كل ظلام
فما ذرّ (٤) قرن الشمس حتى كاننا   من العي نحكي احمد بن هشام

قال او قد فعل العاضّ بظرامّه قلت اي والله قد فعل . ومن شعر اسحاق عند علوّ سنه

(٥) سلام على سير القلاص مع الركب   ووصل الغواني والمدامة والشرب
سلام أمرئ لم يبق منه بقية   سوى نظر العينين او شهوة القلب
لعمري لئن حلّئت عن منهل الصبى   لقد كنت ورّاداً لمشرعه العذب
لياليَ اغدو بين برديّ لاهياً   اميس كغصن البانة الناعم الرطب

وحدث (٦) ابو بكر الصولي عن ابراهيم الشاهيني قال كان اسحاق يسأل الله ان لا يبتليه بالقولنج لما رأى من صعوبته على ابيه فأُريَ في منامه كانّ قائلا يقول له قد اجيبت دعوتك ولست تموت بالقولنج ولكن

---

(١) ق ـ (٢) الاغاني عذلا ما عذلا ام ملاما : وذكر صاحب الاغاني روايتين غير هذه (٣) الاغاني تغشي (٤) ق انجاب (٥) هذه الابيات لم نعثر عليها في الاغاني (٦) الاغاني ٥ : ١٢٩

تموت بضدّه فاصابه ذرب فمات منه في شهر رمضان سنة ٢٣٥ في خلافة المتوكل على الله فبلغ المتوكل نعيه فغمه وحزن عليه وقال ذهب صدر عظيم من جمال الملك وبهائه وزينته ثم نعي اليه بعده احمد بن عيسى بن زيد بن علي بن الحسين بن علي الخارج عليه (١) فقال تكافأت الحالان ثم قال قام (٢) الفتح بوفاة احمد وما كنت آمن وثبته عليّ مقام الفجيعة باسحاق والحمد لله على ذلك. ورثاه اودّاؤه واصدقاؤه باشعار كثيرة منها قول ادريس بن ابي حفصة

سقى الله يا بن الموصلي بوابل ... من الغيث قبراً انت فيه مقيمُ
ذهبت فاوحشت الكرام فانّي (٣) ... بعبرته يبكي عليك كريمُ
الى الله اشكو فقد اسحاق انّني ... وان كنت شيخاً بالعراق يتيمُ (٤)

وقال مصعب بن زبير يرثي اسحاق

اتدري لمن تبكي العيون الذوارفُ ... وينهلّ منها مسبل (٥) ثم واكفُ
لفقد أمرئ (٦) لم يبق في الناس مثله ... مفيد لعلم او صديق يلاطف
تجهز اسحاقٌ الى الله رائحا (٧) ... فلله ما ضمت عليه اللفائف
وما حمل النعش الولي (٨) عشيّة ... من الناس (٩) الّا دامع العين كالف (١٠)
فلقّيت في يمنى يديك صحيفة ... اذا نشرت يوم الحساب الصحائف

---

(١) الاغاني — (٢) ق — (٣) في الفهرست ١٤٠ ورعتهم فلا غرو ان يبكي عليك حميم (٤) ق مقيم (٥) الاغاني واكف ثم واكف (٦) الاغاني نم لامرئ (٧) الاغاني غادياً (٨) الاغاني المزجي (٩) الاغاني الى القبر (١٠) الاغاني لاهف

تسرك يوم البعث عند قراتها [١] ويفترّ ضحكا [٢] كل من هو واقف

وحدث الصولي قال كان لاسحاق من الولد حميد وحماد واحمد وحامد وابراهيم وفضل ولم يكن في ولد ابراهيم من يغني الا اسحاق وطياب اخوه ومات اسحاق وله من التصانيف التي تولى هو بنفسه تصنيفها [٣] كتاب اغانيه التي غنى فيها . كتاب اخبار عزة الميلاء . كتاب اغاني معبد. كتاب اخبار حماد [٤] عجرد. كتاب اخبار حنين الحيري. كتاب اخبار ذي الرمّة . كتاب اخبار طويس . كتاب اخبار المغنين المكيين [٥] . كتاب اخبار سعيد بن مسجح . كتاب اخبار الدلال. كتاب اخبار محمد بن عائشة. كتاب اخبار الابجر . كتاب اخبار ابن صاحب الوضوء . كتاب الاختيار من الاغاني للواثق . كتاب اللحظ والاشارات . كتاب الشراب يروي فيه عن العباس بن معن وابن الجصاص وحماد بن ميسرة . كتاب جواهر الكلام .وكتاب الرقص والزفن . كتاب النغم والايقاع [٦] . كتاب اخبار الهذليين . كتاب الرسالة الى علي بن هشام . كتاب قيان الحجاز . كتاب القيان. كتاب النوادر المتخيرة . كتاب الاخبار والنوادر [٧] . كتاب اخبار حسان . كتاب اخبار الاحوص . كتاب اخبار جميل . كتاب اخبار كثير . كتاب اخبار نصيب . كتاب اخبار عقيل بن علفة . كتاب

---

(١) الاغاني يسرّ الذي فيها اذا مابدا له (٢) الاغاني منه : وعدد ابيات المرثية في الاغاني سبعة وعشرون (٣) الفهرست ١٤١ (٤) ق ـ (٥) محرف في الفهرست (٦) فهرست والايقاع وعدد مهاله (٧) قد زاد صاحب الفهرست كتاب منادمة الاخوان وتسامر الخلان . كتاب الاختيار في النوادر . كتاب اخبار معبد وابن سريج واغانيهما . كتاب اخبار الغريض . كتاب تفضيل الشعر

اخبار ابن هرمة . واما كتاب الاغاني الكبير فقال محمد بن اسحاق النديم قرأت بخط ابي الحسن علي بن محمد بن عبيد بن الزبير الكوفي الاسدي حدثني فضل بن محمد اليزيدي قال كنت عند اسحاق بن ابراهيم الموصلي فجاءه رجل فقال له يا ابا محمد اعطني كتاب الاغاني فقال ايّما كتاب الكتاب الذي صنفته او الكتاب الذي صنف لي يعني بالذي صنفه كتاب اخبار المغنين واحداً واحداً (١) والكتاب الذي صنف له كتاب الاغاني الكبير الذي بايدي الناس . قال محمد بن اسحاق وحدثني ابو الفرج الاصبهاني قال اخبرني ابو بكر محمد بن خلف وكيع قال سمعت حماد بن اسحاق يقول ما الف ابي هذا الكتاب قط يعني كتاب الاغاني الكبير ولا رآه والدليل على ذلك ان اكثر اشعاره المنسوبة انما جمعت لما ذكر معها من الاخبار وما غني (٢) فيها الى وقتنا هذا وان اكثر نسبة المغنين خطأ والذي الفه ابي من دواوين غنائهم يدل على بطلان هذا الكتاب وانما وضعه (٣) وراق كان لابي بعد وفاته سوى الرخصة التي هي اول الكتاب فان ابي الفها الا ان اخباره كلها من روايتنا . وقال لي ابو الفرج هذا سمعته من ابي بكر وكيع (٤) واللفظ يزيد وينقص . قال واخبرني جحظة انه يعرف الورّاق الذي وضعه وكان يسمي سندي بن علي وحانوته في طاق الزبل وكان يورّق لاسحاق فاتفق هو وشريك له على وضعه وهذا الكتاب يعرف في القديم بكتاب

---

(١) ق — (٢) الفهرست يجيء (٣) ق — (٤) الفهرست حكاية لحفظته واللفظ

السراة [١] وهو احد عشر جزءاً ولكل جزء اول يعرف به فالجزء الاول من الكتاب الرخصة هو من تأليف اسحاق لا شك فيه ولا خلف . قرأت في كتاب الف في اخبار ابي زيد البلخي ان ابا زيد قال وذكر كتاب الاغاني لاسحاق فقال ما رأيت اعجب من الموصلي جمع علم العرب والعجم في كتاب ثم انشده بالاسم [٢]. قال وكان اسحاق اديباً فاضلاً متقدماً في كل شيء بلغني انه دخل على اسحاق بن ابراهيم بن مصعب يعزّيه بعبد الله بن طاهر فقال

لم تصب ايها الامير بعبد الـــله لكن به اصيب الانام
فسيكفيكم البكاء عليه اعين المسلمين والاسلام

﴿ اسحاق بن ابراهيم البربري المحرّر ووالده ابراهيم ﴾

ويعرف بالنديم كذا قال عبد الرحمن بن عيسى الوزير . قال محمد بن اسحاق بن النديم [٣] هو اسحاق بن ابراهيم بن عبد الله بن الصباح بن بشر بن سويد بن الاسود التميمي ثم السعدي وكان ابراهيم ابوه احول وكان محرراً ايضا . وكان اول من تكلم على رسوم الخط وقوانينه وجعله انواعه رجل [٤] يعرف بالاحول المحرّر لا ادري هل هو ابراهيم او غيره وكان من صنائع البرامكة وكان يحرر الكتب النافذة من السلطان الى ملوك الاطراف في الطوامير وكان في نهاية الحرُفة [٥] والوسخ ومع ذلك كان سمحاً لا يليق على شيء فلما رتب الاقلام جعل اول الاقلام الثقال

---

(١) الفهرست الشركة (٢) لعله نشره بلا اسم (٣) الفهرست ٩ (٤) الفهرست ٨ (٥) الفهرست الخرقة

فمنها قلم الطومار وهو اجلها يكتب في طومار تام (١) بسعفة وربما كتب بقلم وكانت تنفذ الكتب الى الملوك به ومن الاقلام قلم الثلثين قلم السجلات قلم العهود قلم المؤامرات قلم الامانات قلم الديباج قلم المدبج قلم المرصع قلم التشاجي (٢) فلما انشأ ذو الرئاستين الفضل بن سهل اخترع قلما وهو احسن الاقلام ويعرف بالرئاسي ويتفرع الى عدة اقلام فمن ذلك قلم الرئاسي الكبير قلم النصف من الرئاسي قلم الثلث قلم صغير النصف قلم خفيف الثلث قلم المحقق قلم المنثور قلم الوشي قلم الرقاع قلم المكاتبات قلم غبار الحلبة قلم النرجس قلم البياض . فاما اسحاق هذا فانه كان يعلم المقتدر واولاده وهو استاذ ابن مقلة . ولابي علي اليه رسالة ذكرتها في اخبار ابي علي . ويكنى بابي الحسين لم يُرَ في زمانه احسن خطاً منه ولا اعرف بالكتابة . ولاسحاق كتاب القلم . كتاب تحفة الوامق رسالة في الخط والكتابة . واخوه ابو الحسن نظيره ويسلك طريقته وابنه ابو القاسم اسماعيل بن اسحاق بن ابراهيم وابنه ابو محمد القاسم بن اسماعيل ابن اسحاق ومن ولده ايضاً ابو العباس عبد الله بن (٣) اسحاق وهؤلاء القوم في نهاية حسن الخط والمعرفة بالكتابة

﴿ اسحاق بن ابراهيم الفارابي (٤) ﴾

خال اسماعيل بن حماد الجوهري صاحب كتاب الصحاح في اللغة

---

(١) الفهرست شام (٢) اصحاب التشاجي ذكرهم الجاحظ في بيانه (٢ : ٨٣) : وفي نسخة الفهرست المطبوعة قلم النساخ (٣) ق بن ابي اسحاق (٤) ق الفاراني نصر بن شبيب : والاسمان مأخوذان من الترجمة التي بعد هذه وقد شطبا

وابو ابراهيم هذا هو صاحب كتاب ديوان الادب المشهور اسمه الذائع ذكرُه . كتب الينا القاضي الاشرف يوسف بن ابراهيم بن عبد الواحد الشيباني القفطي من بلاد اليمن وكان قد سافر الى هناك واقام قال مما اخبركم به ان ابا ابراهيم اسحاق الفارابي مصنف كتاب ديوان الادب كان ممن ترامى به الاغتراب وطوح به الزمان المنتاب الى ارض اليمن وسكن زبيد وبها صنف كتابه ديوان الادب ومات قبل ان يروى عنه وكان اهل زبيد قد عزموا على قراءته عليه فحالت المنية دون ذلك . قال وكانت وفاته فيما يقارب سنة ٤٥٠ [١] والله اعلم ووضع كتابه على ستة كتب الاول السالم الثاني المضاعف الثالث المثال وهو ما كان في اوله واو او ياء والرابع كتاب ذوات الثلاثة وهو ما كان في وسطه حرف من حروف العلة والخامس كتاب ذوات الاربعة وهو ما كان آخره حرف علة والسادس كتاب الهمزة وكل كتاب من هذه الستة اسماء وافعال يورد الاسماء اوّلا ثم الافعال بعده .وله كتاب بيان الاعراب . كتاب شرح ادب الكاتب . كتاب ديوان الادب . قرأت [٢] على الشيخ ابي نصر اسماعيل بن حماد الجوهري الفارابي النسوي [٣] قال قرأته على ابراهيم رحمه الله بفاراب ثم على ابي السري محمد بن ابراهيم الاصبهاني باصبهان ثم عرضته على القاضي ابي سعيد السيرافي ببغداد . قال الحاكم وكنت قرأت بعضه الى موضع البلاغ وهو آخر الاسماء على ابي يعقوب يوسف

---

(١) لعله ٣٥٠ (٢) لعله قرأت بخط الخ فان المؤلف ولد بعد وفاة ابي نصر بنحو من مائتي سنة (٣) لعله النيسابوري

ابن محمد بن ابراهيم الفرغاني النريزقاني [١] قال قرأته على ابي علي الحسن ابن علي بن سعد الزاميني وقرأه ابو علي على ابي ابراهيم . قال الحاكم قول الجوهري عرضته على القاضي ابي سعيد السيرافي يريد انه قبله ولم ينكره فصار عنده من صحاح اللغة فاما الرد من قِبَل ابي محمد الحسن بن السيرافي [٢] انكره من كلمات اعلم عليها . بخط الجوهري في آخره [٣] الثلث الاخير من نسخة الحاكم قرأ عليّ ابو سعد عبد الرحمن بن محمد ابن محمد بن عزير هذا الكتاب من اوله الى آخره وصححته له وكتبه اسماعيل بن حماد الجوهري . وعلى النسخة ايضا في موضع آخر سمعه مني ولديّ علي والحسن من اوله الى آخره بقراءتي اياه الا اوراقاً قرأها الحسن بنفسه عليّ وصح سماعهما والله تعالى يبارك لهما فيه ويوفقهما لصالح الاعمال وكتب ابوهما يعقوب بن احمد غرة المحرم سنة ٤٥٥ . ثم قرأه عليّ ولدي الحسن قراءة بحث واستقصاء من اوله الى آخره بما على حواشيه من الفوائد وشرح الابيات في شهور سنة ٤٦٣ . وعلى النسخة ايضا قبل ذلك ما صورته سمعه مني بلفظي وصححه عرضاً بنسختي صاحبه ابو يوسف يعقوب بن احمد وفرغ منه في ذي القعدة سنة ٤٢٩ وكتب عبد الرحمن بن محمد بن دوست بخطه . قال مؤلف الكتاب فهذا [٤] مع وضوحه وكون هؤلاء المذكورين مشهورين معروفين

---

(١) لعله الزبرقاني (٢) لعله سقط فعلى ما (٣) لعله في آخر (٤) وجه البرهان ليس بواضح فكأنّ المؤلف لم يلتفت الى اسماء المجيزين ولم يميز بينهم وبين ابي ابراهيم

ومعرفتي بالخطوط الموجودة على النسخة كمعرفتي بما لا اشك فيه يبطل ما كتب الينا القاضي القفطي من كون هذا الكتاب صنف بزبيد وانه لم يسمع على مصنفه

﴿ اسحاق بن احمد بن شبيب بن نصر بن شبيب ﴾

ابن الحكم بن اقلذ[١] بن عقبة بن يزيد بن سلمة بن رؤبة بن خفاته[١] ابن وائل بن هضيم بن ذبيان الصفار ابو نصر الاديب البخاري من اهل بخارى كان احد افراد الزمان في علم العربية والمعرفة بدقائقها الخفية وكان فقيهاً وورد الى بغداد وروى بها ومات بعد سنة ٤٠٥ فانه في هذه السنة حدث ببغداد ذكره السمعاني ابو سعد في تاريخ مرو والحاكم بن البيع في تاريخ نيسابور والخطيب في تاريخ بغداد قال تاج الاسلام ومن خطه نقلت ورد ابو نصر الصفار خراسان ثم خرج الى العراق والحجاز وسكن الطائف وبها توفي وقبره بها معروف وله تصانيف في اللغة وكان حسن الشعر وهو جد الزاهد الصفّار ابراهيم بن اسماعيل بن اسحاق ابن احمد الذي لقيناه بمرو . وسمع نصر بن احمد بن اسماعيل الكناني وروى عنه ابو علي الحسن بن علي بن محمد بن المذهب التميمي البغدادي. وقال الحاكم ابو نصر الفقيه الاديب البخاري الصفار بعد ما ذكر سنّه كما تقدم قدم علينا حاجّاً وما كنت رأيتـه[٢] ببخارى في سنّه في حفظ الادب والفقه وقد طلب الحديث في انواع من العلم وانشدني لنفسه من الشعر المتين ما يطول شرحه ثم قال انشدني لنفسه

(١) كذا بالاصل (٢) لعله رأيت مثله او نظيره

العين من زهر الخضراء في شغل والقلب من هيبة الرحمن في وجل
لو لم تكن هيبة الرحمن تردعني شرقت من قُبَلي في صحن خدّ ولي
يا دمية خلقت كالشمس في المثل حوري جسم ولكن صورة الرجل
لو كان صيد الدمى والمرد من عملي لكنت من طرب كالشارب الثمل
لكنني من وثاق العقل في عقل وليس لي عن وفاق العقل من حول
الله يرقبني والعقل يحجبني فما لمثلي اذاً في اللهو والغزل
كلفت نفسي عزا في صيانتها دين الورى لهمُ طراً وديني لي

وقال ابو بكر بن علي الخطيب اسحاق بن احمد بن شبيب ابو نصر البخاري ويعرف بالصدق قدم بغداد في سنة ٤٠٥ وحدث بها عن نصر ابن احمد بن اسماعيل الكناني[1] صاحب جزيل السمرقندي حدثني عنه الحسن بن علي بن محمد بن المذهب واثنى عليه خيراً قال المؤلف ورأيت انا له كتاباً في النحو عجيباً سماه كتاب المدخل الى سيبويه ذكر فيه المبنيات فقط يكون نحواً من خمسمائة ورقة ووقفت منه على كلام من تبحر في هذا الشأن واشتمل على غوامضه الى اقصى مكان وله غير ذلك من التصانيف في الادب وكتاب المدخل الصغير في النحو وكتاب الرد على حمزة في حدوث التصحيف

﴿ اسحاق بن بشر بن محمد بن عبد الله بن سالم ﴾

ابو حذيفة البخاري مولى بني هاشم ولد ببلخ واستوطن بخارى فنسب اليها وهو صاحب كتاب المبتدأ وغيره مات ببخارى سنة ٢٠٦ حدث عن

(١) ق هنا « الكساني » ولعله الكشاني

محمد بن اسحاق بن يسار وعبد الملك بن جريج وسعيد بن ابي عروبة وجويبر بن سعيد ومقاتل بن سليمان ومالك بن انس وسفيان الثوري وادريس بن سنان وخلق من ائمة اهل العلم احاديث باطلة روى عنه جماعة من الخراسانيين ولم يروعنه من البغداديين فيما اعلم سوى اسماعيل ابن عيسى العطّار فانه سمع منه مصنفاته ورواها عنه وروى الحسن بن علويه القطان ان الرشيد بعث الى ابي حذيفة فاقدمه بغداد وكان يحدث في المسجد المعروف بابن رعبان . وقال احمد بن سيار بن ايوب كان ببخارى شيخ يقال له ابو حذيفة اسحاق بن بشر القرشي وكان صنف في بدء الخلق كتاباً وفيه احاديث ليست لها اصول وكان يتعرض فيروي عن قوم ليسوا ممن ادركهم مثله فاذا سألوه عن آخرين دونهم يقول من اين ادركتُ هؤلاء وهو يروي عن من فوقهم وكانت فيه غفلة مع انه كان يزنّ بحفظ وسمعت اسحاق بن منصور يقول قدم علينا ههنا وكان يحدث عن ابن طاوس ورجال كبار من التابعين ممن ماتوا قبل حميد الطويل . قال فقلت له كتبت عن حميد الطويل قال ففزع وقال جئتم تسخرون بي حميد عن انس جدي لم يلق حميداً . قال فقلنا له انت تروي عن من مات قبل حميد بكذا كذا سنة قال فعلمنا ضعفه وانه لا يعلم ما يقول . وقال ابو رجاء قتيبة بن سعيد بلغني ان ابا حذيفة البخاري قدم مكة فجعل يقول حدثني ابن طاوس فقيل لسفيان بن عيينة ذلك فقال سلوه عن مولده فسالوه فاذا ابن طاوس مات قبل مولده بسنين قالوا وهو متروك الحديث ساقط رمي بالكذب . قال المؤلّف كلما تقدم من

كتاب الخطيب . قال محمد بن اسحاق النديم وله من الكتب كتاب المبتدأ . كتاب (١) الفتوح . كتاب الردة . كتاب الجمل . كتاب الالوية كتاب صفين . كتاب حفر زمزم

﴿ اسحاق بن مسلمة (٢) بن اسحاق القيني ﴾

اخباري عالم اندلسي له كتاب يشتمل على اجزاء كثيرة في اخبار رية ناحيـة بالاندلس وحصونها وولاتها وحروبها وفقهائها وشعرائها ذكره ابو محمد بن حزم

﴿ اسحاق بن عمار يعرف بابن الجصاص ﴾

يكنى ابا يعقوب من موالي اليمن وكان صاحب عيسى بن موسى في اول الدولة ولم يزل معه فكان الناس يقرءون عليـه الشعر في دار عيسى قال المرزباني قال عيسى بن جعفر اسحاق بن عمار من موالي اليمن ويقال هو عبد الله بن اسحاق واسحاق ابوه هو الجصاص وقد اختلف في ولائه ايضا وقال الكسائي اسحاق بن عمار الجصاص احد من اخذنا عنه الشعر وكان عالما به ومات في آخر ايام المنصور قال وكان اذا تكلم في مجلس صمت الناس . وقال عبد الله بن جعفر ذكر ابن الجصاص الكوفي الراوية عند احمد بن سعيد بن سالم قال ذكر عنـد ابي فاختلفوا في ولائه فقال ابي حدثني من رآه وقد دخل الى عيسى بن موسى بعد ان خلع وسلم العهد الى المهدي فقال ايها الامير انت والله كما قال الاحوص

فمن يك عنّا سائلاً بشماتة لما مسّنا او ساكتا غير سائل

---

(١) الفهرست ـ (٢) الضبي سلمة

فما[1] عجمت منّا العواجم ماجداً صبوراً على حرات تلك التلاتل
اذا سر لم يبطر وليس لنكبة الملت به بالخاشع المتضائل

وحدث المبرد عن عبد الله بن صالح المقرئ كان ابن الجصاص وجناد بن واصل قاعدَيْن فتذاكرا القبور فقال ابن الجصاص متمثلاً

فان كنت لا تدرين ما الموت فانظري الى دير هند كيف خطت مقابره

فقال جناد

ترى عجبا مما قضى الله فيهم رهائن حتف اوجبته مقادره

فرد عليه اعرابي فقال

بيوت تدانى اهلها فوق اهلها ومستأذن لا يدخل[2] الدهر زائره

وقال ابن الكلبي ابن الجصاص الراوية مولى لبشر بن عبد الملك بن بشر ابن مروان

﴿اسحاق بن مرار ابو عمرو الشيباني الكوفي﴾

قال الازهري كان يعرف بابي عمرو الاحوص ومرار بكسر الميم ورائين مهملتين مخففتين وهو مولى وليس من بني شيبان وانما كان مؤدبا لاولاد ناس من بني شيبان فنسب اليهم كما نسب اليزيدي الى يزيد بن منصور حين ادَّب ولده . وقرأت في امالي ابي اسحاق النجيرمي ذكر ان يوسف الاصبهاني قال ابو عمرو الشيباني من الدهاقين وانما قيل له الشيباني لانه كان يؤدب ولد هارون الرشيد الذين كانوا في حجر يزيد بن مزيَد الشيباني فنسب اليه. قال عبد الله بن جعفر[3] وابو عمرو راوية اهل

(١) لعله فقد (٢) لعله لا يخرج (٣) هو ابن درستويه

بغداد واسع العلم باللغة والشعر ثقة في الحديث كثير السماع وله كتب كثيرة في اللغة جياد مات في ايام المأمون سنة ٢٠٥ او ٢٠٦ وقد بلغ مائة سنةوعشر سنين . وقال ابن السكيت مات ابو عمرو وله ١١٨ سنة وكان يكتب بيده الى ان مات وكان ربما استعار مني الكتب وانا اذ ذاك صبي آخذ عنه واكتب من كتبه . وقال ابن كامل مات ابو العتاهية وابو عمرو الشيباني وابراهيم المغنّي والد اسحاق في يوم واحد سنة ٢١٣ ببغداد. قال ابن درستويه وله بنون وبنو بنين يروون عنه كتبه واصحاب علماء ثقات وكان ممن يلزم مجلسه ويكتب عنه الحديث احمد بن حنبل رضي الله عنه . وحدث الحزنبل [(١)] عن عمرو بن ابي عمرو الشيباني قال لما جمع ابي اشعار القبائل كانت نيفاً وثمانين قبيلة فكان كلما عمل منها قبيلة واخرجها الى الناس كتب مصحفاً بخطه وجعله في مسجد الكوفة حتى كتب نيفاً وثمانين مصحفاً . وكان يقول تعلموا العلم فانه يوطئ الفقراء بسط الملوك . وروي عن ابي عمرو الشيباني انه قال يوماً لاصحابه لا يتمنين احد امنية سوء فان البلا موكّل بالمنطق هذا المؤمل قال [(٢)]

شف المؤمل يوم الحيرة النظر   ليت المؤمل لم يخلق له بصر

فذهب بصره وهذا مجنون بني عامر قال

فلو كنت اعمى اخبط الارض بالعصا   اصم ونادتني اجبت المناديا

فعمي وصم . وقال ابو شبل يهجو ابا عمرو الشيباني

قد كنت ارجو ابا عمرو اخا ثقة   حتى المت بنا يوماً ملمات

---

(١) الفهرست ٦٨ (٢) الاغاني ١٩ : ١٤٧

(١) فقلت والمرء تخطيه منيته ... ادنى عطيته اياي ميآت
فكان ما جاد لي لا جاد عن سعة ... ثلاثة ناقصات مدلهمات
ما الشعر ويح ابيه من صناعته ... لكن صناعته بخل وبالات
ودن خل بفتل فوق عاتقه ... فيه رُبَيثاء (٢) مخلوط وصحناة
فلو رأيت ابا عمرو ومشيته ... كانّه جاحظ العينين نهات

نهات اي نهاق

وقال محمد بن اسحاق النديم (٣) وله من الكتب كتاب * الجيم . كتاب النوادر . كتاب * اشعار القبائل ختمه بابن هرمة . كتاب الخيل . كتاب غريب المصنف . كتاب اللغات . كتاب غريب الحديث . كتاب النوادر الكبير على ثلاث نسخ . وقال ابو الطيب اللغوي في كتاب مراتب النحويين واما كتاب الجيم فلا رواية له لان ابا عمرو بخل به على الناس فلم يقرأه احد عليه . وذكره ابو بكر الخطيب فقال هو كوفي نزل بغداد وحدث بها عن ركين الشامي روى عنه ابنه عمرو واحمد بن حنبل وابو عبيد القاسم بن سلام وكان ثقة . قال ثعلب وكان مع ابي عمرو الشيباني من العلم والسماع عشرة اضعاف ما كان مع ابي عبيدة ولم يكن

---

(١) كذا ضبطه فليشر في رسائله (١:٣٣٥) : وقد اورد المؤلف بعض الابيات في معجم البلدان (٤:١٨١) منسوبة للقناني (٢) ذكر الطبري (٣:٥٣٠) بيتاً هجا به عمر بن بزيع من يطعم الربيثاء : وقال ابن البيطار (٢ : ١٣٥) هو نوع من الآدام يتخذه اهل العراق هو والصحناة جميعاً من صغار السمك والصحناة هو السمك المطحون (٣) الفهرست ٦٨: والنجيم يدل على ان الكتاب غير مذكور في النسخة المطبوعة

في اهل البصرة مثل ابي عبيـدة في السماع والعلم . قال المؤلف ولقـد اسرف ثعلب فيما فضّل به ابا عمرو فانني لا اقول ان الله خلق رجلا كان اوسع روايةً وعلماً من ابي عبيدة في زمانه . وحدث يونس بن حبيب قال دخلت على ابي عمرو الشيباني وبين يديه قمطر فيه امناء من الكتب يسيرة فقلت له ايها الشيخ هذا علمك فتبسم اليّ وقال انه من صدق كثير . وقال الخطيب كان ابو عمرو نبيلاً فاضلاً عالماً بكلام العرب حافظاً للغاتها عمل كتاب شعراء[1] مضر وربيعة ويمن الى ابن هرمة وسمع من الحديث سماعاً واسعاً وعمر عمراً طويلاً حتى اناف على التسعين وهو عند الخاصة من اهل العلم والرواية مشهور معروف والذي قصر به عند العامة من اهل العلم انه كان مستهتراً بالنبيذ والشرب له . قرأت بخط ابي منصور الازهري في كتاب نظم الجمان للمنذري حدثني ابو بكر محمد ابن احمد بن النضر المنني[2] قال حدثني سعيد بن صبيح قال حدثني ابوك يعني النضر قال كنت عشية الخميس عند اسماعيل بن حماد بن ابي حنيفة وجاء ابو عمرو الشيباني فقال لي من هذا الشيخ قلت هذا ابو عمرو الشيباني صاحب العربية والغريب وكان قد اتى عليه نحو من ١١٥ سنة فالتفتّ اليه اسائله عن ايامه وسنـه ثم قال ما راح بك الك حاجة قال نعم بلغني انك تقول ان القرآن مخلوق قال نعم قال فمتى خلقه قبل ان يتكلم به او بعد ما تكلم به فاطرق طويلا ثم رفع رأسه وقال انت شيخ جَدِلٌ هذا قولي وقول امير المؤمنـين قال سعيد فغدوت يوم الجمعة على ابي عمرو وكان

(١) ق الشعراء (٢) لعله المثنى

مجلسه وكنت اقرب منه فقلت يا ابا عمرو وايش كنت تصنع عند اسماعيل بن حماد قال من اخبرك احمد [1] بن ابي غالب الهُعن هذا فان هذا بي عارف يعني المأمون دعوا هذا لا تتكلموا به

﴿ اسحاق بن نصير الكاتب البغدادي ابو يعقوب ﴾

كاتب الرسائل بديوان مصر بعد محمد بن عبد الله بن عبدكان قال ابن زولاق مات سنة ٢٩٧ قال ابن زولاق وكان ابو جعفر محمد بن عبد الله بن عبدكان على المكاتبات والرسائل منذ ايام احمد بن طولون ومكاتباته واجوبته موجودة الى ان قدم عليه ابو يعقوب اسحاق بن نصير البغدادي من العراق والتمس التصرف فقال له ابن عبدكان فيما ذا تتصرف فقال في المكاتبات والاجوبة والترسل وكان بين يدي ابي جعفر كتب قد وردت فقال له خذ هذه واجب عنها فاخذها ومضى الى ناحية من الدار فاجاب عنها ثم وضع خفه تحت رأسه ونام وقام ابو جعفر الى الحجرة التي له فاجتاز به والكتب بين يديه فاخذها وقرأها فلما تأملها جعل يروح اسحاق بن نصير حتى أنتبه فقال له عمن اخذت الكتبة واجرى عليه اربعين ديناراً في كل شهر فلم يزل مع ابي جعفر الى ان توفي ابو جعفر وانفرد بالامر علي بن احمد الماذرائي فقال لاسحاق الزم منزلك فانصرف فوردت كتب فاجاب عنها علي بن [2] احمد ودخل على ابي الجيش خمارويه ابن احمد بن طولون فعرضها عليه فقال له ما هذه الالفاظ التي كانت تخرج من [3] وعني فمضى علي بن احمد وعاد اليه فما اراد ابو الجيش

(١) لعله يريد ابن النضر (٢) ق ـ (٣) لعله مني: لو من عندي

الجواب ولا استجاده نخرج علي بن احمد وقال هاتوا اسحاق بن نصير فجيء به فقال اجب عن هذه فاجاب ودخل علي بن احمد على ابي الجيش فقرأ الاجوبة فقال نعم هذا الذي اعرف ايش الخبر فقال له كاتب كان مع ابي جعفر فاعتلّ واحضرته الساعة فقال هاته فاحضره فقال كم رزقك فقال اربعون ديناراً فقال لعلي بن احمد (اجعلها اربعمائة في السنة) اجعلها له اربعمائة في الشهر وقال لاسحاق بن نصير لا تفارق حضرتي فبلغ اسحاق حتى صار رزقه الف دينار في كل شهر فكان يجود بذلك ويفضل به على الناس ولقد ارسل الى بغداد الى ثلاثة انفس الى ابي العباس المبرد والى ابي العباس ثعلب والى وراق كان يجلس عنده دفعة واحدة ثلاثة الاف دينار لكل واحد منهم الف دينار وجرى ذلك على يدي احمد بن الوليد التاجر خال القاضي بمصر

﴿ اسحاق بن يحيي بن شريح الكاتب ﴾

ابو الحسين النصراني ذكره محمد بن اسحاق النديم وقال كان جيد المعرفة بامر الدواوين والخراج ومناظرة العمال وله * معرفة تامة بالنجوم[(١)] ومولده في شعبان سنة ٣٠٠ قال وهو يحيا . قال المؤلف وكان قوله هذا في سنة ٣٧٧ . قال وله من الكتب كتاب الخراج الكبير في الف ورقة جزأه جزئين وجعله ستة منازل . كتاب الخراج الذى في أيدي الناس مائتا ورقة . كتاب الخراج صغير نحو مائة ورقة[(٢)] . كتاب

---

(١) الفهرست (١٣٩) قدم ومعرفة بالنحو (٢) في نسخة الفهرست المطبوعة جاء ذكر كتابين في الخراج الكبير والصغير هو الذي جعل منازل

عمل [١] المؤامرات بالحضرة . كتاب تحويل سني المواليد نحو مائة ورقة . كتاب جمل التاريخ

﴿ اسحاق بن موهوب بن احمد بن محمد بن الخضر الجواليقي ﴾

يكنى أبا طاهر وهو أخو اسماعيل ومات في ١١ رجب سنة ٥٧٥ ودفن بباب حرب عند أبيه وأخيه . سمع أبا القاسم بن الحصين وأباه وغيرهما وحدث بالقليل سمع منه القاضي القرشي . قال وسألته عن مولده فقال في ربيع الاول سنة ٥١٧

﴿ أسعد بن عصمة أبو البيداء الرياحي ﴾

اعرابي نزل البصرة وكان يعلم الصبيان بالاجرة وأقام بها أيام عمره يؤخذ عنه العلم زوج أم أبي مالك عمر بن كركرة [٢] وكان شاعراً ومن شعره

قال فيها البليغ ما قال ذو العـــيّ وكلٌّ بوصفها منطيق

وكذاك العدوّ لم يعدُ ان قا ل جميلاً كما يقول الصديق

﴿ أسعد بن علي بن أحمد الزوزني ﴾

المعروف بالبارع ابو القاسم الاديب الشاعر الفاضل الكاتب المترسل مات فيما ذكره عبد الغافر في السياق يوم عيد الاضحى سنة ٤٩٢ . قرأت بخط تاج الاسلام: البارع من اهل زوزن سكن نيسابور وورد العراق واكرم فضلاؤها مورده وكان شاعر عصره واوحد دهره بخراسان

---

(١) الفهرست علم (٢) ذكره في معجم البلدان (٤:٩٥٠) بما يدل على انه عاصر ابن مناذر المتوفي سنة ٢٠٠

والعراق وقد شاع ذكره في الآفاق وكان على كبر سنه يسمع الحديث ويكتب الى آخر عمره سمع ابا عبد الرحمن بن محمد الداوودي وابا جعفر محمد بن اسحاق البحائي روي لنا عنه ابو البركات الفراوي وابو منصور الشحامي وغيرهما وذكره الباخرزي في الدمية وقال : الاديب ابو القاسم اسعد بن علي البارع الزوزني هو البارع حقاً. والوافر من البراعة حظاً. وقد اكتسب الادب بجدّه وكدّه. وانتهى من الفضل الى اقصى حده. ولفّتني اليه نسبة الآداب. ونظمتني واياه صحبة الكتاب. وهلم جرّا الى الآن وقد ارتدينا [١] المشيب. وخلعنا برد الشباب ذاك القشيب. ولا اكاد انسى وانا في الحضر. حظي منه في السفر. وقد اخذنا بيننا باطراف الاحاديث. ورشنا المطايا باجنحة السير الحثيث. حتى سرنا معاً الى العراق. ونزل هو من فضلائه بمنزلة السواد من الاحداق. وعنده توقيعاتهم بتبريزه على الاقران. وحيازته قصبات [٢] الرهان. وانا على ذلك من الشاهدين. لا اكتم من شهادتي دقاً ولا جلاً. بل اعتقد بها صكاً وعليها سجلاً. ومن يكتمها فانه آثم قلبه. وعازب لبه. قال السمعاني انشدني الشحامي انشدنا البارع لنفسه

قد اقبل المعشوق فاستقبلته ... مستشفياً مستسقياً من ريقه
نشوان والابريق في يده ولي ... من ريقه ما ناب عن ابريقه
لو كنت اعلم انه لي زائر ... لرششت من دمعي تراب طريقه
ولكنت اذكى جمر [٣] قلبي في الدجى ... بطريقه كي [٤] يهتدي ببريقه

(١) الباخرزي ارتديت انا المشيب (٢) الباخرزي قصب (٣) ق جمير (٤) ق لكي

فزويت وجهي عن مدامة كأسه   وشربت كأساً من مجاج عقيقه

وله ايضاً

كأنّ لون الهواء ماء   او سندس رق او عمامه
كان شكل الهلال قرط   او عطفة النون او قلامه

وله ايضاً

الا فاشكر[١] لربك كل وقتٍ   على الآلاء[٢] والنعم الجسيمه
اذا كان الزمان زمان سوءٍ   فيوم صالح منه غنيمه

وله ايضاً

ابو بكر حبا في الله مالا   اكان لسانه يجري بلالا
لقد واسى النبيّ بكل خير   واعطى عن ذخائره بلالا
لو ان السحر ابغضه اعتقادا   لما اعطى الاله له بلالا

ومما اورده الباخرزي في كتابه للبارع

قمرٌ سبى قلبي بعقرب صدغه   لما تجلّى عنه قلب العقرب
فاجبته ألديك[٣] قلبي قال لا   لكنّ قلبك عند قلب العقرب

قرأت في بعض الكتب قال الفضلاء الملقبون بالبارع في خراسان ثلاثة احدهم البارع الهروي وهو صاحب كتاب طرائف الطرف وهو ادونهم في الفضل مرتبةً والثاني البارع البوشنجي وهو اوسطهم والثالث البارع الزوزني وهو افضلهم واشهرهم . قال وكان تلميذ القاضي ابي جعفر البحاثي وهو الذي يقول فيه البحاثي

(١) ق فاشكوا (٢) ق الالام (٣) ق اديك

عجفت (١) على البيس البويرع مرة　　فقال لقد اوجعت سرمي فبلّه
فقلت بزاقي لا يـفي بجميعه　　ومن اين لي ان ابزق الدرب كله

قلت انا ينبغي ان يكون قد استعمله بمنارة اسكندرية اذا عجفه (٢) في شيء كالدرب فاوجعه . وقال البحاثي فيه ايضا

للبارع ابن العاهره　　زوجـة سوء فاجره
مؤاجر قد زوجو　　ه كفؤه مؤاجره

وقال البارع هذا يخاطب ابا القاسم علي بن ابي توار رئيس زوزن

كف علي عندها التبر　　هان وللملك بها قدر
كانما الخال على ظهرها　　عنبرة قد مجّها البحر

﴿ اسعد بن مسعود بن علي بن محمد بن الحسن العتبي ﴾

ابو ابراهيم من ولد عتبة بن غزوان وهو حفيد ابي النضر العتبي كذا ذكر السمعاني في المذيّل وابو النضر هو محمد بن عبد الجبار وليس في نسب هذا عبد الجبار كما ترى ولا ادري ما صوابه الا ان يكون ابن بنته . قال السمعاني قرأت بخط والدي : اسعد بن مسعود العتبي مولده سنة ٤٠٤ ذكره ابو الحسن البيهقي في وشاح الدمية وقال هو مصنف كتاب درة التاج وكتاب تاج الرسائل وكان كاتباً في الدواوين المحمودية والسلجوقية وعاش الى آخر ايام نظام الملك وقال في الامام علي الفنجكردي

يا اوحد البلغاء والادباء　　يا سيد الفضلاء والعلماء
يا من كانّ عطارداً في قلبه　　يملي عليه حقائق الاشياء

(١) لعله عفجت (٢) لعله عفجه

وذكره ابو سعد ونقلت من خطّه قال بعد ذكر نسبه : كان من اهل نيسابور وكان يسكن مدرسة البيهقي وهو من اولاد المنعمين شاعر كاتب تصرف في الاعمال ايام شبابه وخرج في صحبة عميد خراسان الى اسفار وصحب الاكابر وارتفعت به الايّام وانخفضت حتى تأخّر عن العمل وتاب ولزم البيت وقنع بالكفاف من العيش واستراح من الامور وعقد له مجلس الاملاء(١) في الجامع المنيعي فاملى مدة وكان يحضر عنده المحدّثون والأئمّة. دخل بغداد وسمع بها من ابي منصور عبد الله بن سعيد ابن مهدي الكاتب الخوافي وسمع بنيسابور ومرو وغير ذلك وسمع جده ابا النضر العتبي وروى لنا عنه جماعة . قال وقرأت بخط أبي جعفر محمد بن علي الحافظ الهمذاني : اسعد بن مسعود العتبي شيخ عالم ثقة ديّن كان يثني عليه ابو صالح المؤذن الحافظ وذكره في موضع آخر وقال : اسعد العتبي تزهّد وكان من الصالحين . قال السمعاني انبأنا ابو البركات الفراوي عن اسعد بن مسعود عن عبد القاهر بن طاهر التميمي حدّثني شيخ فاضل قال دخلت المسجد الجامع بالبصرة فرأيت شيخاً بهياً قد قطع مسافة العمر فسلمت عليه وقلت اتفرّس انك شاعر فقال اجل فقلت انشدني من مقولك ما يكون لي تذكرة منك فقال اكتب

قالوا تغير شعره عن حاله ··· والهم يشغلني عن الاشعار
اما الهجاء فمنه شيءٌ زاخر ··· والمدح قل لقلة الاحرار

(١) ق الاماء

قال السمعاني انشدني ابو الحسين احمد بن محمد السمناني المصري انشدنا ابو ابراهيم اسعد العتبي لنفسه

قد كنت فيما مرَّ من ازماني ... متوانياً لتقاصر الاحسان
ورأيت خلاَّني واهل مودّتي (١) ... متوفّرين معاً على الاخوان
فتغيَّروا لما رأوني تائباً (٢) ... وعن التصرف قد صرفت عناني
دعهم وعادتهم فلم ار مثلهم ... الا مجرة (٣) صورة الانسان
واغسل يديك من الزمان واهله ... بالطين والصابون والاشنان

﴿ اسعد بن المهذب بن ابي المليح مماتي ﴾

احد الرؤساء الاعيان الجلة والكتاب الكبراء المنزلة ومن تصرف في الاعمال وولي رئاسة الديوان وله ادب بارع وخاطر وقَّاد مسارع وقد صنف في الادب وعرف ومات بمدينة حلب في ثامن عشري جمادى الاولى سنة ٦٠٦ على ما نذكره ان شاء الله تعالى واصله من نصارى اسيوط بليدة بصعيد مصر قدموا مصر وخدموا وتقدموا و ولوا الولايات وهو مع ذلك من اهل بيت في الكتابة عريق وهو كالمستولي على الديار المصرية ليس على يده يدٌ والمسمون بالخلافة محجوبون ليس لهم غير السكة والخطبة وكان الى مماتي كثير من اعماله فحدثني الصاحب الكبير الوزير الجليل جمال الدين الاكرم ابو الحسن علي بن يوسف الشيباني القفطي حرس الله علاه بمدينة حلب قال بلغني ان بعض تجار الهند قدم الى مصر ومعه سمكة مصنوعة من عنبر قد تُنُوّق فيها واجيد

(١) ق موتي (٢) ق نايبا (٣) لعله مجرّد

وطيّبت ورصعت بالجواهر فعرضها على بدر الجمالي ليبيعها منه فسامها من صاحبها فقال لا انقصها من الف دينار شيئاً فاعيدت اليه فخرج بها من دار بدر فقال له ابو المليح ارني هذه السمكة فاراه اياها فقال له كم سمت فيها فقال لا انقصها من الف دينار درهماً واحداً فاخذ بيده وقبض الف دينار من ماله وتركها عنده مدة فاتفق ان شرب ابو مليح يوماً وسكر وقال لندمائه قد اشتهيت سمكا هاتم المقلى والنار حتى نقليه بحضرتنا فجاءه بمقلى حديد وفحم وتركوه على النار وجاء بتلك السمكة العنبر فتركها في المقلى فجعلت تتقلى وتفوح روائحها حتى لم يبق بمصر دار الا ودخلتها تلك الرائحة وكان بدر الجمالي جالساً فشم تلك الرائحة وتزايدت فاستدعى الخزان وامرهم بفتح خزائنه وتفتيشها خوفاً من حريق قد يكون وقع فيها فوجدوا خزائنه سالمة فقال ويحكم انظروا ما هذا ففتشوا حتى وقعوا على حقيقة الخبر فاستُعظم وقال هذا النصراني الفاعل الصانع قد اكل اموالي واستبدّ بالدنيا دوني حتى امكنه ان يفعل مثل هذا وتركه الى الغداة فلما دخل اليه وهو مغضب قال له ويحك استعظم انا وانا ملك مصر شري سمكة من العنبر فاتركها استكتاراً لثمنها فتشتريها انت ثم لا يقنعك حتى تقليها وتذهب في ساعة الف دينار مصرية ما فعلت هذا الا وقد نقلت بيت اموالي اليك وفعلت فقال له والله ما فعلت هذا الا غيرةً عليك ومحبةً لك فانك اليوم سلطان نصف الدنيا وهذه السمكة لا يشتريها الا ملك فخفت ان يذهب بها الى بعض الملوك ويخبره بانك استعظمتها ولم تشترها فاردت ان اعكس الامر واعلمه انك ما

تركتها الا احتقاراً لها وانها لم يكن لها عندك مقدار وان كاتباً نصرانياً من كتابك اشتراها واحرقها فيشيع بذلك ذكرك ويعظم عند الملوك قدرك فاستحسن بدر ذلك منه وامر له بضعفي ثمنها وزاد في رزقه . وكان مماتي مع ذلك كريماً ممدحاً قد مدحه الشعراء فذكر ابو الصلت في كتاب الرسالة المصرية له ان ابا طاهر اسماعيل بن محمد النشاع المعروف بابن مكنسة كان منقطعاً اليه فلما مات مماتي رثاه ابن مكنسة بقصيد منها

ما ذا ارجّي من حيا (١) تي بعد موت ابي المليح
ما كان بالنكس الدنـــيّ من الرجال ولا الشحيح
كفر النصارى بعد ما عذروا به دين المسيح

كذا قال ولعلهم اغتالوه او قتلوه (٢) ولما ولي الافضل بن امير الجيوش بدر الجمالي بعد ابيه دخل اليه ابن مكنسة مادحاً فقال له ذهب رجاؤك بموت ابي المليح فما الذي جاء بك الينا وحرمه ولم يقبل مديحه. واما المهذب والده (٣) وكان يلقب بالخطير فانه كان كاتب ديوان الجيش بمصر في اواخر ايام المصريين (٤) واول ايام بني ايوب مدةً فقصده الكتاب وجعلوا له حديثاً عند السلطان فهمّ به صلاح الدين يوسف بن ايوب او اسد الدين شيركوه وهو يومئذ المستولي على الديار المصرية فخاف المهذب فجمع اولاده ودخل على السلطان واسلموا على يده فقبلهم واحسن اليهم وزاد

---

(١) في وفيات الاعيان « من ذا أؤمل او ارجي » (٢) الاظهر اذ مراد الشاعر ان ذلك الرجل كان حجة لهم وبموته ذهب عذرهم (٣) يعني والد الاسعد (٤) يعني الفاطميين

في ولاياتهم وجب الاسلام ما قبله . ووجدت على ظهر كتاب من تصانيف ابن مماتي مكتوباً : كان المهذب ابوه المعروف بالخطير مرتبا على ديوان الاقطاعات وهو على دين النصرانية فلما علم اسد الدين شيركوه في بدء امره بمصر انه نصراني وانه يتصرف في (١) بلا غيار نهاه وامره بغيار النصارى ورفع الذوابة وشد الزنار وصرفه عن الديوان فبادر هو واولاده فاسلموا على يده فاقره على ديوانه مدةً ثم صرفه عنه . فقال فيه ابن الذروي

لم يسلم الشيخ الخطـــير لرغبة في دين احمد
بل ظنّ ان محاله يبقي له الديوان سرمد
والآن قد صرفوه عنـــه فدينه فالعود احمد

قال ووجدت بخط ابن مماتي

صح التمثل في قديـــم الدهر ان العود احمد

ولما امر شيركوه النصارى بلبس الغيار وان يعمموا بغير عذبة قال عمارة اليمني

يا اسد الدين ومن عدله يحفظ فينا سنة المصطفى
كفى غياراً شد اوساطنا فما الذي يوجب كشف القفا

وجرى معه حديث النحويين وان احدهم ينفد عمره فيه ولا يتجاوزه الى شيء من الادب الذي يراد النحو لاجله من البلاغة وقول الشعر ومعرفة الاخبار والآثار وتصحيح اللغة وضبط الاحاديث فقال الاسعد هؤلاء مَثَلهم مثل الذي يعمل الموازين وليس عنده ما يزن فيه فيأخذها غيرهم (٢)

---

(١) لعله سقط عمله (٢) لعله غيره

فيزن فيها[١] الدر النفيس والجوهر الفاخر والدنانير الحمر والجواهر البيض وهذا عندي من حسن التمثيل . انشدنا سعيد بن ابي الكرم بن هبة الله المصري قال انشدني الخطير ابو سعيد بن مماتي لنفسه في ابي سعيد بن ابي اليمن النحال وزير العادل وكان نصرانياً واسلم وكان املح الناس وجهاً اعني ابن النحال

وشادن لما أتى مقبلاً سبحت رب العرش باريه
ومذ رأيت النمل في خده ايقنت ان الشهد في فيه

وانشدنا سعيد بن ابي الكرم المذكور قال انشدني الخطير ابو سعيد بن مماتي في ابن النحال ايضاً وكان يسكن ابن النحال في اول الدرب[٢] وكان في آخر الدرب صبي مثله في الحسن يعرف بابن زنبور

حوى درب نور[٣] الدين كل شمردل مشددة اوساطهم بالزنانير[٤]
فاوله للشهد والنحل منزل وآخره يا سادتي للزنابير

ومن عجيب ما جرى للخطير انه كان يوماً جالساً في ديوانه في حجرة موسومة بديوان الجيش من قصر السلطان بمصر وكانت حجرة حسنة مرخمة منمقة فجاءه قوم وقالوا له قم من ها هنا فقال لهم ما الخبر فقالوا قد تقدم الملك العادل ابو بكر بن ايوب بأخذ رخام هذه الحجرة وان يعمر به موضعاً آخر فخرج منكسراً كاسفاً فقيل له في ذلك فقال قد استجيبت فينا دعوة وما اظنني اجلس في ديوان بعدها اما سمعتم اذا بالغوا في الدعاء علينا قالوا خرب الله ديوانه وما بعد الخراب الا اليباب ثم دخل منزله

(١) ق فيه (٢) ق كرب (٣) ق كور (٤) ق بالدنانير

اوحمّ فلم يخرج منه الا ميتاً فلما مات خلفه ابنه الاسعد هذا على ديوان الجيش وتصدر فيه مدةً طويلةً ثمّ اضيف اليه في الايام الصلاحية والعزيزية ديوان المال وهو اجلّ ديوان من دواوين مصر وتصدر فيه واختصّ بصحبة القاضي الفاضل عبد الرحيم بن علي[١] البيساني ونفق عليه وحظي عنده وكرم لديه فقام بامره واشاع من ذكره ونبّه على فضله وصنف له عدة تصانيف باسمه ولم يزل على ذلك الى ان ملك الملك العادل ابو بكر بن ايوب الديار المصرية وكان وزيره والمدير لدولته الصفي عبد الله بن علي بن شكر وكان بينه وبين الاسعد ذحل قديم ايام رئاسته عليه ووقعت من الاسعد اهانة في حق ابن شكر فحقدها عليه الى ان تمكن منه فلما ورد مصر احضر الاسعد اليه واقبل بكليّته عليه وفوّض اليه جميع الدواوين التي كانت باسمه قديماً وبقي على ذلك سنة كاملة ثم عمل له المؤامرات ووضع عليه المحالات واكثر فيه التأويلات ولم يلتفت الى اعذاره ولا اعاره طرفاً لاعتذاره فنكبه نكبة قبيحة ووجه عليه اموالا كثيرة وطالبه بها فلم يكن له وجهٌ لانه كان عفيفاً ذا مروءة فاحال[٢] عليه الاجناد فقصدوه وطالبوه واكثروا عليه وآذوه واشتكوه الى ابن شكر فحكمهم فيه . فحدثني المؤيد ابراهيم بن يوسف الشيباني قال سمعت الاسعد يقول علّقت في المطالبة على باب داري بمصر على ظهر الطريق في يوم واحد احدى عشر مرة فلما رأوا أنني لا وجه لي قيل لي تحيل ونجّم هذا المال عليك في نجوم فقلت اما المال فلا وجه له عندي

(١) ق علي بن عبد الرحيم (٢) لعله فالّب

ولكن ان اطلقت وملكت نفسي استجديت من الناس وسألت من يخافني ويرجوني فلعلي احصل من هذا الوجه فاما من وجه حاصل فليس لي بعد ما أخذتموه مني درهم واحد فنجم المال عليّ واطلقت وبقيت مديدةً الى ان حلّ بعض نجوم المال عليّ فاختفيت واستترت وقصدت القرافة واخفيت نفسي في مقبرة الماذرائيين واقمت بها مدة عام كامل وضاق الامر عليّ فهربت قاصداً للشام على اجتهاد من الاستاذ فلحقني في بعض الطريق فارس مجدّ فسلّم عليّ وسلّم اليّ مكتوباً ففضضته واذا هو من الصفي بن شكر يذكر فيه لا تحسب ان اختفاءك عنّي كان بحيث لا ادري اين انت ولا اين مكانك فاعلم أن اخبارك كانت تأتيني يوماً يوماً وانك كنت في قبور الماذرائيين بالقرافة منذ يوم كذا وانني اجتزت هناك واطّلعت فرأيتك بعيني وانك لما خرجت هارباً عرفت خبرك ولو اردت ردّك لفعلت ولو علمت انك قد بقي لك مال أو حال لما تركتك ولم يكن ذنبك عندي مما يبلغ ان اتلف معه نفسك وانما كان مقصودي ان ادعك تعيش خائفاً فقيراً غريباً ممجحاً في البلاد فلا تظن انك هربت مني بمكيدة صحّت لك عليّ فاذهب الى غير دعة الله قال وتركني القاصد وعاد فبقيت مبهوتاً الى ان وصلت الى حلب . فحدثني الصاحب جمال الدين الاكرم ادام الله علوّه لما ورد الى حلب نزل في داري فاقام عندي مدة وذلك في سنة ٦٠٤ وعرف الملك الظاهر غازي ابن صلاح الدين بن ايوب رحمه الله خبره فاكرمه واجرى عليه في كل يوم ديناراً صورياً وثلاثة دنانير اخرى اجرة دار فكان يصل اليه في كل

ثلاثة اشهر ثلاثون ديناراً غير بر وألطاف ما كان يخليه منها واقام عنده على قدم العطلة الى سنة ٦٠٦ كما ذكرنا ومات فدفن بظاهر حلب بمقام بقرب قبر ابي بكر الهروي . وله تصانيف كثيرة يقصد بها قصد التأدب وفي معرض وقائع تجري ويعرضها على الاكابر لم تكن مفيدة افادة علمية انما كانت شبيهة بتصانيف الثعالبي واضرابه فمن ذلك كتاب تلقين التفنن في الفقه . كتاب سر الشعر . كتاب علم النثر . كتاب الشيء بالشيء يذكر وعرضه على القاضي فسماه سلاسل الذهب لاخذ بعضه بشعب بعض. كتاب تهذيب الافعال لابن ظريف. كتاب قرقرة الدجاج في الفاظ ابن الحجاج . كتاب الفاشوش في احكام قراقوش . كتاب لطائف الذخيرة لابن بسام . كتاب ملاذّ الافكار وملاذّ الاعتبار . كتاب سيرة صلاح الدين يوسف بن ايوب . كتاب اخاير الذخائر . كتاب كرم النجار في حفظ الجار عمله للملك الظاهر لما قدم عليه . كتاب ترجمان الجمان. كتاب مذاهب المواهب . كتاب باعث الجلد عند حادث الولد . كتاب الحض على الرضى بالحظ . كتاب زواهر السدف وجواهر الصدف . كتاب قرص العتاب . كتاب درة التاج . كتاب ميسور النقد . كتاب المنحل[1] . كتاب اعلام النصر . كتاب خصائص المعرفة في المعميات . وكان علم الدين بن الحجاج شريكه في ديوان الجيش وكان بينهما ما يكون بين المتماثلين في العمل فعمل فيه الكتاب المتقدم ذكره وهجاه بعدة اشعار منها

(١) لعله المنخّل

حكى نهرين ما في الار　　ض من يحكيهما ابدا
ففي　افعاله　نورا　　وفي　الفاظه　بردا

وكان له نوادر حسنة حادة منها ما حدثني به الصاحب القاضي الاكرم قال ركبنا وخرجنا يوما نسير بظاهر حلب فكان خروجنا من احد ابوابها ودرنا سور البلد جميعه ثم دخلنا من ذلك الباب فقال اليوم تسييرنا تدليك من (١) كيف قال من برا برّا (٢) . وكان السديد بن المنذر وهو رجل فقيه اتصل بالسلطان صلاح الدين يوسف بن ايوب بعض الاتصال فجعل لنفسه بذلك سوقاً واستجلب بما يمت به من ذلك وان كان باطلا رزقاً وكان اعور رديئاً قليل الدين بغيضاً ولما احدث الملك الظاهر غازي قناة الماء بحلب واجراها في شوارعها ودور الناس فوض الى ابن المنذر النظر في مصالحها ورزق على ذلك رزقاً حسناً نحو ثلاثمائة درهم في الشهر فسأل عنه الامير فارس الدين ميمون القصري والاسعد بن مماتي حاضر فقال له مسرعاً هو اليوم مستخدم على قناة (٣) فاعجب بحسن هذه النادرة الحاضرين . وقيل للاسعد يوماً اي شيء يشبه ابن المنذر فقال يشبه الزب فاستبردوا ذلك وظنّوا انه انما ذهب الى عورة فقط فقال مالكم لا تسألوني كيف يشبهه فقالوا كيف قال هو اقرع اصلع اعور يسمع بلا اذن يدخل المداخل الرديئة بحدة واجتهاد ويرجع منكسرا فاستحسن ذلك . وله شعر من ذلك قوله في الثلج في رجب سنة ٦٠٥

قد قلت لما رأيت الثلج منبسطا　　على الطريق الى ان ضل سالكها

---

(١) لعله قلت (٢) كذا بالاصل (٣) كذا بالاصل .

ما بيض الله وجه الارض في حلب　　الا لان غياث الدين مالكها

وقال ايضاً فيه

لما رأت عينيَ الثلـ　　ـج ساقطاً كالاقاحي
وصار ليل الثرى منـ　　ـه ابيضاً كالصباح
حسبت ذلك من ذو　　ب درّ عقد الوشاح
او من حباب الحميا　　او من ثغور الملاح
فما على داخل النا　　ر بعد ذا من جناح

وقال ايضا فيه

بسيف غياث الدين غازي بن يوسف بـ　　ـن ايوب دام القتل واتصل الفتح
وشاهدته في الدست والثلج دونه　　فقلت سليمان بن داوود والصرح

وقال ايضاً فيه

مذ رأينا الصبح تزدا　　ن وتزداد انفراشا
وحسبنا توقها يط　　رد من خلف الفراشا
نثر الثلج علينا　　ياسمينا وفراشا
ورأى ان يرسل الاسـ　　ـهم بالبرد فراشا
فغدا الكافور في عنـ　　ـبرة الارض فراشا

وقال ايضاً فيه

لما رأت عيني الثلـ　　ـج خلته الياسمينا
وقلت من عجب منـ　　ـه اصبح الآس مينا
وخلته من ثغور المـ　　ـلاح للآثمينا

فما ارادوا من الد ... ر قطّ الا ثمينا

وقال ايضاً فيه

لما رأيت الثلج قد ... اضحت(١) به الارض سما
وانست الصبى(٢) الصبا ... واذكرت جهنما
خفت فما فتحت من ... تعاظم الخوف فما
فان نمى صبري وهـو ... ناقص فانما

وقال ايضاً فيه

لما رأيت الثلج قد ... غطى الوهاد والقنن
سألت اهل حلب ... هل تمطر السما اللبن

نُقل من خطه ومن شعره ايضاً

وحياة ذاك الوجه بل وحياته ... قسم يريك الحسن في قسماته
لارابطنّ على الغرام بثغره ... لافوز بالمرجوّ من حسناته
واجاهدنّ عواذلي في حبه ... بالمرهفات عليّ من لحظاته
قدصيغ من ذهب وقلد جوهراً ... فلذاك ليس يجوز اخذ زكاته

وله ايضاً

يعاهدني ان لا يخون وينكث ... ويحلف لي الا يصدّ ويحنث
ومن اعجب الاشياء انك ساكن ... بقلبي واني عن مكانك ابحث
وللحسن بل لله طرف مذكّر ... يتيه به عجباً وظرف مؤنث

(١) ق اصبحت (٢) ق للصبا

ومنه ايضاً

يا سالب الظبية لحظا وجيدْ   اجر لمن تهجر اجر الشهيدْ
متى رأى طرفك قتل أُمرئٍ   باسهم اللحظ فقيد الفقيدْ

وله دو بيت

يا غصنُ اراك   حاملا عود اراك
حاشاك الى السواك   محتاج سواك
قل لي انهاك   عن محبيك نُهاك
لو تمَّ وفاك   بست خديك وفاك

كذا وجدت له في اشعار مجموعة وانشدني هذين الدوبيت بعض اهل الادب وذكر انهما للعماد الاصبهاني الكاتب وهما به اشبه لأنّهما في غاية الجودة وابن مماتي في طبقة شعره انحطاط جدًّا . ومن شعره ايضاً

قد نهانا عن الغرام نُهانا   اذ هوانا الا نذوق هوانا
وهجرنا الحبيب خيفة ان يهجـر بدءًا فيستمرّ جفانا
وتركناه للورى فكأنّا   قد ادرناه بيننا دستكانا (١)
وانسنا من وحشة بفراق   فافترقنا كما ترى برضانا
وسمعنا من العذول كلاما   فانفنا من ضحكة لبكانا
أيّ خير يكون في حب من فـوّق سهماً من لحظه ورمانا
نحن لولم نكن هجرناه من قبـل لابدى صدوده وجفانا
شيمة في الملاح قد احسن الدهـر باعلامها بنا واسانا

(١) الاستيكان هو القدح في لغة الفرس

وصباح المشيب يظهر ماكا ... ن ظلام الشباب عنه ثنانا

ما مشينا الى الصبابة الا ... وخطانا معدودة من خطانا

فادرها معسجدات كؤوساً ... مطلعات من الحباب جمانا

﴿ اسلم بن سهل بن اسلم بن زياد بن حبيب الرزاز ابو الحسن ﴾

المعروف بنحشل الواسطي منسوب الى محلة الرزازين المحلة السفلى بواسط ومسجده هناك وداره وهو ثقة امام يصلح للصحيح وجدّه لأمه ابو محمد وهب بن بقية ويقال وهبان. جمع نحشل تاريخ واسط وضبط اسماء اهلها ورتب طبقاتهم وكان لا مزيد عليه في الحفظ والاتقان مات في سنة ٢٨٨ قبلها او بعدها بقليل حدّث عنه بتاريخه ابو بكر محمد بن عثمان بن سمعان المعدّل وكان يضاهيه في الحفظ والاتقان وشركه في اكثر شيوخه ومات قبل ال٣٣٠ ذكر ذلك كله السلفي الحافظ في السؤالات التي سألها خميساً الحوزي

﴿ اسمعيل بن احمد بن عبد الله الحيري (١) ابو عبد الله ﴾

الضرير المفسر المقرئ الواعظ الفقيه المحدث الزاهد احد أئمة المسلمين والحيرة محلّة بنيسابور هي الآن خراب مات فيما ذكره عبد الغافر بن اسماعيل بعد الثلاثين واربعمائة ومولده سنة ٣٦١ قال وله (٢) التصانيف المشهورة في علوم القرآن والقراآت والحديث والوعظ والتذكير سمع صحيح البخاري من ابي الهيثم سمع منه ببغداد وقد روى عن زاهر السرخسي

---

(١) في طبقات المفسرين للسيوطي (٢١) الحيزي : وفي معجم البلدان (٢:١٤٩) الخير (٢) ق له من : والصواب في الطبقات

﴿ اسماعيل بن اسحاق بن اسماعيل بن حماد بن زيد بن درهم ﴾

ابو اسحق الازدي مولى آل جرير بن حازم من اهل البصرة مات فيما ذكره الخطيب سنة ٢٨٢ ومولده سنة ٢٠٠ مات فجاءة . قال التنوخي حدثني ابو الفرج الاصبهاني ان القاضي اسماعيل لبس سواده ليخرج الى الجامع فيحكم ولبس احد خفيه واراد ان يلبس الآخر فمات وهو قاض على جانبي بغداد جميعاً سمع محمد بن عبد الله الانصاري ومسدد بن مسرهد وعلي بن المديني وغيرهم روى عنه موسى بن هارون الحافظ وعبد الله بن احمد بن حنبل ويحيي بن صاعد وكثيرون وكان فاضلاً عالماً متقناً فقيهاً على مذهب مالك بن انس شرح مذهبه ولخصه واحتج له وصنّف المسند وكتبا عدة في علوم القرآن وجمع كتاب حديث مالك وكتاب يحيي بن سعيد الانصاري وكتاب ايوب السختياني واستوطن بغداد قديماً وولي القضاء بها ولم يزل يتقلده الى حين وفاته . قال الخطيب قال طلحة بن محمد بن جعفر الشاهد اسماعيل بن اسحاق منشأه البصرة واخذ الفقه على مذهب مالك عن احمد بن المعدّل وتقدم في هذا المذهب حتى صار علَماً فيه ونشر من مذهب مالك وفضله ما لم يكن بالعراق في وقت من الاوقات وصنّف من الاحتجاج لمذهب مالك والشرح له ما صار لاهل هذا المذهب مثالاً يحتذونه وطريقاً يسلكونه وانضاف الى ذلك علمه بالقرآن فانّه صنف في القرآن كتباً تتجاوز كثيراً من الكتب المصنفة فيه فمنها كتاب في احكام القرآن وهو كتاب لم يسبقه احد من اصحابه الى مثله . وكتاب في القراآت وهو كتاب جليل القدر عظيم

الخطر . وكتاب في معاني القرآن وهذان الكتابان يشهدان بفضله فيهما وانه واحد زمانه ومن انتهى اليه العلم في النحو واللغة في اوانه وهو [1] المبرد ورأيت ابا بكر بن مجاهد يصف هذين الكتابين وسمعته مرّاتٍ لا احصيها يقول القاضي اسماعيل اعلم مني بالتصريف وبلغ من العمر ما صار به واحداً في عصره في علوّ الاسناد لان مولده في سنة ١٩٩ فحمل الناس عنه من الحديث الحسن ما لم يحمل عن كثير احد وكان الناس يصيرون اليه فيقتبس منه كل فريق علماً لايشاركه فيه الآخر فمن قوم يحملون الحديث ومن قوم يحملون علم القرآن والقراآت والفقه الى غير ذلك مما يطول شرحه . فاما سداده في القضاء وحسن مذهبه فيه وسهولة الامر عليه فيما كان يلتبس على غيره فشيء شهرته تغني عن ذكره وكان في اكثر اوقاته وبعد فراغه من الخصوم متشاغلاً بالعلم لانه اعتمد على مكاتبة ابي عمر محمد بن يوسف فكان يحمل عنه اكثر امره من لقاء السلطان وينظر في كل امره واقبل هو على الحديث والعلم . قال ابو العباس محمد بن يعقوب الاصمّ كان اسماعيل بن اسحاق نيفاً وخمسين سنة على القضاء ما عزل عنها الا سنتين . قال الخطيب وهذا القول فيه تسامحٌ وذلك ان ولاية اسماعيل للقضاء ما بين ابتدائها الى حين وفاته لم تبلغ خمسين سنة واول ما ولي في خلافة المتوكل لمّا مات سوار بن عبد الله بن سوار بن عبد الله وكان قاضي القضاة بسرّ من رأى جعفر

(١) لعله سقط « نظير » : وفي طبقات الحفاظ للذهبي (٢:٢٠٠) قال المبرد اسماعيل اعلم الخ

ابن عبد الواحد الهاشمي فامره المتوكل ان يولي اسماعيل قضاء الجانب الشرقي من بغداد سنة ٢٤٦ لم يعزله احد من الخلفاء غير المهتدي فانه نقم على اخيه حماد بن اسحاق شيئاً فضربه بالسياط وعُزل اسماعيل الى ان قُتل المهتدي وولي المعتمد فاعاده الى القضاء فلم يزل على قضاء بغداد بالجانبين الى ان مات ولم يقلد قضاء القضاة لان قاضي القضاة كان الحسن بن ابي الشوارب وكان يكون حينئذ بسامرا . وحدث[1] الخطيب قال قال المبرد لما توفيت والدة القاضي اسماعيل رأيت من وجهه ما لم يقدر على ستره وكان كلٌّ يعزيه وقد كان لا يسلو فسلمت عليه ثم انشدته

لعمري لئن غال ريب الزمان فساء لقد غال نفساً حبيبه
ولكنّ علمي بما في الثوا ب عند المصيبة ينسي المصيبه

فتفهم كلامي واستحسنه ودعا بدواة وكتبه ثم انبسط وزالت عنه تلك الكآبة والجزع . قال ابراهيم بن حماد انشدني عمي اسماعيل القاضي

همم الموت عاليات فمن ثـــم تخطى الى لباب[2] اللباب
ولهذا قيل الفراق اخو المو ت لاقدامه على الاحباب

قال ودخل الى القاضي اسماعيل بن اسحاق عبدون بن صاعد الوزير وكان نصرانياً فقام له ورحب به فرأى انكار الشهود ومن حضره فلما خرج قال لهم قد علمت انكاركم وقد قال الله تعالى لَا يَنْهَاكُمُ اللهُ عَنِ الَّذِينَ لَمْ يُقَاتِلُوكُمْ فِي الدِّينِ وَلَمْ يُخْرِجُوكُمْ مِنْ دِيَارِكُمْ وهذا الرجل يقضي حوائج المسلمين وهو سفير بيننا وبين خليفتنا وهذا من البر

(١) ق وحديث (٢) ق اللباب

فسكتت الجماعة . قرأت بخط ابي سعد باسناد له رفعه الى ابي العباس ابن الهادي قال كنت عند اسماعيل بن اسحاق القاضي في منزله فخرج يريد صلاة العصر ويدي في يده فمر ابن البري وكان غلاماً جميلاً فنظر اليه فقال وهو يمشي الى المسجد

لولا الحياء وأنني مشهور ... والعيب يعلق بالكبير كبير
لحللت منزلها التي تحتله ... ولكان منزلها هو المهجور

وانتهى الى مسجد على باب داره فقال الله اكبر الله اكبر ثم مر في اذانه والشعر لابراهيم بن المهدي . وحكى ابو حيان هذه الحكاية كما مر وزاد فيها فقيل له افتتحت الاذان بقول الشعر فقال دعوني فوالله لو نظر امير المؤمنين الى ما نظرت اليه لشغله عن تدبير ملكه قيل له فهل قلت شيئاً آخر فيه قال نعم ابيات عبثت بي وانا في المحراب فما استتممت قراءة الحمد حتى فرغت منها وهي

الحاظه ترجمان منطقه ... ووجهه نزهة لعاشقه
هذبه الظرف والكمال فما ... يمر عيب على طرائقه
قد كثرت قالة العباد فما ... تسمع الا سبحان خالقه

ومن كتاب القضاة لابن سمكة قال : لما مات اسماعيل بن اسحاق بقيت بغداد ثلاثة اشهر بغير قاض حتى ضج الناس ورفع الى المتعضد فاختار عبيد الله بن سليمان ثلاثة[1] قضاة ابا[2] حازم وعلي بن ابي الشوارب ويوسف وهو ابن عم اسماعيل بن اسحاق فولى ابا حازم الكرخ وابن

(١) ق ثالث (٢) ق ابي

ابي الشوارب مدينة المنصور ويوسف الجانب الشرقي . قال واخبرني الثقة ان اسماعيل دخل على الموفق فقال له ما تقول في النبيذ فقال ايها الامير اذا اصبح الانسان وفي رأسه شيء منه يقال له ماذا فقال الموفق يقال هو مخمور قال فهو كاسمه. وحدث المحسن قال سمعت ابي يحكي عن ابي عمر القاضي قال عرض القاضي اسماعيل على عبيد الله بن سليمان وزير المعتضد رقعة في حوائج الناس فعرض اخرى وقال ان امكن الوزير ان يوقع وقع وعرض اخرى وقال شيئاً من هذا الجنس فقال له عبيد الله يا ابا اسحاق كم تقول «ان امكن وان جاز وان سهل» من قال لك انه يجلس هذا المجلس احد ثم يتعذر عليه شيء على وجه الارض من الامور فقد كذبك هات رقاعك كلها في موضع واحد قال فاخرجها اسماعيل من كمه وطرحها بين يديه فوقع فيها فكانت مع ما وقّع فيه قبل الكلام وبعده نحو الستين رقعة رحمه الله فما اصدق ما كانت رغبته الى الله عز وجل

﴿ اسماعيل بن الحسن بن علي الغازي البيهقي ﴾

ابو القاسم شمس الائمة ذكره البيهقي في كتاب الوشاح فقال يعرف بالشمس البيهقي كان جامعاً لفنون الآداب حائزاً لمفاتيح الحكمة وفصل الخطاب اقام وتوطن بمرو وطريقه في الفقه مستقيم واكثر مصنفاته عن المناقض سليمان [١] . ومن منظومه

كتّاب حضرتنا دامت سلامتهم ... يهيئون من الالقاب اسبابا
وينصبون من الاطماع الوية ... ويفتحون من الالقاب ابوابا

---

(١) لعله من المناقص سليمات

ويبخلون بما جاد الكريم به   وينفقون على الاقوام القابا
تجشأوا في نواديهم بلا شبع   كأنهم اكلوا الحلتيت والرابا[1]

اخذه من قول الخوارزمي

قل الدراهم في كيسي خليفتنا   فصار ينفق في الاقوام القابا

قال ومن تصانيفه كتاب نقض الاصطلام . كتاب سمط الثريا في معاني الغرائب للحديث . كتاب في اللغة . كتاب في الخلاف ظريف

﴿ اسماعيل بن الحسين بن محمد بن الحسين بن احمد بن محمد ﴾

ابن عزيز بن الحسين بن ابي جعفر محمد الاطروش بن علي بن الحسين ابن علي بن محمد الديباج بن جعفر الصادق بن محمد الباقر بن علي زين العابدين بن الحسين بن علي بن ابي طالب رضي الله عنهم كنيته ابوطالب ابن ابي محمد بن ابي الحسين بن ابي احمد بن ابي علي بن ابي الحسين بن ابي جعفر بن ابي الفضل بن ابي جعفر الاطروش بن ابي الجسين بن ابي عبد الله بن ابي الحسين بن ابي جعفر بن ابي عبد الله الصادق بن ابي جعفر الباقر بن ابي محمد زين العابدين بن ابي عبد الله السبط بن ابي الحسن امير المؤمنين المروزي العلوي النسابة الحسيني عزيز الدين حقاً . اول من انتقل من اجداده الى مرو من قم ابو علي احمد بن محمد ابن عزيز وكان انتقل الى بغداد من المدينة علي بن محمد الديباج وكان علي هذا يعرف بالحارص وابنه الحسين انتقل الى قم ثم اقاموا بمرو الى هذا الاوان . واخبرني احسن الله جزاءه ان مولده ليلة الاثنين الثاني

(١) كذا بالاصل

والعشرين من جمادى الآخرة سنة ٥٧٢ ورد بغداد في سنة ٥٩٢ صحبة الحجاج ولم يحج وقرأ الادب على الامام منتخب الدين ابي الفتح محمد ابن سعد بن محمد بن محمد بن ابي الفضل الديباجي والامام برهان الدين ابي الفتح ناصر بن ابي المكارم عبد السيد بن علي المطرزي الخوارزمي واخيه الامام مجد الدين ابي الرضى طاهر وقرأ الفقه على الامام نخر الدين محمد بن محمد بن محمد بن الحسين الطيان الماهروي الحنفي وقاضي القضاة منتخب الدين ابي الفتح محمد بن سليمان بن اسحاق الفقيهي قال وما علمت انه ولي القضاء بمرو احسن سيرة منه رحمه الله وقرأ الحديث على الامام نخر الدين اسماعيل بن محمد بن يوسف القاشاني وابي بكر محمد بن عمر الصائغي السبخي والامام شرف الدين محمد بن مسعود المسعودي والامام نخر الدين ابي المظفر عبد الرحيم بن الامام تاج الاسلام عبد الكريم بن محمد بن منصور السمعاني وعبد الرشيد بن محمد بن ابي بكر الزرقي المؤدب وبنيسابور على القاضي ركن الدين ابراهيم بن علي بن حمد المعيني والامام مجد الدين ابي سعد عبد الله بن عمر الصفار والامام نور الدين فضل الله بن احمد بن محمد الجليل التوقاني وعبد الرحيم بن عبد الرحمن الشعري وبالرى على [١] مجد الدين يحيي بن الربيع الواسطي وببغداد عليه وعلى عبد الوهاب بن علي بن سكينة[٢] وغيرهم بشيراز وهراة وتستر ويزد وله من التصانيف كتاب حظيرة [٣] القدس نحو ستين مجلداً ولعله يزيد فيما بعد . وكتاب بستان الشرف وهو مختصر

---

(١) ق — (٢) ق سليبة : وليراجع كتاب نفح الطيب (١:٨٩١) (٣) ق حضيرة

ذلك يكون عشرين مجلداً . كتاب غنية الطالب في نسب آل ابي طالب مجلد . كتاب الموجز في النسب مجلد لطيف . كتاب الفخري صنفه للفخر الرازى . كتاب زبدة الطالبية مجلد لطيف . كتاب خلاصة العترة النبوية في انساب الموسوية . كتاب المثلث في النسب . شجر عدة كتب منها كتاب ابي الغنائم الدمشقي . كتاب من اتصل عقبه لابي الحسن محمد بن القاسم التميمي الاصفهاني مشجر . وكتاب المعارف للسيد ابي طالب الزنجاني الموسوي . كتاب الطبقات للفقيه زكريا بن احمد البزار النيسابوري . كتاب نسب الشافعي خاصة . كتاب وفق الاعداد في النسب . وهذا السيد ادام الله فضله اجتمعت به في مرو في سنة ٦١٤ فوجدته كما قيل

قد زرته فوجدت الناس في رجل والدهر في ساعة والفضل في دار

قد طبع من حسن الاخلاق وسماحة الاعراق وحسن البشر وكرم الطبع وحياء الوجه وحب الغرباء على ما لا نراه متفرقا في خلق كثير وهو مع ذلك اعلم الناس يقينا بالانساب والنحو [١] واللغة والشعر والاصول والنجوم وقد تفرد بهذا البلد بالتصدر لاقراء العلوم على اختلافها في منزل ينتابه الناس على حسب اغراضهم فمن قارئ للغة ومتعلم في النحو ومصحح للغة وناظر في النجوم ومباحث في الاصول وغير ذلك من العلوم وهو مع سعة علمه متواضع حسن الاخلاق لا يرد غريب الا عليه ولا يستفيد مستفيد الا منه . وانشدني ادام الله علوه لنفسه

---

(١) ق والنجوم

قولوا لمن لبِّيَ في حبه قد صار مغلوباً ومسلوبا
وفي صميم القلب مني ارى هواه والايمان مكتوبا
وصحتي في عشقه صيرت جسمِيَ معلولاً ومعيوبا
ومدمعي منهمر ماؤه منهمل [١] في الخد مسكوبا

وانشدني ادام الله علوه لنفسه

والعين يحجبها لالاء وجنته من التامّل في ذا المنظر الحسن
بل عبرتي منعت لو نظرتي عبرت اليه من مقلتي الا على الشفن [٢]
لولا تجشمه بالابتسام وما امدّه الله عند النطق باللسن
لما عرفت عقيقا شقه درر ولم يبن فوه نطقا وهو لم يبن

حدثني عزيز الدين رحمه الله قال ورد الفخر الرازي الى مرو وكان من جلالة القدر وعظم الذكر وضخامة الهيبة بحيث لا يراجع في كلامه ولا يتنفس احد بين يديه لاعظامه على ما هو مشهور متعارف دخلت اليه وتردد [٣] للقراءة عليه فقال لي يوماً احب ان تصنف لي كتاباً لطيفاً في انساب الطالبيين لانظر فيه فلا احب ان اكون جاهلاً به فقلت له اتريده مشجرا ام منثورا فقال المشجر لاينضبط بالحفظ وانا اريد شيئاً احفظه فقلت السمع والطاعة ومضيت وصنفت [٤] له الكتاب الذي سميته بالفخري وحملته وجئته به فلما وقف عليه نزل عن طراحته وجلس على الحصير وقال لي اجلس على هذه الطراحة فاعظمت ذلك وخدمته فانتهرني نهرة مزعجة وزعق علي وقال اجلس بحيث اقول لك فتداخلني

---

(١) ق منهم اهامنا منهلا (٢) ق السفن (٣) لعله وترددت (٤) ق وصنف

علم الله من هيبته ما لم اتمالك الا ان جلست حيث امرني ثم اخذ يقرأ عليّ ذلك الكتاب وهو جالس بين يدي ويستفهمني عما يستغلق عليه الى ان انهاه قراءة فلما فرغ منه قال اجلس الآن حيث شئت فان هذا علمٌ انت استاذي فيه وانا استفيد منك واتتلمذ لك وليس من الادب ان يجلس التلميذ الا بين يدي الاستاذ فقمت من مقامي وجلس هو في منصبه ثم اخذت اقرأ عليه وانا جالس بحيث كان اوّلا وهذا لعمري من حسن الادب حسن ولا سيما من مثل ذلك الرجل العظيم المرتبة

﴿ اسماعيل الضرير النحوي ابو علي ﴾

لا اعرف من امره الا ما ذكر ان رجلا سأل اسماعيل الضرير النحوي عن ابي القاسم علي بن احمد [1] بن الفرج بن الحسين بن المسلمة الملقب برئيس الرؤساء وزير القائم كيف ترى رئيس الرؤساء في النحو فقال يتكلم فيه بكلام اهل الصنعة وسئل رئيس الرؤساء عن اسماعيل فقال ما ارى مفتوح القلب في النحو الا هذا المغمض العينين

﴿ اسماعيل بن حماد الجوهري ابو نصر الفارابي ﴾

ابن اخت ابي اسحاق الفارابي صاحب ديوان الادب وكان الجوهري هذا من اعاجيب الزمان ذكاءً وفطنةً وعلماً واصله من بلاد الترك من فاراب [2] وهو امام في علم اللغة والادب وخطه يضرب به المثل في الجودة لا يكاد يفرق بينه وبين خط ابي عبد الله بن مقلة وهو مع

(١) اسمه عند ابن الاثير علي بن الحسن (٢) اختصر المؤلف كتاب الثعالبي في اليتيمة (٤:٢٨٩)

ذلك من فرسان الكلام في الاصول وكان يؤثر السفر على الحضر ويطوف الآفاق واستوطن الغربة على ساق دخل العراق فقرأ علم العربيـة على شيخي زمانه ونور عين اوانه ابي علي الفارسي وابي سعيد السيرافي وسافر الى ارض الحجاز وشافه باللغة العرب العاربة وقد ذكر هو ذلك في مقدمة كتاب الصحاح من تصنيفه وطوف بلاد ربيعة ومضر واجهد نفسه في الطلب ولما قضى وطره من التطواف عاد راجعاً الى خراسان وتطرق الدامغان فانزله ابو علي الحسين [1] بن علي وهو من اعيان الكتاب وافراد الفضلاء عنده واخذ عنه وسمع منه ثم سرحه الى نيسابور فلم يزل مقيما بها على التـدريس والتأليف وتعليم الخط وكتابة المصاحف والدفاتر حتى مضى لسبيله عن آثار جميلة . وذكره ابو الحسين الباخرزي فقال هو صاحب صحاح اللغة لم يتاخر فيها عن شرط اقرانه ولا انحدر عن درجة [2] ابناء زمانه انشدني الاديب يعقوب بن احمد قال انشدني الشيـخ ابو اسحاق صالح الوراق تلميذ الجوهري رحمه الله له [3]

يا ضائع العمر بالاماني — اما ترى رونق الزمان
فقم بنا يا اخا الملاهي — نخرج الى نهر نشتقان
لعلنا نجتني سروراً — حيث جنى الجنتين داني
كاننا والقصور فيها — بخافقي كوثر الجنان
والطير فوق الغصون تحكي — بحسن اصواتها الاغاني

(١) اليتيمة الحسن (٢) الباخرزي : ق ـ (٣) الباخرزي : ق ـ

وراسل الورق عند ليب[١] كالزير والبم والمثاني[٢]
وبركة حولها اناخت عشر من الدلب واثنتان
فرصتك اليوم فاغتنمها فكل وقت سواه فاني

وله من التصانيف كتاب في العروض جيد بالغ سماه عروض الورقة. كتاب الصحاح في اللغة. كتاب المقدمة في النحو. وهذا الكتاب هو الذي بايدي الناس اليوم وعليه اعتمادهم احسن تصنيفه. وجوّد تأليفه. وقرب متناوله وأثر من ترتيبه على من تقدمه يدل وضعه على قريحة سالمة. ونفس عالمة. فهو احسن من الجمهرة واوقع من تهذيب اللغة واقرب متناولا من مجمل اللغة فيه يقول الشيخ ابو اسماعيل بن محمد بن عبدوس النيسابوري

هذا كتاب الصحاح احسن[٣] ما صنف قبل الصحاح في الادب
يشمل ابوابه[٤] ويجمع ما فرق في غيره من الكتب

هذا مع تصحيف فيه في مواضع عدة اخذها عليه المحققون وتتبعها العالمون ومن ما ساء قط. ومن له الحسنى فقط. فانه رحمه الله غلط واصاب. واخطا المرمى واصاب. كسائر العلماء الذين تقدموه وتاخروا عنه فاني لا اعلم كتابا سلِّمَ الى مؤلفه فيه. ولم يتبعه بالتتبع من يليه. وذكره ابو الحسن علي بن فضال المجاشعي في كتابه الذي سماه شجرة الذهب في معرفة أئمة الادب فقال كان الجوهري قد صنف كتاب الصحاح للاستاذ ابي

---

(١) ق عند ليب (٢) الباخرزي : ق اليماني (٣) اليتيمة سيد (٤) اليتيمة انواعه

منصور عبد الرحيم[1] بن محمد البيشكي وسمعه منه الى باب الضاد المعجمة واعترى الجوهري وسوسة فانتقل الى الجامع القديم بنيسابور فصعد الى سطحه وقال ايها الناس اني عملت في الدنيا شيئاً لم اسبق فساعمل للآخرة امراً لم اسبق اليه وضم الى جنبيه مصراعي باب وتابطهما بحبل وصعد مكاناً عالياً من الجامع وزعم انه يطير فوقع فمات وبقي بقية الكتاب مسودة غير منقحة ولا مبيضة فبيّضه ابو اسحاق ابراهيم بن صالح الوراق تلميذ الجوهري بعد موته فغلط فيه في عدة مواضع غلطا فاحشا . وكان الجوهري يجيد قول الشعر فمن ذلك

رأيت فتى اشقرا ازرقا قليل الدماغ كثير الفضول

يفضل من حمقه دائبا يزيد بن هند على ابن البتول

قال المؤلف وكنت بحلب في سنة ٦١١ في منزل القاضي الاكرم والصاحب الاعظم ابي الحسن علي بن يوسف بن ابراهيم الشيباني فتجارينا امر الجوهري وما وفق له من حسن التصنيف ثم قلت له ومن العجب اني بحثت عن مولده و وفاته بحثاً شافياً وسألت عنهما الواردين من نيسابور فلم اجد مخبراً عن ذلك فقال لي فقد بحثت قبلك عن ذلك فلم ار مخبراً عنه فلما كان من غد ذلك اليوم جئته فقال لي الا اخبرك بظريفة اني رأيت في بارحتنا في النوم قائلا يقول لي مات اسماعيل بن حماد الجوهري في سنة ٣٨٦ ولعمري وان كان المنام مما لا يقطع به ولا يعمل عليه فهذا بلا شك زمانه وفيه كان اوانه لان شيخيه ابا علي وابا

---

(١) في معجم البلدان (١:٧٩١) اسمه عبد الرحمن

سعيد ماتا قبل هذه المدة بسنين يسيرة ثم وجدت نسخة بديوان الادب بخط الجوهري بتبريز وقد كتبها في سنة ٣٨٣ ثم وقفت على نسخة بالصحاح بخط الجوهري بدمشق عند الملك المعظم بن العادل بن ايوب صاحب دمشق وقد كتبها في سنة ٣٩٦ . وقد ذكره ابو منصور عبد الملك بن محمد الثعالبي في كتاب يتيمة الدهر وانشد من شعره

لو كان لي بدّ من الناس ... قطعت حبل الناس باليأس
العز في العزلة لكنه ... لا بد للناس من الناس

وانشد له

وها انا يونسٌ في بطن حوت ... بنيسابور في ظلل[1] الغمام
فبيتي والفؤاد[2] ويوم دجن ... ظلام في ظلام في ظلام

وانشد له

[3]زعم المدامة شاربوها انها ... تنفي الهموم وتذهب الغما
صدقوا سرت بعقولهم فتوهموا ... ان السرور بها لهم تما
سلَبَتْهُمُ اديانهم وعقولهم ... ارأيت عادم ذين مغتماً

ومن شعره

يا صاحب الدعوة لا تجزعن ... فكلنا ازهد من كرز
فالماء كالعنبر في قومس ... من عزه يجعل في الحرز
فسقّنا ماءً بلا منة ... وانت في حل من الخبز

---

(١) ق ظلك (٢) ق الظلام (٣) لم ترد هذه القطعة في اليتيمة المطبوعة

قال مؤلف الكتاب وذكر محمود بن ابي المعالي الحواري في كتاب ضالة الاديب من الصحاح والتهذيب بعد ان ذكر قصة الجوهري كما ذكرها المجاشعي سواء من تصنيفه الكتاب للبيشكي وقراءة الناس عليه الى باب الضاد وشده مصراعي الباب وطيرانه ثم قال وسألت الامام سعيد بن الامام احمد بن محمد الميداني عن الخلل الواقع في هذا الكتاب فقال مثل ما ذكرناه ان هذا الكتاب قرئ عليه الى باب الضاد فحسب وبقي اكثر الكتاب على سواده ولم يقدّر له تنقيحه ولا تهذيبه فلهذا يقول في باب السين قيس ابو قبيلة من مضر واسمه الياس بنقطتين تحتها ثم يقول في فصل النون من هذا الباب الناس بالنون اسم قيس عيلان فالاول سهو والثاني صحيح . ثم قال ومن زعم انه سمع عن الجوهري شيئاً من الكتاب زيادة على اول الكتاب الى باب الضاد فهو مكذوب عليه . قال ورأيتُ انا نسخة السماع وعليه خطه الى باب الضاد وهي الآن موجودة في بلادنا والله اعلم بحقيقته . قال والكتاب بخط مؤلفه عند ابي محمد اسماعيل بن محمد بن عبدوس النيسابوري وفيه يقول وذكر البيتين المتقدمين قال وقال الثعالبي في اثناء كتابه يعني يتيمة الدهر ان تلك النسخة بيعت بمائة دينار نيسابورية وحملت الى جرجان والعلم عند الله في ذلك . قال المؤلف واما البيشكي الذي صنف له الكتاب فقد ذكره عبد الغافر الفارسي في السياق فقال هو عبد الرحيم بن محمد البيشكي الاستاذ الامام ابو منصور بن ابي القاسم الاديب الواعظ الاصولي من اركان اصحاب ابي عبد الله يعني الحاكم بن عبد الله بن

البيع له المدرسة والاصحاب والاوقاف والاسباب والتدريس والمناظرة والنثر والنظم توفي في جمادى الاولى سنة ٤٥٣ . ووجدت على ظهر كتاب الصحاح وكانت مجلدة واحدة كاملة بخط الحسن بن يعقوب ابن احمد النيسابوري اللغوي الاديب ما صورته: قرأ عليّ هذا الكتاب من اوله الى آخره بما عليه من حواشيه من الفوائد معارضاً بنسختي مصححاً اياها صاحبه الفقيه الفاضل السديد الحسين بن مسعود الصرام بارك الله له فيه وهو اجازة لي عن الاستاذ ابي منصور عبد الرحيم ابن محمد البيشكي عن المنصف وكتبه الحسن بن يعقوب بن احمد في شهر الله الاصم سنة ٤٧١ فهذا كما تراه مخالف لما تقدم من ان الجوهري لم يعمل من الكتاب الا الى باب الضاد . ومن كتابه الموسوم بالصحاح: النخيس البكرة يتسع ثقبها الذي يجري فيه المحور مما يا كله المحور فيعمدون الى خشبية فيثقبون وسطها ثم يلقمونها ذلك النقب المتسع ويقال لتلك الخشبية النخاس وسألت اعرابياً بنجد من بني تميم وهو يستقي وبكرته نخيس فوضعت اصبعى على النخاس فقلت ما هذا واردت ان اتعرف منه الخاء من الحاء[1] فقال نخاس بخاء معجمة فقلت اليس قال الشاعر

وبكرة نخاسها نحاس

فقال ما سمعنا بهذا في آبائنا الاولين . ومن كتابه في باب بَقَّم : وقلت لابي علي الفارسي أعَربي هو فقال معرب قال وليس في كلامهم اسم

(١) الجوهري (طبع مصر ١٢٧٢) : الحاء والخاء

على فَعَّلَ الا خمسة خَضَّم بن عمرو بن تميم وبالفعل سمي وبَقَّم لهذا الصبغ وشَلَّم موضع بالشام وهما اعجميان وبَذَّر اسم ماء من مياه العرب وعَثَّر موضع ويحتمل انِ يكونا سميا بالفعل فثبت ان فَعَّل ليس من اصول اسمائهم وانما يختص بالفعل فاذا سميتَ به رجلا لم ينصرف في المعرفة للتعريف ووزن الفعل وينصرف في النكرة

﴿ اسماعيل بن خلف ابو طاهر الصقلي المقرئ ﴾

صاحب عليّ بن ابراهيم بن سعيد الحوفي من حوف مصر وصنف كتاب اعراب القراآت في تسع مجلدات كبار وصنف في القراآت كتاب الاكتفاء وكتاب العيون وارى انه كان فيما بعد سنة ٥١٠

﴿ اسماعيل بن عباد بن العباس بن عباد الوزير ﴾

الملقب بالصاحب كافي الكفاة ابو القاسم من اهل الطالقان وهي ولاية بين قزوين وابهر وهي عدة قرى يقع عليها هذا الاسم وبخراسان بلدة تسمى الطالقان غير هذه خرج منها جماعة من اهل العلم هكذا نسبه المحدثون وقد قال الرستمي شاعره[١]

يهني ابن عباد بن عباس بن عبد الله نعمى بالكرامة تردف

وقال فيه السلامي يهجوه[٢]

يا ابن عباد بن عبا ... س بن عبد الله حرها
تنكر الجبر واخرجـ ... ـت الى دنياك كرها

قال ابو حيان في اخلاق الوزيرين كان[٣] عباد يلقب الامين وكان ديناً خيراً

---

(١) يتيمة الدهر ٣:١٤٤ (٢) اليتيمة ٣:١١٠ (٣) ق ـ

مقدماً في صناعة الكتابة . قال وكتب الامين لركن الدولة كما كتب العميد لصاحب خراسان والامين كان ينصر مذهب الاشناني تديناً وطلباً للزلفى عند ربه والعميد كان يعمل لعاجلته وان قلت كان (١) الامين معلماً بقرية من قرى طالقان الديلم قيل وكان والد العميد نخالا في سوق الحنطة بقم والصاحب مع شهرته بالعلوم واخذه من كل فن منها بالنصيب الوافر والحظ الزائد الظاهر وما اوتيه من الفصاحة ووفق لحسن السياسة والرجاحة مستغنٍ عن الوصف. مكتفٍ عن الاخبار عنه والرصف. مولده في ذي القعدة سنة ٣٢٦ ووزر لمؤيد الدولة ابي منصور بويه بن ركن الدولة ابي علي الحسن بن بويه واخيه فخر الدولة ثماني عشرة سنة وشهراً واحداً ومات الصاحب فيما ذكره ابو نعيم الحافظ في رابع عشرين * من صفر سنة خمس وثمانين (٢) وثلاثمائة وكان ابوه عباد يكنى بالحسن وكان من اهل العلم والفضل ايضاً سمع ابا خليفة الفضل بن الحباب وغيره من البغداديين والاصفهانيين والرازيين وصنف كتاباً في احكام القرآن نصر فيه الاعتزال جوّد فيه روى عنه ابنه الوزير ابو القاسم بن عباد وابن مردويه الاصفهاني ومات عباد في السنة التي مات فيها ابنه سنة ٣٨٥ . كلما ذكرناه من خبر عباد ابي الوزير فهو منقول من كتاب المنتظم في التاريخ من تصنيف ابي الفرج بن الجوزي وبين عباد وبين الحسن ابن عبد الرحمن بن حماد القاضي مكاتبات ومراسلات مذكورة مدوّنة. وكان الصاحب في بدء امره من صغار الكتاب (٣) يخدم ابا الفضل بن

(١) ق — (٢) ق — (٣) ق الكبار

العميد على خاصة فترقت به الحال الى ان كتب لمؤيد الدولة بن ركن الدولة بن بويه اخي عضد الدولة بن ركن الدولة [١] الديلمي ومؤيد الدولة حينئذ امير واحسن في خدمته وحصل له عنده بِقَدَم الخدمة قَدَم وانس منه مؤيد الدولة كفاية وشهامة فلقبه بالصاحب كافي الكفاة فلما مات ابوه ركن الدولة [١] وولي مؤيد الدولة بلاده بالري واصبهان وتلك النواحي خلع على ابي الفتح بن العميد وزير ابيه خلع الوزارة واجراه على ما كان في ايام ابيه الى ان قتل كما ذكرناه في ترجمته واستوزر الصاحب واستولى على اموره وحكّمه في امواله ولم يزل على ذلك الى ان مات مؤيد الدولة وكان فخر الدولة اخو مؤيد الدولة قد هرب من اخيه عضد الدولة والتجأ بخراسان الى السامانية هو وقابوس بن وشمكير في اخبار يضيق كتابنا عنها فنفذ الصاحب اليه واحضره وملكه البلاد فاقر الصاحب على امره فاراد الصاحب اختباره هل في نفسه عليه شيء مما كان في ايام مؤيد الدولة الذي اوجب هرب فخر الدولة فاستعفاه من الخدمة والوزارة فقال له فخر الدولة لك في هذه الدولة من ارث الوزارة كما لنا من ارث الامارة فسبيل كل واحد منا ان يحتفظ بحقه ولم يعفه ولم يزل على امره معه الى ان مات الصاحب والامور تصدر عن امره والملك يتدبر برأيه وكان اذا قال فخر الدولة قولاً وقال الصاحب قولاً امتُثِل قول الصاحب وتُرِك قول فخر الدولة . وللصاحب اخبار حسان في مكارم الاخلاق مع رقاعة كانت فيه ووصفه صاحب الامتاع [٢] فقال كان الصاحب كثير

---

(١) ق الدين (٢) يعني ابا حيان التوحيدي

المحفوظ حاضر الجواب فصيح اللسان قد نتف من كل ادب شيئاً واخذ من كل فنّ طرفاً والغالب عليه كلام المتكلمين المعتزلة وكتابته مهجنة بطرائقهم ومناظرته مشوبة بعبارة الكتّاب وهو شديد التعصب على اهل الحكمة والناظرين في اجزائها كالهندسة والطب والتنجم والموسيقي والمنطق والعدد وليس له من الجزء الإلاهي خبر. ولا له فيه عين ولا أثر. وهو حسن القيام بالعروض والقوافي ويقول الشعر وليس بذالّ. وبديهته غزارة. واما رويته نخوارة . وطالعه الجوزاء والشعرى فقرينه منه ويتشيع بمذهب ابي حنيفة ومقالة الزيدية ولا يرجع الى التاله والرقة والرأفة والرحمة والناس كلهم يحجمون عنه لجراءته وسلاطته واقتداره وبسطته[١] شديد العقاب. طفيف الثواب . طويل العتاب . بذيء اللسان يعطي كثيرا قليلا (يعني يعطي الكثير القليل) مغلوب بحرارة الرأس سريع الغضب بعيد الفيئة[٢] قريب الطيرة حسود حقود وحسده وقف على اهل الفضل وحقده سار الى اهل الكفاية اما الكتّاب والمتصرفون فيخافون سطوته . واما المنتجعون فيخافون جفوته . وقد قتل خلقاً واهلك ناساً ونفى امة نخوةً وبغياً وتجبّراً وزهواً ومع هذا يخدعه الصبي . ويخلبه الغبي . لأن المدخل عليه واسع والمأتى اليه سهل وذلك بان يقال « مولانا يتقدم بان أعارَ شيئاً من كلامه ورسائله منظومة ومنثورة فما جبت الارض اليه من فرغانة ومصر وتفليس الا لاستفيد كلامه وافصح به واتعلم به[٣] البلاغة

(١) لعله وبطشه (٢) الفيئة الرجوع عن الشيء الذي يكون قد لابسه الانسان وباشره (٣) لعله زائد

منه لكأنّما رسائل مولانا سُوَرُ قرآن . وفقره فيها آيات فرقان . واحتجاجه من اثنائها برهان . فسبحان من جمع العالم في واحد وابرز جميع قدرته في شخص » فيلين عند ذلك ويذوب ويلهى عن كلّ مهمّ له وينسى كل فريضة عليه ويتقدم الى الخازن بان يخرج اليه رسائله مع الورق والورق ويسهل الاذن عليه والوصول اليه والتمكن من مجلسه فهذا هذا ثمّ يعمل في اوقات كالعيد والفصل شعراً ويدفعه الى ابي[1] عيسى بن المنجّم ويقول له قد نحلتك هذه القصيدة امدحني بها في جملة الشعراء وكن الثالث من المنشدين فيفعل ذلك ابو عيسى وهو بغدادي محكّك. قد شاخ على الخدائع وتحنَّك. وينشد فيقول له عند سماعه شعره في نفسه ووصفه بلسانه ومدحه من تحبيره اعدِ يا ابا عيسى فانك والله مجيد زه يا ابا عيسى قد صفا ذهنك وزادت[2] قريحتك وتنقّحت قوافيك ليس هذا من الطراز الاول حين انشدتنا في العيد الماضي مجالس تخرّج الناس وتهب لهم الذكاء وتزيدهم الفطنة وتحوّل الكودن عتيقا والمحمر جوادا . ثم لا يصرفه عن مجلسه الا بجائزة سنية وعطية هنيئة . ويغايظ الجماعة من الشعراء وغيرهم لانهم يعلمون ان ابا عيسى لا يقرض مصراعاً ولا يزن بيتاً ولا يذوق عروضاً . قال يوماً من في الدار فقيل له ابو القاسم الكاتب وابن ثابت فعمل في الحال بيتين. وقال لانسان بين يديه اذا اذنت لهذين فادخل بعدهما بساعة وقل قد قلت بيتين فان رسمت لي انشادهما انشدتهما وازعم

---

(١) ق ــ : وابو عيسى هذا قد اورد صاحب اليتيمة له ابياتاً (٣:٢٠٨)

(٢) لعله وجادت

انك بدهت بهما ولا تجزع من تأفّفي بك ولا تفزع من تكبّري عليك ودفع البيتين اليـه وامره بالخروج الى صحن الدار واذن للرجلين حتى وصلا فلما جلسا وانما دخل الآخر على تفيئتهما ووقفت [(١)] للخدمة واخـذ يتلمظ يُرِي انه يقرض شعراً ثم قال يامولانا قد حضرني بيتان فان اذنت انشدت قال له انت انسان اخرق سخيف لا تقول شيئاً فيه خير اكفني امرك وشعرك قال يا مولانا هي بديهتي وان كسرتني ظلمتني وعلى كل حال فاسمع فان كانا بارعين والا فعاملني بما تحب قال انت لحوح هات فانشد

يا ايها الصاحب تاج العلا لا تجعلنّي نزهة [(٢)] الشامت

بمجلد يكنى ابا قاسم ومجبر يعزى الى ثابت

فقال قاتلك الله لقـد احسنت وانت مسيء . قال لي ابو القاسم وكدت اتفقأ غيظاً لاني علمت انها من فعلاته المعروفة وكان ذلك الجاهل لا يقرض بيتاً ثم حدثني الخادم الحديث بقضه . والذي غلّطه في نفسه وحمله على الاعجاب بفضله والاستبداد برأيه انه لم يجبه قط بتخطئة ولا قوبل بتسوئة لانه نشأ على ان يقال أصاب سيدنا وصدق مولانا ولله درّه ما رأينا مثله مَنْ ابن عبدكان مضافاً اليه ومن ابن ثوابة نقيسه عليه ومن ابراهيم بن العباس الصولي مَنْ صريع الغواني مَنْ اشجع السلمي اذا سلك طريقهما قد استدرك مولانا على الخليل في العروض وعلى ابي عمرو بن العلاء في اللغـة وعلى ابي يوسف في القضاء وعلى الاسكافي في

(١) لعله ووقف (٢) ق نهزة

الموازنة وعلى ابن نوبخت في الآراء والديانات وعلى ابن مجاهد في القرآآت وعلى ابن جرير في التفسير وعلى ارسطاطاليس في المنطق وعلى الكندي في الجزو [١] وعلى ابن سيرين في العبارة وعلى ابي العيناء في البديهة وعلى ابن ابي خالد في الخط وعلى الجاحظ في الحيوان وعلى سهل بن هارون في الفقر وعلى يوحنا في الطب وعلى ابن زين [٢] في الفردوس وعلى عيسى ابن كلب [٣] في الرواية وعلى الواقدي في الحفظ وعلى النجار في البدل [٤] وعلى بني ثوابة في التقفية وعلى السري السقطي في الخطرات والوساوس وعلى مزيد في النوادر وعلى ابي الحسن العروضي في استخراج المعمّى وعلى بني برمك في الجود وعلى ذي الرئاستين في التدبير وعلى سطيح في الكهانة وعلى ابي المحياة خالد [٥] بن سنان في دعواه هو والله اولى بقول ابي شريح اوس بن حجر التميمي في فضالة بن كلدة ابي دليجة

الالمعيّ الذي يظن لك الظ   نّ كأنْ قدْ رأى وقدسمعا [٦]

فتراه عند هذا الهذر واشباهه يتلوى ويبتسم ويطير فرحاً به وينقسم ويقول ولا كذى ثمرة السبق لهم وقصرنا ان نلحقهم او نقفو اثرهم وهو في ذلك يتشاجى ويتحايك ويلوي شدقه ويبتلع ريقه ويردّ كالآ خذ ويأخذ كالمتمنع ويغضب في عرض الرضى ويرضى في لبوس الغضب ويتهالك

---

(١) لعله الحذق (٢) لعله ابن يزيد خالد المنسوب له كتاب في الكيمياء اسمه الفردوس (٣) لعله ابن كعب (٤) البدل اسم كتاب لابي عبد الله الحسين بن محمد النجار (٥) الروايات المتعلقة بخالد بن سنان جمعها صاحب تاريخ الخميس (١:٢٢٥) (٦) وردت في الاغاني (٨:١٠) من هذه المرثية ابيات

ويتمالك ويتفاتك ويتمايل ويحاكي المومسات ويخرج في اصحاب السماجات وهو مع هـذا يظنّ انه خافٍ على نقّاد الاخلاق وجهابذة الاحوال . وقد افسده ايضاً ثقة صاحبـه به وتعويله عليه وقلة سماعه من الناصح فيه (وهو في الاصل محدود لاجرم بقلة مكان) دلالاً ونزقاً وعجباً واندراءً على الناس وازدراءً للصغار والكبار وجبهاً للصادر والوارد وفي الجملة آفاته كثيرة وذنوبه جمة ولكن الغنى ربٌّ غفور

ذريني للغنى اسعى فاني   رأيت الناس شرهم الفقير
وابعدهم واهونهـم عليهم   وان امسى له حسب وخير
ويقصيه النديّ وتزدريه   خليلتـه وينهره الصغير
وتلقى ذا الغنى وله جـلال   يكاد فؤاد صاحبه يطير
قليل ذنبـه والذنب جم   ولكن الغنى رب غفور

قال فكيف يتم له الامور مع هذه الصفات قلت والله لو ان عجوزاً بلهاء او امة ورهاء اقيمت مقامه لكانت الامور على هذا السياج [1] لانه قد امن ان يقال له لِمَ فعلت ولِمَ لم تفعل وهذا باب لا يتفق لاحد من خدم الملوك الا بجد سعيد ولقد نصح صاحبَه الهروي في اموال تاوية وامور من النظر عارية فقذف بالرقعة اليه حتى عرف ما فيها ثم قتل الرافع خنقا هذا وهو يدين بالوعيد.[2] وقال لي الثقة من اصحابه ربما شرع في امر يحكم فيه بالخطأ فيقلبه [3] جده صواباً حتى كأنّه عن وحي واسرار الله في خلقه عنـد الارتفاع والانحطاط خفيـة ولو جرت الامور على موضوع الرأي

(١) لعله السياق (٢) يعني مذهب الوعيدية (٣) ق فيقبله

وقضية العقل لكان معلّماً في مصطبة على شارع او في دار لتانٍ فانه يخرج الانسان بتفيهقه وتشادقه واستحقاره واستكباره واعادته وابدائه وهذه اشكالٌ تُعجب الصبيان ولا تنفرهم عن المعلمين ويكون فرحهم به سبباً للملازمة والحرص على التعلم والحفظ والرواية والدراسة . هذا قول صاحب الامتاع فيه ومما وجدت في بعض الكتب من مكارم الاخلاق للصاحب انه استدعى يوماً شراباً من شراب السكر فجيء بقدح منه فلما اراد شربه قال له بعض خواصه لا تشربه فانه [1] مسموم فقال له وما الشاهد على صحة ذلك قال بان تجرّبه على من اعطاكه قال لا استجيز ذلك ولا استحله قال فجرّبه على دجاجة قال ان التمثيل بالحيوان لا يجوز وامر بصب ما في القدح وقال للغلام انصرف عني ولا تدخل داري بعدها واقر رزقه عليه وقال لا تدفع اليقين بالشك والعقوبة بقطع الرزق نذالة . قال ودخل الى الصاحب رجل لا يعرفه فقال له الصاحب ابو من فانشد الرجل

وتتفق الاسماء في اللفظ والكنى كثيراً ولكن لا تلاقى الخلائق

فقال له اجلس يا ابا القاسم . وكان يقول لجلسائه نحن بالنهار سلطان وبالليل اخوان . وحدث ابو الحسن النحوي قال كان مكي المنشد قديم الصحبة والخدمة للصاحب فاساء اليه غير مرة والصاحب يتجاوز له فلما كثر ذلك منه امر الصاحب بحبسه فحبس في دار الضرب وكانت في جواره فاتفق ان الصاحب صعد يوماً سطح داره واشرف على دار الضرب

(١) ق فا : والصواب في مرآة الزمان

فناداه مكي فاطلع فرآه في سواء الجحيم فضحك الصاحب وقال اُخْسَئُوا فِيهَا وَلَا تُكَلِّمُونِ ثم امر باطلاقه . ومن كتاب اخلاق الوزيرين لابي حيان التوحيدي (قال المؤلف اما خبر ابي حيان مع ابن عباد فيذكر في اخبار ابي حيان واما غيره) فان ابا حيان كان قصد ابن عباد الى الري فلم يرزق منه فرجع عنه ذاماً له وكان ابو حيان مجبولاً على الغرام بثلب الكرام فاجتهد في الغض من ابن عباد وكانت فضائل ابن عباد تابى الا ان تسوقه الى المدح وايضاح مكارمه فصار ذمّه له مدحاً فمن ذلك ان قال بعد ان فرغ من الاعتذار من التصدّي لثلبه قال فاول ما اذكر من ذلك ما ادلّ به على سعة كلامه وفصاحة لسانه وقوة جاشه وشدة منته وان كان في فحواه ما يدل على قارعته[1] وانتكاث مريرته وضعف حوله وركاكة عقله وانحلال عقده لما رجع من همذان سنة ٣٦٩ بعد ان فارق حضرة عضد الدولة استقبله الناس من الريّ وما يليها واجتمعوا بساوة وكان قد اعدّ لكل واحد منهم كلاماً يلقاه به عند رؤيته فاول من دنا منه القاضي ابو الحسن الهمذاني من قرية يقال لها اسداباذ فقال له ايها القاضي ما فارقتك شوقاً اليك ولا فارقتني وجداً عليك[2] ولقد مرّت لي بعدك مجالس تقتضيك وتحظيك وترضيك ولو شهدتني بين اهلها وقد علوتُهم بتبياني ولساني وجدلي وبرهاني لانشدت قول حسان بن ثابت في ابن عباس وهو

اذا ما ابن عباس بدا لك وجهه ... رأيت له في كل مجمعة فضلا

(١) لعله رقاعته (٢) لعله عليّ

اذا قال لم يترك مقالاً لقائل   بملتقطات لا ترى بينها فصلا
كفى وشفى ما في النفوس ولم يدع   لذي اربة في القول جداً ولا هزلا
سموت الى العلياء من غير خفة [1]   فنلت ذراها لا دنياً ولا وغلا

ولذكرت ايضاً ايها القاضي قول الآخر وانشدته فانه قال فيمن وقف بموقفي وقرف مقرفي وتصرّف تصرّفي وانصرف منصرفي واغترف مغترفي

اذا قال لم يترك مقالاً ولم يقف   لعيّ ولم يَثن اللسان على هجر
يصرّف بالقول اللسان اذا انتحى   وينظر في اعطافه نظر الصقر

ولقد اودعت صدر عضد الدولة ما يطيل التفاته اليّ ويكثر حسرته عليّ ولقد رأى مني ما لم ير قبله مثله ولا يرى بعده شكله والحمد لله اوفدني عليه على [2] ما يسرّ الولي واصدرني عنه على ما يسوء العدوّ ايها القاضي كيف الحال والنفس . وكيف المجلس والدرس . وكيف العرض والحرس . وكيف الدسّ والعسّ . وكيف الفرس والمرس. وكاد لا يخرج من هذا الهذيان لتهيجه واحتدامه وشدة خباله وغلوائه والهمذاني مثل الفأرة بين يدي السنور وقد تضأل وقمؤ لا يصعد له نفس الا بنزع تذلّلا وتقلّلا هذا على كبره في نفسه . ثم نظر الى الزعفراني رئيس اصحاب الرأي فقال ايها الشيخ سرّني بقاؤك وساءني عناؤك ولقد بلغني عدواؤك وما خيّله اليك خيلاؤك وارجو الاّ اعيش حتى يرد عليك غلواؤك ما كان عندي انك تقدم علي ما اقدمت [3] عليه وتنتهي في عدوانك لاهل العدل والتوحيد

(١) الصواب ما في ديوان حسان سموت الى العليا بغير مشقة (٢) ق –
(٣) ق قدمت

الى ما انتهيت اليه ولي معك ان شاء الله نهار له ليل وليل يتبعه ليل . وثبور يتصل به ويل . وقطر يدفع ومعه سيل . وَسَيَعْلَمُ ٱلْكُفَّارُ لِمَنْ عُقْبَى ٱلدَّارِ. فقال له الزعفراني حسبنا الله ونعم الوكيل ثم ابصر اباطاهر الحنفي فقال ايها الشيخ ما ادري اشكوك ام اشكو اليك ام شكواي منك فانك لم تكاتبني بحرف . كأنّا لم نتلاحظ بطرف . ولم نتحافظ على الف . ولم نتلاق على ظرف . واما شكواي اليك فاني ذممت الناس بعدك . وذكرت لهم عهدك . وعرضت بينهم ودك . وقدحت عليهم زندك . ونشرت عليهم غرائب ما عندك . فاشتاقوا اليك بتشويقي . واستصفوك بترويقي . واثنوا عليك بتنميقي . وتوريقي . وهكذا عمل الاحباب . اذا نبأت[1] بهم الركاب . والتوت دونهم الاعناق . واضطربت[2] في صدورهم نار الاشتياق . فالحمد لله الذي اعاد الشعب ملتئماً . والشمل منتظماً . والقلوب وادعة . والاهواء جامعة . حمداً يتصل بالمزيد . على عادة السادة مع العبيد . عند كل قريب وبعيد . ثم التفت الى ابن القطان القزويني الحنفي وكان من ظرفاء العلماء فقال كذب ايها الشيخ احلم بك في اليقظة . واشتمل عليك دون الحفظة . لانك قد ملكت مني غاية المكانة والحظّة . والله ما اسغت بعدك ريقاً . الا على جرض . ولا سلكت دونك طريقاً. الا على مضض. ولا وجدت للظرف سوقاً . الا بالعرض . سقى الله ربعاً انت سالته[3] بنزاهتك . وطبعاً انت

---

(١) لعله ناءت (٢) لعله اضطرمت (٣) لعله اشدته

طابته[١] بيراعتك . ومغرساً انت ينعته[٢] بنباهتك . وقال للعيسابادي[٣] ايها القاضي ايسرك ان اشتاقك وتسلو عني . وانا اسال عنك وتنسلّ مني . وان اكاتبك فتتغافل . واطالبك بالجواب فتتكاسل . وهذا ما لا احتمله من صاحب خراسان . ولا يطمع في مثله مني ملك بني ساسان . متى كنت منديلاً ليد . ومتى نزلت على هذا الحد لاحد . ان انكفأت عليّ بالعذر انكفاءً . والا اندرأت عليك بالعذل اندراءً . ثم لا يكون لك فرار بحال . ولا يبقى لك بمكاني استكبار الا على وبال وخبال . ثم طلع ابو طالب العلوي فقال ايها الشريف جعلت حسناتك عني[٤] سيآت . ثم اضفت اليها هنات . ولم تفكر في ماضٍ ولا آت . اضعت العهد . واخلفت الوعد . وحققت النحس وابطلت السعد . وحلْتَ سراباً للحيران . بعد ما كنت شراباً للحران . وظننت انك قد شبعت مني . واعتضت عنّي . هيهات وانّي بمثلي . او من يعثر في ذيلي . او له نهار كنهاري او ليل كليلي .

وهل عائض منّي وان جلّ عائضُ

انا واحد هذا العالم . وانت بما تسمع عالِم . لا اله الا الله سبحان الله ايها الشريف اين الحق الذي وكدناه ايام كادت الشمس تزول . والزمان علينا يصول . وانا اقول . وانت تقول . والحال بيننا يحول . سقى الله ليلة تشييعك وتوديعك وانت متنكّر تنكّرا يسوء الموالي وانا متفكّر تفكّرا يسوء العدوّ ونحن متوجّهون الى ورامين[٥] خوفاً من ذلك الجاهل المهين (يعني

---

(١) لعله اطبته (٢) ق . بعه (٣) ق للعيدانادي (٤) لعله عندي (٥) بليدة من نواحي الري

بالجاهل المهين ذا الكفايتين حين اخرجه من الريّ بعد ان ألَبّ عليه وكاد ان يؤتى على نفسه الخبيثة وهو حديث له فرش وما انا بصدده يمنع من اقتصاصه ولعله يأتي فيما بعد) . ثم نظر الى ابي محمد كاتب الشروط فقال ايها الشيخ الحمد لله الذي كفانا شرّك . ووقانا عرّك . وضرّك . وانآنا فيحك وحرّك . دبت الضر الينا . ومشيت الجمر علينا . ونحن نحيس لك الحيس . ونصفك باللبابة والكيس . ونقول ليس مثله ليس . وانت في خلال ذلك تقابلنا بالويح والويس . لولا انك قرحان . لسقط بك العشاء على سرحان . وقال لابن ابي خراسان الفقيه الشافعي ايها الشيخ الغيت ذكرنا عن لسانك . واستمررت على الخلوة بانسانك . جارياً على نسيانك . مشتهراً بفتيانك . وافتنانك . غير عاطف على اخدانك . واخوانك . لولا انني ارعى قديماً قد اضعته . واعطيك من رعايتي ما قد منعته . لكان لي ولك حديث . اما طيب واما خبيث . خلفتك محتسباً . نخلفت [١] مكتسبا . وتركتك آمراً بالمعروف فلحقتك راكباً للمنكر قد تفيل الرأي وتخيب الظنّ وتكذب الامل . وقد قال الاول

الا رب من تغتشه لك ناصح ... ومؤتمن بالغيب وهو ظنين

ثم نظر الى الشادباشي [٢] فقال يا ابا علي كيف انت . وكيف كنت . فقال يا مولانا

لا كنتُ ان كنتُ ادري كيف كنت ولا ... لا كنتُ ان كنتُ ادري كيف لم اكن

(١) لعله فالفيتك (٢) لعله الشاباشي

فقال اعرب يا ساقط .ياهابط .يا من تذهب الى الحائط . بالغائط . ليس هذا من تحت يدك . ولا هو مما نشأ من عندك . هذا لمحمد بن عبد الله ابن طاهر واوله

كتبت تسأل عني كيف كنتُ وما   لاقيت بعدك من هم ومن حزن
لا كنتُ ان كنت ادري كيف كنت ولا
لا كنتُ ان كنتُ ادري كيف لم اكنِ

وكان ينشد وهو يلوي رقبته . ويجحظ حدقته . وينزي اطراف منكبيه ويتشايل ويتمايل كانه الذي يَتَخَبَّطُهُ الشَّيْطَانُ مِنَ الْمَسِّ . ثم قال يا ابا علي لا تعول على اير في سراويل لا اير الا اير تمطى تحت عانتك فانك ان عولت على ذلك شانك وخانك . وفضح خانك ومانك . ثم نظر الى غلام قد بقل وجهه كان يتهم به على الوجه الاقبح فالتوى وتقلقل وقال ادن مني يا بني كيف كنت ولِمَ حملت على نفسك هذا العناء وجهك هذا الحسن لا يتبذل للشحوب. ولا يعرف للفحات الشمس بين الطلوع الى الغروب . انت تحب ان تكون بدلة. بين حجلة وكلة . تزاح بك العلة . وتغلي بك القلة . وتشفى منك الغلّة . هذا آخر حديث الاستقبال . قال ابو حيان ودخل يوماً دار الامارة الفيرزان المجوسي في شيء خاطبه به (١) انما انت محش مجش مخش لا تهش ولا تبش ولا تمتش فقال الفيرزان ايها الصاحب برئت من النار ان كنت ادري ما تقول ان كان رأيك ان تشتمني فقل ما شئت بعد ان علِمَ فان العِرْض لك والنفس لك فداء لست

(١) سقط « فقال له »

من الزنج ولا من البربر كلمنا على العادة التي عليها العمل والله ما هذا من لغة آبائك الفرس ولا من اهل دينك من اهل السواد وقد خالطنا الناس وما سمعنا منهم هذا النمط فقام مغضبا . قال وكان ابن عباد يقول للانسان اذا قدم عليه من اهل العلم يا اخي تكلم واستأنس واقترح[1] وانبسط ولا تُرعْ واحسبني في جوف مربعة ولا يروعك هذا الحشم والخدم والغاشية والحاشية وهذه المرتبة والمصطبة وهذا الطاق والرواق . وهذه المجالس والطنافس فان سلطان العلم فوق سلطان الولاية فليفرج روعك ولينعم بالك وقل ما شئت وابصر ما اردت فلست تجد عندنا الا الانصاف والاسعاف والاتحاف والاطراف والمواهبة والمقاربة والمؤانسة والمقابسة ومن كان يحفظ ما كان يهذي به في هذا وفي غيره ويجري في هذا الميدان فيطيل حتى اذا استوفى ما عند ذلك الانسان بهذه الزخارف والحيل وسار[2] الرجل معه في حدوره على مذهب الثقة فاجّه وضايقه وسابقه ووضع يده على النكتة الفاصلة والامر القاطع تنمر له وتغيَّر عليه ثم قال يا غلام خذ بيد هذا الكلب الى الحبس وضعه فيه بعد ان تصب على كاهله وظهره وجنبيه خمسمائة سوط وعصاً فانه معاند ضد . يحتاج ان يشد بالقد . ساقط هابط كلب وقاح اعجبه صبري وغرّه حلمي ولقد اخلف ظني وعُدْتُ على نفسي بالتوبيخ وما خلق الله العصا باطلاً . فيقام ذلك البائس على هذه الحالة وليس الخبر كالعيان من لم يحضر ذلك المجلس لم ير منظراً رفيعاً ورجلاً رقيعاً . قال وكان ابو الفضل بن العميد اذا رآه

---

(١) لعله وانفرج (٢) ق وسال

قال احسب ان عينيه ركبتا من زئبق وعنقه عمل بلولب وصدَق فانه كان ظريف التثنّي والتلوّي شديد التفكك والتفتّل كثير التعوّج والتموّج في شكل المرأة المومسة والفاجرة الماجنة . قال وحدّثني الجرباذقاني الكاتب ابو بكر وكان كاتب داره قال يبلغ من سخنة عين صاحبنا انه لا يسكت عمّا لا يعرف ولا يسالم نفسه فيما لا يفي به ولا يكمل له ويظن انه ان[1] سكت فُطن لنقصه وان احتال وموّه جاز ذلك وخفي واستتر ولا يعلم ان ذلك الاحتيال طريق الى الاغراء بمعرفة الحال وصدق القائل «كاد المريب يقول خذني». قلت وما الذي حداك على هذه المقدمة قال قال لي في بعض هذه الايام ارفع حسابك فقد اخّرته وقصرتَ فيه وانتهزت سكوتي وشغلي بامر الملك وسياسة الاولياء والجند والرعايا والمدن وما عليّ من اعباء الدولة وحفظ البيضة ومشارفة الاطراف النائية والدانية باللسان والعلم والرأي والتدبير والبسط والقبض والتتبع والنفض وما على قلبي من الفكر في الاموال الظاهرة والغامضة وهذا باب لعمري مطمع وامساكي عنه مغرٍ بالفساد مولع فبادر عافاك الله الى عمل حساب بتفصيل باب باب يبين فيه امر داري وما دخل عليه امر دخلي وخرجي . قلت له هذا كله بسبب قوله هات حسابك بما نراعيه. فقال اي والله ولقد كان اكثر من هذا ولقد اختصرته . قال ابو بكر فتفردت اياماً وحررت الحساب على قاعدته واصله والرسم الذي هو معروف بين اهله وحملته[2] اليه فاخذه من يدي وامرّ عينيه فيه من غير تثبّت او فحص او مسئلة نخفف به اليّ

(١) ق — (٢) ق وحملت

وقال اهذا حساب . اهذا كتاب . اهذا تحرير . اهذا تقرير . اهذا تفصيل . اهذا تحصيل . والله لولا اني ربيتك في داري . وشغلت بتخريجك ليلي ونهاري . ولك حرمة الصبىَ . ويلزمني رعاية الآبا . لاطعمتك هذا الطومار . واحرقتك بالنفط والقار . وادّبت بك كل كاتب وحاسب . وجعلتك مُثلة لكل شاهد وغائب . امثلي يموّه عليه . ويطمع فيما لديه . وانا خلقت الحسابة [1] والكتابة والله ما انام ليلة الا واحصّل في نفسي ارتفاع العراق. ودخل الآفاق. اغرّك مني اني اجررت رسنك . واخفيت قبيحك وابديت حسنك . غيّر هذا الذي رفعت . واعرف قبلُ وبعدُ ما صنعت . واعلم انك من الآخرة قد رجعت . فزد في صلاتك وصدقتك . ولا تعوّل على تحتك وصلابة حدقتك . قال فوالله ما هالني كلامه ولا احاك فيّ هذيانه لاني كنت اعلم جهله في الحسابة ونقصه في هذا الباب فذهبت وافسدت واخّرت وقدّمت وكابرت وتعمدت ثم رددته اليه فنظر فيه وضحك في وجهي وقال احسنت بارك الله عليك هكذا اردت وهذا بعينه طلبت لو تغافلتُ عنك في اول الامر لما تيقظت في الثاني فهذا كما ترى اعجب منه كيف شئت . قال ابو حيان ومن رقاعته ايضاً سمعته يقول وقد جرى حديث الابهري المتكلم وكان يكنى ابا سعيد فقال لعن الله ذاك الملعون المأبون المأفون جاءني بوجه مكلح . وانف مفلطح . وراس مسطح [2] . وسرم مفتح . ولسان مكبح . فكلمني في مسئلة الاصلح . فقلت له اعزب عليك لعنة الله

(١) لعله للحسابة (٢) لعله انف مسطح وراس مفلطح

الابرح[١] . الذي يلزم ولا يبرح . وشتم يوماً رجلاً فقال لعن الله هـذا الاهوج الاعوج الافلج الافحج . الذي اذا قام تحلج . واذا مشى تدحرج . وان عدا تفجفج . قال ابو حيان بالله يا اصحابنا حدثوني اهـذا عقل رئيس ام بلاغة كاتب ام كلام متماسك لم تجنون به وتتهالكون عليه وتقيظون اهل الفضل به هل هناك الا الجد الذي يرفع من هو انذل منه ويوقع من هو ارفع منـه . ولقد حدثت هذا الحديث ابا السلم الشاعر فانشدني لشاعر

سبحان من انزل الدنيا منازلها ... وميز الناس مشنوءًا وموموقا

فعاقل فطن اعيت مذاهبه ... وجاهل خرق تلقاه مرزوقا

كانه من خليج البحر مغترف ... ولم يكن بارتزاق القوت محقوقا

هذا الذي ترك الالباب حائرة ... وصير العاقل النحرير زنديقا

قال وكان كلفه بالسجع في الـكلام والقلم عند الجد والهزل يزيد على كلف كل من رأيناه في هذه البلاد . قلت لابن المسيبي اين يبلغ ابن عباد في عشقه للسجع قال يبلغ به ذلك لو انه رأى سجعة تحل بموقعها عروة الملك ويضطرب بها حبـل الدولة ويحتاج من[٢] الى غرم ثقيل وكلفة صعبة وتجشم امور وركوب اهوال * لما كان يخف عليه[٣] ان يفرج عنها ويخليها بل يأتي بها ويستعملها ولا يعبأ بجميع ماوصفت من عاقبتها . قال وقلت للخليلي اما كان ابن العميد يسمع كلامه قال بلى وكان يقول سجعه يدل على الخلاعة والمجانة . وخطه يدل على الشلل والزمانة . وصياحه

(١) كذا بالاصل (٢) لعله سقط اجلها (٣) ق لمكان لا يخف عليه

يدل على انه قد خلب بالقمار في الحانة . وهو احمق الطبع الا أنه طيب . قلت للخليلي فهل عرفت طالعه فقال حدثني بعض اصحابنا منهم الهروي ان طالعه الجوزاء والشعرى اليمانية (كط) وكان زحل في الحادي عشر في الحمل (كز) والقمر فيه (يط) والشمس في السنبلة (يج) والزهرة فيها (بي)[١] والمشتري في الميزان (كد) والمريخ في العقرب (ن) وسهم السعادة في القوس (يد) وسهم الغيب في الجدي (يز) والرأس في الثالث من الاسد (يا). قال وخفي عليّ عطارد . وذكر انه ولد سنة ٣٢٦ من الهجرة لاربع عشرة ليلة من ذي القعدة روز سروش[٢] من ماه شهرير . قلت واين ولد قال كان عندنا انه ولد بطالقان وقال لنا يوماً باصطخر وقال غير الخليلي كان عطارد في السنبلة (ط ي)[٣] . قال ابو حيان وكنت بالري سنة ٣٥٨ وابن عباد بها مع مؤيد الدولة قد ورد في مهمّات وحوائج وعقد لابن عباس مجلس جدل وكنا نبيت عنده في داره في باب شير ومعنا الضرير ابو العباس القاضي وابو الجوزاء البرقي وابو عبد الله النحوي الزعفراني وجماعة من الغرباء فرأى ليلة في مجلسه وجهاً غريباً صاحب مرقعة فأحب ان يعرفه ويعرف ما عنده وكان الشاب من اهل سمرقند يعرف بابي واقد الكرابيسي فقال له يا اخ انبسط واستأنس وتكلم فلك منا جانب وطيء وشرب مريء ولن ترى الا الخير بم تقرف فقال بدقاق قال تدق ماذا قال ادق الخصم اذا زاغ عن سبيل الحق فلما سمع هذا تنكر وعجب لانه مجيء ببديعة فقال دع هذا وتكلم قال اتكلم سائلاً

(١) كذا بالاصل (٢) هو اليوم السابع عشر (٣) كذا بالاصل

مابي والله حاجة الى مسئلة ام اتكلم مسؤولاً فوالله اني لا كسل عن الجواب ام اتكلم مقرراً فوالله اني لا كره ان ابدد الدرّ في غير موضعه واني لكما كما قال الاول

لقد عجمتني العاجمات فلم تجد هلوعاً ولا لين المجسة في العجم
وكاشفت اقواماً فابديت وصمهم وما للاعادي في قناتي من وصم

قال له ياهذا مامذهبك قال مذهبي الا اقر على الضيم ولا انام على الهون ولا اعطي صمتي لمن لم يكن وليّ نعمتى ولم تصل عصمته بعصمتي قال هذا مذهب حسن ومن ذا الذي يأتي الضيم طائعاً ويركب الهون سامعاً ولكن ما نحلتك التي تنصرها قال نحلتي مطوية في صدري لا اقرب بها الى مخلوق ولا انادي عليها في سوق ولا اعرضها على شاك ولا اجادل فيها المؤمن قال فما تقول فى القرآن قال ما اقول في كلام رب العالمين الذي يعجز عنه الخلق اذا ارادوا الاطلاع على غيبه وبحثوا عن خافي سره وعجائب حكمته فكيف اذا حاولوا مقابلته بمثله وليس له مثل مظنون فضلاً عن مثل متيقن فقال له ابن عباد صدقت ولكن المخلوق ام غير مخلوق فقال ان كان مخلوقاً كما يزعم خصمك فما يضرك فقال يا هذا ابهذا تناظر في دين الله وتقوم على عبادة الله قال[1] ان كان[2] كلام الله نفعني ايماني به وعملي بمحكمه وتسليمي لمتشابهه وان كان كلام غيره وحاش لله من ذلك ما[3] ضرني فامسك عنه ابن عباد وهو مغيظ ثم قال انت لم تخرج من خراسان بعد فمكث الرجل ساعة ثم نهض فقال له ابن عباد الى اين يا هذا قد تكسر[4] الليل بت ههنا

(١) ق ــ (٢) ق ــ (٣) ق ــ (٤) كذا بالاصل

فقال «انا بعد لم اخرج من خراسان» كيف ابيت بالري وخرج فارتاب به ابن عباد فقفاه بصاحب له واوصاه بان يتبع خطاه ويبلغ مداه من حيث لا يفطن به ولا يراه فما زاغ الرجل عن باب ركن الدولة حتى وصل ودخل في ذلك الوقت الفائت اليه فقيل لابن عباد ذلك فطار نومه وقال اى شيطان هبط علينا واحصى ما كنا فيه بلسان سليط وطبع مريد وكان هذا الكرابيسي عيناً لركن الدولة بخراسان فلذلك كان قريباً وكان احد رجالاته[١] . ومما يدل على ولوع ابن عباد بالسجع ومجاوزته[٢] الحد فيه بالافراط قوله يوماً « حدثني ان ناس . وكان من سادة الناس . »[٣] جعل السين شينا ومر في هذا الحديث وقال هذه لغة وكذب وكان كذوباً . وقال ابن عباد لشيخ من خراسان في شيء جرى والله لولا شيء لقطعتك تقطيعاً . وبضعتك تبضيعاً . ووزعتك توزيعاً . ومزعتك تمزيعاً . وجزعتك تجزيعاً . وادخلتك في خزائنك ثم وقف ساعة ثم قال جميعاً . قال وملح هذه الحكاية ينبتر في الكتابة وبها[٤] ينقص في الرواية دون مشاهدة الحال وسماع اللفظ وملاحة الشكل في التحرك والتثني والترنح والتهادي ومدّ اليد وليّ العنق وهزّ الرأس والاكتاف واستعمال الاعضاء والمفاصل . قال وحدثنا ابن عباد يوماً قال ما فظعني الا شاب ورد علينا الى اصبهان بغدادي فقصدني فاذنت له وكان عليه مرقعة وفي رجليه نعل طاق فنظرت الى حاجبي فقال له وهو

(١) ق رجالات (٢) ق ومجاوزة (٣) لعله حدثني الناشي . وكان من سادة الناس : يريد الناشيء الاصغر المتوفى سنة ٣٦٦ (٤) لعله وطربها

يصعد اليّ اخلع نعلك فقال ولم ولعلي احتاج اليها بعد ساعة فغلبني الضحك وقلت اتراه يريد ان يصفعني . قال ابو حيان وقال لي علي بن الحسن الكاتب هجرني في بعض الايام هجراً اضرّ بي وكشف مستور حالي وذهب عليّ امري ولم اهتدِ الى وجه حيلة في مصلحتي وورد المهرجان فدخلت عليه في غمار الناس فلما انشدت نوبتين (١) تقدمت فانشدت فلم يهش لي ولم ينظر اليّ وكنت ضمنت ابياتي بيتاً له من قصيدة على رويّ قصيدتي فلما مرّ به البيت هب من كسله ونظر اليّ كالمنكر عليّ فطأطأت رأسي وقلت بصوت خفيض لا تلم ولا تزد في القرحة فما عليّ محمل وانما سرقت هذا من قافيتك لازين به قافيتي وانت بحمد الله تجود بكل علق ثمين وتهب كل در مكنون اتراك تشاحني على هذا القدر وتفضحني في هذا المشهد فرفع رأسه وصوته وقال يا بني اعد هذا البيت فاعدته فقال احسنت يا هذا ارجع الى اول قصيدتك فقد سهونا عنك وطار الفكر بنا الى شأن آخر والدنيا مشغلة وصار ذلك ظلماً بغير قصد منا ولا تعمد . قال فاعدتها وامررتها وفغرت فمي بقوافيها فلما بلغت آخرها قال احسنت الزم هذا الفنّ فانه حسن الديباجة وكانّ البحتري استخلفك واكثر بحضرتنا وارتفع بخدمتنا وابذل نفسك في طاعتنا نكن من وزراء مصالحك باداء حقك والجذب بضبعك (٢) والزيادة في قدرك

---

(١) لعله نوبتان (٢) يقال جذب بضبع فلان اذا قوّمه : قال الصائي (في رسائله ٢٢٨) قد جذب بضبعك من مطارح الارقاء العبيد الى مراتب الاحرار الصيد

على اقرانك. قال فلم ار بعد ذلك الا الخير حتى عراه ملك[١] آخر فوضعني في الحبس سنة وجمع كتبي فاحرقها بالنار وفيها كتب الفراء والكسائي ومصاحف القرآن واصول كثيرة في الفقه والكلام فلم يميزها من كتب الاوائل وامر بطرح النار فيها من غير تثبت بل لفرط جهله وشدة نزقه فهلا طرح النار في خزانته وفيها كتب ابن الراوندي وكلام ابن ابي العوجاء في معارضة القرآن بزعمه وصالح بن عبد القدوس ابي سعيد الحصيري وكتب ارسطاطاليس وغير ذلك ولكن من شاء حمق نفسه.

قال ابو حيان وحدثني محمد بن المرزبان قال كنا بين يديه ليلة فنعس واخذ انسان يقرأ سورة الصافات فاتفق ان بعض هؤلاء الاجلاف من اهل ما وراء النهر نعس ايضاً وضرط ضرطة منكرة فانتبه وقال يا اصحابنا نمنا على والصافات وانتبهنا على والمرسلات وهذا من نوادره وملاحاته.

وحدثني ايضا قال انفلتت ليلة اخرى ضرطة من بعض الحاضرين وهو في الجدل فقال على حدته كانت بيعة ابي بكر خذوا فيما انتم فيه يعني فلتة لانه قيل في بيعة ابي بكر كانت فلتة. قال وقال قوم من اهل اصبهان لابن عباد لو كان القرآن مخلوقاً لجاز ان يموت ولو مات القرآن في آخر شعبان بماذا كنا نصلي التراويح في رمضان قال لو مات القرآن كان رمضان يموت ايضاً ويقول لا حياة لي بعدك ولا تصلى التراويح ونستريح.

قال ابو حيان واسمع ما هو اعجب من هذا ناظر بالري اليهودي رأس الجالوت في اعجاز القرآن فراجعه اليهودي فيه طويلاً وماتنه[٢] قليلا

(١) كذا بالاصل (٢) ق وماسه

وتنكد عليه حتى احتد وكاد [١] يتقد فلما علم انه قد سحر بنوره واسعط انفه احتال طلباً لمضادّته ورفقا به في مخاتلته فقال ايها الصاحب فلم تتقد وتستشيط وتلتهب وتختلط كيف يكون القرآن عندي آية ودلالة ومعجزة من جهة نظمه وتأليفه فان كان النظم والتاليف بديعين وكان البلغاء فيما تدّعي عنه عاجزين وله مذعنين وها انا اصدق عن نفسي واقول ما عندي ان رسائلك وكلامك وفقرك وما تؤلفه وتباده به نظماً ونثراً هو فوق ذلك او مثل ذلك وقريب منه وعلى كل [٢] حال فليس يظهر لي انه دونه وان ذلك سيستعلي عليه بوجه من وجوه الكلام او بمرتبة من مراتب البلاغة . فلما سمع ابن عباد هذا فتر وخمد وسكن عن حركته وانحمص ورمه به وقال ولا هكذا يا شيخ كلامنا حسن وبليغ وقد اخذ من الجزالة حظّاً وافراً ومن البيان نصيباً ظاهراً ولو كان القرآن له المزية التي لا تجهل والشرف الذي لا يخمل واين ما [٣] خلقه الله على اتم حسن وبهاء مما يخلقه العبد بطلب وتكلف . هذا كله يقوله وقد خبا حميه وتراجع مزاجه وصارت ناره رماداً مع اعجاب شديد قد شاع في اعطافه وفرح غالب قد دب في اسارير وجهه لانه رأى كلامه شبيه [٤] لليهود واهل الملل . وقال بعض الشعراء في ابن عباد يذم سجعه وخطه وعقله

متغلب [٥] كافي الكفاة وانما ... هو في الحقيقة كافر الكفار

السجع سجع مهوس والخط خـــط منقرس والعقل عقل حمار

---

(١) ق وكان (٢) ق ـ (٣) ق من (٤) لعله شبيهاً بالقرآن (٥) لعله متلقب

وكان ذو الكفايتين ابن العميد [١] يقول خرج ابن عباد من عندنا من الريّ متوجهاً الى اضفهان ومنزله ورامين* وهي قرية كالمدينة [٢] فجاوزها الى قرية غامرة وماء ملح [٣] لا لشيء الا ليكتب الينا« كتابي هذا من النوبهار .يوم السبت نصف النهار .»قال ابو حيان وكان ابن عباد يروي لابي الفضل بن العميد كلاماً في رقعة اليه حين استكتبه لمؤيد الدولة وهو: بسم الله الرحمن الرحيم مولاي وان كان سيداً بهرتنا نفاسته . وابن صاحب تقدمت علينا رئاسته . فانه يعدّني سيداً ووالداً . كما اعدّه ولداً واحداً . ومن حق ذلك ان يعضد رأيي برأيه ليزداد استحكاماً .ونتظاهر عقداً وابراماً .وحضرت اليوم مجلس مولانا ركن الدين [٤] ففاوضني ما جرى بينه وبين مولاي طويلاً ووصل به كلاماً بسيطاً واطلعني على انّ مولاي لا يزيد بعد الاستقصاء والاستيفاء على التقصي والاستعفاء والزم عبده ان اكره مولاي اكراه المسألة واجبره اجبار الطلبة علماً بانه ان دافع المجلس المعمور طلباً للتحرز لم يردّ وساطتي اخذاً بالتطول واقول بعد ان اقدم مقدمة مولاي غني عن هذا العمل بتصوّنه وتصلفه وعزوفه وبهمته عن التكثر بالمال وتحصيله لكن العمل فقير الى كفايته . محتاج الى كفالته . وما اقول ان مرادي ما يعقد من حساب . وينشأ من كتاب . ويستظهر به من جمع . وبذر من عطاء ومنع . فكل ذلك وان كان مقصوداً . وفي آلات الوزارة معدوداً . ففي كتّاب مولاي من يفي به

---

(١) ق العماد (٢) معجم البلدان (٤:٨١٧) : ق ـ (٣) معجم البلدان : ق ـ
(٤) يريد ركن الدولة

ويستوفيه . ويوفي عليه ما يسر مساعيه . ولكن ولي النعمة يريد لتهذيب ولده ومن هو ولي عهده من بعده . والمأمول ليومه وغده . ادام الله ايامه. و بلغه فيه مرامه . ولا بد وان كان الجوهر كريماً . والسنخ قديماً . والمجد[١] صميماً. ومركب العقل سليماً. من[٢] مناب من تعلم ما السياسة وما الرئاسة وكيف تدبير العامة والخاصة و بماذا تعقد المهابة . ومن اين تجتلب الاصالة والاصابة . وكيف ترتب المراتب . ويعالج الخطب اذا ضاقت المذاهب. وتعصى الشهوة لتحرس الحشمة .وتهجر اللذة لتخص[٣] الامرة . ولا بد من محتشم يقوم في وجه صاحبه فيرادّه اذا بدر منه الرأى المنقلب . ويراجعه اذا جمح به اللجاج المرتكب . ويعاوده اذا ملكه الغضب الملتهب . فلم يكن السبب في ان فسدت ممالك جمة و بلدان عدة الا ان خفضت اقدار الوزارة . فانقبضت اطراف الامارة . وليس يفسد على ما أرى بقية الارض الا اذا استعين باذناب[٤] على هذا الامر فلا يخان مولاي على ولي نعمته بفضل معرفته فمن هذه الدولة جري مافضله وفضل الشيخ الامين من قبله وان كان مسموعاً كلامي . وموثوقا باهتمامى . فلا يقعن انقباض عني . واعراض عما سبق مني . ومولاى محكم الاجابة الى العمل فيما يقترحه وغير مراجع فيما يشترطه وهذا خطي به وهو على ولي النعمة حجة لايبقى معها شبهة وساتبع هـذه المخاطبة بالمشافهة اما بحضوري لديه . او بتجشمه الى هذا العليل الذي قد الح النقرس عليه .

---

(١) لعله المحتد (٢) لعله سمط « ينوب » (٣) لعله لتحفظ (٤) لعله بانذال

وكان ابن عباد [١] هذه النسخة ويرويها ويفتخر بها . قال ابو حيان وقال لي اصحابنا بالري منهم ابو غالب الكاتب الاعرج ان هذه المخاطبة من كلام ابن عباد افتعلها عن ابن العميد الى نفسه تسيعا [٢] بها ونفاقاً بذكرها . قال وكان ابن عباد ورد الري سنة ٥٨ مع مؤيد الدولة وحضر مجلس ابن العميد وجرى بينه وبين مسكويه كلام ووقع تجاذب فقال مسكويه فدعني حتي اتكلم ليس هذا نصفة اذا اردت ان لا اتكلم فدع على فمي مخدة فقال الصاحب بل ادع فمك على المخدة وطارت النادرة ولصقت.وشاعت بين الناس وبقيت . قال ودخل الناس في مذهب ابن عباد وقالوا بقوله رغبة فيما لديه واجتهد بابي الحسين المتكلم الكلابي ان ينتقل الى مذهبه فقال الحسين دعني ايها الصاحب اكون مستجدا لك مما بقى غيري فان دخلت في المذهب لم يبق بين يديك من ينبو عليك قبيحه ويبدو للناس عواره فضحك وقال قد اعفيناك يااباعبد الله وبعد فما نخل عليك بنار جهنم اصل بها كيف شئت . قال لنا الحسين بعد ذلك اتراني اصلى بنار جهنم وعقيدتي وسريرتي معروفتان ويتبوأ هو الجنة مع قتل النفس المحرمة وركوب المحظورات العظيمة وان ظنه بنفسه لعجب لحى الله الوقاح . وقال يوماً صدر قول الشاعر

والمورد العذب كثير الزحام

فسكتت الجماعة فقال ابن الداري

يزدحم الناس على بابه

(١) لعله سقط « يحفظ » (٢) لعله تسوقا

فاقبل عليه بغيظ وقال ما عرفتك الا متجرفاً جاهلاً اما كان لك بالجماعة اسوة . قلت لابي السلم نجبة بن عليّ القحطاني الشاعر اين ابن عباد من ابن العميد فقال زرتهما منتجعاً ورزتهما جميعاً وكان ابن العميد اعقل وكان يدّعي الكرم وابن عباد اكرم ويدعي العقل وهما في دعواهما كاذبان وعلى سجيتهما جاريان . انشدت يوما على باب ذاك قول الشاعر

اذا لم يكن للمرء في ظل دولة جمال ولا مال تمنى انتقالها
وما ذاك من بغض لها غير انه يؤمل اخرى فهو يرجو زوالها

فرفع اليه انشادي فاخذني واوعدني وقال انجُ بنفسك فاني ان رأيتك بعد هذا اولغت الكلاب دمك وكنت قاعدا على باب هذا منذ أيامٍ فانشدت البيتين على سهو فرفع الحديث اليه فدعاني ووهب لي دريهمات وخريقات وقال لا تمنَّ انتقال دولتنا بعد هذا قال ابو السلم هذا من اعذر الناس في الشعر يحفظ الطم والرم . وقال الخليلي الرجل مجنون (١) (يعني ابن عباد) في طباع المعلمين سمعته يقول للتميمي الشاعر كيف تقول الشعر وان قلت كيف تجيد وان اجدت فكيف تغزر وان غزرت فكيف تروم غاية وانت لا تعرف ما الزهزيق وما الهبلع وما العثلط وما الجلعلع وما القهقب وما القهبلس وما الخيسوب (٢) وما الخزعبلة وما القذعملة وما العرموط (٣) وما الجرفاس وما اللؤوس وما النعشل (٤) وما

---

(١) لعله مجبول (٢) لعله الخنتب (٣) لعله الغرموص الذي ذكره الجاحظ في حيوانه (٣ : ٤٦) (٤) لعله النعثل

الطريال وما الفرق بين العرم والردم والحدم والحذم والقضم والخضم والنضح والرضح والفصم والقصم والقصع والفصع وما العبنقس وما العكنفس [١] وما الوكال والرومل [٢] وما الحيتعور [٣] واليستعور وما الستعون [٤] وما الجردون [٥] وما الحلزون وما الفقندر [٦] وما الجمعليل قال الشاعر

جاءت تمشي وهي قدام الابل جاءت بخف وحنين ورحل
مشي الجمعليلة بالخرق النقل

قال ورايت بعض الجهال يصحف ويقول وحنين وزجل. قلت للخليلي من عني بهذا قال ابن فارس معلم ابن العميد ابي الفتح قال الخليلي فهذا الضرب من الكلام يجب ان يفتخر بمثله ويتدقق به انك يا أبا حيان لو رأيته يمشي وهو يهذي بهذا وشبهه ويتفيهق ويلوي شدقيه عليه ويقذف بالبصاق على اهل المجلس لحمدت الله على العافية مما يلي هذا الرجل به وبعد فما بين الشاعر وهذا الضرب الشاعر يطلب لفظاً حراً ومعنى بديعاً ونظماً حلواً وكلمة رشيقة ومثلاً سهلاً ووزناً مقبولاً. قال ابو حيان عند ما قارب الفراغ من كتابه في اخلاق الوزيرين ولولا ان هذين الرجلين اعني ابن عباد وابن العميد كانا كبيري زمانهما واليهما انتهت الامور وعليهما طلعت شمس الفضل وبهما ازدانت الدنيا وكانا بحيث ينشر الحسن منهما نشراً والقبيح يؤثر عنهما اثرا لكنت لا اتسكع

---

(١) لعله العلنقس (٢) لعله الزومل (٣) لعله الحنتفر (٤) لعله الشنعوف (٥) لعله الخذروف (٦) لعله القفندد

في حديثهما هذا التسكع ولا انحي عليهما بهذا الحد ولكن النقص مما يدعي التمام اشنع والحرمان من السيد المأمول فاقرة والجهل من العالم منكر والكبيرة ممن يدعي العصمة جائحة والبخل ممن يتبرأ منه بدعواه عجيب. ولو اردتَ مع هذا كله ان تجد لهما ثالثاً في جميع من كتب للجبل والديلم الى وقتك هذا المؤرخ في الكتاب لم تجد. قال وقال ابن عباد يوماً كان ابو الفضل (يعني ابن العميد) سيّداً ولكن لم يشق غبارنا . ولا ادرك شوارنا . ولافسح عذارنا [1] . ولاعرف غرارنا . لا في علم الدين . ولافيما يرجع الى نفع المسلمين . فاما ابنه فقد عرفتم قدره في هذا وفي غيره طياش قلاش . ليس عنده الا قاش وقماش . مثل ابن عياش . والهروي الحواش [2] . وولدت والشعرى في طالعي ولولا دقيقة لادركت النبوة وقد ادركت النبوة اذ قمت بالذب عنها والنصرة لها فمن ذا يحابنا [3] اويبارينا . ويغارينا . ويسارينا . ويشارينا . قال وسمعته يقول لابن ثابت جعلك الله ممن اذا خرئ شطر . واذا بال قطر . واذا فسا غبر . واذا ضرط كبر . واذا عجف [4] عبر . قال وهذا سخف لايليق باصحاب الفرصة والذين اختلفوا الى الخندق ودارمانوكه [5] والزبيدية والرمادة والخلد . قال وانشد ابو دلف الخزرجي

يا ابن عباد بن عبا   س بن عبد الله حرها

---

(١) كذابالاصل (٢) الحواش ذكره ابو العلاء في اللزوميات (٢:٤) فكيف به لما اعتدى في طريقه رجيب وحواش وتنج واشناس (٣) لعله يجارينا (٤) لعله عفج (٥) لعله كعيوبة الذي ذكره اليعقوبي (٣٤٤)

تنكر الجبر وقد اخـــــرجت من دنياك كرها

قال علي بن [١] عطاء ابن عباد لا يزيد على مائة درهم وثوب الى خمسمائة وما يبلغ الى الالف نادر وما يوفي على الالف بديع بلى قد نال به ناس من عرض جاهه على السنين مايزيد قدره على هـذا باضعاف وعدد هؤلاء قليل جداً وذلك بابتذال النفس وهتك الستر. قال ولقد بلغ من ركاكته انه كان عنده ابو طالب العلوي فكان اذا سمع منه كلاماً يسجع فيه وخبراً ينمقه ويري يبلق عينيه وينشر منخريه ويروي انه قد لحقه غشى حتى يرش على وجهه ماء الورد فاذا افاق قيل وما اصابك ما عراك ما الذي نالك وتغشاك فيقول ما زال كلام مولاي يروقني ويؤنقني حتى فارقني لبي وزايلني عقلي وانشرحت مفاصـلي وتخاذلت عرى قلبي وذهل ذهني وحيل بيني وبين رشدي فيتهلل وجه ابن عباد عند ذلك ويتنفش ويضحك عجباً وجهلاً ثم يأمر له بالحباء والتكرمة ويقدمه على جميع بني ابيه وعمه ومن ينخدع هكذا فهو بالنساء الرعن اشبه وبالصبيان الضعاف امثل . وذكر الوزير ابو سعد منصور بن الحسين الآبي في تاريخه من جلالة قدر الصاحب وعظم قدره في النفوس وحشمته ما لم يذكر لوزير قبله ولا بعده مثله وانا ذاكر ما ذكر على ما نسقه : قال توفيت ام كافي الكفاة باصبهان وورد عليه الخبر فجلس للتعزية يوم الخميس للنصف من محرم سنة ٣٨٤ وركب اليه سلطانه وولي نعمته فخر الدولة بن ركن الدولة معزياً ونزل وجلس عنده طويلاً يعزيه ويسكن

(١) سقط اسم رجل

منه وبسط الكلام معه بالعربية وكان يفصح بها فسمعته يقول حين اراد القيام ايها الصاحب هذا جرح لايندمل فاما سائر الامراء والقواد مثل منوجهر بن قابوس ملك الجبل وفولاذ بن ماناذر [١] احد ملوك الديلم وابي العباس الفيروزان بن خالد نخر الدولة وغيرهم من الاكابر والاماثل فانهم كانوا يحضرون حفاة حسرًا وكان كل واحد منهم اذا وقعت عينه على الصاحب قبل الارض ثم توالى بين ذلك الى ان يقرب منه ويامره بالجلوس فيجلس وما كان يتحرك ولا يستوفز [٢] لاحد بل كان جالساً على عادته في غير ايام التعزية فلما اراد القيام من المعزّى بعد الثالث كان اول من امر ان يقدم اليه اللكتا [٣] منوجهر بن قابوس فانه قال يحمل الى ابي منصور ما يلبسه فقدم اليه ومنع من الخروج من الدار حافياً ثم قدم بعد ذلك الحجّاب والحاشية اللكات الى الجماعة فعتب فولاذ بن ماناذر والفولاذ دريدية [٤] عليه ذلك وقالوا ميز منوجهر من بين الجماعة فاحتج الصاحب ببيته العظيم ورئاسته القديمة . قال وخطب كافي الكفاة ابنة ابي الفضل بن الداعي لسبطه عباد بن الحسين و وقع الاملاك في داره يوم الخميس لاربع خلون من شهر ربيع الاول سنة ٨٤ وكان يوماً عظيماً احتفل فيه كافي الكفاة ونشر من الدنانير والدراهم شيئاً كثيرًا ولذلك انفذ نخر الدولة له على يدي احد حجابه الكبار الى هناك من النثار ما زاد على مائة طبق عيناً وورقاً وحضر الفولاذ ريدية [٥]

---

(١) كذا بالاصل: وهو الذي سماه ابن الاثير فولاذ زماندار (٢) ق يستوس (٣) كذا بالاصل فكانه يريد اللكا وهو نوع من الخفاف (٤) كذا بالاصل (٥) كذا بالاصل

باسرهم فان الابنة المزوجة كانت ابنة ديكونه بنت الحسن بن الفيروزان خالة فخر الدولة وكان القوم اخوالها واضافهم الصاحب ونصبت مائدة عظيمة في بيت طوله يزيد على خمسين ذراعاً وكانت بطول البيت واجلس عليه ستة انفس وكان فولاذ بن بادر⁽١⁾ وكبات بن بلقسم في الصدر وبجنب فولاذ ابو جعفر بن الثائر العلوي وبجنبه الآخر ابو القاسم بن القاضي العلوي ودون احد العلويين كاكي بن يشكر زاد ودون الآخر مرداويج الكلاري ووقف ابو العباس الفيروزان وعبد الملك بن ماكان للخدمة ووقف كافي الكفاة ايضا ساعة ووقف جميع اكابر الكتاب والحجاب مثل الرئيس ابي العباس احمد بن ابراهيم الضبي وابي الحسين العارض واخيه ابي علي وابنه ابي الفضل وابي عمران الحاجب وغيرهم الى ان فرغ القوم من الاكل ثم اكل هؤلاء مع الصاحب على مائدة مفردة واما قاضي القضاة والاشراف والعدول فانهم اطعموا على مائدة اخرى في بيت آخر . قال وكان نصر بن الحسن بن الفيروزان وهو خال فخر الدولة مقداماً شجاعاً قليل المبالاة قد استعصى على فخر الدولة واقتطع قطعة من بلاده وتغلب عليها واحتال على جماعة من عساكره فقتلهم بانواع القتل ثم كسر له عدة عساكر الى ان تكاثرت عساكر فخر الدولة فكسرته وشتت جموعه وهرب نحو خراسان حتى صار الى اسفرايين ثم بدا له ان سلك طريق المفازة فيها حتى ورد الري ليلة الجمعة لست بقين من شوال سنة ٨٤ وقصد في الليل باب كافي الكفاة مستجيراً به

(١) كذا بالاصل

ومستعطفاً له فلم يكن [(١)] له وردّ الى دار بعض حجاب فخر الدولة فحبس فيها . قال الوزير ابو سعد وكنت في هذه الليلة بحضرة كافي الكفاة فأتاه الحاجب وقد مضى هزيع من الليل فاخبره بوقوف نصر بن الحسن بن الفيروزان على الباب خاشعاً متضرعا فرأيته قد تحير في الامر ساعة ثم راسله بان السلطان الاعظم (يعني فخر الدولة) ساخط عليك ولا يجوز لي ان آذن لك في دخول داري الا بعد ان ترضاه وتستعطف قلبه فاذا عفا عنك ورجع لك فالدار بين يديك وانا معين لك . فعاد الحاجب اليه بذلك ورجع فقال انه امتنع من العود وقال انما جئت الى الصاحب لائذاً به ومنقطعاً اليه ولا اعرف غيره وهو يحتاج ان يدبر امري ويجيرني ويحامي عليّ ويذب عنّي فرأيت الصاحب وقد ميّل رأيه بين احدى خصلتين اما ان يستمرّ على المنع ولا يأذن له واما ان يأذن له ويجعل داره بما فيها من الخزائن له وينتقل هو الى دار كانت لحاجبه الراوندي وكان قد اضافها بعد موت هذا الحاجب الى داره . ثم تقرر رأيه على صرفه واستمرّ نصر على الالحاح في الخضوع والاجتهاد ان يإذن له في الدخول وانتقل من الباب الكبير الى باب الخاصة وسأل واجتهد الى ان جاءه من قبل فخر الدولة علوسة الحاجب وحبسه وكان هذا الفعل من الصاحب مستهجناً يعجب الناس منه وتحدثوا به واستقبحوه مع ما اظهره نصر من الاستكانة والاستجارة به . واظن انه لم يفعل ذلك الا لانه جبن عن الاجتماع معه في دار واحدة مع العداوة المتاكدة بينهما

(١) لعله يوذن

والضغينة الراسخة في قلب كل واحد منهما . ثم ذكر وفاة الصاحب في الوقت الذي ذكره غيره وكما ذكرناه آنفاً . ثم قال وتوفي فخر الدولة عشية يوم الثلاثاء عاشر شعبان وكان مبلغ عمره اربعاً واربعين سنة وستة أشهر واياماً . ثم وصف أخلاقه وجيوشه وقلاعه وامواله التي خلفهما ثم قال فاما أمر الوزارة في ايامه فكانت اشهر من ان يحتاج الى ذكرها فان اوّل وزرائه كان كافي الكفاة واسنّة الاقلام وعذبات الالسنة تكل دون ايسر اوصافه وادنى فضائله ولولا ما آل اليه امر الوزارة في هذه الايام واعتقاد من لم يعلم حالها في ذلك الزمان بان الامر لم يزل على ما نراه او قريباً منه وشبيهاً به لامسكنا عن ذكره ولكنا نذكر يسيراً من احواله فان هؤلاء الذين ذكرناهم من ابناء الملوك والامراء والقواد وسائر من ساواهم من الزعماء والكبار مثل اولاد مؤيد الدولة وابن عز الدولة ومنوجهر بن قابوس بن وشمكير وابي الحجاج بن ظهير الدولة واسفهبد بن اسفار (١) وحسن بن وشمكير وفولاذ بن نادر (٢) ونصر بن الحسن بن الفيروزان وابو العباس الفيروزان بن الحسن بن الفيروزان وكبات بن بلقسم بن الفيروزان وحيدر بن وهسوذان وكيخسرو بن المرزبان (٣) بن السلار وجستان بن نوح بن وهسوذان وشيرزيل بن سلار بن شيرزيل وكان في يد كل واحد من هؤلاء من الاقطاع ما يبلغ ارتفاعه خمسين

---

(١) ق اسفا : واظنه اسفار الديلمي الذي جرى ذكره في تاريخ ابن الاثير سنة ٣٤٥ (٢) كذا بالاصل (٣) المرزبان بن محمد بن مسافر السلار ذكره ابن الاثير في حوادث سنة ٣٣٠ وغيرها

الف دينار وما دونها الى عشرين الف دينار ومن اكابر القوّاد ما يطول تعدادهم يحضرون باب داره فيقفون على دوابهم مطرقين لا يتكلم واحد منهم هيبةً واعظاماً لموضعه الى ان يخرج احد خلفاء حجابه فيأذن لبعض اكابرهم ويصرفهم جملة فكان من يؤذن له في الدخول يظن انه قد بلغ الآمال ونال الفوز بالدنيا والآخرة فرحاً ومسرةً وشرفاً وتعظيماً فاذا حصل في الدار واذن له في الدخول الى مجلسه قبّل الارض عند وقوع بصره عليه ثلاث مرات اواربعاً الى ان يقرب منه فيجلس من كانت رتبته الجلوس الى ان يقضي كل واحد منهم وطره من خدمته ثم ينصرف بعد ان يقبل الارض ايضا مراراً . ولم يكن يقوم لاحد من الناس ولا يشير الى القيام ولا يطمع منه احد في ذلك . ونزل بالصيمرة (١) عند عوده من الاهواز فدخل عليه شيخ من زهاد المعتزلة يعرف بعبدالله ابن اسحاق فقام له فلما خرج التفت كافي الكفاة وقال ما قمت لاحد مثل هذا القيام منذ عشرين سنة وانما فعل ذلك به لزهده فانه كان احد ابدال دهره فاما العلم فقد كان يرى من هو اعلم منه فلا يحفل به . واما هيبته في الصدور ومخافته في القلوب وحشمته عند الصغير والكبير والبعيد والقريب فما (٢) بلغت الى ان كان صاحبه فخر الدولة ينقبض عن كثير مما يريده بسببه ويمسك عما تشره اليه نفسه لمكانه وقد ظهر ذلك للناس بعد موته وانبساط فخر الدولة فيما لم يكن من عادته فعلم انه كان يزم نفسه لحشمته ثم كان يحلّه محل الوالد اكراماً واعظاماً ويخاطبه بالصاحب

---

(١) ق بالصمبرة (٢) لعله فقد

شفاهاً وكتاباً فاما اكابر الدولة فكان الواحد اذا رأى احد حجابه بل احد الاصاغر من حاشيته فان فرائصه كانت ترتعد وجوانحه كانت تصطفق الى ان يعلم ما يريده منه ويخاطبه به . وتظلمت اليه امرأة من صاحب لفولاذ بن مانادر وذكرت انه ينازعها في حق لها فما زاد على ان التفت الى فولاذ وكان في موكبه يسير خلفه فبهت وتحير وارتعد ووقف ولم يبرح الى ان سار كافي الكفاة ثم ارسل مع المرأة من ارضاها وازال ظلامتها ومثل هذا كثير يطول الكتاب ببعضه فكيف ان يضع في (١) كله . واما اسبابه وحاشيته وهيبته ورتبته فان من ايسرها كان له عدة من الحجاب منهم من على مربطه ثلاثمائة رأس من الدواب او ما يقاربها وكانت احوال بلكا الحاجب تزيد على ذلك زيادة كثيرة فانه كان على مربط خليفة له يعرف بيزيدة (٢) من الخيل العتاق الموصوفة وكان لا يستغني عنها لانه كان موصوفاً (٣) بحفظ الطرق وطلب الاكراد واهل العيث وصيانة السابلة . وكان ما يخرج لكافي الكفاة في السنة في وجوه البر والصدقات والمبرّات وصلات الاشراف واهل العلم والغرباء الزوّار ومن يجري مجرى ذلك مما يتكلفه ويريد به صيت الدنيا واجر الآخرة يزيد على مائة الف دينار . وانتقلت الوزارة عنه الى ابي العباس احمد بن ابراهيم الضبي وابي علي الحسن بن احمد بن حمولة والسياسة التي قد سنها هو باقية وحشمة الوزارة ثابتة والامور على ما عهد في ايامه جارية وكان لهما من الحشم والحاشية والتجمل والزينة مثل ما كان له بل كانا فوقه في الغنى

(١) لعله يوضع فيه (٢) لعله يعرف بفلان هنيدة (٣) لعله موظفا

والثروة وان لم يلحقاه في الفضل والمكرمة . قال غرس النعمة حدث ابو اسحاق ابراهيم بن علي النصيبي قال كان ابو الفتح علي بن ابي الفضل بن العميد قد دبر على الصاحب ابن عباد حتى ازاله عن كتبة الامير مؤيد الدولة وابعده عن حضرته بالري الى اصفهان وانفرد هو بتدبير الامور لمؤيد الدولة كما كان يدبرها لابيه ركن الدولة واستدعى يوماً ندماءه وعبأ لهم مجلساً عظيماً واظهر من الزينة وآلات الفضة والذهب والصيني وما شاكله ما يفوت الحصر وشرب واستفزه الطرب وكان قد شرب يومه وليلته فعمل شعراً غني به وهو

دعوت المنى ودعوت العلى   فلما اجابا دعوت القدح
وقلت لايام شرخ الشباب   الا ان[١] هذا اوان الفرح
اذا بلغ المرء آماله   فليس له بعدها مقترح

فلما غني بالشعر استطابه وشرب عليه الى ان سكر وقال لغلمانه غطوا المجلس ولا تسقطوا منه شيئاً لاصطبح في غد عليه وقال لندمائه باكروني وقام الى بيت منامه وانصرف عنه الندماء فدعاه مؤيد الدولة في السحر فلم يشك انه لمهمٍّ فقبض عليه وانفذ الى داره من استولى على جميع ما فيها واعاد ابن عباد الى وزارته . وتطاولت بابن العميد النكبة حتى مات فيها كما ذكرناه في ترجمته . ثم وزر ابن عباد بعد مؤيد الدولة لاخيه فخر الدولة اخي[٢] عضد الدولة فبقي في الوزارة ثماني عشرة سنة وشهوراً وفتح خمسين قلعة سلمها الى فخر الدولة لم يجتمع عشر منها لابيه ولا لاخيه.

(١) ق الى (٢) ق اخوي

وسمع الصاحب الحديث واملى . فحدث ابو الحسن علي بن محمد الطبري الكيا قال لما عزم الصاحب ابن عباد على الاملاء وهو وزير خرج يوماً متطلساً متحنكاً بزي اهل العلم فقال قد علمتم قدمي في العلم فاقرّوا له بذلك فقال وانا متلبّس بهذا الامر وجميع ما انفقته من صغري الى وقتي هذا من مال ابي وجدي ومع هذا فلا اخلو من تبعات اشهد الله واشهدكم اني تائب الى الله من ذنب اذنبته . واتخذ لنفسه بيتاً وسماه بيت التوبة ولبث اسبوعاً على ذلك ثم اخذ خطوط الفقهاء بصحة توبته ثم خرج فقعد للاملاء وحضر الخلق الكثير وكان المستملي الواحد ينضاف اليه ستة كل يبلغ صاحبه فكتب الناس حتى القاضي عبد الجبار واهدى اليه العميري كتباً وكتب معها

العميري عبد كافي الكفاة — وان اعتد في وجوه القضاة
خدم المجلس الرفيع بكتب — مفعمات من حسنها مترعات

فوقع الصاحب تحتها

قد قبلنا من الجميع كتاباً — ورددنا لوقتها الباقيات
لست استغنم الكثير فطبعي — قول خُذْ ليس مذهبي قول هَات

حدَّث ابو الرجاء الضرير الشطرنجي العروضي الشاعر الاهوازي بالاهواز قال قدم علينا الصاحب ابن عباد في السنة التي جاء فيها فخر الدولة ولقيه الناس ومدحه الشعراء فمدحته بقصيدة قلت فيها

الى ابن عباد ابي القاسم الـــصاحب اسماعيل كافي الكفاة

فقال قد كنت والله اشتهي بان تجتمع كنيتي واسمي ولقبي واسم

ابي في بيت فلما انتهيت الى قولي فيها

ويشرب الجيش هنيئاً بها

فقال ياابا الرجاء امسك فامسكت فقال

ويشرب الجيش هنيئاً بها   من بعد ماء الري ماء الصراة

هكذا هو . قلت نعم قال احسنت قلت يامولاي احسنت انت عملت انا هذا في ليلة وانت عملته في لحظة (قال عبد الله الفقير اليه وممن ذكر نسب الممدوح كاملاً الحرث الدئلي في عاصم بن عمرو بن عثمان ابن عفان

اليك ابن عثمان بن عفان عاصم ابـ[1]   ـن عمرو سرت عيسى فطال سراها

ومن مستحسن شعر الصاحب

دعتني عيناك نحو الصبى   دعاء تكرر في كل ساعة

فلولا وحقك عذر المشيب   لقلت لعينيك سمعاً وطاعة

وحدث البديع الهمذاني قال كان بعض الفقهاء ويعرف بابن الحضيري يحضر مجلس الصاحب بالليالي فغلبته عينه ليلة فنام وخرجت منه ريح لها صوت فخجل وانقطع عن المجلس فقال الصاحب ابلغوه عني

يا بن الحضيري لا تذهب على خجل   لحادث كان مثل الناي في العود

فانها الريح لا تستطيع تحبسها   اذ لست انت سليمان بن داوود

ولابي بكر الخوارزمي في ابن عباد

لا تحمدن ابن عباد وان هطلت   كفاه يوماً ولا تذممه ان حرماً

---

(١) ق –

فانها خطرات من وساوسه يعطي ويمنع لابخلاً ولا كرماً

فلما مات الخوارزمي بلغ الصاحب وفاته فقال

اقول لركب من خراسان رائح امات خوارزميكم قيل لى نعم
فقلت اكتبوا بالجص من فوق قبره « الا لعن الرحمن من كفر النعم »

وحدث ابو الحسن بن ابي القاسم البيهقي في كتاب مشارب التجارب وذكر الصاحب فقال ابو القاسم اسماعيل بن عباد بن عباس الوزير ابن الوزير ابن الوزير كما قال الرستمي فيه

ورث الوزارة كابراً عن كابرٍ موصولة الاسناد بالاسناد
يروي عن العباس عباد وزا رته واسماعيل عن عباد

قال وولده[1] بكورة فارس في ذي القعدة سنة ٣٢٦ ومدحه خمسمائة شاعر من ارباب الدواوين وممن كان ببابه قاضي القضاة عبد الجبار بن احمد الاسداباذي وكان قد فوّض اليه قضاء همذان والجبال واستقبل القاضي عبد الجبار الصاحب يوماً فلم يترجل له فقال ايها الصاحب اريد ان اترجل للخدمة ولكن العلم يأبى ذلك وكان يكتب في عنوان كتابه « الى الصاحب داعيه عبد الجبار بن احمد » ثم كتب « وليه عبد الجبار ابن احمد » ثم كتب « عبد الجبار بن احمد » فقال الصاحب لندمائه اظنه يؤول امره الى ان يكتب الجبار . وانشد الصاحب لنفسه يرثي

يقولون لي اودى كثير بن احمد وذلك رزء ما علمت جليل
فقلت دعوني والعلا نبكه معاً فمثل كثير في الرجال قليل

(١) لعله ومولده

وذكر هلال بن المحسن عن ابي طاهر بن الحمامي عن الانبراني [١] الكاتب قال ورد الى الصاحب رجل من اهل الشأم فكان فيما استخبره عنه رسائل من تُقْرأ عندكم . فقال رسائل ابن عبد كان . قال ومن . قال رسائل الصابئ . وغمزه احد جلسائه ليقول رسائل الصاحب فلم يفطن ورآه الصاحب فقال تغمز حماراً لايحس. [٢] وكان صاحب خراسان الملك نوح بن منصور الساماني قد ارسل الى الصاحب في السر يستدعيه الى حضرته ويرغبه في خدمته وبذل البذول السنية فكان من جملة اعتذاره ان قال كيف يحسن لي مفارقة قوم بهم ارتفع قدري . وشاع بين الانام ذكري . ثم كيف لي بحمل اموالي. مع كثرة اثقالي . وعندي من كتب العلم خاصة ما يحمل على اربعمائة جمل او اكثر .قال ابو الحسن البيهقي وانا اقول بيت الكتب الذي [٣] بالري على ذلك دليل بعد ما احرقه السلطان محمود بن سبكتكين فاني طالعت هذا البيت فوجدت فهرست تلك الكتب عشر مجلدات فان السلطان محموداً لما ورد الى الري قيل له ان هذه الكتب كتب الروافض واهل البدع فاستخرج منها كلما كان في علم الكلام وامر بحرقه .

وللصاحب من التصانيف كتاب المحيط باللغة عشر مجلدات. كتاب ديوان رسائله عشر مجلدات . كتاب الكافي رسائل . كتاب الزيدية . كتاب الاعياد وفضائل النوروز . كتاب الامامة في تفضيل علي بن ابي طالب وتصحيح امامة من تقدمه . كتاب الوزراء لطيف . كتاب عنوان

(١) لعله الانباري (٢) ق يحسن (٣) ق الق

المعارف في التاريخ. كتاب الكشف عن مساوي المتنبي . كتاب مختصر اسماء الله تعالى وصفاته. كتاب العروض الكافي[(١)] . كتاب جوهرة الجمهرة. كتاب نهج السبيل في الاصول. كتاب اخبار ابي العيناء . كتاب نقض العروض . كتاب تاريخ الملك واختلاف الدول . كتاب الزيدين . كتاب ديوان شعره . وقال بعض ولد المنجم بعد وفاة الصاحب وقد استوزر ابو العباس الضبي ولقب بالرئيس وضم اليه ابو علي ولقب بالجليل

والله والله لا افلحتمُ ابداً … بعد الوزير ابن عباد بن عباس
ان جاء منكم جليل فاقطعوا اجلي … او جاء منكم رئيس فاقطعوا راسي

ومن شعر الصاحب

وشادن جماله … يقصر عنه صفتي
اهوى لتقبيل يدي … فقلت[(٢)] لا بل شفتي

وله

قال لي ان رقيبي … سيئ[(٣)] الخلق فدارِهْ
قلت دعني وجهك الجنـة … حُفّتْ بالمكارهْ

وله ايضاً

اقول وقد رأيت له سحاباً … من الهجران مقبلة الينا
وقد سحت عزاليها بسكب … حوالينا الصدود ولا علينا

حدث الوزير ابو العلاء بن حسولي قال: كان دينار المجوسي صدراً في ديوان الري وكان مدنراً مدرهماً مموّلاً فكتب رجل الى الصاحب

(١) في كشف الظنون اسمه الاقناع (٢) ق قلت (٣) ق سوء

لم لا يفرق في ديوان عسكره　　كافي كفاة الورى دينار دينار

فان ايسر ما في قطع شافته　　تطهير ديوانه من عابدي النار

فقبض عليه وصادره واستوفى منه مالاً عظيماً والسببُ في ذلك البيتان . وحدث ابن بابك قال : سمعت الصاحب يقول مُدِحت والعلم عند الله بمائة الف قصيدة شعراً عربية وفارسية وقد انفقت اموالي على الشعراء والادباء والزوار والقصاد ما سُررت بشعر ولا سرني شاعر كما سرني ابو سعيد الرستمي الاصفهاني بقوله

ورث الوزارة كابراً عن كابر　　مرفوعة الاسناد بالاسناد

يروي عن العباس عباد وزا　　رته واسماعيل عن عباد

وقال ابو الحسن علي بن الحسين الحسني ختن الصاحب يرثيه

الا انها يمني المكارم شلتِ　　ونفس المعالي اثر فقدك سلتِ

حرام على الظلماء ان هي قوضت　　وحجر على شمس الضحى ان تجلت

لتبك على كافي الكفاة مآثر　　تباهي النجوم الزهر في حيث حلت

لقد فدحت فيه الرزايا واوجعت　　كما عظمت فيه العطايا وجلت

الا هل اتى الآفاق اية غمة　　اطلت ونعمى اي دهر تولت

وهل تعلم الغبراء ماذا تضمنت　　واعواد ذاك النعش ماذا اقلت

فلا ابصرت عيني تهلّل بارق　　يحاكي ندى كفيك الا استهلّت

ولو قُبلت ارواحنا عنك فدية　　لجدنا بها عند الفداء وقلت

قال ابو حيان كان ابن عباد يأتي بالسجع في اثر كلامه مع روية طويلة وانفاس مديدة وحشرجة صدر وانتفاخ منخريه والتواء شدقيه

وتعويج عنقه واللعب بشاربه وعنفقته فلو رأيته يقرر المسائل على هذه الامثلة العجيبة والبيان الشافي لرأيت عجبا من العجائب. وضرباً من الغرائب. وقال لي يوماً الشاباشي وقد خرجنا من مجلس الصاحب كيف رأيت مولانا الصاحب اليوم مع هذا التقرير واظهاره البلاغة الحسنة بين الناس فقلت السكوت عن مثله احدى الحسنيين واحرى الحالتين ولكن نعوذ بالله ممن يزين له الشيطان عمله ويزخرف له قوله. قال لي كانه لم يخلق هذا الرجل الا غيظاً لاكباد الاحرار وشفاءً لسقم الانذال لحى الله دهراً آل بنا اليه وانزلنا عليه واحوجنا الى مقاساته والجأنا الى مجالسته وانشد تقول

يا من تبرمت الدنيا بطلعته كما تبرمت الاجفان بالرمد
يمشي على الارض مجتازاً فاحسبه من بغض طلعته يمشي على كبدي
لو كان في الارض جزء من سماجته لم يُقْدِم الموت اشفاقاً على احد

قال ابو حيان قال لي الشاباشي اهدى ابن عباد الى صاحبه وقت ورودهما الى الاهواز ديناراً من ضربه وزنه الف مثقال وكتابته

واحمر يحكي الشمس شكلا وصورة فاوصافه مشتقة من صفاته
فان قيل دينارٌ فقد صدق اسمه وان قيل الف كان بعض سماته
بديع فلم يطبع على الدهر مثله ولا ضربت اضرابه لسراته (١)
وصار الى شاهانشاه انتسابه على انه مستصغر لعفاته

---

(١) قد زاد ابن الاثير (في حوادث سنة ٣٧٨) البيت الآتي
فقد ابرزته دولة فلكية اقام بها الاقبال صدر قناته

تفاءلت[1] ان يبقى سنين كوزنه ... لتستمتع[2] الدنيا بطول حياته

تانق فيه عبده وابن عبده ... وغرس اياديه وكافي كفاته

فقال ارأيت[3] اكذب منه حيث قال « فلم يطبع على الدهر مثله » ما كان في الدنيا من خدم ملكاً بالف دينار ثم قال « وكافي كفاته » والله لو كتبت امرأة بمثله الى زوجها لكان سمجاً قبيحاً فكيف الى فخر الدولة ما احسن ما كفاه امر ابي العلاء النصراني حين هزمه بعدد قليل . بعد ان كان في جيش عرمرم ثقيل . ولكن الدنيا حمقاء خرقاء ولا تميل الا الى مثلها لو كتب المطهر او نصر بن هارون او احد وزراء عضد الدولة اليه بشيء من ذلك لاحرقه بالنار والنفط . ومن كتاب الروزنامجة : قال الصاحب ما زال احداث بغداد يذا كروني بابن شمعون المتصوف وكلامه على الناس في مكان الشبلي فجمعت يوماً في المدينة وعليّ طيلسان ومصمتة ووقعت عليه وقد لبس فوطة قصب وقعد على كرسي ساج بوجه حسن ولفظ عذب فرأيته يقطع مسائله بهوس يطيله ويسهب فيه فقلت لا بد من ان اساله عما اقطع به وابتدرت فقلت ياشيخ ما تقول في قد سيكونيات العلم اذا وقعت قبل التوهم فورد عليه ما لم يسمع به فاطرق ساعة ثم رفع رأسه وقال لم اواخر اجابتك عجزاً عن مسئلتك بل لاعطشك الى الجواب واخذ في ضرب من الهذيان فلما سكت قلت هذا بعد التوهم وانما سألتك قبله الى ان ضجر فانصرفت عنه . قرأت بمصر في نسخة باليتيمة للثعالبي عليها خط يعقوب بن احمد بن محمد

---

(١) ابن الاثير يخبر (٢) ابن الاثير لتستبشر (٣) ق رايت

بالقراءة عليه يرويها عن مؤلفها الثعالبي فوجدت فيها زوائد لا اعرفها في النسخ المشهورة بايدي الناس منها: [١] حدثني عوف بن الحسين الهمذاني التميمي قال كنت يوماً في خزانة الخلع للصاحب فرأيت في ثبت الحسبانات لكاتبها وكان صديقي مبلغ عمائم الخز التي صارت في تلك الشتوة في خلع العلويين والفقهاء والشعراء سوى ما صارفها في [٢] خلع الخدم والحاشية ثمانمائة وعشرون . قال وكان يعجبه الخز ويأمر بالاستكثار منه في داره فنظر ابو القاسم الزعفراني يوماً الى جميع ما فيها من الخدم والحاشية عليهم الخزوز الملوّنة الفاخرة فاعتزل ناحية واخذ يكتب شيئاً فسأل الصاحب عنه فقيل له انه في مجلس كذا يكتب فقال عليّ به فاستمهل الزعفراني ريثما يتم [٣] مكتوبه فاعجله الصاحب وامر ان يؤخذ ما في يده من الدرج فقام الزعفراني اليه وقال ايد الله الصاحب

اسمعه ممن قاله تزدد به عجبا فحسن الورد في اغصانه

فقال هات يا ابا القاسم فانشده ابياتاً منها

سواك يعدّ الفتى ما اقتنى ويأمره الحرص ان يخزنا
وانت ابن عبادٍ المرتجى تعدّ نوالك نيل المنى
وخيرك من باسط كفّه وممن ثناها قريب الجنى
غمرت الورى بصنوف الندى فاصغر ما ملكوه الغنى
وغادرت اشعرهم مفحماً واشكرهم عاجزاً الكنا

---

(١) الرواية موجودة في نسخة اليتيمة المطبوعة (٣ : ٣٣) (٢) ترك طابع اليتيمة كل ما بين الخلعين (٣) اليتيمة يكمل

ايا من عطاياه تهدي الغنى ... الى راحتيْ من نأى او دنا

كسوت المقيمين والزائرين ... كساً لم نخل مثلها ممكنا

وحاشية الدار يمشون في ... ضروب من الخز الا انا [١]

فقال الصاحب قرأت في اخبار معن بن زائدة ان رجلاً قال له احملني فامر له بفرس وبغلة وحمار وناقة وجارية ثم قال لو علمت ان الله خلق مركوبا غيرها [٢] لحملتك عليه وقد امرنا لك من الخز [٣] بجبة وقميص وسراويل وعمامة ومنديل ومطرف ورداء وجورب ولو علمنا لباساً آخر يتخذ من الخز لاعطيناكه ثم أمر بادخاله الى الخزانة وصيرت [٤] تلك الخلع عليه وسلم [٥] ما فضل عن لبسه في الوقت الى غلامه . قال وحدثني ابو عبد الله محمد بن حامد الحامدي قال عهدي بابي محمد [٦] ماثلاً بين يدي الصاحب ينشده قصيدة اولها

هذا فؤادك نهبٌ بين اهواء ... وذاك رأيك شورى بين ارآء

هواك بين العيون النجل مقتسم ... داء لعمرك ما ابلاه من داء

لا تستقرّ بارض او تسيرَ الى ... اخرى بشخص قريب عزمه ناء

يوماً بحزوى ويوماً بالعقيق ويو ... ماً بالعذيب ويوماً بالخليصاء

وتارة تنتحي نجداً وآونة ... شعب العقيق وطوراً قصر تيماء

قال فرأيت الصاحب متقبلا عليه بمجامعه حسن الاصغاء الى انشاده

---

(١) زادت اليتيمة بيتاً هو: ولست اذكر لي جارياً على العهد يحسن ان يحسنا
(٢) اليتيمة غير هذه (٣) اليتيمة : ق ـ (٤) اليتيمة وصـ (٥) اليتيمة وتسليم
(٦) اليتيمة ابي محمد الخازن

مستعيداً لاكثر اياته مظهراً من الاعجاب به والاهتزاز له ما يعجب الحاضرين فلما بلغ الى قوله

ادعى باسماء نبزاً في قبائلها كأنَّ اسماء اضحت بعض اسمائي
اطلعت شعري فالقت شعرها طربا فالفا بين اصباحٍ وامساء

زحف عن (١) دسته طرباً له . فلما بلغ الى قوله في المدح

لو ان سحبان باراه لاسحبه على خطابته اذيال فأفاء
ارى الاقاليم (٢) قد القت مقالدها اليه مستبقات ايّ القاء
فساس سبعتها منه باربعة امرٍ ونهي وتثبيتٍ وامضاء
كذاك توحيده الوى باربعة كفر وجبر وتشبيه وارجاء

فجعل يحرك رأسه ويقول احسنت احسنت فلما انهى القصيدة امر له بجائزة وخلع . قال (٣) الامير ابو الفضل الميكالي كتب عامل رقعة الى الصاحب في التماس شغل وفي الرقعة ان رأى مولانا ان يأمر باشغالي ببعض اشغاله فعل فوقع الصاحب تحتها من كتب لإشغالي لا يصلح لأشغالي . وحدث هلال بن المحسن ما روى احد وُفي من الاعظام والاكبار بعد موته ما وُفِيَه الصاحب فانه لما جُهز ووضع في تابوته واخرج على اكتاف حامليه للصلاة عليه قام الناس باجمعهم فقبلوا الارض بين يديه وخرقوا عند ذلك ثيابهم ولطموا وجوههم وبلغوا في البكاء والنحيب عليه جهدهم . وكان يلبس القباء في حياته تخففاً بالوزارة وانتساباً معها الى الجندية . وحدث عن ابي الفتح بن المقدر قال كان ابو القاسم بن

(١) اليتيمة : ق على (٢) اليتيمة : ق المقاليد (٣) اليتيمة ٣ : ٣٨

ابي (١) العلاء الشاعر من وجوه اهل اصبهان واعيانهم ورؤسائهم فحدثني انه رأى في منامه قائلا يقول له لو كاثرت الصاحب ابا القاسم بن عباس مع فضلك وكثرة علمك وجودة شعرك فقلت الخمتني كثرة محاسنه فلم ادر بما ابدأ منها وخفت ان اقصر وقد ظن بي الاستيفاء لها فقال اجز ما اقوله قلت قل فقال

ثوى الجود والكافي معاً في حفيرة

فقلت — ليانس كل منهما باخيه

فقال — هما اصطحبا حيين ثم تعانقا

فقلت — ضجيعين في لحد بباب ذريه

فقال — اذا ارتحل الثاوون عن مستقرهم

فقلت — اقاما الى يوم القيامة فيه

(باب ذريه المحلة التي فيها تربته او ما يستقبلك من اصفهان)

وحدث في كتاب الروزنامجة وانتهيت الى ابي سعيد السيرافي وهو شيخ البلد وفرد الادب وحسن التصرف ووافر الحظ من علوم الاوائل فسلمت عليه وقعدت اليه وبعضهم يقرأ الجمهرة فقرأ أَلْمَقْتُ فقلت انما هو لَمَقْتُ فدافعني الشيخ ساعة ثم رجع الى الاصل فوجد حكايتي صحيحة واستمر القارئ حتى انشد وقد استشهد

رسم دار وقفت في طلله — كدت اقضي الغداة من جلله

---

(١) ق —

فقلت ايها الشيخ هذا لا يجوز والمصراعان على هذا النشيد يخرجان من بحرين لان

رسم دار وقفت في طلله

فاعلاتن مفاعلن فعلن

وكدت اقضّى الغداة من جلله

مفتعلن فاعلاتن مفتعلن

فذاك من الخفيف وهذا من المنسرح . فقال لم لا تقول الجميع من المنسرح والمصراع الاول مخزوم . فقلت لا يدخل الخزم هذا البحر لانه اوله مستفعلن مفاعلن هذه مزاحفة عنه واذا حذفنا متحرّكا بقّينا ساكناً وليس في كلام العرب ابتداء به وانما هو

كدت اقضِي الغداة من جلله

بتخفيف الضاد فامر بتغييره . ورفعني الى جنبه وابتدأ فقرئ عليه من كتاب المقتضب باب ما يجري وما لا يجري الى ان ذكر وسَحَرَ وانه لا ينصرف اذا كان لسحر بعينه لانه معدول عن الاول فقلت ما علامة العدل فيه فقال انا قلنا السحر ثم قلنا سحر فعلمنا ان الثاني معدول عن الاول . قلت لو كان كذلك لوجب ان تطرد العلة في عتمة لانك تقول العتمة ثم تقول عَتَمَةَ فضجر واحتدّ وصاح واربدّ . وادعيت انه ناقص والتمس التحاكم فكتبت رسالة اخذت فيها خطوط اهل النظر وقد انفذت دَرَج كتابي نسختها وفيها خط ابي عبد الله بن رذامر عين مشايخهم ورأيت الشيخ بعد ذلك عزيزاً فاضلاً متوسعاً عالماً فعلقت عليه واخذت

عنه وحصلت تفسيره لكتاب سيبويه وقرأت صدراً منه وهناك ابو بكر ابن مقسم وما في اصحاب ثعلب اكثر دراية وما اصح رواية منه وقد سمعت مجالسه وفيها غرائب ونكت ومحا سن وطرف من بين كلمة نادرة ومسئلة غامضة وتفسير بيت مشكل . وحل عقد معضل . وله قيام بنحو الكوفيين وقرائتهم ورواياتهم ولغاتهم والقاضي ابو بكر بن كامل بقية الدنيا في علوم شتى يعرف الفقه والشروط والحديث وما ليس من حديثنا ويتوسع في النحو توسعاً مستحسناً وله في حفظ الشعر بضاعة واسعة وفي جودة التصنيف قوة تامة ومن كبار رواة المبرد وثعلب والبحتري وابي العيناء وغيره[1] وقد سمعت صدراً صالحاً مما عنده وكنت احب ان اسمع كلام اهل النظر بالعراق لما تتابع في حذقهم من الاوصاف . وذكر ابا زكرياء يحي بن عدي وغيره ومناظرات جرت هناك يطول شرحها . وحدث عن ابي نصر بن خواشاده انه قال ما غبطت احداً على منزلة كما غبطت الصاحب ابا القاسم بن عباد فانا كنا مقيمين بظاهر جرجان مع مؤيد الدولة على حرب الخراسانية فدخل الصاحب الى داره في البلد آخر نهار يوم لحضور[2] المجلس الذي يعقده لاهل العلم وتحته دابة رهواء[3] وقد ارسل عنانه فرأيت وجوه الديلم واكابرهم من اولاد الامراء يعدون بين يديه كما تعدو الركابية وكان عضد الدولة يخاطب شيخنا خطاباً لا يشرك معه فيه الا انه كان يقل مكاتبته وكانت الكتب من عضد الدولة انما ترد على لسان كاتبه ابي القاسم عبد العزيز بن

(١) ق غيره : ولعله وغيرهم (٢) ق بحضور (٣) ق رهوار

يوسف . ولما وجدت الشعراء لبضائعها عند ابن عباد نفاقاً وسوقاً . اهدوا نتائج افكارهم الى حضرته وساقوها نحوه سوقاً . فذكر الثعالبي [١] قال واحتفّ به من نجوم الارض وافراد العصر وابناء الفضل وفرسان الشعر من يربي عددهم على شعراء الرشيد [٢] ولا يقصرون عنهم في الاخذ برقاب القوافي وملك رق المعاني فانه لم يجتمع بباب احد من الخلفاء والملوك مثل ما اجتمع بباب الرشيد من فحولة الشعراء المذكورين فابي نواس وابي العتاهية والعتابي والنمري ومسلم بن الوليد وابي شيص وابن ابي حفصة ومحمد بن مناذر وجمعت حضرة الصاحب باصبهان والري وجرجان مثل ابي الحسين السلامي [٣] وابي سعيد الرستمي وابي القاسم الزعفراني وابي العباس الضبي والقاضي الجرجاني وابي القاسم بن ابي العلاء وابي محمد الخازن وابي هاشم العلوي وابي الحسن الجوهري و بني المنجم وابن بابك وابن القاشاني والبديع الهمذاني واسماعيل الشاشي وابي العلاء الاسدي وابي الحسن الغويري وابي دلف الخزرجي وابي حفص الشهرزوري وابي معمر الاسماعيلي وابي الفياض الطبري وغيرهم [٤] ممن لم يبلغني ذكره [٥] او ذهب عني اسمه ومدحه مكاتبه الرضي الموسوي وابو اسحاق الصابئ وابن الحجاج وابن سكرة وابن نباتة وغيرهم ممن يطول ذكره . [٦] وكتب ابو حفص الاصفهاني الوراق الى الصاحب

---

(١) في اليتيمة ٣ : ٣٢ (٢) اليتيمة : ق ـ (٣) ترك المؤلف اسماء ابي بكر الخوارزمي وابي طالب المأموني وابي الحسن البديهي (٤) ق وغيره (٥) اليتيمة ذكرهم (٦) اليتيمة ٣ : ٣٧

رقعة نسختها : لولا ان الذكري اطال الله بقاء مولانا الصاحب الجليل* تنفع المؤمنين (١) وهز (٢) الصمصام يعين المصلتين لما ذكرت ذا كراً ولاهززت ماضياً ولكن ذا الجارحة (٣) يستعجل النجح ويكد الجواد السمح وحال عبد مولانا في الحنطة متخلفة . وجرذان داره عنها منصرفة . فان رأى ان يخلط عبده بمن اخصب رحله . فلم يشد رحله . فعل ان شاء الله تعالى . فوقع على رقعته احسنت يا ابا حفص قولاً وسنحسن فعلاً فبشر جرذان دارك بالخصب . وآمنها من الجدب . فالحنطة تأتيك في الاسبوع . ولست عن غيرها من النفقة بممنوع . ان شاء الله تعالى . قال وحدثني ابو الحسن الدلفي المصيصي قال : انتحل فلان يعني بعض المتشاعرين بحضرة الصاحب شعرا له و بلغه ذلك فقال ابلغوه عني

سرقت شعري وغيري يضام فيه ويخدعْ
فسوف اجزيك صفعاً يكد رأساً واخدعْ
فسارق المال يقطعْ وسارق الشعر يصفعْ

قال فاتخذ الليل جملا وهرب من الري . وحدث (٤) عن عون بن الحسين الهمذاني قال سمعت ابا عيسى بن المنجم يقول سمعت الصاحب يقول ما استأذنت (٥) على فخر الدولة وهو فى مجلس الانس الا وانتقل الى مجلس الحشمة فاذن (٦) لي فيه وما اذكر انه تبذل بين يدي او مازحني قط الا مرة واحدة فانه قال لي بلغني انك تقول ان المذهب مذهب

(١) اليتيمة : ق ـ (٢) اليتيمة وهزة تعين (٣) اليتيمة ذا الحاجة لضرورته
(٤) اليتيمة٣ : ٤١ (٥) اليتيمة استاذن لي (٦) اليتيمة فياذن

الاعتزال والنيك نيك الرجال فاظهرت الكراهة لانبساطه وقلت بنا من الجد ما لا نفرغ معه للهزل ونهضت كالمغاضب فما زال يعتذر اليّ مراسلة حتى عاودت مجلسه ولم يعد بعدها الى ما يجري مجرى الهزل والمرح . ولما اتت الصاحب البشارة بسبطه عباد بن علي الحسني ولم يكن للصاحب ولد غيرها(١) وكان قد زوّجها من ابي الحسن علي بن الحسين الحسني الهمذاني (وكان شاعراً اديباً بليغاً وله شعر منه هذان البيتان في دار لبعض الملوك بناها

دار علت دار(٢) الملوك بهمة ... كعلوّ صاحبها على الاملاك

فكانها من حسنها وبهائها ... بُنيت قواعدها على الافلاك)

انشأ الصاحب يقول

احمد الله لبشرى ... اقبلت عند العشي

اذ حباني الله سبطاً ... هو سبط للنبي

مرحبا ثمت اهلا ... بغلام هاشمي

نبوي علوي ... حسني صاحبي

ثم قال

الحمد لله حمداً دائماً ابداً ... قد(٣) صار سبط رسول الله لي ولدا

وقد ذكرت ذلك الشعراء في اشعارهم فمن ذلك قول ابي الحسن الجوهري في قصيدة منها

وكان بعد رسول الله كافله ... فصار جد بنيه بعد كافله

(١) يعنى ام عباد (٢) لعله دور (٣) اليتيمة اذ

هـلم للخبر المأثور مسنده ‏ ‏ في الطالقان فقرت عين ناقله
فذلك الكنز عباد وقد وضحت ‏ ‏ عنه الامامة في اولى مخايله

لما روت الشيعة ان بالطالقان كنزاً من ولد فاطمة يملأ الله الارض به عدلاً كما ملئت جورا. والصاحب من الطالقان من قرى اصفهان فلما رزق سبطاً فاطمياً تاولوا له هذا الخبر وانا بريء من العهدة. هذا[1] الذي ذكر الثعالبي ان طالقان من قرى اصفهان والصواب ما تقدم. قال وعرض على ابي الحسن الشقيقي البلخي توقيع الصاحب اليه في رقعته: من نظر لدينه نظر ما لدنياه فان أثرت العـدل والتوحيد. بسطنا لك الفضل والتمهيد. وان اقمت على الجبر. فليس لكسرك من جبر.[2] وهذه رسالة كتبها الصاحب الى ابي علي الحسين بن احمد في شأن ابي عبد الله محمد بن حامد قال الثعالبي وسمعت الامير ابا الفضل عبيدالله بن احمد الميكالي يسردها فزادني جريها على لسانه وصدورها[3] عن فمه اعجاباً بها وهي: كتابي هذا * يا سيدي صدر من سحنة[4] وقد ارخى الليل سدوله. وسحب الظلام ذيوله. ونحن على الرحيل غداً ان شاء الله اذا مد الصباح غرره قبل ان يسبغ حجوله. ولولا ذلك لاطلته كوقوف الحجيج على المشاعر. ولم اقتصر منه على زاد المسافر. فان المتحمل له وسيع الحقوق لديّ. حقيق ان اتعب له خاطري ويديّ. وهو ابو عبد الله الحامدي كان وافى مع ذلك الشيخ الشهيد. ابي سـعيد

(١) ق ها (٢) اليتيمة ٣ : ٨٥ (٣) ق واليتيمة وصدرها (٤) اليتيمة ـ : وسحنة موضع بالقرب من همذان. قال ابن حوقل من اسداباذ الى سحنة تسعة فراسخ ومن سحنة الى الدينور ثمانية فراسخ

الشبيبي السعيد . رفع الله منازله . وقتل قاتله . يكتب له فآنسنا بفضله . وانسنا الخير من عقله . فلما فجع بتلك الصحبة . وبما كان له فيها من القربة . لم يرض غير بابي مشرعاً . وغير جنابي مرتعاً . وقطع اليّ الطريق الشاقّ موكداً حقاً لا يشق فيه غباره . ولا ينسى على الزمان ذمامه . فكنت على جناح هذه النهضة التي (١) بنا لم يستقر نواها. (٢) ولم يلق عصاها . فاخراج (٣) الحر المبتدئ الامر القريب العهد بوطاة الدهر . تحاملٌ عليه بالمركب الوعر . فرددته اليك يا سيدي لتسهل عليه حجابك . وتمهد له جنابك . ويترصد عملاً خفيف النقل . ندي الظل . فاذا اتفق عرضته عليه . ثم فوضته اليه وهو الى ان يتّسق ذلك ضيفي وعليك قراه . وعندك مربعه ومشتاه . ويريد اشتغالا بالعلم يزيده استقلالاً الى ان يأتيه ان شاء الله خبرنا في الاستقرار . ثم له الخيار . ان شاء اقام على ما وليته . وان شاء التحق بنا ناشراً ما اوليته . وقد وقعت له الى فلان بما يعينه على بعض الانتظار . الى ان يختار له كل الاختيار . فاوعز اليه بتعجيله واكفني شغل القلب بهذا الحر الذي افردني بتاميله . ان شاء الله تعالى وحده .

وكتب (٤) الى القاضي ابي بشر الفضل بن محمد الجرجاني عند وروده باب الري وافداً عليه

تحدثت الركاب (٥) بسير اروى … الى بلد حططت به خيامي

(١) اليتيمة ـ (٢) اليتيمة نواها ولم تبن حصباها (٣) اليتيمة فاحرج الحر المبتدأ الاحرّ : ق فاخراج الخبر المبتدأ : والصواب في نسخة اليتيمة التي عددها ٨٠٧ في الجزء الاول من فهرست مكتبتنا (٤) اليتيمة٣: ٨٦ (٥) اليتيمة : ق الركبان

فكدت اطير من شوق (١) اليها   بقادمة كقادمة الحمام

الحق ما قيل من امر القادم . ام ظن كاماني الحالم . لا والله بل هو درك العيان . وانه ونيل المنى سيان . فمرحباً ايها القاضي براحلتك ورحلتك . بل اهلاً بك وبكافة اهلك . ويا سرعة ما فاح نسيم مسراك . ووجدنا ريح يوسف من رياك . (٢) فحث (٣) المطي تزل (٤) غلتي برؤياك . وتزح علتي بلقياك . ونص على يوم الوصول نجعله عيداً مشرفا . ونتخذه موسماً ومعرفا . ورد الغلام . اسرع من رجع الكلام . فقد امرته ان يطير على جناح نسر . يترك الصبا في عقال اسر .

سقى الله دارات مررت بارضها   فادتك نحوي يا زياد بن عامر

اصائل قرب (٥) ارتجي ان انالها   بلقياك قد زحزحن حر الهواجر

وقال بعض ندماء الصاحب له يوماً ارى مولانا قد اغار في قوله

(٦) لبسن برود الوشي لا لتجمل   ولكن لصون الحسن بين برود

على المتنبئ في قوله

لبسن الوشي لا متجملات   ولكن كي يصن به الجمالا

فقال كما اغار هو في قوله

ما بال هذي النجوم حائرة   كانها العمي ما لها قائد

على العباس بن الاحنف في قوله

والنجم في كبد السماء كانه   اعمى تحير ما لديه قائد

---

(١) اليتيمة شوقي (٢) اليتيمة:ق رؤياك (٣) اليتيمة : ق نخذ (٤) اليتيمة : ق ستترك (٥) لعله قر (٦) اليتيمة ٣ : ١٠٨

وللصاحب ايضاً

(١) يقولون لي كم عهد عينك بالكرى ... فقلت لهم مذ غاب بدر دجاها
ولو تلتقي عين على غير دمعة ... لصارمتها حتى يقال نفاها

من قول المهلبي الوزير

تصارمت الاجفان منذ صرمتَني ... فما تلتقي الا على دمعة تجري

وللصاحب ايضا

(٢) ومهفهف حسن الشمائل اهيفٍ ... يروي النفوس بفترتَيْ عينيه
ما زال يبعدني ويؤثر هجرتي ... فجذبت قلبي من اسار يديه
قالوا تراجعه فقلت بديهة ... قولاً اقيم مع الروي عليه
والله لا راجعته ولو انه ... كالبدر او كالشمس او كبويه

اخذه من قول ابن المعتز

والله لا كلّمتها ولو انها ... كالبدر اوكالشمس او كالمكتفي

(قال المؤلف هكذا ذكر الثعالبي ونسب هذا البيت الى ابن المعتز وهو لابي بكر محمد بن السراج النحوي وله قصة ظريفة وهي مذكورة في اخباره من هذا الكتاب) ومما هجي به الصاحب قول ابي العلاء الاسدي

اذا رأيت مسجًى (٣) في مرقعة ... يأوي المساجد حرّا ضره بادي
فاعلم بان الفتى المسكين قد قذفت ... به الخطوب الى لؤم ابن عباد

وقال السلامي

يا ابن عباد بن عباس بن عبد الله حرها

---

(١) اليتيمة ٣ : ١٠٩ (٢) اليتيمة ٣ : ١١٠ (٣) اليتيمة : ق بجي

تنكر الجبر واخرجت الى دنياك (١) جبرا

ومرّ ابو العباس بن الضبي بباب الصاحب بعد موته فقال

(٢) ايها الباب لم علاك اكتئاب ... اين ذاك الحجاب والحُجّاب

اين من كان يفزع الدهر منه ... فهو الآن في التراب تراب

ولابي القاسم بن ابي العلاء الاصفهاني يرثي الصاحب من قصيدة

مامت وحدك لكن مات من ولدت ... حوّاء طرًّا بل الدنيا بل الدين

هذي نواعي العلا مذمت نادِبة ... من بعد ما ندبتك الخرد العين

تبكي عليك العطايا والصلات كما ... تبكي عليك الرعايا والسلاطين

قام السعاة وكان الخوف اقعدهم ... واستيقظوا بعد ما نام الملاعين

لا يعجب الناس منهم ان هم انتشروا ... مضى سليمان وانحلّ الشياطين

وكتَب الصاحب الى ابي العلاء الاسدي من اجود (٣) ابياته

يقر بعيني ان يلم رسولها ... ببابي ويهدي بالعشي سلامها

ويذكر لي دون الرجال حديثها ... وينشر عندي نطقها وكلامها

ورد يا شيخي اطال الله بقاءك رسولك بكتاب سبق الافكار والظنون . وحسدت عليه القلوب العيون . وترك الواصفين بين قاصر ومقصر . ومثّل ليالينا بين اللوى فمحجر . بكلام كالورق النضير تتأوّه منه الغصون . وكالنور المنير افنانه فنون . فصادفني حليفاً للشوق او رهيناً . وحنينا على الحنين وساء قريناً . وكيف لا وقد الفنا القرب حولا حولنا رياض الادب ترف . ودوننا رواحل الفضل تزف . نملك رقاب المنطق . ونتنازع

(١) اليتيمة العالم (٢) اليتيمة ٣:١١٧ (٣) ق اخو

اطراف الكلام المنمّق . ونقطع الليالي تناشداً وتذاكراً . وتحادثاً وتسامراً . الى ان يخلع الظلام ثيابه . ويحدر المصباح نقابه . هذا دأبنا كان الى ان جاوزنا الشباب مراحل . ووردنا من المشيب مراحل .[١] ثم حان الفراق فنحن حتى اليوم منه في جوّ كدر . ونجم منكدر . يقبضنا عن الموارد العذاب . ويعرضنا على لواعج العذاب . والله نسئل اعادة هاتيك الاحوال . وتلك الايام الخضراء الظلال . وان كان الله قد زادنا بعدك مناجح ومنائح . وايادي غوادي وروائح . حتى فتحنا الفتوح . وذللنا القروح . ورتقنا الفتوق . ونسخنا القرون . واثرنا الآثار . ووطأنا الرقاب وطلبنا الثار . واصطنعنا الصنائع . وجعلنا ودائع النعم قطائع . وعقدنا في اعناق الاحرار مننا . احسا[٢] من سبل الاحسان سنناً . انا قد تحملنا مشاقّ مالت على القوة للضعف وتحاملت على الاشر بالوهن ودفعت الى معالجة خطوب تعجّب الدهر من صبرنا[٣] عليها نخار . وجبن الزمان عند شجاعتنا لها فخار . وها انا احوج ما كنت الى ان ارفه . ولا استكره . وقد رميت بسهم الاربعين . وارميت على شرف الخمسين . مدفوع الاشغال والاثقال الى متاعب ومصاعب لو مني[٤] ابن ثلاثين قوياً[٥] ازره طرياً حرصه لقام عجزه وقعدت به نفسه واظنني كنت قديماً قلت

وقائلة لم عرتك الهموم ... وامرك ممتثل في الامم

فقلت دعيني وما قد عرى ... فان الهموم بقدر الهمم

وما على الراحة آسف بل على ان لا اكون مشغولاً باخرى امهد لها

---

(١) لعله مناهل (٢) لعله احسبها (٣) قصبر (٤) لعله لو مني بها (٥) لعله قوي ازره

واكدح . وادأب لنفسي وانصح . اللهم وفّقْ وقدّرْ وسهّلْ ويسّرْ انك على ما تشاء قدير : والرسالة طويلة كتبت مقدمها . ذكر محمد ما فعله الصاحب مع القاضي عبد الجبار بن احمد من حسن العناية والتولية والتمويل فلما مات الصاحب كان يقول انا لا ارحم عليه لم به (١) لم يظهر توبته فطعن عليه في ذلك ونسب الى قلة الرعاية . لا جرم ان فخر الدولة قبض عليه بعد موت الصاحب وصادره فيما قيل على ثلاثة آلاف الف درهم وعزله عن قضاء الري وولّى مكانه القاضي ابا الحسن علي بن عبد العزيز الجرجاني العلامة صاحب التصانيف والفضائل الجمة وقد ذكرته انا في بابه . فقيل ان عبد الجبار باع الف طيلسان مصري في مصادرته وهو شيخ طائفتهم يزعم ان المسلم يخلد في النار على ربع دينار وجميع هذا المال من قضاء الظلمة بل الكفرة عنده وعلى مذهبه وانما ذكرت هذا للاعتبار . وقرأت في كتاب هلال بن المحسن بن ابراهيم الصابئ قال وكان الصاحب ابو القاسم يراعي من ببغداد والحرمين من اهل الشرق وشيوخ الكتاب والشعراء واولاد الادباء والزهاد والفقهاء بما يحمله اليهم في كل سنة مع الحاج على مقاديرهم ومنازلهم وكان يحمل الى ابي اسحاق ابراهيم بن هلال خمسمائة دينار والي الف درهم جبلية مع جعفر بن شعيب فاذكر وقد راسله (٢) بعد وفاة عضد الدولة بالاستدعاء الى حضرته بالري وبذل له النفقة الواسعة والمعونة الشاسعة عند شخوصه والارغاب والاكثار عند حضوره . فكانت عقلُه بالذيل الطويل والظهر الثقيل تمنعه

---

(١) لعله لانه (٢) ق ارسله

من ترك موضعه ومفارقة موطنه فمما كتبه اليه بالاعتذار عن التاخر

نكصت على اعقابهن مطالبي ... وتقاعست عن شأوهن مآربي
وتبلدت مني القريحة بعد ما ... كانت نفاذًا كالشهاب الثاقب
وبكيت شرخ شبيبتي فدفنتها ... دفن الاعزة في العذار الشائب

ومنها

فلو أن لي ذاك الجناح لطار بي ... حتى اقبل ظهر كف الصاحب
واعيش في سقيا سحائبه التي ... ضمنت سعادة كل جد خائب
واراجع العادات حول قبابه ... حتى السواد من الشباب(١) الذاهب
واعد من جلساء حضرته التي ... شحنت بكل مسائل ومحارب
فيقول من ذا سائل عني له ... مستثبت فيقول هذا كاتبي
اترى اروم بهمتي ما فوق ذا ... أنّى وخدمته اجل مراتبي

ومنها يعتذر

كثرت عوائقني التي تعتاقني ... من غيث راحته الملث الساكب
ولد لهم ولد وبطن ثالث ... هو رابعي وعشيرتي واقاربي
والسن تسع بعدها خمسون قد ... شامت بوارق يومها المتقارب
فالجسم يضعف عن تجشم راجل ... والحال يقصر عن ترفه راكب
وعليّ للسلطان طاعة مالك ... كانت على المملوك ضربة لازب
وتعطلي مع شهرتي كتصرفي(٢) ... كل سواء في حساب الحاسب

وهي طويلة فلما كانت سنة ٨٤ التي توفي فيها جدي احس بانقضاء مدته

(١) ق الثياب (٢) ق لتصرفي

وحضور منيته فكتب الى الصاحب كتاباً يسأله فيه اقرار هذا الرسم المذكور على ولده واجراءه لهم من بعده وقرن الكتاب بقصيدة اولها

تحذّر منك النائبات فتحذر ... وتُذْكَرُ للخطب الجسيم فيضغر
وتكسى بك الدنيا ثياب جمالها ... فيرجوك معروف ويخشاك منكر

يقول فيها

اسيدنا ان المنية اعذرت ... اليّ بآيات تروع وتذعر
لها نذر قد اذنتني بهجمة ... على مورد ما عنه للمرء مصدر
واني لاستحلي مرارة طعمه ... اذا كنت بالتقديم لي تتاخر
وحق لنفس كان منك معاشها ... اذا غمضت عيناً وعينك تنظر
ومن ورث الاولاد بعد وفاته ... حضانك طابت نفسه حين يقبر
تمرد منك الجود حتى تمردت ... مطالبنا والماجد الحر يصبر
االطلب منك الرفد عمريَ كله ... واطلبه والجنب مني معفر
وليست باولى بدعة لك في الندى ... لها موقف (١) الحمد ينشر

وهي طويلة . قال هلال بن المحسن وامرني بان انفذ ذلك (٢) فانفذته وكتبت عن نفسي كتاباً في معناه ووصل ونفذ من يحمل الرسم على العادة ثم اتفق ان توفي الصاحب في اول سنة ٣٨٥ فوقف وكانت بين وفاتهما شهور . قال هلال وسمعت محدثا يحدث ابا اسحاق انه سمع الصاحب يقول ما بقي من اوطاري واغراضي الا ان املك العراق واتصدر ببغداد واستكتب ابا اسحاق الصابئ ويكتب عني واغير عليه .

(١) المصراع ناقص (٢) ق لك

فقال جدي ويغير علي وان اصبت . قال وحدثني ابو اسحاق جدي قال حضر الصاحب ابو القاسم بن عباد دار الوزير المهلبي عند وروده الى بغداد مع مؤيد الدولة فحجب عنه لشغل كان فيه وجلس طويلاً فلما تاخر الاذن كتب اليّ رقعة لطيفة فيها

واترك محجوباً على الباب كالخصى   ويدخل غيري كالايور ويخرج

فاقرأتها الوزير المهلبي فامر بادخاله . قال وكان الصاحب عند دخوله الى بغداد قصد القاضي ابا السائب عتبة بن عبيد لقضاء حقه فتثاقل في القيام له وتحفز تحفزاً اراه به ضعف حركته وقصور نهضته فاخذ الصاحب بضبعه واقامه وقال نعين القاضي على قضاء حقوق اخوانه فخجل ابو السائب واعتذر اليه . وذكر القاضي ابو علي التنوخي في كتاب نشوار المحاضرة : حدثني ابو منصور عبد العزيز بن محمد بن عثمان المعروف بابن ابي عمرو السرائي حاجب امير المؤمنين المطيع لله قال دخلت في حداثتي يوماً على ابن السائب القاضي فتثاقل في القيام لي واظهر لي ضعفا عنه للسن والعلل المتطاولة له . قال فتطاول فجررت يده بيدي حتى اقمته القيام التام وقلت له اعين قاضي القضاة ايده الله على اكمال البر وتوفية الاخوان حقوقهم قال وقد كنت عاتباً عليه في اشياء عاملني بها وانما جئته للخصومة فبدأت لاخذ الكلام فحين رأى الشر في وجهي قال تتفضل لاستماع كلمتين ثم تقول ما شئت فقلت له قل فقال روينا عن ابن عباس رضي الله عنه في قوله تعالى فَاصْفَحِ الصَّفْحَ الْجَمِيلَ قال عفو بلا تقريع فان رايت ان تفعل ذلك فافعل فاستحييت من الاستقصاء عليه وانصرفت . قال

المؤلف والذي عندي ان الخبر انما جرى بين هذا والقاضي وبلغ امره الصاحب فانتحله لنفسه وحكاه في مجلس انسه فشاع عنه وكان الصاحب رحمه الله ممن يحب الفخر وانتحال الفضائل التي ربما قصر عنها . ومن اشعار الصاحب

ياخاطراً يخطر في تيهه ذكرك موقوف على خاطري
ان لم تكن آثر من ناظري عندي فلا متعت بالناظر

وكتب الى ابي الحسن [١] الطبيب

انا رجوناك [٢] على انبساط والجوع قد اثر في الاخلاطِ
فان عسى ملت الي التباطي صفعت بالنعل قفا بقراطِ

وله [٣]

بعدت فطعم العيش بعدك علقم ووجه حياتي مذ تغيبت ارقمُ
فما لك قد ادغمت قربك في النوى وودك في غير النداء مرخمُ

وقال لما حضرته الوفاة

وكم شامتٍ بي عند موتي جهالةً [٤] بظلم يسل السيف بعد وفاتي
ولو علم المسكين ماذا يناله من الذل بعداً [٥] مات قبل مماتي

وله ايضاً [٦]

بدا لنا كالبدر في شروقه يشكو غزالاً لج في عقوقه
ياعجبي والدهر في طروقه من عاشق احسن من معشوقه

(١) اليتيمة (٩٧) الحسيني (٢) اليتيمة دعوناك (٣) اليتيمة ٩٩ (٤) اليتيمة (١١١) بعد موتي جاهلاً (٥) اليتيمة من الظلم بعدي (٦) اليتيمة ٩١

قال ابو بكر الخوارزمي انشدنا الصاحب هذه القوافي ليلة وقال هل تعرفون نظيراً لمعناها في شعر المحدثين فقلت لا اعرف الا قول البحتري

ومن عجب الدهر ان الامير … اصبح اكتب من كاتبه[(١)]

قال فقال جودت واحسنت هكذا فليكن الحفظ . وله ويروى لغيره[(٢)]

رشأ غدا وجدي عليه كردفه … وغدا اصطباري في هواه كخصره
وكأنَّ يوم وصاله من وجهه … وكأن ليلة هجره من شعره
ان ذقتُ خمراً خلتها من ريقه … او رمت مسكا نلته من نشره
واذا تكبر واستطال بحسنه … فعذار عارضه يقوم بعذره

وله أيضاً[(٣)]

دب العذار على ميدان وجنته … حتى اذا كاد ان يسعى به وقفا
كأنه كاتب عزّ المداد له … اراد[(٤)] يكتب لاماً فابتدا الفا

وله ايضا

وخط كأنّ الله قال لحسنه … تشبه بمن قد خطك اليوم فاتّمر[(٥)]
وهيهات اين الخط من حسن وجهه … واين ظلام الليل من صفحة القمر

وله ايضاً

وشادن قلت له ما اسمكا … فقال لي بالغنج عباث
فصرت من لثغته الثغا … فقلت اين[(٦)] الكاث والطاث

---

(١) ق مكاتبه (٢) اليتيمة ٩٢ (٣) اليتيمة ٩٣ (٤) ق اراد ان (٥) اليتيمة (٩٤) : ق فاستمر (٦) اليتيمة (٩٥) : ق هات

وله يصف الثلج

هات المدامة يا غلام مصيّرا   نقلي عليها قبلة او عضّة
اوما ترى كانون ينثر ورده   وكانما الدنيا سبائك فضّة

وله ايضاً

وصفراء او حمراء فهي مخيلة [١]   لرقتها الا على المتوهم
يشككنا في الكرم ان انتماءه   الى الخمر [٢] ام هاتا الى الكرم تنتمي
لك الوصف دون القصف [٣] مني نخيمي   بغير يدي وارضيْ بما قاله فمي

وكتب الى ابي الفضل بن شعيب [٤]

يا ابا الفضل لِمْ تاخرت عنا   فاسأنا بحسن عهدك ظناً
كم تمنت نفسي صديقاً صدوقا   فاذا انت ذلك المتمنَّى
فبغصن الشباب لما تثنَّى   وبعهد الصبا وان بان منَّا
كن جوابي اذا قرأت كتابي   لا تقل للرسول كان وكنَّا

وله ايضاً [٥]

يا ابن يعقوب يا نقيب البدور   كن شفيعي الى فتى مسرور
قل له ان للجمال زكاةً   فتصدق بها على المهجور

وله يمدح عضد الدولة

سعود يحار المشتري في طريقها   ولا تتأتى في حساب المنجّم
وكم عالم احييت من بعد عالم   على حين صاروا كالهشيم المحطم

(١) اليتيمة (٩٥) نحيلة (٢) اليتيمة الكرم (٣) قال صاحب اليتيمة اراد انه جلس مع الشرب من غير شرب (٤) اليتيمة ٩٧ (٥) اليتيمة ٩٨

فوالله لولا الله قال لك الورى ... مقال النصارى في المسيح بن مريم

محامد لو فضت فقاضت[١] على الورى ... لما ابصرت عيناك وجه مذمّم

وكلا ولكن لو حظوا بزكاتها ... لما سمعت اذناك ذكر ملوّم

ولو قلتُ ان الله لم يخلق الورى ... لغيرك لم احرج ولم اتأثم

وله يهجو

سبط متويّ[٢] رقيع سفله ... ابداً يبذل فينا اسفله

اعتزلنا نيكه في دبره ... فلهذا تلعن المعتزله

وله في رجل كثير الشرب بطيء السكر

يقال لماذا ليس[٣] يسكر بعد ما ... توالت عليه من نداماه قرقف

فقلت سبيل الخمر ان تنقص الحجى ... فان لم تجد شيئاً فماذا تحيّف

وله ايضاً[٤]

شرط الشروطي فتى اير ... وما سواه غير مشروط

ابنى من الابرة لكنه ... يوهم قوماً انه لوطي

وله ايضاً

تصد امية لما رأت ... مشيباً على عارضي قد فرش

فقلت لها الشيب نقش الشباب ... فقالت الا ليته ما نقش

وله ايضا

ولما تناءت بالاحبة دارهم ... وصرنا جميعاً من عيان الى وهم

---

(١) ق لفاضت : والصواب في اليتيمة ١٠٠ (٢) في اليتيمة (١٠١) اسمه متويه
(٣) ق ــ : والصواب في اليتيمة ١٠٤ (٤) اليتيمة ١٠٥

تمكن مني الشوق غير مساع　　كمعتزلي قد تمكن من خصم

﴿ اسماعيل بن عبد الله بن محمد بن ميكال ﴾

ابو العباس الميكالي وقد ذكر هذا النسب في عدة مواضع مات ليلة الاثنين الخامس عشر من صفر سنة ٣٦٢ بنيسابور وهو ابن اثنتين وتسعين سنة ودفن بمقبرة باب معمر وكان شيخ خراسان ووجهها وعينها في عصره سمع بنيسابور ابا بكر محمد بن اسحاق بن خزيمة وابا العباس محمد بن اسحاق السراج وابا العباس احمد بن محمد الماسرجسي وبكور الاهواز عبدان بن احمد بن موسى الجواليقي الحافظ والحسين بن بهار وعليّ بن سعيد العسكري سمع منه الحفاظ مثل ابي علي النيسابوري وابي الحسين محمد بن محمد بن الحجاجي وابي عبد الله محمد بن عبد الله بن البيع الحافظ وذكره في التاريخ وقال ولد ابو العباس بنيسابور فلما قلد امير المؤمنين المقتدر بالله اباه عبد الله بن محمد للاعمال بكور الاهواز حمل الى حضرة ابيه فاستدعى ابا بكر محمد بن الحسن بن دريد لتأديبه فاجيب اليه ايجاباً له وبعث بابي بكر الدريدي اليه فهو كان مؤدبه وكان واحد عصره وفي عبد الله بن محمد بن ميكال وابنه ابي العباس قال الدريدي قصيدته المشهورة في الدنيا التي مدحهم بها . ثم قال الحاكم سمعت ابا العباس وسئل عن مقصورة الدريدي يقول. [1] انشدنيها مؤدبي ابو بكر الدريدي ثم قرأتها عليه مراراً فسألناه ان ينشدناها فقال انشدنا ابو بكر بن دريد

اما ترى رأسيَ حاكى لونه

(١) ق —

الى ان بلغ الى الابيات التي مدحهم الدريدي فيها فقال هذه الابيات قد ذُكِرنا فيها فلو انشدها بعضكم . فقرأها عليه ابو منصور الفقيه واقر بها وهي

ان العراق لم افارق اهله   عن شنآن صدّني ولا قِلى

الى ان بلغ قوله

لا زال شكري لهما مواصلاً   دهريَ[١] او يعتاقني صرف الفنا[١]

الى هٰهنا قرئ عليه ثم انشدنا لفظاً الى آخرها وذلك في شهر رمضان سنة ٣٤٦ . قال الحاكم سمعت ابا بكر بن محمد بن ابراهيم الجوري الاديب وهو يحدثنا عن ابي بكر بن دريد قلت له اين كتبت عنه ولم تدخل العراق قال كتبت عنه بفارس لما قدم على عبد الله بن محمد بن ميكال لتأديب ولده ابي العباس فقلت له ابو العباس اذ ذاك صبي فقال لا والله الا رجل امام في الادب والفروسية بحيث يشار اليه . قال وسمعت ابا عبد الله محمد ابن الحسين الوضاحي يقول سمعت ابا العباس بن[٢] ميكال يذكر صلة الدريدي في انشائه المقصورة فيهم . قال الوضاحي فقلت له وايش الذي وصل اليه من خاصة الشيخ فقال لم تصل يدي اذ ذاك الا الى ثلثمائة دينار صببتها في طبق كاغد ووضعتها بين يديه . قال وسمع الميكالي من عبدان[٣] الاهوازي وسمع الموطأ لمالك بن انس وسمع لما عاد الى نيسابور من ابي بكر محمد بن خزيمة وابي العباس الثقفي والماسرجسي واقرانهم

---

(١) في المقصورة المطبوعة في قسطنطينية (١٣٠٠) لفظي والمنا (٢) ق ــ
(٣) ق عندي ان : قال ياقوت في معجم البلدان (١ : ٤١٤) مات عبدان بعسكر مكرم في اول سنة ٣٠٦

وحدث بضعة عشر سنة املاءً وقراءة . وروى عنه ابو علي الحافظ في مصنفاته وابو الحسين الحجاجي ومشايخنا رضي الله عنهم. قال الحاكم سمعت ابا محمد عبد الله بن اسماعيل يقول (١) لما توفي ابي عبد الله بن ميكال امر امير المؤمنين ان اقلد الاعمال التي كان يتقلدها ابي فامر لي باللواء والخلعة واخرج في ذلك خادماً من خواصّ الخدم وكوتبت فيه فبكيت واستعفيت والناس يتعجبون من ذلك وقلت لي بخراسان معاش ارجع اليه فلما انصرفت الى نيسابور جاءني ابو نصر بن ابي حية غداة جمعة فقال ينبغي ان تتاهب للركوب الى الرئيس ابي عمرو الخفاف فان هذا رسم مشايخ البلد معه فركبت معه اليه فلم يتحرك لي فخرجت من عنده وانا ابكي فقال لي ابو نصر ما الذي ابكاك فقلت سبحان الله رددت على المقتدر على (٢) الولاية بفارس وخوزستان وانصرفت الى نيسابور حتى ازور ابا عمرو الخفاف فلم (٣) يتحرك لي فقال لي لا تغتمّ بهذا واعمل الى (٤) الخروج الى هراة فان والي خراسان احمد بن اسماعيل بها واذا رآك وضرّبك بالصولجان وعلم محلك اجلسك على رقاب كلمن بنيسابور . فتاهبت واصلحت هدية له وخرجت الى هراة فوصلت الى خدمة السلطان ورضي خدمتي ودعاني الى الصولجان ورضي مقامي فلما استأذنت للانصراف عرض عليّ اعمالاً جليلة فامتنعت عنها فزوّدوني بجهاز وخلَع وكان الامر على ما ذكره ابو نصر بن ابي حية . قال وسمعت ابا عبد الله بن ابي ذهل يقول قال لي الوزير ابو جعفر احمد بن الحسين العتبي لما اجلسني الامير الرشيد هذا

(١) سقط سمعت ابي يقول (٢) لعله زائد (٣) ق فلا (٤) لعله على

المجلس نظرت الى جميع اهل خراسان ممن يؤهل للجلوس معي في مجلس السلطان ايده الله فلم اجد فيهم اجلّ من ابي العباس بن ميكال فسألت السلطان استحضاره فلما حضر امتنع من تقلد العمل فقلت له ديوان الرسائل هو قضاء القضاة امر منوط بالعلم والعلماء فتقلد ديوان الرسائل فصار جليسي في مجلس السلطان وكان على كره من ابي العباس . قال وسمعت ابا يحيي حماد بن الحمادي يقول لما قلد ابو العباس بن ميكال أُمِرَ ان يغير زيه من التعمّم تحت الحنك والرداء وغير ذلك فلم يفعل وراجع السلطان فيه حتى اذن فيه فكان يجلس في الديوان متطلساً متعمما تحت الحنكة [1] . قال وسمعت قاضي القضاة ابا الحسن محمد بن صالح الهاشمي يذكر آثار الميكالية ببغداد ويصف انشاء ابن ميكال فوصف له بعض احوالهم بخراسان فقال آثارهم عندنا بالعراق أكثر منها بخراسان لانهم نافذة [2] من عندنا الى خراسان

﴿ اسماعيل بن عبد الرحمن بن ابي ذؤيب السُدّي ﴾

وقيل عبد الرحمن بن ابي كريمة مولى زينب بنت قيس بن مخزمة من بني عبد مناف حجازي الاصل سكن الكوفة مات سنة ١٢٧ في ايام بني امية في ولاية مروان بن محمد روى عن انس بن مالك وعبد خير وابي صالح ورأى ابن عمير [3] وهو السُدّي الكبير وكان ثقة مأموناً روى عنه الثوري وشعبة وزائدة وسماك بن حرب واسماعيل بن ابي جذيمة وسليمان التيمي . وكان ابن ابي خالد اسماعيل يقول السدي اعلم بالقرآن من

---

(١) ق الحكنة (٢) كذا بالاصل (٣) لعله ابن عمر

الشعبي وقال ابو بكر بن مردويه الحافظ اسماعيل بن عبد الرحمن السدي يكنى ابا محمد صاحب التفسير انما سمي السدي لانه نزل بالسدة كان ابوه من كبار اهل اصبهان ادرك جماعة من اصحاب رسول الله صلى الله عليه وسلم منهم سعد بن ابي وقاص وابو سعيد الخدري وابن عمر وابو هريرة وابن عباس . وقال غيره نسب السدّي الى بيع الخُمُر (يعني المقانع) في سدة الجامع (يعني باب الجامع) وقال الفلكي انما سمي السدي لانه كان يجلس بالمدينة في موضع يقال له السد . وكان شريك يقول ما ندمت على رجل لقيته الا ان [1] اكون كتبت كل شيء لفظ به الا السدي . قال يحيي بن سعيد ما سمعت احداً يذكر السدي الا بخير . ومحمد بن مروان ابن عبد الله بن اسماعيل بن عبد الرحمن السدي من اهل الكوفة يروي عن الكلبي صاحب التفسير وداوود بن ابي هند وهشام بن عروة روى عنه ابنه علي ويوسف بن عدي والعلاء بن عمرو وابو ابراهيم الترجماني وغيرهم وهو السدي الصغير . وقال يحيي بن معين السدي الصغير محمد ابن مروان صاحب التفسير ليس بثقة . وقال البخاري محمد بن مروان الكوفي صاحب الكلبي لا يكتب حديثه البتة . وسئل ابو علي صالح ابن [2] حريرة عنه فقال كان ضعيفاً وكان يضع الحديث وكلٌّ ضعفه . وذكر الحافظ ابو نعيم في تاريخ اصبهان من تصنيفه قال : اسماعيل ابن عبد الرحمن الاعور يعرف بالسدّي صاحب التفسير كان ابوه عبد الرحمن يكنى ابا كريمة من عظماء اهل اصبهان توفي في ولاية

(١) لعله زائد (٢) ق —

مروان وذكر كما تقدم وكان عريض اللحية اذا جلس غطى لحيته صدره قيل أنه رأى سعد بن ابي وقاص . وقال ابو نعيم باسناده ان السدي قال هذا التفسير اخذته عن ابن عباس ان [1] كان صواباً فهو قاله وان كان خطأً فهو قاله . قال ابو نعيم فيما رفعه الى السدي انه قال رأيت نفراً من اصحاب النبي صلى الله عليه وسلم منهم ابو سعيد الخدري وابو هريرة وابن عمر . كانوا يرون انه ليس منهم على الحال التي فارق عليها محمد الا عبد الله بن عمر

﴿ اسماعيل بن عبدالرحمن بن احمد بن اسماعيل بن ابراهيم بن عافر بن عابد ﴾

ابو عثمان الصابوني مات في ثالث محرم سنة ٤٤٩ قال عبد الغافر هو الاستاذ الامام شيخ الاسلام ابو عثمان الصابوني الخطيب المفسر الواعظ اوحد وقته في طريقته وكان اكثر اهل العصر من المشايخ سماعاً وحفظاً ونشراً لمسموعاته وتصنيفاته وجمعاً وتحريضاً على السماع واقامة مجالس الحديث سمع الحديث بنيسابور من ابي العباس التابوتي وابي سعيد السمسار وبهراة من ابي بكر احمد بن ابراهيم الفرات وابي معاذ شاه ابن عبد الرحمن وسمع بالشام والحجاز ودخل معرة النعمان فلقي ابا العلاء احمد بن سليمان وسمع بالخبان [2] وغيرها من البلاد وحدث بنيسابور وخراسان الى غزنة وبلاد الهند وجرجان وآمل وطبرستان وبالشام وبيت المقدس والحجاز . روى عنه ابو عبد الله الغازي وابو صالح المؤذن . ومن تاريخ دمشق ان الصابوني وعظ للناس سبعين سنة . قال وله شعر منه

---

(١) ق ــ (٢) كذا بالاصل

مالي ارى الدهر لا يسخو بذي كرم   ولا يجود بمعوان ومفضال
ولا ارى احداً في الناس مشترياً   حسن الثناء بانعام وافضال
صاروا سواسية في يومهم شرعا   كانما نسجوا فيه بمنوال

وذكر من فضله كثيراً ثم قال ومولده ببوشنج للنصف من جمادى الآخرة سنة ٣٧٣ وذكر وفاته كما تقدم

﴿ اسماعيل بن علي بن اسماعيل بن يحيي بن بنان الخطبي ﴾

ابو محمد سمع الحارث بن ابي اسامة والكريمي وعبد الله بن احمد وغيرهم وروى عنه الدارقطني وابن شاهين وابن رزقويه وكان ثقة فاضلاً نبيلاً فهماً عارفاً بايام الناس واخبار الخلفاء وصنف تاريخاً كبيراً على ترتيب السنين وكان عالماً بالادب ركيناً عاقلاً ذا رأي يتحرى الصدق. ولد الخطبي في محرم سنة ٢٩٩ ومات في جمادى الآخرة سنة ٣٥٠ في خلافة المطيع لله . حدث الخطيب قال سمعت الازهري يقول جاء ابو بكر بن مجاهد واسماعيل الخطبي الى منزل ابي عبد الصمد الهاشمي فقدم اسماعيل ابا بكر فتأخر ابو بكر وقدم اسماعيل فلما استأذن اسماعيل أُذِن له فقال له ادخل ومن انا معه. وحدث عن الحسن بن رزقويه عن اسماعيل الخطبي قال وجه اليّ الراضي بالله ليلة عيد فطر فحملت اليه راكباً بغلة فدخلت عليه وهو جالس في الشموع فقال لي يا اسماعيل اني قد عزمت في غدٍ على الصلاة بالناس في المصلّى فما اقول اذا انتهيت في الخطبة الى الدعاء لنفسي قال فاطرقت ثم قلت يقول امير المؤمنين رب اوزعني ان اشكر نعمتك التي انعمت عليّ وعلى والدي وان اعمل صالحاً ترضاه

وادخلني برحمتك في عبادك الصالحين . فقال حسبك ثم امرني بالانصراف واتبعني بخادم فدفع اليّ خريطة فيها ٤٠٠ دينار وكانت الدنانير ٥٠٠ فاخذ الخادم منها لنفسه مائة كما قال

﴿ اسماعيل بن علي الخضيري ﴾

من اعمال دجيل ثم من ناحية نهرتاب كان فاضلاً متميزاً لسناً ذا بلاغة وبراعة وله في ذلك تصانيف معروفة متداولة الا ان الخمول كان عليه غالباً قدم بغداد وقرأ الادب على ابي محمد اسماعيل بن ابي منصور موهوب ابن الخضر الجواليقي وعلى ابي البركات عبد الرحمن بن الانباري وعلى علي ابن عبد الرحيم السلمي بن العصار وادرك ابن الخشاب ابا محمد واخذ عنه علماً جماً وقرأ على ابي الغنائم ابن حبشي وكان ورعاً زاهداً تقياً رحل الى الموصل واقام بها في دار الحديث عدة سنين ثم اشتاق الى وطنه فرجع الى بغداد فمات بها في صفر سنة ٦٠٣ . وله تصانيف ورسائل مدوّنة وخطب وديوان شعر وكتاب جيد في علم القراءة رأيته . ومن شعره

لا عالم يبقى ولا جاهل ولا نبيه لا ولا خامل
على سبيل مهيع لاجب يودي اخو اليقظة والغافل

﴿ اسماعيل بن عيسى بن العطّار ابو اسحاق ﴾

من اهل السير بغدادي روى عنه الحسن بن علويه . ذكره محمد بن اسحاق النديم وقال له من الكتب كتاب المبتدأ [1]

(١) قد ذكر صاحب الفهرست (١٠٩) له كتباً غير هذا

﴿ اسماعيل بن القاسم بن عيذون بن هارون ﴾

ابن عيسى بن محمد بن سليمان المعروف بالقالي ابو علي البغدادي (١) مولى عبد الملك بن مروان ولد بمنازجرد من ديار بكر ودخل بغداد سنة ٣٠٣ واقام بها الى سنة ٣٢٨ مات بقرطبة في ربيع الآخر سنة ٣٥٦ ومولده في سنة ٢٨٠ وفي ايام الحكم المستنصر كانت وفاته . وسمع من ابي القاسم عبد الله بن محمد بن عبد العزيز البغوي وابي سعيد الحسين بن علي بن زكرياء بن يحيى بن صالح بن عاصم بن زخر العدوي وابي بكر عبد الله بن ابي داوود سليمان بن الاشعث السجستاني وقرأ على ابي بكر بن دريد (٢) وابي بكر بن السراج وابي عبد الله نفطويه وابي اسحاق الزجاج وابي الحسن علي بن سليمان الاخفش وقرأ كتاب سيبويه على ابن درستويه وسأله عنه حرفاً حرفاً واما نسبته فهو منسوب الى قالي قلا بلد من اعمال ارمينية . قال القالي لما دخلت (٣) انتسبت الى قالي قلا رجاء ان انتفع بذلك لانها ثغر من ثغور المسلمين لا يزال بها المرابطون . فلما تأدَّب ببغداد ورأى انه لاحظ له بالعراق قصد بلاد الغرب فوافاها في ايام المتلقب بالحكم المستنصر بالله بن (٤) عبد الرحمن بن محمد بن عبد الله ابن محمد بن عبد الرحمن بن الحكم بن هشام بن عبد الرحمن بن معاوية ابن هشام بن عبد الملك بن مروان بن الحكم بن ابي العاص بن امية بن

---

(١) سقط جده ابو سليمان سلمان كما هو في وفيات الاعيان (٢) الحميدي ابي بكر محمد بن الحسن بن دريد (٣) سقط اسم بغداد (٤) ق ــ :وكان الحكم المستنصر ولي العهد عند قدوم القالي قرطبة

عبد شمس بن عبد مناف . قالوا وهذا اول من دُعِي من هؤلاء بالغرب امير المؤمنين انما كان المتولون قبله يدعون ببني [١] الخلائف . فوفد القالي الى الغرب في سنة ٣٣٠ فاكرمه صاحب الغرب وافضل عليه افضالا عمه وانقطع هناك بقية عمره وهناك املى كتبه اكثرها عن ظهر قلب منها كتاب الامالي معروف بيد الناس كثير الفوائد غاية في معناه . قال ابو محمد بن حزم كتاب نوادر ابي علي مبارٍ [٢] للكتاب الكامل الذي جمعه المبرد ولئن كان كتاب ابي العباس اكثر نحواً وخبراً فان كتاب ابي علي اكثر لغةً وشعراً . وكتاب الممدود والمقصور رتبه على التفعيل ومخارج الحروف من الحلق مستقصىً في بابه لا يشذ منه شيء في معناه لم يوضع مثله . وكتاب الابل ونتاجها وما تصرف معها . وكتاب حلي الانسان والخيل وشياتها . وكتاب فعلت وافعلت . كتاب مقاتل الفرسان. كتاب تفسير السبع الطوال . كتاب البارع في اللغة على حروف المعجم جمع فيه كتب اللغة يشتمل على ثلاثة آلاف ورقة . قال الزبيدي ولا نعلم احداً من المتقدمين ألّف مثله . قرأت بخط ابي بكر محمد بن طرخان بن الحكم قال الشيخ الامام ابو محمد العربي كتاب البارع لابي علي القالي يحتوي على مائة مجلد لم يصنف مثله في الاحاطة والاستيعاب . الى [٣] كتب كثيرة ارتجلها واملاها عن ظهر قلب كلها . قال الحميدي وممن روى عن القالي ابو بكر محمد بن الحسين الزبيدي النحوي صاحب كتاب مختصر العين واخبار النحويين وكان حينئذٍ اماماً في الادب ولكن عرف فضل

---

(١) ق بني (٢) ق مياد : والصواب عند الحميدي (٣) يعني يضاف ذلك الى

ابي علي فمال اليه واختص به واستفاد منه واقر له . قال الحميدي وكان اقام ببغداد خمساً وعشرين سنة ثم خرج منها قاصداً الى المغرب سنة ٣٢٨ ووصل الى [١] الاندلس في سنة ٣٣٠ في ايام عبد الرحمن الناصر وكان ابنه الامير ابو العاص الحكم بن عبد الرحمن من احب ملوك الاندلس للعلم واكثرهم اشتغالاً به وحرصاً عليه فتلقاه بالجميل وحظي عنده وقرب منه وبالغ في اكرامه ويقال انه هو الذي [٢] كتب اليه ورغبه في الوفود عليه . واستوطن قرطبة ونشر علمه بها . قال وكان اماماً في علم العربية [٣] متقدماً فيها متقناً لها فاستفاد الناس منه وعوّلوا عليه واتخذوه حجة فيما نقله وكانت كتبه على غاية التقييد والضبط والاتقان . وقد الف في علمه الذي اختص به تآليف [٤] مشهورة تدل على سعة علمه وروايته . وحدث عنه جماعة منهم ابو محمد عبد الله بن الربيع بن عبد الله التميمي ولعله آخر من حدث عنه واحمد بن ابان بن سيد الزبيدي كما ذكرنا آنفا. قال وكان اعلم الناس بنحو البصريين وارواهم للشعر مع اللغة . قال الزبيدي وسألته لم قيل له القالي فقال لما انحدرنا الى بغداد كنا في رفقة فيها اهل قالي قلا وهي قرية من قرى منازجرد وكانوا يكرمون لمكانهم من الثغر فلما دخلت بغداد نسبت اليهم لكوني معهم وثبت ذلك عليّ . قال الحميدي وكان الحكم المستنصر قبل ولايته الامور وبعد ان صارت اليه يبعثه على التاليف وينشطه بواسع العطاء ويشرح صدره بالاجزال في الاكرام .

---

(١) الحميدي : ق – (٢) الحميدي كان قد كتب (٣) الحميدي اللغة (٤) ق والحميدي تواليف

وكانوا يسمونه بالبغدادي لكثرة مقامه ووصوله اليهم منها . قال السلفي باسناده له اخبرنا القاضي ابو الحكم منذر بن سعيد البلوطي قال كتبت الى ابي علي البغدادي القالي استعير منه كتاباً من الغريب وقلت

بحق رئم مهفهفْ وصدغه المتلطفْ
ابعث اليَّ بجزء من الغريب المصنف

قال فاجابني وقضى حاجتي

وحقّ درٍّ تألّف بفيك ايّ تألّف
ولو بعثت بنفسي اليك ما كنت اسرف

﴿ اسماعيل بن محمد بن اسماعيل بن صالح بن عبد الرحمن ﴾

الصفار ابو علي علامة بالنحو واللغة مذكور بالثقة والامانة صحب المبرد صحبة اشتهر بها وروى عنه وسمع الكثير وروى الكبير ادركه الدارقطني وقال هو ثقة صام اربعة وثمانين رمضان وكان متعصباً للسنة مات فيما ذكره الخطيب سنة ٣٤١ ومولده سنة ٢٤٩ ودفن بمقابر[١] قبر معروف الكرخي بينهما عرض الطريق دون قبر ابي بكر الآدمي وابي عمر الزاهد. قال ابو عبيد الله محمد بن عمران المرزباني انشدني الصفار لنفسه

اذا زرتكم لقيت اهلاً ومرحباً وان غبت حولاً لا ارى منكم رسلا
وان جئت لم اعدم الا قد جفوتنا وقد كنتَ زوّاراً فما بالنا نقلى
افي الحق ان ارضى بذلك منكم بل الضيم ان ارضى بذا منكم فعلا
ولكنّني اعطي صفاءَ مودّتي لمن لا يرى يوماً عليَّ له فضلا

(١) لعله بقرب

واستعمل الانصاف في الناس كلهم ‏ ‏ ‏ ‏ فلا اصل الجافي ولا اقطع الحبلاَ
واخضع لله الّذي هـو خالقي ‏ ‏ ‏ ‏ وَلَن[1] اعطي المخلوق من نفسي الذلاَّ

﴿ اسماعيل بن محمد بن احمد الوثّابي ﴾

ابو طاهر من اهل اصبهان له معرفة تامّـة بالادب وطبع جواد بالشعر مات في سنة ٥٣٣ . قال السمعاني (ومن خطّه نقلت) ما رأيت باصفهان في صنعة الشعر والترسل افضل منه اضرّ في آخر عمره وافتقر وظهر الخلل في احواله حتى كاد ان يختلط دخلت عليه داره باصفهان وما رأيت اسرع بديهة منه في النظم والنثر . اقترحت عليه رسالة فقال لي خذ القلم واكتب واملى عليَّ في الحال بلا تروٍّ ولا تفكّر كاحسن ما يكون إلاّ اني سمعت الناس يقولون انه يخل بالصلوات المفروضة والله اعلم بحاله .
وانشد عنه السمعاني اشعاراً له منها

اشاعوا فقالوا وقفة ووداعُ ‏ ‏ ‏ ‏ وزمّت مطايا للرحيل سراعُ
فقلت وداع لا اطيق عيانه ‏ ‏ ‏ ‏ كفاني من البين المشت سماعُ
ولم يملك الكتمان قلب ملكته ‏ ‏ ‏ ‏ وعند النوى سرّ الـكتوم مذاعُ

وانشد عنه له

فوالله لا انسى مدى الدهر قولها ‏ ‏ ‏ ‏ ونحن على حدّ الوداع وقوفُ
وللنار من تحت الضلوع تلهّب ‏ ‏ ‏ ‏ وللماء من فوق الخدود وكيفُ
الا قاتل الله الصروف فانما ‏ ‏ ‏ ‏ تفرّق بين الصاحبين صروفُ

(١) ق ولا

وانشد له عنه ايضاً

طابت لعمري على الهجران ذكراها   كان نفسي ترى الحرمان ذكراها
تحيي بيأس وتفنيها طماعية   هل مهجة برد يأس الوصل احياها
قامت لها دون دعوى الحب بيّنة   بشاهدين اباَنا صدق دعواها
ارسال شكوى واجراء الدموع معاً   وان تحققت مجراها ومرساها

وانشد عنه له من قصيدة

فعُجْ صاحِ بالعُوج الطلاح الى الحمى   وزر اثلات القاع طال بها العهدُ
تعوض عيناً بعد عين (١) اوانساً   واوحش احشاءً تضمنها الوجدُ
وما ساءني وجد ولا ضرني هوًى   كما ساءني هجر تعقبه صدُّ
تبصّر خليلي من ثنية بارق   بريقاً كسقط النار عالجه الزندُ
يدقّ واحياناً يرقّ ويرتقي   ويخفى كرأي الغمر امضاؤه ردّ
فيقضى بها من ذكر حزوى لبانةٌ   ويطفى بها من نار وجدٍ بها وقدُ
وان كان عهد الوصل اضحى نسيئة   فهاكَ دليل البرق ان عهده نقدُ
وشم لي نسيم الريح من افق الحمى   فقد عبق الوادي وفاح بها الزندُ

﴿ اسماعيل بن محمد بن عبدوس الدهان ﴾

ابو محمد النيسابوري انفق ماله على الادب وتقدم فيه وبرع في علم اللغة والنحو والعروض واخذ عن اسماعيل بن حماد الجوهري فاستكثر منه وحصل كتابه كتاب الصحاح في اللغة بخطّه واختص بالامير ابن الفضل الميكالي ومدحه بشعر كثير ثم اتى الزهد والاعراض عن اعراض الدنيا .

---

(١) ق بعلو عن

وقال لما ازمع الحج والزيارة

آتيتك راجلاً ووددت اني ملكت سواد عيني امتطيه
وما لي لا اسير على المآقي الى قبرٍ رسول الله فيه

وله ايضاً

يا خير مبعوث الى امة (١) نصحت وبلّغت الرسالة والوحيا
فلو كان في الامكان سعي بمقلتي اليك رسول الله انفيتها سعيا

وله ايضاً

عبد عصى ربّه ولكن سوى واحد يقول (٢)
ان لم يكن فعله جميلا فانما ظنّه جميل

وقال لصديق له

نصحتك يا ابا اسحاق فاقبل فاني ناصح لك ذو صداقة
تعلّم ما بدا لك من علوم فما الادبار الا في الوراقة

قال وسألني ان اورد شيئاً من اشعاره في الغزل والمديح في (٣) كتابي هذا فانتهيت في ذلك الى رواية

﴿ اسماعيل بن محمد القمي النحوي ﴾

ذكره ابن النديم (٤) فقال له من التصانيف كتاب الهمز . كتاب العلل

﴿ اسماعيل بن محمد بن عامر بن حبيب ﴾

ابوعبد الحميد الكاتب باشبيلية فيقال له (٥) ولابيه قدم في الادب وله شعر

---

(١) المصراع ناقص (٢) المصراع ناقص : ولعله سقط ليس (٣) ق شيئا في (٤) ص ٨٥ (٥) سقط « ابو الوليد له »: ويدل على ذلك ما في كتاب الضبي (عدد ٥٣٤)

كثير تقوله بفضل ادبه . وله كتاب في فصل الربيع . مات ابو الوليد ابن محمد بن عامر قريباً من سنة ٤٤٠ باشبيلية . ومن شعره في الربيع

ابشر فقد سفر الثرى عن بشره ... واتاك ينشر ما طوى من نشره
متحصنا من حسنه في معقل ... غفل العيون على رعاية (١) زهره
فض الربيع ختامه فبدا لنا ... ما كان من سرائه في سرّه
من بعد ما سحب السحاب ذيوله ... فيه ودرّ عليه انفس درّه
شهر كانّ الحاجب ابن محمد ... القى عليه مسحةً من بشره

﴿ اسماعيل بن مجمع الاخباري ﴾

ذكره (٢) محمد بن اسحاق النديم فقال هو احد اصحاب السير والاخبار ومعروف بصحبة الواقدي" المختص" به مات سنة ٢٢٧ . له من التصنيف كتاب اخبار النبي صلى الله عليه وسلم ومغازيه وسراياه

﴿ اسماعيل بن موهوب بن احمد بن محمد بن الخضر بن الجواليقي ﴾

يكنى ابا محمد كان امام اهل الادب بعد ابيه ابي منصور بالعراق واختص بتأديب ولد الخلفاء مات في شوال سنة ٥٧٥ وكان مليح الخط جيد الضبط يشبه خطه خط والده وكانت له معرفة حسنة باللغة والادب وكانت له حلقة بجامع القصر يقرئ فيها الادب كل جمعة . سمع منه ابن الاخضر وابن حمدون الحسن تاج الدين وغيرهما ومولده في شعبان سنة ٥١٢ وكان بينه وبين اخيه اسحاق في المولد سنة ونصف وفي الوفاة ثلاثة اشهر . حدثت ان ابا الحسن جعفر بن محمد بن فطيرا ناظر واسط

(١) الضي : ق عارية (٢) قد سقط اسمه من النسخة المطبوعة

والبصرة وما بينهما من تلك النواحي دخل يوماً الى بعض الوزراء في ايام المستضيء بالله سقى الله عهوده صوب الرضوان فرأى في [١] مجلسه الذي كان يجلسه رجلاً لم يعرفه فهابه وجلس بين يدي الوزير وكان ابن فطيرا معروفاً بالمزاح والنادرة فتقدم حتى قال للوزير مسارًّا يا مولانا من هذا الذي قد جلس في مجلسي. فقال هذا الشيخ الامام ابو محمد بن الجواليقي. فقال وأيّ ارباب المناصب هو. قال ليس هو من ارباب المناصب هذا هو الامام الذي يصلي بامير المؤمنين صلوات الله عليه وسلامه. قال فقام مبادراً واخذ بيده وازاحه عن موضعه وجلس في منصبه وقال له ايها الشيخ انت ينبغي ان تتشامخ على امام الوزير ومن دونه فتجلس فوقهم لانك اعلى منه منزلة فاما عليّ انا وانا ناظر واسط والبصرة وما بينهما فلا. قال فما تمالك اهل المجلس من الضحك ان يمسكوه

﴿ اسماعيل بن ابي محمد يحيي بن المبارك اليزيدي ﴾

نذكر نسبه وولادته في ترجمة ابيه يحيي ان شاء الله تعالى وحده. وكان اسماعيل احد الادباء الرواة الفضلاء من ولد ابيه وكان شاعراً مصنّفاً صنف كتاب طبقات الشعراء. فنقلت من خط عمر بن محمد بن سيف الكاتب انشدنا اليزيدي ابو عبد الله يعني محمد بن العباس بن محمد بن ابي محمد بعد فراغه من كتاب الوحوش لعم ابيه اسماعيل بن ابي محمد اليزيدي

كلما رابني من الدهر ريب　　فاتكالي عليك يا رب فيه

(١) ق ـ

ان من كان ليس يدري افي المحـــبوب صنعٌ له او المكروه
لحري بان يفوض [١] ما يعـــجز عنه الى الذي يكفيه
الاله البرّ الذي هو في الرأ فة احنى من امه وابيه
قعدت بي الذنوب استغفر اللـــه لها مخلصاً واستوفيه
كم يوالي لنا الكرامة والنعمـــة من فضله وكم نعصيه

ومن شعره عن المرزباني

اتت ثمانون فاستمرت بالنقص من قوتي وحزمي [٢]
فرقّ جلدي ودقّ عظمي واختلّ بعد التمام جسمي
يا ليت اني صحبت دهري صحبة ذي تهمة وحزم
من لم يكن على معلم [٣] رواه لم ينتفع بعلم

وقال يرثي علي بن يحيي [٤] المنجم ومات علي في سنة ٣٧٥

مات السماح ومات الجود والكرم اذ ضم شخص عليّ في الثرى رجم
سقيت من جدث ابتلّ ساكنه غيثا ملثا توالي صوبه الديَمُ
عادت لنا بعدك [٥] الايام مظلمة وكنت ضوءاً لها تجلى به الظلَمُ
كان الزمان فتياً مشرقاً نضراً فاليوم اخلقه من بعدك الهرم
قد كنت للخلق في حاجاتهم علماً يفرج الهمّ عنهم ذلك العلم

﴿ الاغر ابو الحسن ﴾

ذكره ابو بكر الزبيدي في نحاة مصر وقال اخذ عن ابي الحسن علي بن

(١) ق له ما (٢) لعله وعزمي (٣) لعله عاملاً بعلم (٤) بياض بالاصل
(٥) ق بعد

حمزة الكسائي ولقيه قوم من اهل الاندلس وحملوا عنه في سنة ٢٢٧

﴿ امان بن الصمصامة بن الطرماح بن الحكيم ﴾

ابن الحكم بن [1] نفر بن قيس بن جحدر بن ثعلبة بن عبد رضا بن مالك بن امان بن عمرو بن ربيعة بن جرول بن ثعل بن عمرو بن الغوث ابن طيء والطرماح الشاعر المشهور ويكنى امان هذا ابا مالك واطرحه ابن الاغلب اذ صار اليه الامر لهجاء جده الطرماح بني تميم . قال ابو الوليد المهدي ابطأت على ابي [2] مالك وكان مريضاً فكتب الي

ابلغ المهدي عني مالكا ... ان دائي قد اصار المخ ريرا
كنت في المرضى مريضاً مطلقاً ... ولقد اصبحت في المرضى اسيرا
فاذا ما متّ فانعم سالماً ... وتمل العيش في الدنيا كثيرا

واخذ عنه المهدي جزءًا من النحو واللغة والشعر

﴿ أمية بن عبد العزيز بن ابي الصلت ﴾

ابو الصلت من اهل الاندلس كان اديباً فاضلاً حكيماً منجماً مات في سنة ٥٢٩ في المحرم بالمهدية من بلاد القيروان وهو صاحب فصاحة بارعة وعلم بالنحو والطب وكان قد ورد الى مصر في ايام المسمى بالآمر من ملوك مصر واتصل بوزيره ومدير دولته الافضل شاهنشاه ابن امير الجيوش بدر واشتمل عليه رجل من خواصّ الافضل يعرف بمختار ويلقب بتاج المعالي وكانت منزلته عند الافضل عالية ومكانته منه بالسعد حالية فتحسنت حال امية عنده وقرب من قلبه وخدمه بصناعتي

(١) ق ــ (٢) ق ــ

الطب والنجوم وانس تاج المعالي منه بالفضل الذي لا يشاركه فيه أحد من اهل عصره فوصفه بحضرة الافضل واثنى عليه وذكر ما سمعه من اعيان اهل العلم واجماعهم على تقدمه في الفضل وتميزه عن كتاب وقته . وكان كاتب حضرة الافضل يومئذ رجل قد حمى هذا الباب ومنع من ان يمر بمجلسه ذكرُ احد من اهل العلم بالادب الا انه لم يتمكن من معارضة قول تاج المعالي فاغضى على قذى واضمر لابي الصلت المكروه وتتابعت من تاج المعالي السقطات افضت الى تغير الافضل والقبض عليه والاعتقال فوجد حينئذ السبيل الى ابي الصلت بما اختلق له من المحال فحبسه الافضل في سجن المعونة بمصر مدة ثلاث سنين وشهر واحد على ما اخبرني به الثقة عنه[١] . ثم اطلق فقصد المرتضى ابا طاهر يحيي بن تميم بن المعز بن باديس صاحب القيروان فحظي عنده وحسن حاله معه . وقد ذكر ذلك في رسالة له يذم فيها[٢] مصر ويصف حاله ويثني على ابن باديس واستشهد فيها بهذه الابيات في وصف ابن باديس

فلم استسغ الا نداه ولم يكن ... ليعدل عندي ذا الجناب جناب
فما كل انعام يخف احتماله ... وان هملت منه عليّ سحاب
ولكن اجلّ الصنع ما جلّ ربّه ... ولم يأتِ بابٌ دونه وحجابُ
وما شئت الا ان ادل عواذلي ... على ان رأيي في هواك صواب
واعلم قوماً خالفوني وشرّقوا ... وغرّبتُ اني قد ظفرت وخابوا

---

(١) ذكر صاحب عيون الانباء (٢:٥٣) في اعتقاله سبباً غير هذا

(٢) ق —

ومن شعره ايضاً

لا غرو ان لحقت لهاك مدائحي فتدفقت نعماك ملء انائها
يكسى القضيب ولم يحق ابّانه وتطوّق الورقاء قبل غنائها

ومنه يرثي

قد كنت جارك والايام ترهبني ولست ارهب غير الله من احدِ
فنافستني الليالي فيك ظالمة وماحسبت الليالي من ذوي الحسدِ

ولابي الصلت من التصانيف كتاب الادوية المفردة . كتاب تقويم
الذهن في المنطق . كتاب الرسالة المصرية . كتاب ديوان شعره كبير.
كتاب رسالة عمل بالاسطرلاب [1] . كتاب الديباجة في مفاخر صنهاجة.
كتاب ديوان رسائل . كتاب الحديقة في مختار من اشعار المحدثين .
ومن شعر أمية منقولاً من كتاب سر السرور

حسبي فقد بعدت في الغيّ اشواطي وطال في اللهو ايغالي وافراطي
انفقت في اللهو عمري غير متعظٍ وجدت فيه بوفري غير محتاط
فكيف اخلص من بحر الذنوب وقد غرقت فيه على بعد من الشاطي
يا ربِّ ما ليَ ما [2] ارجو رضاك به الا اعترافي باني المذنب الخاطي

ومنه ايضاً

لله يومي ببركة الحبشِ والصبح بين الضياء والغبش

---

(١) ق في الاضطراب : والصواب في عيون الانباء (٦٢:٢) : وقد ذكر صاحب العيون له كتباً غير التي ذكرها ياقوت (٢) ق لا

والنيل تحت الرياح مضطرب   كعصائم في يمين مرتعش (١)
ونحن في روضة مفوفة   دبّج بالنَوْر عطفها ووشى
قد نسجتها يد الربيع لنا   فنحن من نسجها على فرش
واثقل الناس كلهم رجل   دعاه داعي الهوا (٢) فلم يطش
فعاطني الراح انّ تاركها   من (٣) سورة الهمّ غير منتعش
واسقني بالكبار مترعة   فهن اشفى لشدة العطش

قال محمد بن محمود حدثني طلحة ان ابا الصلت اجتمع في بعض متنزهات مصر مع وجوه افاضلها فقال لصبي صبيح الوجه عديم الشبه قد نقط نون صدغه على صفحة خده فاستوصفوه اياه فقال

منفرد بالحسن والظرف   بحُت لديه بالذي أُخفي
لهفي شكوت (٤) وهو من تيهه   في غفلة عني وعن لهفي
قد عوقبت اجفانه بالضنا   لانها اضنت وما تشفي
قد ازهر الورد على خده   لكنه ممتنع القطف
كأنما الخال به نقطة   قد فطرت من كحل الطرف

قال وحدثني ابو عبد الله الشامي وكان قد درس عليه واقتبس ما لديه ان الافضل كان قد تغير عليه وحبسه بالاسكندرية في دار كتب الحكيم ارسطاطاليس قال وكنت اختلف اليه اذ ذاك فدخلت اليه يوماً فصادفته مطرقاً فلم يرفع رأسه اليّ على العادة فسألته فلم يرد الجواب ثم

---

(١) في عيون الانباء (٢:٥٨) كالسيف سلنه كف مرتعش (٢) في عيون الانباء الصبا (٣) عيون الانباء : ق في (٤) ق اشكو

قال بعد ساعة اكتب وانشدني

قدكان لي سبب قد كنت احسب ان احظى به فاذا دائي من السبب
فما مقلّم اظفاري سوى قلمي ولا كتائب (١) اعدائي سوى كتبي

فكتبت رسالته عن ذلك فقال ان فلاناً تلميذي قد طعن فيّ عند الامير الافضل ثم رفع رأسه الى السماء واغرورقت عيناه دمعاً ودعا عليه فلم يحل الحول حتى استجيب له . وانشدني الشيخ سليمان بن الفياض الاسكندراني وكان ممن درس عليه واختلف اليه في صفة فرس

صفراء الا حجول مؤخرها فهي مدام ورسغها زبد
تعطيك مجهودها فراهتها في الحضر والحضر عندها وتد

وانشدني له يهجو (٢) وما هو من صناعته

حدود شكل القياس مجموعة صافٍ ومولاته وسيّده
والست تحت الاثنين موضوعة فالشيخ فوق الاثنين مرتفع
بحشمة في الجميع مصنوعة والشيخ محمول ذي وحامل ذا
قريبة في دمشق مطبوعة شكل قياس كانت نتيجته

وقرأت في الرسالة المصرية زيادة على البيتين المتقدم ذكرهما قبل

وكم تمنيت ان القى بها احداً يسلي من الهمّ او يعدي على النوب
فما وجدت سوى قوم اذا صدقوا كانت مواعيدهم كالآل في الكذب

---

(١) ق كاتب : والصواب في عيون الانباء ٢:٦١ (٢) ق ما

﴿ باب الباء ﴾

﴿ برزخ بن محمد ابو محمد العروضي ﴾

مولى بجيلة وقال الصولي اظنه من موالي كندة وقال ابن درستويه : ومن علماء الكوفة برزخ بن محمد العروضي وهو الذي صنف كتاباً في العروض نقض فيه العروض زعمه على الخليل ويبطل الدوائر والالقاب والعلل التي وضعها ونسبها الى قبائل العرب وكان كذّاباً . وحدث الصولي حدث جبلة بن محمد قال سمعت ابي يقول كان الناس قد البوا[1] على ابي محمد برزخ بن محمد العروضي لكثرة حفظه فساء ذلك حمّاداً وجنادا فدسا اليه من يسقطه فاذا هو يحدث بالحديث عن رجل فعل شيئاً ثم يحدث به عن رجل آخر بعد ذلك ثم حدث به عن آخر فتركه الناس حتى كان يجلس وحده . وحدث صعود قال سمعت سلمة يقول كان يونس النحوي يقول ان لم يكن برزخ اروى الناس فهو اكذب الناس قال سلمة وصدق يونس يقول ان كان ما اتى به حقاً والا فقد كذب لانه حدث عن اقوام لا يعرفهم الناس . وحدث ابن قادم قال سئل الفرّاء عن برزخ فانشد قول زهير

اضاعت فلم يغفر لها غفلاتها   فلاقت بياناً عند آخر معهد

يريد ان الناس اجتنبوه لشيء استبانوه منه . وحدث المازني قال روى برزخ شعراً لامرئ القيس فقال له جناد عمّن رويت هذا قال عنّي

(١) لعله اقبلوا

وحسبك بي فقال له جناد من هذا أُتيتَ يا غافل . وحدث الصولي عن ابي عبد الله احمد بن الحسن السكوني قال كنا نروي لبرزخ اشعاراً منها

ليس بيني وبين قومِيَ ألاَّ … انني فاضل لهم في الذكاء
حسدوني فزخرفوا فيَّ قولاً … تتلقاه السنُ البغضاء
كنت ارجو العلاء فيهم بعلمي … فاتاني من الرجاء بلائي
شدة استفدتها من رخاء … وانتقاص جنيته من وفاء

وحدث الحارث بن ابي اسامة قال انشدني عثمان بن محمد لابي حنش واسمه خضير بن قيس يقوله في برزخ

برزخ فقدت كالك من ثقيل (١) … فظلك حين يوزن وزن فيل
تجنب بالتبغض يا مقيت (٢) … وتختار القبيح على الجميل
فما تنفك انساناً تمادى … جليسك منه في هم طويل
وبالاشعار علمك حين يقضى … علينا بالقضاء المستحيل
يكون كلكم سنور اذا ما … اجاعوه با كل الزنجبيل

ولبرزخ من التصانيف كتاب العروض . كتاب بناء الكلام . قال محمد بن اسحاق النديم رايته في جلود . وكتاب معاني العروض على حروف المعجم . كتاب النقض على الخليل وتغليطه في العروض . كتاب الاوسط في العروض . كتاب تفسير الغريب

﴿ بشر بن يحي بن علي القيني النصيبي ﴾

ابو ضياء من اهل نصيبين شاعر قليل الشعر واديب كثير الادب وله

(١) لعله من كل ثقيل (٢) لعله المعيا

من الكتب فيما ذكره محمد بن اسحاق كتاب سرقات البحتري عن ابي تمام . كتاب الجواهر . كتاب الآداب . كتاب السرقات الكبير لم يتم

﴿ بقي بن مخلد الاندلسي ابو عبد الرحمن ﴾

ذكره الحميدي وقال مات بالاندلس سنة ٢٧٦ في قول ابي سعيد بن يونس وقال الدارقطني مات سنة ٧٣ والاول اصح . قال الحميدي وبقي من حفاظ المحدثين وأئمة الدين والزهاد الصالحين رحل الى المشرق فروى عن الأئمة واعلام السنة منهم الامام ابو عبد الله احمد بن محمد بن حنبل وابو بكر بن [١] عبد الله بن محمد بن ابي شيبة واحمد بن ابراهيم الدورقي [٢] وخليفة بن خياط [٣] وجماعات [٤] اعلام يزيدون على المائتين وكتب المصنفات الكبار والمنثور الكثير وبالغ في الجمع والرواية ورجع الى الاندلس فملأها علماً جماً والف كتباً حساناً تدل على احتفاله واستكثاره. قال لنا ابو محمد علي بن احمد : فمن مصنفات بقي بن مخلد كتاب تفسير القرآن وهو الكتاب الذي اقطعُ قطعاً لا استثني فيه انه لم يؤلف في الاسلام مثله ولا تصنيف محمد بن جرير الطبري ولا غيره . ومنها في الحديث كتاب مصنفه الكبير الذي رتبه على اسماء الصحابة فروى فيه عن الف وثلاثمائة صاحب ونيف ثم رتب حديث كل صاحب على اسماء الفقه وابواب الاحكام فهو مصنف ومسند وما اعلم هذه الرتبة لاحد قبله مع ثقته وضبطه واتقانه واحتفاله فيه في الحديث وجودة

---

(١) الحميدي – (٢) الحميدي : ق الدوني (٣) الحميدي – (٤) الحميدي وجماعة

شيوخه فانه روى عن مائة [١] رجل واربعة وثمانين رجلاً ليس فيهم عشرة ضعفاء وسائرهم اعلام مشاهير . ومنها كتاب في فتاوى الصحابة والتابعين ومن دونهم الذي اربى فيه على مصنف ابي بكر بن ابي شيبة وغيره [٢] فصارت تصانيفه قواعد الاسلام لا نظير لها وكان متخيراً لا يقلد احداً وكان خاصاً [٣] باحمد بن حنبل وجاريا في مضمار البخاري ومسلم . كل هذا من كتاب الحميدي وانما ذكرته لتصنيفه كتاباً في تفسير القرآن وذكر له ترجمة اخرى فقال فيها ولد بقي بن مخلد الاندلسي في رمضان سنة ٨١ وتوفي ليلة الثلاثاء لتسع وعشرين ليلة مضت من جمادى الاخرة سنة ٢٧٦ ودفن في المقبرة المنسوبة الى بني العباس وكانت له رحلتان اقام في احداهما نحو العشرين عاماً وفي الثانية نحو الاربعة عشر عاماً فاخبرني ابي انه كان يطوف في الامصار على اهل الحديث فاذا اتى وقت الحج اتى الى مكة فحج هذا كان فعله كل عام في رحلتيه جميعاً وكان يلتزم صيام الدهر فاذا اتى يوم جمعة افطر وكانت له عبادات كثيرة من قراءة القرآن وغيرها من الصلوات ونشر العلم . قال مشايخه الذين سمع منهم فكانوا مائتي رجل واربعة [٤] وثمانين رجلاً (هكذا ذكر في هذه الترجمة فما ادري ايهما الصحيح) اخبرني اسلم بن عبد العزيز اخبرني ابو عبد الرحمن بقي بن مخلد قال لما وضعت مسندي اتاني عبيد الله بن يحيي

(١) الحميدي مائتي (٢) الحميدي ومصنف عبد الرزاق بن همام ومصنف سعيد ابن منصور وغيرها وانتظم علماً عظيما لم يقع في شيء من هذه (٣) الحميدي ذا خاصة من (٤) ق اربعاً

ومعه اخوه اسحاق فقالا لي بلغنا انك وضعت مسنداً قدّمت فيه ابا مصعب وابن بكير واخرت ابانا فقال بقي اما [1] تقديمي لابي مصعب فاني قدمته لقول رسول الله صلى الله عليه وسلم فقدموا قريش ولا تقدموها واما ابن بكير فاني قدمته لسنه وقال النبي صلى الله عليه وسلم كبّر كبّر مع انه سمع الموطأ من مالك سبع عشرة مرة ولم يسمع ابوكما الا مرة واحدة . قال بقي نخرجا عني ولم يعودا اليّ بعد ذلك وخرجا الى حد العداوة . حدثنا واسم بن اصبغ قال خرجت من الاندلس ولم ارو عن بقي شيئاً فلما دخلت العراق وغيره من البلدان سمعت من فضائله وتعظيمه ما اندمني على ترك الرواية عنه وقلت اذا رجعته لزمته حتى اروي جميع ما عنده فاتانا نعيه ونحن باطرابلس . وحدثنا واسم بن اصبغ قال سمعت احمد بن ابي خيثمة يقول وذكر بقي بن مخلد فقال ماكنا نسميه الا المكنسة وهل احتاج بلد بقي ان ياتي الى ههنا منه احد فقلنا له ولا انت تحدثنا عن رجال ابن ابي شيبة فقال ولا انا . وذكر بقي انه ادرك جماعة من اصحاب سفيان الثوري فلم يرو عنهم وروى عن رجلين عن سفيان الثوري . قال وحدثت عن بقي انه قال يوماً لطلبته انتم تطلبون العلم وهكذا [2] يطلب العلم انما احدكم اذا لم يكن عليه شغل يقول امضي اسمع العلم اني لاعرف رجلاً تمضي عليه الايام في وقت [3] طلبه للعلم لا يكون له عيش الا من ورق الكرنب الذي يلقيه الناس واني لاعرف رجلاً باع سراويله غير مرة في شرى كاغد حتى يسوق الله عليه من حيث يخلفها.

(١) ق انما (٢) لعله او هكذا (٣) ق وقته

قال الحميدي اخبرنا ابو القاسم عبد الكريم بن هوازن القشيري في اجازة وصلت اليه وذكر اسناداً وقال جاءت أُمرأة الى بقي بن مخلد فقالت ان ابني قد اسره الروم ولا اقدر على مال اكثر من دويرة ولا اقدر على بيعها فلو اشرتَ الى من يفديه بشيء فانه ليس لى ليل ولا نهار ولا يوم ولا قرار فقال انصرفي حتى [١] انظر في امره ان شاء الله واطرق الشيخ وحرك شفتيه قال ولبثنا مدة فجاءت المرأة ومعها ابنها فاخذت تدعو له وتقول قد رجع سالماً وله حديث يحدثك به فقال الشاب كنت في يدَيْ بعض ملوك الروم مع جماعة من الاسارى وكان له انسان يستخدمنا كل يوم يخرجنا الى الصحراء للخدمة ثم يردّنا وعلينا قيودنا فبينا نحن نجيء من العمل مع صاحبه الذي كان يحفظنا اذ انفتح القيد من رجلي ووقع على الارض ووصف اليوم والساعة فوافق الوقت الذي جاءت المرأة ودعا الشيخ قال فنهض اليّ الذي كان يحفظني وصاح عليّ [٢] كسرت القيد فقلت لا الا انه سقط من رجلي قال فتحيّروا في امري ودعوا رهبانهم فقالوا لي الك والدة قلت لهم نعم فقالوا وافق دعاؤها الاجابة وقالوا اطلقك الله ولا يمكننا تقييدك فزودوني [٣] واصحبوني الى ناحية المسلمين

﴿ بكر بن حبيب السهمي والد عبد الله بن بكر المحدث ﴾

ذكره الزبيدي وغيره في النحويين اخذ عن ابن ابي اسحاق وقال ابن ابي اسحاق لبكر بن حبيب ما الحن في شيء قال تفعل فقال له نخذ علي كلمة قال هذه واحدة قل كلمة وقربت منه سنورة فقال لها اخسي فقال

---

(١) الحميدي : ق على (٢) الحميدى علي وقال (٣) الحميدي : ق فزودني

له اخطأت انما هو اخسأي . وحدث ابو احمد الحسين بن عبد الله العسكري في كتاب التصحيف له عن ابيه عن عسل بن ذكوان عن الرياشي قال توفي ابن لبعض المهالبة فاتاه شبيب بن شيبة المنقري يعزيه وعنده بكر بن حبيب السهمي فقال شبيب بلغنا ان الطفل لا يزال محبنطئاً على باب الجنة يشفع لابويه فقال بكر بن حبيب انما هو محبنطياً غير مهموز فقال له شبيب اتقول لي هذا وما بين لابتيها افصح مني فقال بكر وهذا خطأ ثانٍ ما للبصرة وللّوب لعلك غرّك قولهم ما بين لابتي المدينة يريدون الحرة . قال ابو احمد والحرة ارض تركبها حجارة سود وهي اللابة وجمعها لابات فاذا كثرت فهي اللوب واللاب وللمدينة لابتان من جانبيها وليس للبصرة لابة ولا حرة . قال ابو عبيدة المحبنطي بغير همزة هو المنتصب المستبطئ للشيء والمحبنطئ بالهمز العظيم البطن المنتفخ . وقال ابو عبد الله المرزباني في كتاب المعجم بكر بن حبيب السهمي من باهلة احد مشايخ المحدثين قال ابنه عبد الله بن بكر كان ابي يقول البيتين والثلاثة وهو القائل

سير النواعج في بلاد مضلة ... يمسي الليل [1] بها على مملال

خير من الطمع الدنيء ومجلس ... بفناء لاطلق ولا مفضال

فاقصد لحاجتك المليك فانه ... يغنيك عن مترفع مختال

وحدث التاريخي عن ابي خالد يزيد بن محمد المهلبي عن البجلي عن قتب ابن بشر قال كنت مع بكر بن حبيب السهمي بموضع يقال له قصر زربي

(١) لعله الدليل

ونحن مشرفون على المربد اذ مرّ بنا يونس بن حبيب النحوي فقال أمر بكم الامير قال بكر نعم مرّ بنا عاصباً فوه فرمى يونس بعنانه على عنق حماره ثم قال اف اف فقال له بكر انظر حسنا ثم قال نعم وانما ظن يونس بن حبيب النحوي انه قد لحن وانه كان يجب ان يقول عاصباً فاه فلما تبين انه اراد عَصَب الفم صدّقه . قال ومر بكر بن حبيب بدار فسمع جلبة فقال ما هـذه الجبلة اعرس ام خرس ام اعذار ام توكير فقال له قوم قد عرفنا العرس فاخبرنا ما سوى ذاك قال الخرس الطعام على الولادة والاعذار الختان والتوكيران يبني الرجل القبة او يحدث القدر الجماع فيقال وكر لنا طعاماً . قال والقدر الجماع الكبيرة وقال ثعلب الوكيرة ماخوذ من الوكر وهي الوليمة التي يصنعها الرجل عند بناء المنزل

﴿ ابو بكر بن عياش بن سالم الكوفي الخياط ﴾

مولى واصل بن حيان الاسـدي الاحدب واختلف في اسمه فقيل اسمه قتيبة وقيل شعبة وقيل عبد الله وقيل محمد وقيل مطرف وقيل سالم وقيل عنترة وقيل احمد وقيل عتيق وقيل رؤبة وقيل حماد وقيل حسين وقيل قاسم وقيل لايعرف له اسم واظهر ذلك شعبة ومطرف قال الهيثم بن عدي اسم ابي بكر مطرف بن النهشلي . ومات ابن عياش في سنة ١٩٣ (١) في السنة التي مات فيها الرشيد بن المهدي قبله بشهر وفيها مات غندر وعبد الله بن ادريس . وروي ان ابن عياش مات في سنة ٩٢ والاول اظهر ومولده سنة ٩٧ في ايام سليمان بن عبد الملك وروي سنة ٩٤ وروي سنة ٩٥

---

(١) ق ٢٩٣

وكان ابن عياش يقول انا نصف الاسلام وقال الحسين بن فهم وقد ذكر جماعة لا تعرف اسماؤهم منهم ابو بكر بن ابي مريم وابو بكر بن ابي سبرة وابو بكر بن محمد بن عمرو بن حزم وابو بكر بن عبد الرحمن وابو بكر بن عياش وابو بكر بن ابي العرامس وقال ابو الحسن الاهوازي المقرئ في كتابه وانما وقع هذا الاختلاف في اسم ابي بكر لانه كان رجلاً هيوباً فكانوا يهابونه ان يسألوه فروى كل واحد على ما وقع له. قلت وقد روى المرزباني في كتابه ان جماعة من اهل العلم سألوه عن اسمه واختلفت اقوالهم على ما تقدم ولولا كراهة الاطالة لذكرته. وكان ابن عياش معظماً عند العلماء وقد لقي الفرزدق وذا الرمة وروى عنهما شيئاً من شعرهما. حدث المرزباني حدثنا احمد بن عيسى عن احمد بن ابي خيثمة حدثنا محمد بن يزيد قال سمعت ابا بكر بن عياش يقول كان ابو بكر خليفة رسول الله صلى الله عليه وسلم في القرآن قال الله عزّ وجلّ لِلْفُقَرَاءِ الْمُهَاجِرِينَ الَّذِينَ أُخْرِجُوا مِنْ دِيَارِهِمْ وَأَمْوَالِهِمْ الى قوله أُولَئِكَ هُمُ الصَّادِقُونَ فهؤلاء سموه خليفة رسول الله وهؤلاء لا يكذبون. وحدث المرزباني باسناده الى زكرياء بن يحيي الطائي قال سمعت ابا بكر ابن عياش يقول اني اريد اتكلم اليوم بكلام لا يخالفني فيه احد الا هجرته ثلاثاً. قالوا قل يا ابا بكر. قال ما ولد لآدم عليه السلام مولود بعد النبيين والمرسلين افضل من ابي بكر الصديق. قالوا صدقت يا ابا بكر.[1] ولا يوشع بن نون وصي موسى عليه السلام. قالوا ولا يوشع بن

(١) سقط « قال »

نون الا ان يكون نبياً . ثم فسره فقال قال الله تعالى كُنْتُمْ خَيْرَ أُمَّةٍ أُخْرِجَتْ لِلنَّاسِ وقال رسول الله صلى الله عليه وسلم خير هذه الامة ابو بكر . قال زكرياء بن يحيي وسمعت ابن عياش يقول : لو اتاني ابو بكر وعمر وعلي رضي الله عنهم في حاجة لبدأت بحاجة عليّ قبل حاجة ابي بكر وعمر لقرابته برسول الله ولأن اخرّ من السماء الى الارض احبّ عليّ من ان اقدمه عليهما . وكان يقدم علياً على عثمان ولا يغلو ولا يقول الا خيراً. وحدث المرزباني باسناده عن ابي بكر بن عياش عن ذر عن عبد الله قال ان الله عزّ وجلّ نظر في قلوب العباد فوجد قلب محمد صلى الله عليه وسلم خير قلوب العباد فاصطفاه لنفسه وابتعثه رسالتـه[1] . ثم نظر في قلوب العباد بعد قلبه فوجد قلوب اصحابه خير القلوب بعد قلبه فجعلهم وزراء نبيه صلى الله عليه وسلم يقاتلون عن دينه فما رأى المسلمون حسناً فهو عند الله حسن وما رآه المسلمون سيئاً فهو عند الله سيئ . قال ابو بكر بن عياش وانا اقول انهم رأوا ان يولوا ابا بكر بعد النبي صلى الله عليه وسلم . وحدث المرزباني حدثنا محمد بن مخلد العطار حدثنا ابو عمر العطاري قال بعث ابو بكر بن عياش الى ابي يوسف الاعشى فمضيت مع ابي يوسف ومع عبد الوهاب بن عمر والعباس بن عمير فدخلنا اليه وهو في عليـة له فقال لابي يوسف قد قرأت عليّ القرآن مرتين وقد نقلت عني القرآن فاقرأ عليّ آخر الانفال واقرأ عليّ من رأس المائة من براءة واقرأ عليّ كذا واقرأ كذا . فقال له ابو يوسف يا ابا بكر هـذا القرآن والحديث والفقه

(١) لعله برسالته

واكثر الاشياء قد افدتها بعد ما كبرت اولم تزل فيه مذ كنت . ففكر هنيهة ثم قال بلغت وانا ابن ست عشرة سنة فكنت فيما يكون فيه الشبان مما يعرف وينكر سنتين ثم وعظت نفسي وزجرتها واقبلت على الخير وقراءة القرآن فكنت اختلف الى عاصم في كل يوم وربما مُطرنا ليلاً فانزع سراويلي واخوض الماء الى حقويّ . فقال له ابو يوسف ومن اين هذا الماء كله . قال كنا اذا مطرنا جاء ماء الحيرة الينا حتى يدخل الكوفة . وكنت اذ قرأت على عاصم اتيت الكلبي فسالته عن تفسيره واخبرني ابو بكر ان عاصماً اخبره انه كان يأتي ذر بن حبيش فيقرئه خمس آيات لا يزيد عليها شيئاً ثم يأتي ابا عبد الرحمن السلمي فيعرضها عليه فكانت توافق قراءة ذر قراءة ابي عبد الرحمن وكان ابو عبد الرحمن قرأ على عليّ عليه السلام وكان ذر بن حبيش الشكري العطاردي قرأ على عبد الله بن مسعود القرآن كله في كل يوم آية واحدة لا يزيده عليها شيئاً فاذا كانت آية قصيرة استقلها ذر من عبد الله فيقول عبد الله خذها فوالذي نفسي بيده لهي خير من الدنيا وما فيها . ثم يقول ابو بكر وصدق والله ونحن نقول كما قال ابو بكر بن عياش اذا حدثنا عن عاصم عن ذر عن عبد الله قال هذا والله الذي لا اله الا هو حقٌ كما انكم عندي جلوس والله ما كذبت والله ما كذب عاصم بن ابي النجود والله ما كذب ذر والله ما كذب عبد الله بن مسعود وان هذا لحق كما انكم عندي جلوس . وحدث عمن اسنده الى احمد بن عبد الله بن يونس قال ذكر النبيذ عند العباس بن موسى فقال ان ابن ادريس

يحرمها فقال ابو بكر بن عياش ان كان النبيذ حراماً فالناس كلهم اهل ردّة . وحدث المرزباني قال قال عبد الله بن عياش كنت انا وسفيان الثوري وشريك نتماشى بين الحيرة والكوفة فراينا شيخا ابيض الرأس واللحية حسن السمت والهيئة فظننا ان عنده شيئاً من الحديث وانه قد ادرك الناس وكان سفيان اطْلَبَنَا للحديث واشدّنا بحثاً عنه فتقدم اليه وقال يا هذا عندك شيء من الحديث فقال اما حديث فلا ولكن عندي عتيق سنتين فنظرنا فاذا هو حمار . وحدث ابو بكر بن عياش قال الفرزدق بالكوفة ينعى عمر بن عبد العزيز رضي الله عنه فقال

كم من شريعة عدل قد سننت لهم ... كانت اميتت واخرى منك تنتظر
يا لهف نفسي ولهف اللاهفين معي ... على العدول التي تغتالها الحضر

وحدث باسناده عن ابن كناسة قال حدثني ابو بكر بن عياش قال كنت اذ انا شاب اذا اصابتني مصيبة تصبرت ورددت البكاء فكان ذلك يوجعني ويزيدني الماً حتى رأيت بالكناسة اعرابياً واقفاً وقد اجتمع الناس حوله

خليليّ عوجا من صدور الرواحل ... بجهور حزوى وابكيا في المنازل
لعل انحدار الدمع يعقب راحة ... من الوجد او يشفي نجي البلابل

فسألت عنه فقيل ذو الرمة قال فاصابتني بعد ذلك مصائب فكنت ابكي فاجد راحة فقلت في نفسي قاتل الله الاعرابي ما كان ابصره واعلمه . وحدث المرزباني عن الحسن النحوي عن محمد بن عثمان بن ابي شيبة قال سمعت عمّي القاسم بن محمد يقول حدثني يحيي بن آدم قال لما قدم هارون

الرشيد الكوفة نزل الحيرة ثم بعث الى ابي بكر بن عياش فحملناه اليه وكنت انا اقتاده بعد ذهاب بصره فلما انتهينا الى باب الخليفة ذهب الحجّاب يأخذون ابا بكر منّي فامسك ابو بكر بيدي وقال هذا قائدي لا يفارقني فقالوا ادخل انت وقائدك يا ابا بكر قال يحيي فدخلت به واذا هارون جالساً وحده فلما دنا منه انذرته فسلّم عليه بالخلافة فاحسن هارون الردّ فاجلسته حيث امِرْتُ ثم خرجت فقعدت في مكان اراهما واسمع كلامهما قال فجعلت انظر الى هارون يتلمح ابا بكر قال وكان ابو بكر رجلاً قد كبر وضعفت رقبته فانما (١) ذقنه على صدره فسكت هارون عنه ساعة ثم قال له يا ابا بكر فقال لبيك يا امير المؤمنين قال اني سائلك عن امر فاسالك بالله لما صدقتني عنه قال ان كان علمه عندي قال انك قد ادركت امر (٢) بني امية وامرنا فاسألك بالله ايهما كان اقرب الى الحق . قال يحيي فقلت في نفسي اللهم وفّقه وثبّته قال فاطال ابو بكر في الجواب ثم قال له يا امير المؤمنين امّا بنو امية فكانوا انفع للناس منكم وانتم اقوم بالصلاة منهم . قال فجعل هارون يشير بيده ويقول ان في الصلاة ان في الصلاة . قال ثم خرج فتبعه الفضل بن الربيع فقال يا ابا بكر ان امير المؤمنين قد امر لك بثلاثين الفاً فقال ابو بكر فما لقائدي فضحك الفضل وقال لقائدك خمسة آلاف قال يحيي فاخذت الخمسة آلاف قبل ان ياخذ ابو بكر الثلاثين. وحدث باسناد رفعه الى ابي بكر ابن عياش قال دخلت على هارون امير المؤمنين فسلمت وجلست فدخل

(١) لعله فاتكأ (٢) ق امير

فتىً من احسن الناس وجهاً فسلم وجلس فقال لي هارون يا ابا بكر اتعرف هذا قلت لا قال هذا ابني محمد ادعُ الله له فقلت يا امير المؤمنين جعله الله اهلاً لما جعلته له اهلاً فسكت ثم قال يا ابا بكر الا تحدثني فقلت يا امير المؤمنين حدثنا هشام بن حسان عن الحسين قال قال رسول الله صلى الله عليه وسلم ان الله فاتح عليكم مشارق الارض ومغاربها وان عمال ذلك الزمان في النار الا من اتقى الله وادّى الامانة فانتفض وتغيّر وقال يا مسرور اكتب ثم سكت ساعة وقال يا ابا بكر الا تحدثني فقلت يا امير المؤمنين حدثنا هشام بن حسان عن الحسن قال قال رسول الله صلى الله عليه وسلم اتدري ما قال عمر بن الخطاب للهروان (١) قال وما قال له قلت قال له ما يمنعك من حب المال وانت كافر القلب طويل الامل قال لاني قد علمت ان الذي لي سوف يأتيني والذي اخلفه بعدي يكون وباله عليّ . ثم قال يا مسرور اكتب ويحك . قال الك خاجة يا ابا بكر قلت تردّني كما جئت بي قال ليست هذه حاجة سل غيرها قلت يا امير المؤمنين لي بنات اخت ضعاف فان رأى امير المؤمنين ان يأمرهن بشيء قال قدّر لهن قلت يقول غيري قال لا يقول غيرك قلت عشرة آلاف قال لهن عشرة آلاف وعشرة آلاف وعشرة آلاف وعشرة آلاف وعشرة آلاف يا فضل اكتب بها الى الكوفة وألا تُحْبَسَ عليه. ثم قال انصرف ولا تنسنا من دعائك . وحدث باسناده عن العباس ابن بنان قال كنا عند ابي بكر بن عياش يقرأ علينا كتاب مغيرة فغمض

(١) لعله للهزوان

عينيه فحركه جمهور وقال له تنام يا ابا بكر فقال لا ولكن مرّ ثقيل فغمضت عيني . وحدث ابو هاشم الدلال قال رأيت ابا بكر بن عياش مهموماً فقلت له ما لي اراك مهموماً قال سيف كسرى لا ادري الى من صار . وقال محمد بن كناسة يذكر اصحاب ابي بكر بن عياش

لله مشيخة فجعت بهم ‏ ‏ كانت تزيغ الى ابي بكر
سُرُج لقوم يهتدون بها ‏ ‏ وفضائلٌ تنمى ولا تحري

وحدث المدائني قال كان ابو بكر بن عياش ابرص وكان رجل من قريش يرمى بشرب الخمر فقال له ابو بكر بن عياش يداعبه زعموا ان نبياً قد بعث بحل الخمر فقال له القرشي اذاً لا اؤمن حتى يبرئ الاكمه والابرص . انشد ابو بكر بن عياش المحدث ويقال انهما له

ان الكريم الذي تبقى مودته ‏ ‏ ويكتم السرّ ان صافى وان صَرَمَا
ليس الكريم الذي ان زلّ صاحبه ‏ ‏ افشى وقال عليه كل ما عِلمَا

﴿ بكر بن محمد بن بقية المازني ﴾

ابو عثمان النحوي وقيل هو بكر بن محمد بن عدي بن حبيب احد بني مازن بن شيبان بن ذهل بن ثعلبة بن عكابة بن صعب بن علي بن بكر ابن وائل . قال الزبيدي قال الخشني المازني مولي بني سدوس نزل في بني مازن بن شيبان فنسب اليهم وهو من اهل البصرة وهو استاذ المبرّد روى عن ابي عبيدة والاصمعي وابي زيد الانصاري وروى عنه الفضل ابن محمد اليزيدي والمبرّد وعبد الله بن سعد الورّاق وكان امامياً يرى

رأي ابن ميثم ويقال [(١)] بالارجاء وكان لا يناظره احد الا قطعه لقدرته على الكلام وكان المبرد يقول لم يكن بعد سيبويه اعلم من ابي عثمان بالنحو وقد ناظر الاخفش في اشياء كثيرة فقطعه وهو اخذ عن الاخفش . وقال حمزة لم يقرأ على الاخفش انما قرأ على الجرمي ثم اختلف الى الاخفش وقد برع وكان يناظره ويقدم الاخفش وهو حيٌّ . وكان ابو عبيدة يسميه بالتدرج والنقار . مات ابو عثمان فيما ذكره الخطيب في سنة ٢٤٩ او ٢٤٨ وذكر ابن واضح انه مات سنة ٢٣٠ . حدث المبرد عن المازني قال كنت عند ابي عبيدة فسأله رجل فقال له كيف تقول عُنيتُ بالامر قال كما قلت عنيت بالامر قال فكيف امر منه قال فغلط وقال اعن بالامر فاومأت الى الرجل ليس كما قال فرآني ابو عبيدة فامهلني قليلاً فقال ما تصنع عندي قلت ما يصنع غيري قال لست كغيرك لاتجلس اليَّ قلت ولِمَ قال لاني رأيتك مع انسان خوزي سرق مني قطيفة قال فانصرفت وتحملت عليه باخوانه فلما جئته قال لي ادّب نفسك اولاً ثم تعلّم الادب . قال المبرد الامر من هذا باللام لا يجوز غيره لانك تأمر غير من بحضرتك كأنّه لِيُفعَلْ هذا . وقال الحمار يهجو المازني

كادني المازنيّ عند ابي العبـــاس والفضل ما علمت كريم
يا شبيه النساء في كل فنّ ان كيد النساء كيد عظيم
جمع المازنيّ خمس خصال ليس يقوى بحملهن حليم

---

(١) لعله ويقول

هو بالشعر والعروض و بالنحـــو وغمز الايور طب عليم

ليس ذنبي اليك يا بكر الا انَّ ايري عليك ليس يقوم

وكفاني ماقال يوسف في ذا إنَّ رَبِّي بِكَيْدِكُنَّ عَلِيمُ

وحدث المبرد قال عزى المازني بعض الهاشميين ونحن معه فقال

اني اعزّيك لا اني على ثقة من الحياة ولكن سنة الدين

ليس المعزَّي بباقٍ بعد ميّته ولا المعزِي وان عاشا الى حين

وقد روي عن المبرد ان يهوديّا بذل للمازني مائة دينار ليقرئه كتاب
سيبويه فامتنع من ذلك فقيل له لم امتنعت مع حاجتك وعائلتك فقال
ان في كتاب سيبويه كذا كذا آية من كتاب الله فكرهت ان اقرئ
كتاب الله للذمّة فلم يمض على ذلك مديدة حتى ارسل الواثق في طلبه
واخلف الله عليه اضعاف ما تركه لله كما حدث ابو الفرج علي بن
الحسين الاصفهاني في كتاب الاغاني [1] باسناد رفعه الى ابي عثمان المازني
قال كان سبب طلب الواثق لي، ان مخارقاً غناه في شعر الحارث بن
خالد المخزومي

اظليم ان مصابكم رجلاً [2] اهدى السلام تحية ظلم

فلحّنه قوم وصوّبه آخرون فسأل [3] الواثق عمن بقي من رؤساء النحويين
فذُكِرّت له فامر بحملي وازاحة عللي . فلما وصلت اليه قال لي ممن
الرجل قلت من بني مازن قال من مازن تميم ام مازن قيس ام مازن ربيعة
ام مازن اليمن قلت من مازن ربيعة قال لي با اسمك يريد ما اسمك وهي

(١) ٨:١٤١ (٢) في الاغاني فغناه مخارق رجل (٣) الاغاني : ق قال

لغة كثيرة في قومنا فقلت على القياس اسمي مكر (وفي رواية فقلت اسمي بكر [١]) فضحك واعجبه ذلك وفطن لما قصدت اني لم استجر ان اواجهه بالمكر وضحك وقال اجلس فاطبئن اي فاطمئن فجلست فسألني عن البيت فقلت صوابه إِنَّ مُصَابَكُمْ رَجُلاً قال فاين خبر إِنَّ قلت ظُلْمُ وهو الحرف في آخر البيت والبيت كله متعلق به لا معنى له حتى يتمَّ بقوله ظلمُ الا ترى انه لو قال اظليم إِنَّ مُصَابَكُمْ رَجُلاً اهدى السلام تحيةً فكأَنَّه لم يفد شيئاً حتى يقول ظلمُ ولو قال اظليم ان مصابكم رجلٌ اهدى السلام تحية لما احتاج الى ظلم ولا كان له معنى الا ان تجعل التحية بالسلام ظلماً وذلك محال ويجب حينئذٍ اظليم ان مصابكم رجل اهدى السلام تحية ظلماً ولا معنى لذلك ولا هو لو كان له وجه مراد الشاعر . فقال صدقت الك ولد . قلت بنية [٢] لا غير قال فما قالت لك حين ودَّعتها . قلت انشدتني قول الاعشى

تقول ابنتي حين جد الرحيل ارانا سواء ومن قد يتمْ
ابانا فلا رِمْتَ مِنْ عندنا فانا بخير اذا لم ترِمْ
ارانا اذا اضمرتك البلاد نُجْفى ويقطع منا الرَحِمْ

فقال الواثق كأَنّي بك وقد قلت لها قول الاعشى ايضاً

تقول بنتي وقد قرَّبت مرتحلا يارب جنب ابي الاوصاب والاوجعا
عليك مثل الذي صليتِ فاعتصمي يوماً فان لجنب المرءِ مضطجعا

(١) هذه الرواية اختارها صاحب وفيات الاعيان (٢) عند ابن الانباري (٢٤٤) اخية اصغر مني اقيمها مقام الولد

فقلت صدق امير المؤمنين قلت لها ذلك وزدتها قول جرير

ثقي بالله ليس له شريك ومن عند الخليفة بالنجاح

فقال ثق بالنجاح ان شاء الله تعالى ان هٰهنا قوماً يختلفون الى اولادنا فامتحنهم فمن كان عالماً ينتفع به الزمناهم اياه ومن كان بغير هذه الصفة قطعناهم عنهم . قال فامتحنتهم فما وجدت فيهم طائلاً وحذروا ناحيتي فقلت لا بأس على احد منكم فلما رجعت اليه قال كيف رأيتهم فقلت يفضل بعضهم بعضاً في علوم ويفضل الباقون في غيرها وكل يُحتاج اليه . فقال الواثق اني خاطبت منهم رجلاً فكان في نهاية الجهل في خطابه ونظره فقلت يا امير المؤمنين اكثر من تقدم فهم بهذه الصفة وقد انشدت فيهم

ان المعلم لا يزال مضعفّا ولو ابتنى فوق السماء سماءَ[1]

من علّم الصبيان اصبوا[2] عقله مما يلاقي بكرة وعشاءَ

قال فقال لي لله[3] درّك كيف لي بك فقلت يا امير المؤمنين ان الغنم لفي قربك والامن والفوز لديك والنظر اليك ولكني الفت الوحدة وانست بالانفراد ولي اهل يوحشني البعد عنهم ويضرّ بهم ذلك ومطالبة العادة اشدّ من مطالبة الطباع فقال لي فلا تقطعنا وان لم نطلبك فقلت السمع والطاعة وامر لي بالف دينار (وفي رواية بخمسمائة دينار) واجرى عليّ في كل شهر مائة دينار . وزاد الزبيدي قال وكنت بحضرته يوماً فقلت لابن قادم وابن سعدان وقد كابرني كيف تقول نَفَقَتُك ديناراً اصلح من

(١) الاغاني بناء (٢) ق من علم صبوا عقله : والصواب في الاغاني الا ان فيها « اضنوا » (٣) ق ـ

درهم فقال دينار بالرفع قلت فكيف تقول ضربك زيداً خير لك فتنصب زيداً فطالبته بالفرق بينهما فانقطع [١] وكان ابن السكيت حاضراً فقال الواثق سَلْه عن مسئلة فقلت له ما وزن نَكْتَلْ [٢] من الفعل فقال نفعل فقال الواثق غلطت . ثم قال لي فسّره فقلت ونكتل تقديره نفتعل واصله نكتيل فانقلبت الياء الفاً لفتحة ما قبلها فصار لفظها نكتال فاسكنت اللام للجزم لانه جواب الامر فحذفت الالف لالتقاء الساكنين فقال الواثق هذا الجواب لا جوابك يا يعقوب . فلما خرجنا قال لي يعقوب ما حملك على هذا وبيني وبينك المودة الخالصة فقلت والله ما قصدت تخطئتك ولم اظنّ انه يعزب عنك ذلك . ولهذا البيت [٣] قصة اخرى في اخبار ابن السكيت . قال [٤] المبرّد سألت المازني عن قول الاعشى

هذا النهار بدا لها من همها ... ما بالها بالليل زال زوالَها

فقال نصب النهار على تقدير هذا الصدود بدا لها النهارَ واليومَ والليلةَ والعرب تقول زال وازال بمعنى فتقول زال زوالَها . وحدث الزبيدي قال قال المازني وحضر يوماً عند الواثق وعنده نحاة الكوفة فقال لي الواثق يا مازني هات مسئلة فقلت ما تقولون في قوله تعالى وَمَا كَانَتْ أُمُّكِ بَغِيًّا لِمَ لم يقل بَغِيَّةً وهي صفة لمؤنث فاجابوا بجوابات غير مرضيّة فقال الواثق هات ما عندك فقلت لو كانت بَغِيٌّ على تقدير فعيل بمعنى فاعلة لحقتها

---

(١) قد اورد هذه الحكاية صاحب وفيات الاعيان في ترجمة ابن السكيت وجعل الوزير ابن الزيات مكان الواثق (٢) يعني في قوله تعالى فارسل معنا اخانا نكتل (٣) لعله ولهذا المجلس (٤) ق —

الهاء مثل كريمة وظريفة وانما تحذف الهاء اذا كانت في معنى مفعولة نحو المرأة قتيل وكف خضيب وَبَغِيّ ههنا ليس بفعيل انما هو فعول وفعول لا تلحقه الهاء في وصف التأنيث نحو امرأة شكور وبئر شطون اذا كانت بعيدة الرشاء وتقدير بَغِيّ بَغُوي قلبت الواو ياء ثم ادغمت في الياء فصارت ياء ثقيلة نحو سيّد وميّت فاستحسن الجواب . قال المازني ثم انصرفت الى البصرة فكان الوالي يجري عليّ المائة دينار في كل شهر حتى مات الواثق فقطعت عني ثم ذكرت للمتوكل فاشخصني فلما دخلت اليه رأيت من العدد والسلاح والاتراك ما راعني والفتح بن خاقان بين يديه وخشيت ان سئلت عن مسئلة ألاّ اجيب فيها. فلما مثلت بين يديه وسلمت قلت يا أمير المؤمنين اقول كما قال الاعرابي

لا تقلواها وادلواها دلوا ... ان مع اليوم اخاه غدوا

قال ابو عثمان فلم يفهم عني ما اردت واستبردت فاخرجت . والقلو (١) رفع السير والدلو ادناؤه . ثم دعاني بعد ذلك فقال انشدني احسن مرثية قالت (٢) العرب فانشدته قول ابي ذؤيب

امن المنون وريبها تتوجع

وقصيدة متمم بن نويرة

لعمري وما دهري بتأبين هالك

---

(١) عند ابن الانباري تفسير لا تقلواها لا تعنفا بها في السير يقال قلوت اذا سرت سيراً عنيفاً ودلوت اذا سرت سيراً رفيقاً (٢) لعله قالتها

وقول كعب الغنوي

تقول سليمى ما بجسمك شاحباً

وقصيدة محمد بن منادر

كل حي لاقي الحمام فمودِي

فكان كلما انشدته قصيدة يقول ليست بشيء ثم قال من شاعركم اليوم بالبصرة قلت عبد الصمد بن المعذل قال فانشدني له فانشدته ابياتاً قالها في قاضينا ابن رباح

يا قاضية البصر ... ة قومي فارقصي قطره
ومرّي بروشنك[1] ... فما ذا البرد والفتره
اراك قد تثيرين ... عجاج القصف يا حرّه
بتحذيفك خديك ... وبجعيدك للطره

قال فاستحسنها واستطار لها وامر لي بجائزة . قال فتعملت[2] اتعمّل له ان احفظ امثالها فانشده اذا وصلت اليه فيصلني وكان المازني يفضل الواثق وللمازني شعر قليل منه ذكره المرزباني

شيآن يعجز ذو الرياضة عنهما ... رأي النساء وامرة الصبيان
اما النساء فانهن عواهر ... واخو الصبي يجري بكل عنان

ولما مات المازني اجتازت جنازته على ابي الفضل الرياشي فقال متمثلاً

لا يبعد الله اقواماً رزئتهم ... افناهمُ حدثان الدهر والابد
نمدهم كل يوم من بقيتنا ... ولا يؤوب الينا[3] منهمُ احد

(١) كذا بالاصل ولعله بورسيج اي بالعتبة (٢) لعله فجعلت (٣) ق لنا

قال محمد بن اسحاق وللمازني من الكتب كتاب * في القرآن كبير. كتاب * علل النحو صغير. كتاب * تفاسير كتاب سيبويه. كتاب ما يلحن فيه العامة. كتاب الالف واللام. كتاب التصريف. كتاب العروض. كتاب القوافي. كتاب الديباج في جوامع كتاب سيبويه. (١)

قرأت بخط الازهري منصور في كتاب نظم الجمان تصنيف الميداني قال سئل المازني عن اهل العلم فقال اصحاب القرآن فيهم تخليط وضعف واهل الحديث فيهم حشو ورقاعة والشعراء فيهم هوج واصحاب النحو فيهم ثقل وفي رواية الاخبار الظرف كله والعلم هو الفقه. وتصانيف المازني كلها لطاف فانه كان يقول من اراد ان يصنف كتاباً كبيراً في النحو بعد كتاب سيبويه فليستحِ ويخرق كتاب سيبويه في كمه عدة نوب.

حدث محمد بن رستم الطبري قال انبأنا ابو عثمان المازني قال كنت عند سعيد بن مسعدة الاخفش انا وابو الفضل الرياشي فقال الاخفش ان مُنْذُ اذا رفع بها فهي حرف معنىً ليس باسم كقولك ما رأيته منذ اليومُ فقال له الرياشي فلِمَ لا يكون في الموضعين اسماً فقد نرى الاسماء تخفض وتنصب كقولك هذا ضاربٌ زيداً غداً وضاربُ زيدٍ امس فلا (٢) يكون بهذه المنزلة فلم يأتِ الاخفش بمقنع. قال ابو عثمان فقلت له لا يشبه منذ ما ذكرت لانا لم نر الاسماء هكذا تلزم موضعاً الا اذا ضارعت حروف

(*) التنجيم يدل على ان الكتاب لم يذكر في النسخة المطبوعة من الفهرست

(١) في النسخة المطبوعة كتاب الديباج على خلل من كتاب ابي عبيدة (٢) لعله افلا يكون

المعاني نحو اين وكيف فلذلك منذ هي مضارعة لحروف المعاني فلزمت موضعاً واحداً . قال الطبري فقال ابن ابي زرعة للمازني افرأيت حروف المعاني تعمل عملين مختلفين متضادّين . قال نعم كقولك قام القوم حاشا زيدٍ وحاشا زيداً وعلى زيدٍ ثوب وعلى زيدٌ الفرس فتكون مرة حرفاً ومرة فعلا بلفظ واحد . وحدث المبرد قال سمعت المازني يقول معنى قولهم اذا لم تستح فاصنع ما شئت اي اذا صنعت ما لا يُستحى من مثله فاصنع منه ما شئت وليس على ما يذهب العوام اليه . قلت وهذا تاويل حسن جداً . قال ابو القاسم الزجاجي اخبرنا ابو جعفر احمد بن محمد بن رستم الطبري قال : حضرت مجلس ابي عثمان المازني وقد قيل له لم قلّتْ روايتك عن الاصمعي . قال رُميت عنده بالقَدَر والميل الى مذاهب اهل الاعتزال فجئته يوماً وهو في مجلسه فقال لي ما تقول في قول الله عز وجل إِنَّا كُلَّ شيْءٍ خَلَقْناهُ بِقَدَرٍ . قلت سيبويه يذهب الى ان الرفع فيه اقوى من النصب في العربية لاستعمال الفعل المضمر وانه ليس ههنا شيء هو بالفعل اولى ولكن ابت عامّة القراء الا النصب ونحن نقرؤها كذلك اتباعًا لان القراءة سنة فقال لي فما الفرق بين الرفع والنصب في المعنى فعلمت مراده فخشيت ان تغرى بي العامة فقلت الرفع بالابتداء والنصب باضمار فعل وتعاميت عليه فقال حدثني (١) جماعة من اصحابنا ان الفرزدق قال يوماً لاصحابه قوموا بنا الى مجلس الحسن البصري فاني اريد ان اطلّق النوار واشهده على نفسي فقالوا له لا تفعل فلعل نفسك تتبعها وتندم فقال

(١) اورد صاحب الاغاني هذه الحكاية (١٩ : ٩)

لا بد من ذلك فمضوا معه فلما وقف على الحسن قال له يا ابا سعيد تعلمن ان النوار طالق ثلاثاً قال قد سمعت فتتبعها نفسه بعد ذلك وندم وانشأ يقول

ندمت ندامة الكسعي لما　　غدت مني مطلقة نوار
وكانت جنتي فخرجت منها　　كآدم حين اخرجه الضرار
ولو اني ملكت يدي ونفسي (١)　　لكان عليّ للقدر الخيار

ثم قال والعرب تقول لو خيرت لاخترت تحيل على القدر. وينشدون

هي المقادير فلمني او فذر　　ان كنت اخطأت فلم يخط القدر

ثم اطبق نعليه وقال نعم القناع للقدري فاقللت غشيانه بعد ذلك . قال المبرد حدثني المازني قال مررت ببني عقيل فاذا رجل اسود قصير اعور ابرص اكشف قائم على تل سماد وهو يملأ جواليق معه من ذلك السماد وهو يغني باعلى صوته

فان تصرمي حبلي وتستكرهي وصلي　　فمثلكِ موجود ولن (٢) تجدي مثلي

فقلت صدقت والله ومتى تجد ويحك مثلك فقال بارك الله عليك واسمع خيراً ثم اندفع لينشد

يا ربة المطرف والخلخال　　ما انت من همي ولا اشغالي
مثلك موجود　　ومثلي غالي

﴿ بندار بن عبد الحميد الكرخي الاصبهاني ﴾

يعرف بابن لره ذكره محمد بن اسحاق في الفهرست (٣) فقال اخذ

---

(١) الاغاني وقلبي (٢) ق ولا (٣) اسمه في النسخة المطبوعة من الفهرست منداد (ص٨٣) وقد سقط منها ما ذكره ياقوت . واسم ابيه هناك لزة

عن ابي عبيد القاسم بن سلام واخذ عنه ابن كيسان . وقال ابن الانباري عن ابنه القاسم كان بندار يحفظ سبعمائة قصيدة اول كل قصيدة بَانَتْ سُعَادُ . قال المؤلف وبلغني عن الشيخ الامام ابي محمد الخشاب انه قال معنت (١) التفتيش والتنقير فلم اقع على اكثر من ستين قصيدة اولها بَانَتْ سُعَادُ . وفي كتاب اصبهان كان بندار بن لره متقدماً في علم اللغة ورواية الشعر وكان ممن استوطن الكرخ ثم خرج منها الى العراق فظهر هناك فضله وكان الطوسي صاحب ابن الاعرابي يوصي اصحابه بالاخذ عن بندار ويقول هو اعلم مني ومن غيري تخذوا عنه . قال وحدث (٢) ابو بكر ابن الانباري في اماليه ببغداد قال سمعت ابا العباس الاموي يقول كان بندار بن لره الاصبهاني احفظ اهل زمانه للشعر واعلمهم به انشدني عن حفظه ثمانين قصيدة اول كل قصيدة بَانَتْ سُعَادُ . قال حمزة وحدثني النوشجان بن عبد المسيح قال سمعت المبرد يقول كان سبب غناي بندار ابن لره الاصبهاني وذلك اني حين فارقت البصرة واصعدت الى سامرا وردتها في ايام المتوكل فآخيت بها بندار بن لره وكان واحد زمانه في رواية دواوين شعر العرب حتى كان لايشذ عن حفظه من شعر شعراء الجاهلية والاسلام الا القليل واصح الناس معرفة باللغة وكان له كل اسبوع دخلة على المتوكل فجمع بيني وبين النحويين فرت ليلة في داره مجالس فرفع حديثي الى الفتح بن خاقان ثم توصل الى ان وصفني للمتوكل فامر باحضاري مجلسه وكان المتوكل يعجبه الاخبار والانساب ويروي

---

(١) لعله امعنت (٢) ق ويحدث

صدراً منها يمتحن من يراه بما يقع فيها من غريب اللغة فلما دنوت من طرف بساطه استدناني حتى صرت الى جانب بندار فاقبل علينا وقال يا ابن لره ويا ابن يزيد ما معنى هذه الاحرف التي جاءت في هذا الخبر « ركبت الدجوجي وامامي قبيلة فنزلت ثم شربت الصباح فمررت وليس امامي الا نجيم فرقصت امامي فمنحت النحوص والمسحل والتدمرية ثم عطفت ورائي (١) قلوب فلم ازل به حتى اذقته الحمام ثم رجعت ورائي (٢) فلم ازل امارس الاغضف في قتله فحمل عليّ وحملت عليه حتى خر صريعاً » قال المبرد فبقيت متحيراً فبدر بندار وقال يا امير المؤمنين في هذا نظر وروية فقال قد اجلتكما بياض يومي فانصرفا وباكراني غداً فخرجنا من عنده فاقبل بندار عليّ وقال ان ساعدك الجد ظفرت بهذا الخبر فاطلب فاني طالبه فانقلبت الى منزلي وقلبت الدفاتر ظهراً لبطن حتى وقفت على هذا الخبر في اثناء اخبار الاعراب فتحفظته وباكرت بندار فانهضته معي وصبحناه وبدأت فرويت الخبر ثم فسرت الفاظه فالتفت الى بندار وقال ابن يزيد فوق ما وصفتم ثم قال للغلام عليّ بالخازن فحضر فقال له اخرج الى (٣) ابن يزيد وقل للحاجب يسهل اذنه عليّ فصار ذلك اصل مالي وكان بندار رحمه الله اصله وسببه . قرأت بخط عبد السلام البصري في كتاب عقلاء المجانين لابي بكر بن محمد الازهري حدثنا محمد بن ابي الازهر قال كنت يوماً في مجلس بندار بن (٤) لره الكرخي بحضرة (٥) منزله في

---

(١) لعله ورائي (٢) لعله سقط اسم حيوان (٣) لعله مع (٤) ق ـ
(٥) كذا بالاصل

درب عبد الرحيم الرزامي بدكان الابناء (١) وعنده جماعة من اصحابه اذ هجم علينا المسجد بردعة الموسوس ومعه مخلاة فيها دفاتر وجزازات وقد تبعه الصبيان فجلس الى جانب بندار وكان بندارا فرق منه فقال اطرد ويلك هؤلاء الصبيان عني فقال لهم اطردوهم عنه فوثبت انا من بين اهل المجلس فصحت عليهم وطردتهم فجلس ساعة ثم وثب فنظر هل يرى منهم احداً فلما لم يرهم رجع فجلس ساعة ثم قال اكتبوا : حدثني محمد بن عسكر عن عبد الرزاق عن معمر قال سئل الشعبي ما اسم امرأة ابليس فقال هذا عرس لم اشهد املاكه. ثم اقبل على بندار فقال يا شيخ ما معنى قول الشاعر

وكنت اذا ما جئت ليلى تبرقعت   فقد رابني منها الغداة سفورها

فقال لنا بندار اجيبوه فقال يا مجنون اسألك ويجيب غيرك فقال بندار يقول انه لما رآها فعلت ما فعلته من سفورها ولم يكن تعهد به علم انها قد حذرته من بحضرتها ليحجم عن كلامها وانبساطه اليها . فضحك ومسح يده على راس بندار وقال احسنت يا كيس وكان بندار قد قارب في ذلك الوقت تسعين سنة

﴿ بهزاد بن ابي يعقوب (٢) يوسف بن يعقوب بن خرزاد ﴾

النجيرمي راوية نحوي في طبقة ابيه مات قبل ابيه بما يقارب الثلاثة شهور بمصر وذلك لسبع خلون من شوال سنة ٤٢٣ . قال السمعاني في كتاب الانساب نجيرم محلة بالبصرة اليها ينسب النجيرميون

---

(١) محل في بغداد (٢) ق بن يوسف

باب التاء

﴿ تمام بن غالب بن عمرو يعرف بابن التيان (١) ﴾

ابو غالب المرسي الاندلسي (٢) . بخط ابن بحلم (٣) قال سعد الخير مرسية بلدة حسنة من بلاد الاندلس كثيرة التين يجلب منها الى سائر البلدان فلعله نسب اليه (٤) لبيع التين . ذكره الحميدي فقال كان اماماً في اللغة وثقة في ايرادها مذكوراً بالديانة (٥) والورع مات بالمرية في جمادى سنة٤٣٦ وله كتاب تلقيح العين (٦) في اللغة لم يؤلف مثله اختصاراً واكثاراً وله فيه قصة تدل على فضله وذلك ان الامير ابا الجيش مجاهد بن عبد الله العامري وهو احد المتغلبين على تلك النواحي وجه الى ابي غالب هذا ايام غلبته على مرسية وابو غالب ساكن بها الف دينار اندلسية على ان يزيد في ترجمة هذا الكتاب « مما الفه تمام بن غالب لابي الجيش مجاهد » فرد الدنانير ولم يفعل وقال والله لو بذل لي ملأ الدنيا ما فعلت ولا استجزت الكذب فاني لم اجمعه له خاصةً لكن لكل طالب عامّةً . قال الحميدي فاعجب لهمة هذا الرئيس وعلوّها واعجب لنفس هذا العالم ونزاهتها . وقال ابو القاسم خلف بن عبد الملك بن بشكوال الانصاري

---

(١) عند الحميدي والضبي التياني وكذا في وفيات الاعيان (٢) سقط وجدت (٣) لعله بجكم (٤) لعله اليها (٥) الحميدي والعفة والورع (٦) اسم الكتاب لم يرد في كتاب الحميدي وقد غير ياقوت عبارة الحميدي في بعض المواضع

الاندلسي في كتاب الصلة من تصنيفه وهو كتاب وصل به كتاب ابن الفرضي في تاريخ الاندلسيين قال ابن حيان وله كتاب جامع في اللغة سماه تلقيح العين جم الافادة وكان بقية شيوخ (١) اللغة الضابطين لحروفها الحاذقين بمقاييسها وكان ثقة صدوقاً عفيفاً وذكر وفاته كما تقدم

﴿ توفيق بن محمد بن الحسين بن عبيد الله بن محمد بن زريق ﴾

ابو محمد الاطرابلسي النحوي كان جده محمد بن زريق يتولى امر الثغور من قِبَل الطائع لله وانتقل ابنه عبيد الله الى الشام وولد توفيق باطرابلس وسكن دمشق وكان اديباً فاضلاً شاعراً وكان يتهم بقلة الدين والميل الى مذاهب الاوائل ومن شعره

وجلنار كاعراف الديوك على ... خصر يميس كاذناب الطواويس
مثل العروس تجلّت يوم زينتها ... حمراء تحلى على خضر الملابيس
في مجلس لعبت ايدي السرور به ... لدى عريش يحاكي عرش بلقيس
سقى الحيا اربعاً تحيا النفوس بها ... ما بين مقرى الى باب الفراديس (٢)

مات في صفر سنة ٥١٠ ودفن بمقبرة باب الفراديس

---

(١) في الصله (عدد ٢٨٠) مشيخة اهل اللغة (٢) اورد هذا البيت في معجم البلدان (٤: ٦٤٠) فقال ان مقرى قرية بالشام من نواحي دمشق

باب الثاء

﴿ ثابت بن الحسين بن شراعة ﴾

ابو طالب التميمي الاديب ذكره شيرويه فقال روى عن ابن سلمة وابن عيسى وابي الفضل محمد بن عبد الله الرشيدي ومنصور بن رامش والريحاني وغيرهم سمعت منه وكان صدوقاً توفي في العشر الاخير من صفر سنة ٤٦٩

﴿ ثابت بن ابي ثابت علي بن عبد الله الكوفي ﴾

قال الزبيدي كان من امثل اصحاب ابي عبيد القاسم بن سلام وقيل اسم ابي ثابت سعيد. وقال النديم قال السكري اسم ابي ثابت محمد. لغوي لقي فصحاء الاعراب واخذ عنهم وهو من كبار الكوفيين . قال محمد بن اسحاق وله من الكتب كتاب خلق الانسان . كتاب الفرق . كتاب الزجر والدعاء . كتاب خلق الفرس . كتاب الوحوش . كتاب مختصر العربية . كتاب[1] العروض

﴿ ثابت بن ابي ثابت عبد العزيز اللغوي ﴾

الذي له كتاب خلق الانسان[2] من علماء اللغة يروي عن ابي عبيد القاسم بن سلام وابي الحسن علي بن المغيرة الاثرم واللحياني وابي نصر احمد بن حاتم وسلمة بن عاصم التميمي وابي عبد الله محمد بن زياد وآخرين

(١) سقط ذكره من نسخة الفهرست المطبوعة (٦٩) (٢) هذا يدل على انه ليس غير الذي سبق

روى عنه ابو الفوارس داوود بن محمد بن صالح المروزي النحوي المعروف بصاحب ابن السكيت وابنه عبد العزيز بن ثابت . واسم ابي ثابت ابيه عبد العزيز من اهل العراق جليل القدر موثوق به مقبول القول في اللغة يعرف بوراق ابي عبيد

﴿ ثابت بن سنان بن ثابت بن قرة بن مروان الصابئ ﴾

ابو الحسن الطبيب المؤرخ مات فيما ذكره هلال بن المحسن لاحدى عشرة ليلة خلت من ذي القعدة سنة ٣٦٥ وكان قد ذكر في تاريخه الى آخر سنة ستين ووصل هلال بن المحسن من اول سنة ٣٦١. وكان ابو الحسن طبيباً حاذقاً واديباً بارعاً وله كتاب التاريخ الذي ابتدأ به من اول ايام المقتدر . وله كتاب مفرد في اخبار الشام ومصر مجلد واحد. وقال ابو اسحاق ابراهيم بن هلال الصابئ يرثي خاله ابا الحسن ثابت بن سنان بن ثابت بن قرة

اسامع انت يا من ضمه الجرف … نشيج باكٍ حزين دمعه يكف
وزفرة من صميم القلب مبعثها … يكاد منها حجاب الصدر ينكشف
اثابت بن سنان دعوة شهدت … لربها انه ذو غلة اسف
ما بال طبك ما يشفي وكنت به … تشفي العليل اذا ما شفه الدنف
غالتك غول المنايا فاستكنت لها … وكنت ذائدها والروح تختطف
فارقتني كفراق الكف صاحبها … اطنّها ضارب من زندها يقف
فتتّ في عضدي يا من غنيت[1] به … افتّ في عضد الباغي وانتصف

(١) لعله غدوت

الدين والعقل والعلياء والشرف — نوى بمغناك في لحد سكنت به
ترف[١] ومن نعمة جسمه ممهداً — في عشيرته كريماً عليك لهفي
والتحف الفرش فمنها التراب فيها — يشمله غبراء الى سلموه قد

﴿ ثابت بن محمد الجرجاني ﴾

ابو الفتوح ذكره الحميدي في كتاب الاندلسيين فقال دخل الى الاندلس[٢] وجال في اقطارها[٣] وبلغ الى ثغورها واجتمع بملوكها وكان اماماً في العربية متمكنا في علم الادب. قال ابن بشكوال[٤] قتل في محرم سنة ٤٣١ قتله باديس بن حبوس امير صنهاجة لتهمة لحقته عنده في القيام عليه مع ابن عمه بيدر[٥] بن حباسة. ومولده سنة ٣٥٠. وكان مع تحققه بالادب قيّماً بعلم المنطق ودخل بغداد واقام بها طالباً واملى بالاندلس كتاب شرح الجمل للزجاج روى ببغداد عن ابن جني وعلي بن عيسى الربعي وعبد السلام بن الحسين البصريّ وروى كثيراً من علم الادب. وحدث الحميدي عن ابي محمد علي بن احمد عن البرّاء بن عبد الملك الباجي قال لما ورد ابو الفتوح الجرجاني الاندلس كان اول من لقي من ملوكها الامير الموفق ابا الجيش مجاهداً العامري فاكرمه وبالغ في اكرامه فسأله عن رفيقه[٦] من هذا معك فقال

رفيقان شتى الّف الدهر بيننا[٧] — وقد يلتقي الشتى فيأتلفان

---

(١) كذا بالاصل (٢) زاد الحميدي سنة ٤٠٦ وكان مع الموفق ابي الجيش في غدوته سردانية ثم رجع الخ (٣) الحميدي اقطار الاندلس (٤) في الصلة (عدد ٢٨٦) (٥) في الصلة يدير (٦) الحميدي رفيق له (٧) الحميدي : ق بينهم

قال ابو محمد ثم لقيت بعد ذلك ابا الفتوح فاخبرني عن بعض شيوخه ان ابن الاعرابي رأى في مجلسه رجلين يتحادثان فقال لاحدهما من اين انت فقال من اسبيجاب وقال للآخر من اين انت فقال من الاندلس فعجب ابن الاعرابي فانشد البيت المقدم ثم انشدني تمامها

نزلت على قيسية يمنية ... لها نسب في الصالحين هجان
فقالت وارخت جانب الستر دوننا ... لايَّة ارض ام مَن الرجلان
فقلت لها اما رفيقي فقومه ... تميم واما اسرتي فيماني
رفيقان شتى الَّف الدهر بيننا ... وقد يلتقي الشتى فيأتلفان

﴿ ابو ثروان العكلي ﴾

احد بني عكل وعكل اسم امرأة حضنت ولد عوف بن وائل بن قيس بن عوف بن عبد مناف بن اد بن طابخة بن الياس بن مضر بن نزار بن معد بن عدنان وهي امة لهم وامهم بنت ذي اللحية بن حمير كان ثطاً فسمي بضد صفته وبنو عوف بن وائل الحرث وجشم وسعد وعلي وقيس (١) درج ولا عقب له فكل من ولده واحد من هؤلاء كان عكليا وكان ابو ثروان اعرابياً بدوياً تعلم في البادية لدى (٢) ذكر يعقوب بن السكيت ووجد بخطه وكان فصيحاً . قال محمد بن اسحاق وله من الكتب كتاب خلق الفرس . كتاب معاني الشعر

---

(١) لعله سقط وقيس (٢) سقط اسم قبيلة

باب الجيم

﴿ جبر بن علي بن عيسى بن الفرج بن صالح ﴾

ابو البركات الربعي الزهيري و والده ابو الحسن علي بن عيسى هو النحوي المشهور صاحب ابي عليّ الفارسيّ وكان ابو البركات هذا احد الادباء البلغاء الفصحاء . قال محمد بن عبد الملك الهمذاني كان ينوب عن الوزراء ببغداد وله اليد الطولى في الكتابة وجن في شبيبته فكان يتعمم بحبل البئر وادعى النبوّة في ذلك الوقت وعولج حتى برأ . وللبصروي وغيره فيه مدائح ومات في سنة ٤٤٩

﴿ جعفر بن احمد المروزي ﴾

ابو العباس ذكره محمد بن اسحاق النديم [١] فقال هو احد جماعي ومؤلّفي الكتب في انواع من العلم وكتبه كثيرة جدًّا وهو اول من الّف كتاباً في المسالك والممالك ولم يتم . مات باهواز وحملت كتبه الى بغداد وبيعت في طاق الحراني سنة ٢٧٤ . فمن كتبه كتاب المسالك والممالك . كتاب الآداب الكبير . كتاب الآداب الصغير . كتاب الناجم . كتاب تاريخ القرآن لتأييد كتب السلطان . كتاب البلاغة والخطابة [٢]

﴿ جعفر بن احمد بن عبد الملك بن مروان ﴾

اللغوي ابو مروان الاشبيلي يعرف بابن الغاسلة روى عن القاضي

---

(١) في الفهرست (١٥٠) وعبارة ياقوت تخالف عبارة النسخة المطبوعة في بعض المواضع (٢) سقط ذكره من النسخة المطبوعة

ابي بكر بن زرب * وابي عون ابنه [١] والمعيطي والزبيدي وكان بارعاً في الادب واللغة ومعاني الشعر والخبر ذا حظ من علم السنة. توفي سنة ٤٣٨ [٢] ومولده سنة ٣٥٤

﴿ جعفر بن احمد بن الحسين بن احمد بن جعفر السراج ﴾

ابو محمد القارئ البغدادي سمع ابا عليّ بن شاذان. وابا القاسم بن شاهين وابا محمد الخلال وابا الفتح بن شيطا [٣] وابا الحسين التوزي وابا القاسم التنوخي . قال ابن عساكر قرأت [٤] غيث بن علي الصوري : جعفر بن احمد بن الحسين ذو طريقة جميلة ومحبة للعلم والادب وله شعر لا بأس به وخرج له شيخنا الخطيب فوائد وتكلم عليها في خمسة اجزاء وكان يسافر الى مصر وغيرها وتردد الى صور عدد دفعات ثم قطن بها زماناً وعاد الى بغداد واقام بها الى ان توفي . كتب عنه « ولم يكن به بأس » وله تصانيف منها مصارع العشاق . كتاب زهد السودان . ونظم اشعاراً كثيرة في الزهد والفقه وغير ذلك . قال الصوري قال لي ولدت سنة ٤١٩ وسمعت الحديث ولي خمس سنين . وقرأت بخط ابي المعمّر الانصاري توفي جعفر السراج في حادي عشر صفر سنة ٥٠٠ ودفن بمقبرة باب ابر ز وكان ثقة. وقال السمعاني مولده سنة ١٧ او ١٦ ومن شعره

افلح عبد عصى هواه وفاق في دينه وكاسا

---

(١) في الصله (عدد ٢٨٨) وابن عون الله وابن مفرح (٢) في الصلة ٤٣٩
(٣) اسمه في مصارع العشاق (ص ٩٥) عبد الواحد بن احمد بن الحسين بن شيطا
(٤) لعله سقط بخط

ولم يرح مدمناً لخمر ينهل طاساً ويعلّ كاسا

ومن شعره

يا من اذا ما رضيته حكما جار علينا في حكمه وسطا
قد مدح الله امة جُعِلت في محكم الذكر أُمَّةً وَسَطَا

وقال جعفر بن احمد السراج (نقلاً من كتاب الخريدة)

قضت وطراً من ارض نجد وامّتِ عقيق الحمى مرخىً لها في الازمّةِ
وخبّرها الروّاد ان لحاجر حياً نورت منه الرياض فخنّتِ
ولاح لها برق من الغور موهناً كشعلة نار للطوارق شبّتِ
فميّلن بالاعناق عند وميضه تراقص في ارسانها واستمرّتِ
وغنى لها الحادي فاذكرها الحمى واياما فيه وساعات وجرةِ
وقد شركتني في الحنين ركائبي وزدن علينا رنة بعد رنّةِ
اقول لركب مجهشين تطوحوا وعزّ بهم ماءٌ « ردوا ماء عبرتي »
الا ليت شعري هل تعود رواجعاً ليالي الصبي من بعد ما قد تولّتِ

قرأت بخط الحسن بن جعفر بن عبد الصمد بن المتوكل في كتابه : حدثني الشيخ ابو الفضائل بن الخاضبة (١) قال دخل الشيخ ابو سعد بن ابي عمامة الواعظ الى المسجد المعلق مقابل دار الخلافة وكان فيه الشيخ ابو محمد بن السراج ليسلم عليه فالتقاه الشيخ ابو بكر بالرحب والسعة وتعانقا وجلسا يتذاكران فجاء الشيخ ابو نصر الاصبهاني فصعد اليهما وقد

---

(١) اظنه محمد بن عبد الباقي بن منصور البغدادي الدقاق ولكن كنيته ابو بكر عند الذهبي

كان في الحمام فكشف رأسه وقعد يستريح من كرب الحمام فقال له الشيخ ابو محمد غطِ رأسك لاينالك الهوى [١] فتتاذى فقال الشيخ ابو سعد لعله يجد فيه راحة . انبأنا ابو محمد عبد العزيز بن الاخضر شيخنا رحمه الله قال سمعت ابا الكرم المبارك بن الحسن بن الشهرزوري المقرئ يقول كنت اقرأ على ابي محمد جعفر بن محمد [٢] السراج واسمع منه فضاق صدري منه لحاله فانقطعت عنه ثم ندمت وقلت يفوتني منه بانقطاعي عنه فوائد كثيرة فقصدته في مسجده المعلق الحاذي لباب النوبي فلما وقع نظره عليّ رحّب بي وانشدني لنفسه

وعدتِ بان تزوري بعد شهر … فزوري [٣] قدتقضّى الشهرُزورِي
وموعد بيننا نهر المعلى … الى البلد المسمى شهرزورِ
فاشهر صدك [٤] المحتوم حق … ولكن شهر وصلك شهر زورِ

ومن شعره

دع الدمع بالوكف ينكي الخدودا … فان الاحبّة اضحوا خمودا
دعا بهمِ هاتف الحادثات … فبدلهم بالقصور اللحودا
دنت منهم نوب [٥] للردى … فافنت ضعيفهم والشديدا
دموع يكفكفهن الاسى … عليهم غزار تروّي الصعيدا
دجاهم وصبحهمُ واحد … وقد مزق الدود منهم جلودا

وجعل كتاب مصارع العشاق اجزاء وكتب على كل جزء ابياتاً من قوله

---

(١) يعني الهواء (٢) الصواب احمد (٣) وفيات الاعيان : ق فروى
(٤) وفيات الاعيان هجرك (٥) ق ذنوب

فكان على الجزء الاول

هذا كتاب مصارع العشاق　　صرعتهم ايدي[١] نوى وفراق
تصنيف من لدغ الفراق فؤاده　　وتطلب الراقي فعزّ الراقي[٢]

وانشد السمعاني في المزيد

حبذا طيف سليمي اذ طوى　　حذر الواشي السرى من ذي طوى
واتى الحي طُروقاً وهمُ　　بين اجزاع زرود فاللوى
بتّ آشكو ما الاقيه الى　　طيفها الطارق من مس الجوى
اشكر الاحلام لما جمعت　　بيننا وهنا على رغم النوى
ايها العاذل عني[٣] والهوى　　ليس مشغول وخالٍ بالسوى

وانشد له

حبذا نجد بلاداً لم نجد　　راحة للقلب في ارض سواها
فاذا ما لاح منها بارق　　هاج اشواقيَ او هبت صباها
لست انسى اذ سليمى جارة　　تبذل الود وتصفينا هواها
ثم لما شطت الدار بها　　ورماها البين من حيث رماها
ارسلت طيف كرى لكنه　　زارنا والعين قد زال كراها

ومن شعره ايضاً

وقفنا وقد شطت باحبابنا النوى　　على الدار نبكيها سقى ربعها المزنُ
وزادت دموع الواقفين برسمها　　فلو أُرسِلَتْ سفنٌ بها جرت السفنُ
ولم يبق صبر يستعان على النوى　　به بعد توديع الخليط ولا جفنُ

(١) طبع قسطنطينية يوماً (٢) ق الفراق (٣) لعله غي

سألنا الصبى لما رأينا غرامنا يزيد بسكان الحمى والهوى يدنوا
افيك لحمل الشوق ياريح موضع فقدضعفت عن حمل اشواقنا البُدْنُ

﴿ جعفر بن اسماعيل القاسم القالي ﴾

هو ولد ابي علي القالي الذي تقدم ذكره وابو علي والده هو صاحب الامالي وغيرها من التصانيف المشهورة وكان جعفر هذا ايضاً اديباً فاضلاً اريباً وهو القائل في المنصور (١) محمد بن ابي عامر امير الاندلس يمدحه

وكتيبة للشيب جاءت تبتغي قتل الشباب ففر كالمذعور
فكأنّ هذا جيش كل مثلّث وكأنّ تلك كتيبة المنصور

﴿ جعفر بن الفضل بن جعفر بن محمد بن موسى ﴾

ابن الحسن بن الفرات ابو الفضل المعروف بابن حنزابة وحنزابة اسم امهم كانت جارية وكانت حنزابة حماة المحسن بن الفرات بمصر وكان وزيراً فاضلاً بارعاً كاملاً وزر بمصر لانوجور بن ابي بكر الاخشيد ثم لاخيه ابي الحسن علي ثم لكافور الى ان انقصت دولة الاخشيدية واليه رحل ابو الحسن الدارقطني حتى صنف له ما صنف في مصر. مات في سنة ٣٩١ ومولده سنة ٣٠٨ . وفي تاريخ ابي محمد احمد بن الحسين بن احمد بن احمد بن محمد بن عبد الرحمن الروذباري ان ابن حنزابة مات في ثالث عشر صفر سنة ٣٩٢ (٢) في ايام الحاكم وفي سنة ٩٩ قتل الحاكم ابنه ابا الحسين بن جعفر بن الفضل بن الفرات وكان يلقب بسيدوك وفي سنة ٤٠٥ ولي وزارة الحاكم ابو العباس الفضل بن جعفر بن الفضل بن

(١) ق المنصور بن ابي عامر (٢) في مغرب بن سعيد (ص ٨٧) ٣٩١

الفرات ابنه الآخر وضمن ما لم يعرفه فقتل بعد خمسة ايام من ولايته .

ويروى لابي الفضل جعفر هذان البيتان ولا يعرف له شعر غيره

من اخمل النفس احياها وروّحها[١] ولم يبت طاوياً منها على ضجر
ان الرياح اذا اشتدّت عواصفها فليس ترمي سوى العالي من الشجر

قال يحيي بن منده قدم ابو الفضل بن حنزابة اصفهان وسمع من عبد الله ابن محمد بن عبد الكريم ومحمد بن حمزة بن عمارة والحسن بن محمد الداركي وسمع ببغداد من محمد بن هارون الحصري[٢] ومن في طبقته وهو احد الحفاظ حسن العقل كثير السماع مائل الى اهل العلم والفضل نزل مصر وتقلد الوزارة لاميرها كافور وكان ابوه وزير المقتدر بالله و بلغني انه كان يذكر انه سمع من عبد الله بن محمد البغوي مجلسا ولم يكن عنده وكان يقول من جاءني به اغنيته وكان على[٣] الحديث بمصر واليه خرج ابو الحسن الدارقطني الى هناك فانه يريد ان يصنف مسنداً فخرج الدارقطني اليه واقام عنده مدة فصنف له المسند وحصل له من جهته مال كثير وروى عنه الدارقطني في كتاب المذبح[٤] قال ابن منده سمعت ابا القاسم اسماعيل بن مسعدة الجرجاني قال قال حمزة بن يوسف السهمي سألت ابا الحسن علي بن عمر الحافظ الدارقطني عن محمد بن محمد بن سليمان الباغندي فحكى عن الوزير ابي الفضل بن الفرات المعروف بابن حنزابة

---

(١) ق وريحها : وقد اورد ابن سعيد لجعفر هذا ثلاثة ابيات بائية (٢) في وفيات الاعيان الحضرمي وكذلك في طبقات الحفاظ (٣:٢٢٧) (٣) لعله عالي (٤) في طبقات الحفاظ المدلج

حكاية قال الشيخ حمزة ثم دخلت مصر وسألت الوزير ابا الفضل جعفر ابن الفضل عن الباغندي وحكيت له ما كنت سمعته من الدارقطني فقال لي الوزير لحقت الباغندي محمد بن محمد بن سليمان وانا ابن خمس سنين ولم اكن سمعت منه شيئاً وكان للوزير الماضي رحمه الله حجرتان احداهما للباغندي يجيئه يوماً ويقرأ له والاخرى لليزيدي. قال ابو الفضل سمعت ابي رحمه الله يقول كنت يوماً مع الباغندي في الحجرة يقرأ لي كتب ابي بكر بن ابي شيبة فقام الباغندي الى الطهارة فمددت يدي الى جزء معه من حديث ابي بكر فاذا على ظهره مكتوب « مربع » والباقي محكوك فرجع الباغندي فرأى الجزء في يدي فتغير وجهه وسألته وقلت ايش هذا مربع فتغير[1] ذاك ولم افطن له لاني اول ما كنت دخلت في كتبة الحديث ثم سألت عنه فاذا الكتاب لمحمد بن ابراهيم بن مربع[2] سمعه من ابي بكر بن ابي شيبة. قرأت في تاريخ لابن زولاق الحسن ابن ابراهيم في اخبار سيبويه الموسوس قال ورأى سيبويه جعفر بن الفضل بن الفرات بعد موت كافور وقد ركب في موكب عظيم فقال ما بالُ ابي الفضل قد جمع كتّابه. ولفق اصحابه. وحشد بين يديه حجابه. وشمّم انفه. وساق العساكر خلفه. أبلغه ان الاسلام طرق. او ان ركن الكعبة سرق. فقال له رجل هو اليوم صاحب الامر ومدبر الدولة فقال يا عجباً اليس بالامس نهب الاتراك داره. ودكدكوا آثاره.

(١) لعله فغير (٢) في تاج العروس (٥ : ٣٤٥) ان محمد بن ابراهيم الانماطي لقب مربعا

واظهروا عواره . وهم اليوم يدعونه وزيراً . ثم قد صيّروه اميراً . اما عجبي منهم كيف نصبوه . بل عجبي كيف تولى امر عدوهم ورضوه . قال الحافظ ابو القاسم ذكر بعض اهل العلم واظنه محمد بن ابي نصر (١) الحميدي ان الوزير ابا الفضل بن حنزابة حدث بمصر سنة ٣٨٧ مجالس املاء خرجها الدارقطني وعبد الغني بن سعيد وكانا كتابيه (٢) ومخرجيه وكان كثير الحديث جم السماع مكرماً لاهل العلم مطعماً لاهل الحديث استجاب الدارقطني من بغداد وبرّ اليه وخرج له المسند وقد رأيت عند ابي اسحاق الجباني (٣) من الاجزاء التي خرجت له جملة كثيرة جداً وفي بعضها الموفي الفاً من مسند كذا والموفي خمسمائة من مسند كذا وهكذا هي سائر المسندات وقد اعطى الدارقطني مالاً كثيراً وانفق عليه نفقة واسعة ولم يزل في ايام عمره يصنع شيئاً من المعروف عظيماً وينفق (٤) نفقات كثيرة على اهل الحرمين من اصناف الاشراف وغيرهم الى ان تم له ان اشترى بالمدينة داراً الى جانب المسجد من اقرب الدور الى القبر ليس بينه وبين القبر الا حائط وطريق في المسجد واوصى ان يدفن فيها وقرر عند الاشراف ذلك فسمحوا له بذلك واجابوه اليه فلما مات حمل تابوته من مصر الى الحرمين فخرجت الاشراف من مكة والمدينة لتلقيه والنيابة في حمله الى ان حجوا به وطافوا ووقفوا بعرفة ثم ردوه الى المدينة ودفنوه في

---

(١) ق نصير (٢) لعله كاتبيه (٣) في طبقات الحفاظ الحبال : وقد نسب الذهبي هذه الحكاية للمقدسي والحبال هذا توفي سنة ٤٨٢ قبل مولد ابن عساكر
(٤) الرواية الآتية اوردها صاحب فوات الوفيات

الدار التي اعدها لذلك . قرأت بخط الشريف النسابة محمد بن اسعد بن علي الجواني (١) المعروف بابن النحوي كان الوزير جعفر بن الفضل بن الفرات المعروف بابن حنزابة يهوى النظر الى الحشرات من الافاعي والحيّات والعقارب وام اربعة واربعين وما يجري هذا المجرى وكان في داره التي تقابل دار الشنتكاني (٢) ومسجد ورش وكانت للماذرائي قبل ذلك قاعة لطيفة مرخمة (٣) فيها سلل (٤) الحيات ولها قيم فراش (٥) حاوٍ من الحُوَاة ومعه مستخدمون برسم الخدمة ونقل السلل وحطها وكان كل حاوٍ في مصر واعمالها يصيد له ما يقدر عليه من الحيات ويتباهون في ذوات (٦) العجب من اجناسها وفي الكبار وفي الغريبة المنظر وكان الوزير يثيبهم في ذلك او في الثواب ويبذل لهم الجزيل حتى يجتهدوا في تحصيلها وكان له وقت يجلس فيه على دكة مرتفعة ويدخل المستخدمون والحواة فيخرجون ما (٧) في السلل ويطرحونه في ذلك الرخام ويحرشون بين الهوام وهو يتعجب من ذلك ويستحسنه فلما كان ذات يوم انفذ رقعة الى الشيخ الجليل ابن المدبر الكاتب وكان من اعيان كتّاب آبائه (٨) ودولته وكان عزيزاً عنده وكان يسكن في جوار دار ابن الفرات يقول له فيها نشعر الشيخ الجليل ادام الله سلامته انه لما كان البارحة وعرض علينا

---

(١) في الفوات الحراني : وهو منسوب الى الجوانية موضع او قرية قرب المدينة (٢) في الفوات السكاكي : وهذه الدار لم اجد ذكرها عند المقريزي (٣) الفوات : ق موجهة (٤) ق سلك : الفوات تلك (٥) الفوات وفراش وحاوٍ (٦) الفوات : ق دات (٧) الفوات : ق ـ (٨) الفوات ايامه

الحواة الحشرات الجاري بها العادات انساب الى داره منها الحيـة البتراء وذات القرنين الكبرى والعقربان الكبير وابو صوفة وما حصلوا لنا الا بعد عناء ومشـقة وبجملة بذلناها للحواة ونحن نأمر الشيخ وفقـه الله تعالى بالتوقيع الى حاشيته وصبيته بصون ما وجد منها الى ان تنفذ الحواة لاخذها وردها الى سللها فلما وقف ابن المدبر على الرقعة اقلها (١) وكتب في ذيلها اتاني امر (٢) سيدنا الوزير ادام الله نعمته وحرس مدته بما اشار اليه في امر الحشرات والذي يعتمد عليه في ذلك ان الطلاق يلزمه ثلاثاً (٣) ان بات هو او واحد من اولاده في الدار والسلام . انشدني ابو بكر بن (٤) البر القيرواني التميمي لصالح بن مؤنس المصري يمدح بعض آل الفرات

قد مرّ عيد وعيدُ ما اخضرّ لي فيه عودُ
وكيف يخضرّ عود والماء منه بعيدُ
يا من له عُدد المجـــد كلها والعديدُ
آل الفرات نداهم على الفرات يزيدُ
وانت فضلك فيهم عليك منه شهودُ
وكل يوم لغيري من راحتيك مديدُ
هل لي الى الرزق ذنب فكان منه صدود
ما الناس الا شقي في دهرنا وسعيد

قال ابن الاكفاني انبأنا ابو محمد عبد الله بن الحسين بن النحاس حدثنا

(١) الفوات قلبها ولعله الصواب (٢) الفوات : ق من (٣) ق ثلثة (٤) لعله سقط عبد

ابو محمد عبد الله بن يوسف بن نصر من لفظه قال حضرت عند ابي الحسين المهلبي في داره بالقاهرة فقال لي كنت منذ ايام حاضراً دار الوزير يعني ابا الفرج بن كلس فدخل عليه ابو العباس الفضل بن ابي الفضل الوزير بن حنزابة وكان قد زوّجه ابنته واكرمه واجله فقال له يا ابا العباس يا سيدي ما انا بارجل (١) من ابيك ولا باعلم ولا بافضل وزاد في وصفه واكرامه ثم قال اتدري ما اقعد اباك خلف الباب شيل انفه واخرج يده فعلا بها راسه وشال انفه الى فوق وقال له بالله يا ابا العباس لا تشل انفك تدري ما الاقبال نشاط وتواضع تدري ما الادبار كسل وترافع .

قرأت فيما جمعه ابو علي صالح بن رشد بن (٢) قال كان ابو الفضل جعفر ابن الفضل الوزير قد خرج الى بستانه بالمقس فكتب اليه ابو نصر بن كشاجم على تفاحة بماء الذهب وانفذها اليه

اذا الوزير تخلى للنيل في الاوقات
فقد اتاه سميا ه جعفر بن الفرات

قال محمد بن طاهر المقدسي سمعت ابا اسحاق الحبال يقول لما قصد هؤلاء مصر ونزلوا قريباً منها لم (٣) يبق احد من الدولة العباسية الا خرج للاستقبال والخدمة غير الوزير ابي الفضل بن حنزابة فانه لم يخرج فلما كان في الليلة التي صبيحتها الدخول اجتمع اليه مشايخ البلد وعاتبوه في فعله وقيل له انك تغري (٤) بدماء اهل السنة ويجعلون تاخرك عنهم سبباً للانتقام قال الآن اخرجُ فخرج للسلام فلما دخل عليه اكرمه وبجّله واجلسه وفي

(١) يعني اشدّ رجولية (٢) بياض في الاصل (٣) ق ولم (٤) لعله تغرر

قلبه شيء وكان الى جنبه ابنه وولي عهده وغفل الوزير عن التسليم عليه فاراد ان يمتحنه بسبب يكون الى الوقيعة به فقال له حج الشيخ فقال نعم يا امير المؤمنين قال وزرت الشيخين فقال شُغِلْتُ بالنبي صلى الله عليه وسلم عنهما كما شغلت بامير المؤمنين عن ولي عهده السلام عليك يا ولي عهد المسلمين ورحمة الله وبركاته فاعجب من فطنته وتداركه ما اغفله وعرض عليه الوزارة فامتنع فقال اذا لم تل لنا شغلاً فيجب ان لا تخرج عن بلادنا فانا لا نستغني ان يكون في دولتنا مثلك فاقام بها ولم يرجع الى بغداد. قال وسمعت ابا اسحاق الحبال يقول كان يُستعمل للوزير ابي الفضل الكاغد بسمرقند ويحمل اليه الى مصر في كل سنة وكان في خزانته عدة من الوراقين فاستعفى بعضهم فأُمِرَ بان يحاسب ويصرف فكمّل عليه مائة دينار فعاد الى الوراقة وترك ماكان عزم عليه من الاستعفاء. قال وسمعت(١) ابا اسحاق ابراهيم بن سعيد الحبال يقول خرج ابو نصر السجزي الحافظ على اكثر من مائة شيخ لم يبق منهم غيري وكان قد خرج له عشرين جزءا في وقت الطلب وكتبها في كاغد عتيق فسألت الحبال عن الكاغد فقال هذا من الكاغد الذي كان يحمل للوزير من سمرقند وقعت اليّ من كتبه قطعة فكنت اذا رايت فيها(٢) ورقة بيضاء قطعتها الى ان اجتمع هذا فكتبت فيه هذه الفوائد

﴿ جعفر بن قدامة بن زياد الكاتب ﴾

ابو القاسم ذكره الخطيب فقال هو احد مشايخ الكتّاب وعلمائهم

(١) هذه الحكاية اوردها الذهبي في طبقات الحفاظ (٣ : ٣٨٤) (٢) ق في

وكان وافر الادب حسن المعرفة وله مصنفات في صنعة الكتابة وغيرها حدث عن ابي العيناء الضرير وحماد بن اسحاق الموصلي والمبرد ومحمد بن عبد الله بن مالك الخزاعي ونحوهم روى عنه ابو الفرج الاصفهاني. ونقلت من خط ابي سعيد معن بن خلف البستي مستوفي بيت الزرد والفرش السلطاني الملكشاهي بتولية نظام الملك قال قال جعفر بن قدامة الكاتب

استمع بالله يا ابن الـــملك والنجدة مني
يومنا في الحسن والبهـــجة قد جاز التمني
فازرني نفسك الحـــرّة او لا فاستزرني

ومن خطه : قال نقلت من خط عبد الرحمن بن عيسى الوزير لجعفر (١) ابن قدامة

كيف يخفى وان اتاني نهاراً   كسف الشمس بالجمال البهي
فكلا حالتيه يفضح (٢) سرّي   وينادي بكل امر خفي
بابي احسن الانام جميعاً   تاه عقلي به وحق النبي

وقال ابو محمد عبيد الله بن ابي القاسم عبد المجيد بن بشران الاهوازي في تاريخه مات ابو القاسم جعفر بن قدامة بن زياد يوم الثلاثاء لثمان بقين من جمادى الآخرة سنة ٣١٩ . قال ابن بشران وفي سنة ٣١٠ اخرج علي بن عيسى الوزير الى اليمن منفياً فقال ابو القاسم جعفر بن قدامة الكاتب في ذلك

اصبح الملك واهيَ الارجاء   وامور الورى بغير استواء

(١) ق جعفر (٢) كذا بالاصل

منذ عادت نوى علي بن عيسى ... واستمرت به الى صنعاء
فوحق الذي يميت ويحيي ... وهو الله مالك الاشياء
لقد اختلّ بعده كل امر ... واستبانت كآبة الاعداء
ثم صاروا بعد العداوة واللـــه جميعاً في صورة الاولياء
يتالّون كلهم في علي ... انه قد خلا من النظراء

ومن شعره ايضاً

تسمّعْ مُتُّ قبلك بعض قولي ... ولا يَتَسَلَّلَنْ مِنّي لِوَاذَا
ثم اسقمت بالهجران جسمي ... ومتُّ بغصتي فيكون ماذا

ومن كتاب الوزراء لهلال بن محسن : ولجعفر بن قدامة يمدح ابن (١) الفرات

(٢) يا ابن الفرات ويا كريم الخيم محمود الفعال
ضُيِّعتُ بعدك واطّرحت وبان للناس اختلالي
وتغيّرت مذ غيّرت احوالك الايامُ حالي
لهفا ابا حسن على ايامك الغرّ الحوالي
لهفا عليها انها بليت باحوال بوالي

قرأت في كتاب المحاضرات لابي حيان : قلت وقلت للعروضي اراك منخرطاً في سلك ابن قدامة (٣) ومنصباً اليه ومتوفراً عليه وكيف يتفق بينكما

---

(١) ق – (٢) كتاب الوزراء ص ٢١١ (٣) ان كان ابو حيان هو المتكلم فابن قدامة هذا حفيد صاحب الترجمة ويدل على ذلك ما ورد في رسالة الصداقة والصديق (ص ١٥٢)

وكيف تأتلفان ولا تختلفان فقال اعلم ان الزمان وقت الاعتدال والرجل كما تعرف على غاية البرد والغثاثة وحباسة الطبع وانا كما تعرفني وتثبتني فاعتدلنا الى ان يتغير الزمان ثم نفترق ونختلف ولا نتفق وانشأ يقول

وصاحب اصبح من برده ... كالماء في كانون او في شباط
ندمانه من ضيق اخلاقه ... كأنّه في مثل سم الخياط
نادمتـه يوماً فالفيتـه ... متّصل الصمت قليل النشاط
حتى لقد اوهمني انه ... بعض التماثيل التي في البساط

﴿ جعفر بن محمد بن احمد بن حذار [1] ﴾

الكاتب ابو القاسم ذكره الصولي في كتاب اخبار شعراء مصر قال لم يكن بمصر مثله في وقته كثير الشعر حسن البلاغة عالم له ديوان شعر ومكاتبات كثيرة حسنة . قال وكان العباس بن احمد بن طولون قد خرج على ابيه في نواحي برقة عند غيبة ابيه بالشام وتابعه اكثر الناس ثم غدر به قوم وخرج عليه آخرون من نواحي القيروان فظفر به ابوه وكان جعفر بن حذار وزير العباس وصاحب امره . قال ابن زولاق مؤرخ مصر قُبض على العباس بنواحي الاسكندرية وادخل الى الفسطاط على قتب على بغل مقيد [2] في سنة ٢٦٧ ونصب لكتّابه ومن خرج بهم الى ما خرج اليـه دكة عظيمة رفيعة السمك في يوم الاربعاء لا اعرف موقعه من الشهر وجلس احمد بن طولون في علو يوازيها وشرع من ذلك العلو

---

(١) في مغرب ابن سعيد (طبع طلكوست ٨٦) اسمه جدار : وفي نسختنا حدار (٢) لعله مقيداً

اليها طريقاً وكان العباس قائماً بين يدي ابيه في خفتان ملحم وعمامة وخف وبيده سيف مشهور فضرب ابن حذار ثلاثمائة سوط وتقدم اليه العباس فقطع يديه ورجليه من خلاف والقى من الدكة الى الارض وفعل مثل ذلك بالمنتوف وبابي معشر واقتصر بغيرهم على ضرب السوط فلم تمض ايام حتى ماتوا . وقال الصولي مثَّل احمد بن طولون بابن حذار لما قتله يروى انه تولى قطع يديه ورجليه بيده . ومن شعر ابن حذار الى صديق له من ابيات

يا كسرويًا في القديـــم وهاشميًا في الولاء
يا ابن المقفّع في البيا ن ويا اياسًا في الذكاء
يا ناظرًا في المشكلا ت المعضلات ويا ضيائي
ايهًا جُعِلت فداكـ فيـــم طويتني طيّ الرداء
وتركتني بين الحجا ب اعوم في بحر الجفاء
ورغبت عما كنت تر غب فيه من لطف الاخاء
من بعد اني (١) كنت عـــندك وابن امك بالسواء
فوحق كفك انها كف كاخلاق (٢) السماء
لاخلينّك والهوى ولاصبرنّ عن اللقاء
ولاشكونّك ما استطعـــت الى حفاظك والوفاء
ولاصبرنّ على رقيّــك في ذرى درج العلاء
فهناك اجني ما غرســت اليك من ثمر الرجاء

(١) ق ان (٢) لعله كاخلاف

ومن شعره ايضاً

جاءت بوجه كأنّه قمر ... على قوام كأنّه غصنُ
ترنو بعينين[١] من يعاينها ... من وسن في جفونها وسِنُ
حتى اذا ما استوت بمجلسها ... وصار فيه من حسنها وثنُ
غنت فلم يبق فيّ جارحة ... الا تمنّيت انها اذنُ

ومن شعره ايضاً

زارني زور ثكلتهمُ ... واصيبوا حيث ما سلكوا
اكلوا حتى اذا شبعوا ... حملوا الفضل الذي تركوا

﴿ جعفر بن [٢] محمد بن الازهر بن عيسى الاخباري ﴾

احد اصحاب السير ومن عني بجمع الاخبار والتواريخ مات سنة ٢٧٩ ومولده سنة ٢٠٠ سمع من ابن الاعرابي وطبقته وله من الكتب كتاب التاريخ *على السنين[٣] وهو من جيد الكتب ذكر ذلك محمد بن اسحاق

﴿ جعفر بن محمد بن خالد بن ثوابة ﴾

ابو الحسين الكاتب احد البلغاء الفصحاء قال ابو علي حدثني ابو الحسين بن قيراط قال حدثني ابو الحسن الايادي الكاتب صديق الكرخيين قال ابو محمد عبد الوهاب بن الحسن بن عبيد الله بن سليمان ابن وهب وعبيد الله بن سليمان هما الوزيران قال كان الى والدي الحسن ابن عبيد الله ديوان الرسائل وديوان المعاون وجملة الدواوين التي كانت اليه في ايام وزارة ابيه للمعتضد فامر عبيد الله ابنه ان يستخلف ابا الحسين

(١) ق بعين (٢) في الفهرست ١١٣ ابن ابي محمد (٣) الفهرست ـ

ابن ثوابة على ديوان الرسائل وديوان المعاون فصار كالمتقلد له من قبل الوزير لكثرة استخدامه له فيه ثم مات ابي فاقره جدي الوزير عبد الله على الديوان رئاسةً وبقي عليهم يتوارثونه مرة رئاسة ومرة خلافةً الى ان تسلمه الصابئ ابو اسحاق من ابن ابنه احمد . وكتب جعفر بن محمد هذا رقعة الى عبيد الله بن سليمان الوزير في نسختها : قد فتحت للمظلوم بابك ورفعت عنه حجابك . فانا احاكم الايام الى عدلك واشكو صرفها الى عطفك واستجير من لؤم غلبتها بكرم قدرتك فانها توخرني اذا قدمت . وتحرمني اذاقسمت . فان اعطت اعطت يسيراً . وان ارتجعت ارتجعت كثيراً . ولم اشكُها الى احد قبلك . ولا اعددت للانصاف منها الا فضلك . ودفع ذمام المسئلة وحق الظلامة حق التأميل وقدم صدق الموالاة والمحبة والذي يملأ يدي من النصفة ويسبغ العدل عليّ حتى تكون اليّ محسناً واكون بك للايام معدياً ان تخلطني بخواصّ خدمك الذين نقلتهم من حال الفراغ الى الشغل ومن الخمول الى النباهة والذكر فان رأيت ان تعديني فقد استعديت وتجيرني فقد عذت بك وتوسع عليّ كنفك فقد اويت اليه وتشملني باحسانك فقد عولت عليه وتستعمل بدني ولساني فيما يصلحان لخدمتك فيه فقد درست كتب اسلافك وهم الأئمة في البيان واستضأت برأيهم واقتفيت آثارهم اقتفاء حصلني بين وحشي كلام وانيسه ووقفني منه على جادّة متوسطة يرجع اليها الغالي ويسمو نحوها المقصر فعلت ان شاء الله تعالى فكانت هذه الرقعة سبب استخلافه لابي

﴿ جعفر بن محمد بن حمدان الموصلي ﴾

ابو القاسم الفقيه الشافعي ذكره محمد بن اسحاق فقال هو حسن التأليف عجيب التصنيف شاعر اديب فاضل ناقد للشعر كثير الرواية مات سنة ٣٢٣ [١] ومولده سنة ٢٤٠ له عدة كتب في الفقه على مذهب الشافعي فاما كتبه في الادب فهي [٢] كتاب الباهر في [٣] اشعار المحدثين عارض به الروضة للمبرد [٤] . كتاب الشعر والشعراء [٥] لم يتمّ ولو تمّ لكان غاية في معناه [٦] . كتاب السرقات لم يتمّ ايضاً وهو كتاب جيد [٧] في معناه . كتاب محاسن اشعار المحدثين لطيف . قال ابو عبد الله الخالع كان ابو القاسم جعفر بن محمد بن حمدان الموصلي ممن عمّر طويلاً وكانت بينه وبين البحتري مراسلة ورثاه بعد وفاته . ومدح القاسم بن عبيد الله وادرك ابا العباس النامي وتكاتبا بالشعر . وقال ابو علي بن الزملدم [٨] كان ابن حمدان كبير المحلّ من اهل الرئاسات بالموصل ولم يكن بها في وقته من ينظر اليه ويفضل في العلوم سواه متقدماً في الفقه معروفاً به قوياً في النحو فيما يكتبه عارفاً بالكلام والجدل مبرزاً فيه حافظاً لكتب اللغة راوية للاخبار بصيراً بالنجوم عالماً مطلعاً على علوم الاوائل عالي الطبقة فيها وكان صديقاً لكل من وزراء عصره مدّاحاً لهم آنساً بالمبرد وثعلب

---

(١) وفاته ومولده لم يذكرها صاحب الفهرست (١٤٩) (٢) الفهرست : ق۔ (٣) الفهرست في الاختيار من (٤) الفهرست ۔ (٥) فهرست الكبير ولم (٦) الفهرست ۔ (٧) الفهرست ولو اتمه لاستغنى الناس عن كل كتاب (٨) لعله ابن ابي الزمزام

وامثالهما من علماء الوقت مفضّلاً عندهم وكانت له ببلده دار علم قد جعل فيها خزانة كتب من جميع العلوم وقفاً على كل طالب لعلم لا يُمْنع احد من دخولها اذا جاءها غريب يطلب الادب وان كان معسراً اعطاه وَرَقاً وَوَرْقاً تفتح في كل يوم ويجلس فيها اذا عاد من ركوبه ويجتمع اليه الناس وعلا [١] عليهم من شعره وشعر غيره ومصنفاته مثل الباهر وغيره من مصنفاته الحسان ثم يملي من حفظه من الحكايات المستطابة وشيئاً من النوادر المؤلفة وطرفاً من الفقه وما يتعلق به . وكان جماعة من اهل الموصل حسدوه على محلّه وجاهه عند الخلفاء والوزراء والعلماء وكان قد جحد بعض اولاده وزعم انه ليس منه فعاندوه بسببه وزعموا انه نفاه ظلماً واجتهدوا ان يلحقوه به فما تمّ لهم فاجتمعوا وكتبوا فيه محضراً وشهدوا عليه فيه بكل قبيح عظيم ونفوه عن الموصل فانحدر هارباً منهم الى مدينة السلام ومدح المعتضد بقصيدة يشكو فيها ما ناله منهم ويصف ما يحسنه من العلوم ويستشهد بثعلب والمبرد وغيرهما اولها

اجدك ما ينفك طيفك سارياً   مع الليل مجتاباً [٢] الينا الفيافيا
يذكرنا عهد الحمى وزماننا   بنعمان والايام تعطي الامانيا
ليالي مغنى آل ليلى على الحمى   ونعمان غادٍ بالاوانس غانيا
وعهد الصبى منهنّ فينان مورق   ظليل الضحى من حائط اللهو دانيا
قريب المدى نائي الجوى دانيَ الهوى   على ما يشاء المستهام مؤاتيا
حلفت باخياف المحتم [٣] من منى   ومن حل جمعاً والرعان المتاليا

(١) لعله واملى (٢) ق محتاجا (٣) لعله المخيم

وبالركب يأتمون (١) بطحاء مكة ··· على اركب تحكي الحني حوافيا

طواهن طي البيض (٢) في غلس الدجى ··· ونشر الفيافي والفيافي كما هيا

ولو أنني بثثت ما بي من الجوى ··· شماريخ رضوى او شمام رثا ليا

وان اطوِ ما تطوي الجوانح من هوى ··· عن الناس تخبرهم بحاليَ حاليا

اادخل تحت الضيم والبيدُ والسرى ··· وايدي المطايا الناعجات عتاديا

ساخرج من جلباب كل مبلة ··· خروج المعلى والمنيح ورائيا

اذا انا قابلت الامام مناجثا ··· له بالذي من ريب دهري عنانيا

رميت بآمالي الى الملك الذي ··· اذلت مساعيه الاسود الضواريا

وما هي الا روحة وادّلاجة ··· تنيل الاماني او تقيم البواكيا

ولي في امير المؤمنين مدائح ··· ملأت بها الآفاق حسن ثنائيا

وامّت بي الآمال لا طالباً جدى ··· ولا شاكياً انفاض حالي وماليا

ولكنني اشكو عدوّا مسلّطاً ··· عليَّ عداني بغيه عن مجاليا

ايا ابن الولاة الوارثين محمدا ··· خلافته دون الموالي مواليا

اذا ما اعتزمت الامر ابرمت فتله ··· ولم تك عن امضائك العزم وانيا

فلا تكُ للمظلوم ناداك في الدجى ··· لغربته والدفع للظلم ناسيا

وهي مائة وخمسون بيتاً فيها بعد المدح ما يحسنه من العلوم الدينية والادبية ويتبجح بمعرفته اقليدس واشكاله و زيادات زادها في اعماله .

وله في صفة الليل

رب ليل كالبحر هولاً وكالدهـــــر امتداداً وكالمداد سواداً

---

(١) ق نائمون (٢) لعله البيد

خضته والنجوم توقدن حتى اطفأ الفجر ذلك الاتقادا

قال ابن عبد الرحيم ونقلت من خط جعفر بن محمد الموصلي من قصيدة في ابي سليمان داوود بن حمدان

اعيجي بنا قبل انبتات حبالك جمالك ان الشوق شوق جمالك

قفي وقفة تبلل (١) عليك اوامها جوانح لا تروى (٢) بغير نوالك

فقد طلعت شمس الندى باوارها على مستظلات بفيء ظلالك

ومنها

بابناء حمدان الذين كأنهم مصابيح لاحت في ليال حوالك

لهم نعم لا استقل بشكرها وان كنت قد (٣) سيرته في المسالك

وخلفت فيه من قريض بدائعا ترى خلفاً من كل باق وهالك

وله من قصيدة في القاسم بن عبيد الله

ما شأن دارك يا ليلى نناجيها فما تجيب ولا ترعى لداعيها

انا عشية عجنا بالمطي بها كنا نحييك فيها لا نحييها

لا ترسلي الطيف ان الطرف في شغل عن الكرى بدموع بات يجريها

لأضربن بآمالي الى ملك يقل في قدره الدنيا بما فيها

يا ابن الوزارة والمأمول بعد لها وسائر الارض دانيها وقاصيها

مابال ما اجتاب عرض الارض من مدحي اليك يسري مع الركبان ساريها

لم يأتني نبؤ عنها ولا خبر واليوم كالحول لي مما اراعيها

(١) ق بتلك (٢) ق ترى (٣) ق ـ

وله ايضاً

وما الموت قبل الموت للمرء غيَّرَ ان ... يرى ضرعاً بالعسر يوماً لذي اليسر
فدع قولهم ليس الثراء من العلى ... فما الفخر الا ان يقال هو المثري
اذا انت لم تبل الصديق فلا تكن ... له آمنا فيما يجنّ من الامر
فان سترت حال امرئ لؤم اصله ... ابى اللؤم الا ان يبين مع الستر

وله ايضاً

على الخيف من اكناف برقة اطلالُ ... دوارس عفتها ببرقة احوال
ومبنى خيام من فريق تفرقوا ... ايادي سبا والبين للشمل مغيال
وهن نجوم للنجوم ضرائرٌ ... وهن لاقمار الحنادس اقبال (١)
الا ان آجال الظباء سوانحاً ... لمن عالج الوجد المبرح آجال
الى ابن ابي العباس جاذبنا المنى ... ومن دونه بيد يخبّ بها الآل
وما زالت الايام تضحك عنهم ... وتشرق عنهم بالمكارم افعال
اولئك ارباب العلى وبنو الندى ... وقوّال فضل يوم مجد وفعال
همُ ورّثوه الجود والبذل والندى ... فزاد على ما ورّثوه ولم يال

وله يرثي البحتري

تعولت البدائع والقصيد ... واودى الشعر مذ اودى الوليد
واظلم جانب الدنيا وعادت ... وجوه المكرمات وهن سود
فقل للدهر يجهد في الرزايا ... فليس وراء فجعته مزيد

---

(١) لعله جمع قبل بفتحتين وهو كل شيء اول ما يرى

وله من قصيدة

تمكن حب علوة في[١] فؤادي وعلَّك امر غيّي والرشاد
فوالى بين دمعي والمآقي وعادى بين جفني والرقاد
وقد طلب السلامة في سليمى زماناً والسعادة في سُعاد
فلا هاتيك احمدها وصالا ولا هذي ارتضاها في الوداد

وله ايضاً

ايها القرم الذي اعــوزنا فيه النديدُ
واعانته على المجــد مساعٍ وجدودُ
عجل النجح فان الــمطل بالوعد وعيدُ

قال عبيد الله الفقير اليه مؤلف هذا الكتاب هذا معنىً عنّ لي من قبل ان اقف على هذه الابيات وكنت اعجب كيف فات الاوائل اشتماله على مطابقة التجنيس حسن المعنى مدةً حتى وقفت على ما ههنا فعلمت ان اكثر ما ينسب الى الشعراء من السرقات انما هو توارد الخواطر[٢] ووقوع حافر على حافر. واما ابياتي فهي

يا سيداً بذّ من يمشي على قدم علماً وحلماً وآباءً واجدادا
ما ذا دعاك الى وعد تصيره بالخلف والمطل والتسويف ايعادا
لا تعجلنّ بوعد ثم تخلفه فيثمر المطل بعد الودّ احقادا
فالوعد بزر ولطف القول منبته وليس يجدي اذا لم يلق حصّادا

(١) لعله من (٢) ق ـ

﴿ جعفر بن موسى يعرف بابن الحدّاد ﴾

ابو الفضل النحوي كتب الناس عنه شيئاً من اللغة وغريب الحديث وما كان من كتب ابي عبيد مما سمعه من احمد بن يوسف التغلبي وغير ذلك من ثقات المسلمين واحبارهم . مات لثلاث خلون من شعبان سنة ٢٨٩ ودفن بقرب منزله ظهر قنطرة البردان

﴿ جعفر بن هارون بن ابراهيم النحوي الدينوري ﴾

ابو محمد روى عنه ابن شاذان في [١] شوال سنة ٣٤٤

﴿ جلد بن جمل الراوية ﴾

ما رأيت احداً من اهل التصنيف والرواية والتأليف ذكره في كتاب ترجمة الا ان الاسناد اليه كثير والرواية عنه ظاهر شهير وكان فيما تدل عليه الاخبار التي يرويها علامة باخبار العرب واشعارها عارفاً بايامها وانسابها

﴿ جنّاد بن واصل الكوفي ﴾

ابو محمد ويقال ابو واصل مولى بني عاضدة [٢] من رواة الاخبار والاشعار لا علم له بالعربية وكان يصحف ويكسر الشعر ولا يميز بين الاعاريض المختلفة فيخلط بعضها ببعض وهو من علماء الكوفيين القدماء وكان كثير الحفظ في قياس حماد الراوية . وحدث المرزباني قال قال عبد الله بن جعفر اخبرنا ابو عمرو احمد بن علي الطوسيّ عن ابيه قال ما كانوا يشكون بالكوفة في شعر ولا يعزب عنهم اسم شاعر الا سألوا

(١) لعله توفي (٢) في الفهرست بني اسد

عنه جناداً فوجدوه لذلك حافظاً وبه عارفاً على لحن كان فيه وكان كثير اللحن جدًّا فوق لحن حماد وربما قال من الشعر البيت والبيتين . وقال الثوري اتكل اهل الكوفة على حماد وجناد ففسدت رواياتهم من رجلين كانا يرويان لا يدريان كثرت رواياتهما وقل علمهما . وحدث عبد الله بن جعفر عن جبلة بن محمد الكوفي عن ابيه قال مررت بجناد مولى العاضديين وهو ينشد

اعلم بان الحق مركبه   الا على اهل التقى مستصعب
فاقدر بذرعك في الامور فانما   رُزق السلامة من لها يتسبّب

فقلت ابرقت ياجناد قال وأنّى ذلك قلت في هذين البيتين قال فلم يستبن ذلك فتركته وانصرفت . قال عبد الله وانما انكر عليه ان البيت الاول ينقص من عروضه وتد والثاني تامّ فكسره ولم يعلم والعرب لا تغلط بمثل هذا وانما يغلطون بان يدخلوا عروضين في ضرب واحد من الشعر لتشابههما فاما هذا فالصواب فيه ان يقول

اعلم بان الحق مركب ظهره   الا على اهل التقى مستصعب

ومعنى قوله ابرقت خلطت بيتاً مكسوراً ببيت صحيح فصار كالحبل الابرق على لونين والبرقاء من الارض والحجارة ذات لونين سواد وبياض

﴿ جُنادة بن محمد بن الحسين الهروي ﴾

ابو اسامة اللغوي النحوي عظيم القدر شائع الذكر عارف باللغة اخذ عن ابي منصور الازهري وروى عن ابي احمد الازهري وروى عنه كتبه ثم قدم مصر فاقام بها الى ان قتله الحاكم من الملوك المصرية

المنتسبة الى العلويين في سنة ٣٩٩ ذكر ذلك ابو محمد احمد بن الحسين ابن احمد بن محمد بن عبد الرحمن الروذباري في تاريخه الذي الفه في حوادث مصر . واخذ عنه بمصر ابو سهل الهروي وغيره من اهل مصر وغيرهم وكان مجلسه بمصر في جامع المقياس (١) وهو الذي فيه العمود الذي يعتبرون به زيادة النيل من نقصه . واتفق في بعض السنين ان النيل لم يزد زيادة تامّة فقيل للحاكم حينئذ ان جنادة رجل مشئوم يقعد في المقياس ويلقي النحو ويعزم على النيل فلذلك لم يزد وكان من حدّة الحاكم وتهوّره وما عُرف من سوء سيرته لا يتثبت فيما يفعله ولا يبحث عن صحة ما يبلغه فامر من ساعته بقتله فقتله رحمه الله . سمعت هذا الحديث في مصر مفاوضة حكوه عن الاثير بن البيساني اخي القاضي الفاضل وغيره واللفظ يزيد وينقص والله اعلم

﴿ جهم بن خلف المازني الاعرابي من مازن تميم ﴾

له اتصال في النسب بابي عمرو بن العلاء المازني المقرئ وكان جهم راوية علامة بالغريب والشعر وكان في عصر خلف الاحمر والاصمعي وكانوا ثلاثتهم متقاربين في معرفة الشعر ولجهم شعر مشهور في الحشرات والجوارح من الطير وقيل ان ابن منادر قال يمدح جهماً (٢)

سُمّيتمُ آل العلاء لانكم   اهل العلاء ومعدن العلم
ولقد بنى آل العلاء لمازن   بيتاً احلوه مع النجم

وجهم القائل في رواية المازني يصف الحمامة

---

(١) ق المقيس (٢) البيتان اوردها صاحب الفهرست (٤٧)

مطوّقة كساها اللـــه طوقاً لم يكن ذهبا
جمود العين مبكاها يزيد اخا الهوى نصبا
مفجعة بكَتْ شجواً فبتّ بشجوها وصِبا
على غضن تميل به جنوب مرة وصبًا
تزن عليه أمّا ما ل من شوق او انتصبا
وما فغرتْ فماً وبكت بلا دمع لها انسكبا

قال وله يخاطب المفضل الضبي فذم البصرة

انت كوفيٌّ ولا يحـــفظ كوفيٌّ صديقا
لم يكن وجهك يا كو في للخير خليقا

﴿ جودي بن عثمان مولى لآل يزيد بن طلحة ﴾

العنبسيين من اهل مورور من بلاد الغرب ذكره الحميدي (١) والزبيدي رحل الى المشرق فلقي الكسائي والفراء وغيرهما وهو اوّل من ادخل كتاب الكسائي الى الغرب وسكن قرطبة بعد قدومه من المشرق وفي حلقته انكر على (٢) عباس بن ناصح قوله

يشهد بالاخلاص يؤتيها (٣) لله فيها وهو نصراني

فلحن حيث لم يشدد ياءِ النسب وكان بالحضرة رجل من اصحاب عباس بن ناصح فساءه ذلك فقصد عباساً وكان مسكنه بالجزيرة فلما طلع على (٤) عباس قال له ما اقدمك اعزك الله في هذا الاوان قال اقدمني

---

(١) لم اقف على اسمه في كتاب الحميدي ولا في كتاب الضبي وقد ذكره ابن الابار في التكملة عدد (٧) (٢) ق ـ (٣) لعله مؤتلياً (٤) ق على ابن عباس

لحنك قال له عباس واي لحن فاعلمه فقال له الا انشدهم قول عمران ابن حطان

يوماً يمان اذا لاقيت ذا يمن　　وان لقيت معديا فعدناني

فلما سمع البيت كر راجعاً فقال له عباس لو نزلت فاقمت عندنا فقال ما بي الى ذلك من حاجة ثم قدم قرطبة واجتمع بجودي واصحابه فاعلمهم ما قال ووافقوه [١]

---

(١) قال السيوطى في البغية (مصر ١٣٢٦) ومات سنة ١٩٨ : وعنده انه مولى للعبسيين دون العنبسيين

انتهى الجزء الثاني

فهرسة التراجم التي تضمنها الجزء الثاني

صحيفة

صحيفة

صحيفة

صحيفة

تصحيحات

صفحة	سطر	خطا	صواب
١٠٠	٩	فاء	خاء
—	١١	خاء	فاء
١٠٥	١٤	المهوي	المهدوي
١٤٣	٢٠	لعله الخ	في امالي القالي (١٠٩:١) عن مدى الخطو يقصر
٢٧٢	٨	المنصف	المصنف
٢٩١	٥	وتقيظون	وتغيظون
٢٩٥	١٨	اذا قومه قال الصائي	اذا قدمه قال الصابئ
٣٠٤	٠،	ويرى يبلق...ويروي	يبلق...ويري

تفسير الاصطلاحات

الحرف ق يراد به الاصل الذي في مكتبة اكسفرد

الحرف ص يراد به كتاب الوافي بالوفيات للصفدي

(وفي بعض المواضع يراد به « صفحة »)

العلامة – يراد بها عدم وجود ما يتلوها في الكتاب المذكور من قبل

العلامة * يراد بها ان ما في الحاشية يشتمل على كل ما بينها وبين الرقم من الالفاظ

ومما يضاف الى الحاشية ان الحكاية التي في ص ٣٩ س ١٣ قد وردت في زهر الآداب (٣ : ٨٨) ورسالة ابن صبيح (ص١٦٣) ووردت هنا لك(٣٤:٢) وابيات ابن العميد (ص٣١١) اوردها ابن الاثير في حوادث سنة ٣٦٦

PREFACE.

THE second volume of the *Irshád al-aríb* is, like the first, taken from MS. Bodl. Or. 753, and brings the work down to the end of the letter *Jím*, on fol. 210*a* of the MS. To the printed helps for settling the text there can now be added the *Bughyat al-Wu'át* of Suyúṭí, which, however, appeared only just in time for the Editor to be able to refer to it in the last sheet. In dealing with the Horoscope of Ibn 'Abbád he has had the expert assistance of his former pupil Mr. R. Shirley, editor of the *Occult Review*, which he gratefully acknowledges. Some valuable corrections of the text of Vol. I have been suggested by de Goeje in the J.R.A.S., 1908, pp. 866–7; some others have been communicated to the Editor by H. F. Amedroz and promised by Continental scholars. In order to spare the reader trouble, a portion of the final volume will be devoted to the *Corrigenda* of the whole work. The Editor earnestly hopes that persons who discover the existence of *karárís* or *ajzá* of this work in libraries or collections of which there are no printed Catalogues will communicate their knowledge either to him or to one of the Trustees.

(Translations of the three Inscriptions on the Cover.)

1. Arabic.

"These are our works which prove
what we have done;
Look, therefore, at our works
when we are gone."

2. Turkish.

His genius cast its shadow o'er the world,
And in brief time he much achieved and
wrought:
The Age's Sun was he, and ageing suns
Cast lengthy shadows, though their time be
short."

(*Kemál Páshá-zádé.*)

3. Persian.

*"When we are dead, seek for our
resting-place
Not in the earth, but in the
hearts of men."*

(*Jalálu'd-Dín Rúmí.*)

First Published in India 1982

Published by

Nusrat Ali Nasri for Kitab Bhavan
1214, Kalan Mahal, Darya Ganj, New Delhi-110002.

Printed in India

at 1711, Lahoti Fine Art Press, Suiwalan, Delhi-110006.

THE IRSHAD AL-ARIB ILA MA'RIFAT AL-ADIB

OR

DICTIONARY OF LEARNED MEN OF YAQUT.

EDITED BY

D. S. MARGOLIOUTH, D.Litt.

LAUDIAN PROFESSOR OF ARABIC IN THE UNIVERSITY OF OXFORD.

VOLUME II,

CONTAINING THE LATTER PART OF THE LETTER
TO THE END OF THE LETTER ج.

KITAB BHAVAN

NEW DELHI-110002